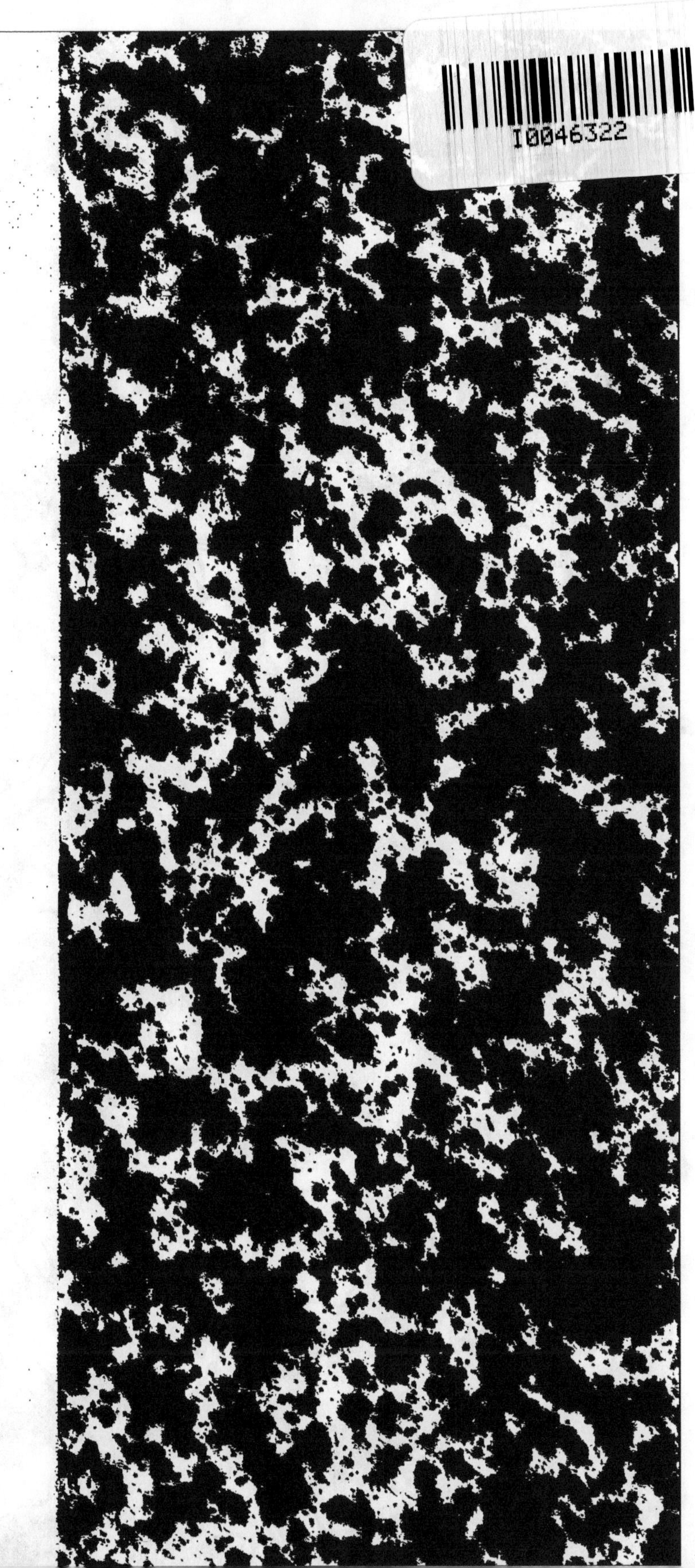

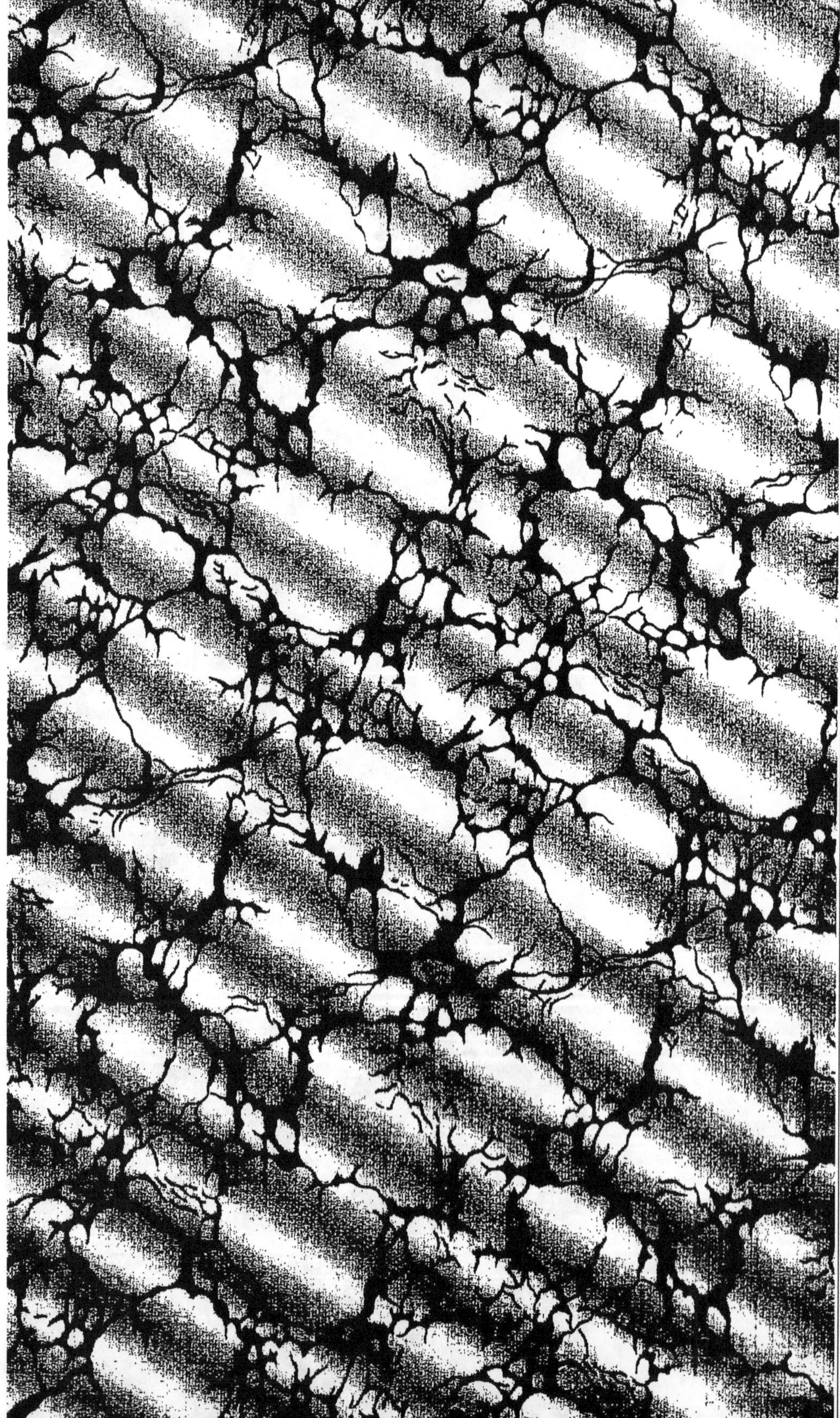

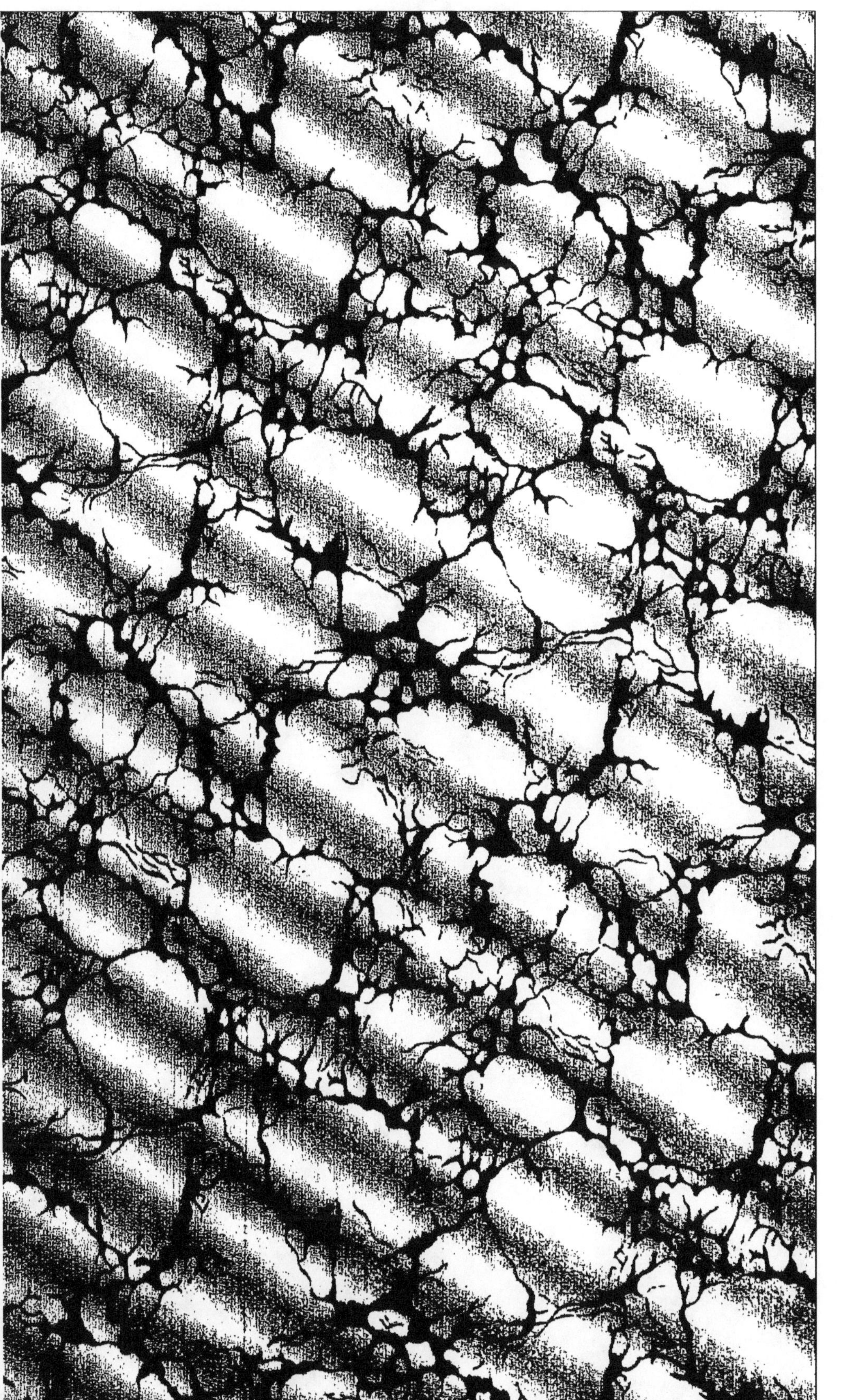

GUIDE-MANUEL

DES

CAPITALISTES

ET DES RENTIERS

SERVANT DE COMPLÉMENT AU 1er VOLUME

ET CONTENANT :

L'énumération des valeurs, fonds publics et autres qui se négocient en France;
Leur prix d'émission, leur revenu et leur taux de remboursement;
Le compte rendu de leurs assemblées générales;
L'indication des échéances de coupons;
L'exposé des valeurs étrangères, fonds publics, chemins de fer et autres qui se négocient à la Bourse de Paris;
Un Dictionnaire de tous les termes de Bourse comprenant avec la définition des mots, une analyse des questions qui se rattachent à l'organisation de la Bourse

PUBLIÉ PAR

LE MONITEUR DE LA BANQUE ET DE LA BOURSE

7, Rue Lafayette, 7

A PARIS

1945

PARIS
LIBRAIRIE DE DUBUISSON ET Cie
5, rue Coq-Héron, 5

1877

GUIDE-MANUEL

DES

CAPITALISTES

PRÉFACE

Depuis la publication de la première partie du Manuel des Capitalistes, bien des faits importants sont survenus qui rendent nécessaires non-seulement un appendice de quelques pages constatant les progrès accomplis par les Sociétés dont la marche est normale, la fondation de Sociétés nouvelles ou la disparition de Compagnies tombées victimes d'une mauvaise organisation ou d'une mauvaise administration, mais une révision presque complète en ce qui concerne deux grands points : les fonds étrangers et les chemins de fer français.

La période des banqueroutes d'État s'est ouverte, comme il fallait s'y attendre, et cette fois il ne s'agissait plus du Honduras, de la Tunisie, mais de la Turquie, de l'Egypte, de l'Espagne, du Pérou, qui successivement proposaient à leurs créanciers des arrangements dont il est difficile de qualifier justement le caractère.

Pour les chemins français, une lutte très-vive entre les grandes Compagnies et les Compagnies secondaires était soudainement terminée par une série de traités dont quelques-uns sont encore en élaboration.

Ce sont là deux ordres de faits importants, dont le Manuel ne peut passer sous silence les phases et les documents. Ainsi s'explique le développement que nous avons dû donner à cette seconde partie, bien que la première eût été composée de manière à fournir tous les renseignements indispensables même sur des Sociétés tout à fait locales et sur des entreprises qui depuis longtemps n'existent plus de leur vie propre.

Nos abonnés nous sauront gré, nous l'espérons, du soin que nous avons apporté à leur donner pleine et entière satisfaction, et excuseront quelque retard dans la publication en pensant que les faits marchent à mesure que nous écrivons, et qu'à chaque instant il faut remanier le travail accompli.

PREMIÈRE PARTIE

CHAPITRE PREMIER

FONDS PUBLICS FRANÇAIS

Il n'y a pas eu de modification dans le chiffre de notre dette consolidée, le gouvernement ayant adopté, pour les travaux d'urgence, le système des avances faites par les villes ou corps constitués, tels que Chambres de commerce, qu'il rembourse par annuités. Il est difficile de saisir les avantages de ce procédé, alors que l'argent est d'une abondance sans précédent. La Rente française est à 106; les villes empruntent à 5 1/4 0/0 avec la commission du banquier.

D'autre part, les annuités constituent une charge bien plus lourde que les intérêts de la dette consolidée, tandis que les travaux exécutés au moyen de ces emprunts indirects constituant des propriétés nationales, forment par eux-mêmes un fonds d'amortissement ou tout au moins de garantie qui permettrait l'accroissement de la dette publique sans que l'expression du crédit de l'Etat en fût diminuée.

On peut évaluer à près de 200 millions les sommes ainsi empruntées, en y comprenant les canaux de l'est, le port de Dunkerque, etc., etc.

BONS DU TRÉSOR

D'après le rapport présenté à la commission du budget pour 1877, le chiffre des bons du Trésor au 20 février 1876 s'élevait à 327,275,000 fr., ainsi répartis :

A court terme....................	188.611.200
A échéance de 1880	114.296.000
Bons 2-10, 3-10 et 5-10..........	24.367.800

DETTE DE L'ÉTAT ENVERS LA BANQUE

La dette de l'Etat envers la Banque de France, qui était à la fin de la guerre de 1,530 millions, était réduite, d'après le bilan de Banque du 20 juillet, à 451,126,000 francs.

Les fonds publics français sont représentés par quatre types de *Rentes*, par les *Obligations trentenaires* et les *Bons du Trésor*, et par ces autres titres classés au nombre des fonds publics sous la dénomination de *Bons de liquidation* de la ville de Paris et *Bons de liquidation* départementaux.

Les quatre types de Rentes sont :

Le 3 0/0, créé par la loi du 25 avril 1825, non remboursable, non sujet à conversion, et dont les intérêts se payent par trimestre, les 1er janvier, 1er avril, 1er juillet et 1er octobre;

Le 4 0/0, créé par la loi du 19 juin 1828, et dont les intérêts se payent par semestre, les 22 mars et 22 septembre;

Le 4 1/2 0/0, créé par la loi du 1er mai 1825, et dont les intérêts se payent aux mêmes échéances que ceux du 4 0/0;

Le 5 0/0, disparu d'abord lors de la conversion en 4 1/2 décrétée le 14 mars 1852, rétabli à la suite de nos désastres de 1870 pour payer les cinq milliards de l'indemnité de guerre à la Prusse, et dont les intérêts se payent en quatre coupons par trimestre, les 16 février, 16 mai, 16 août et 16 novembre de chaque année.

Les *Obligations trentenaires* du Trésor, qui font partie de la dette publique remboursable, ont été créées au nombre de 700,000 titres, en trois émissions successives, dans les années 1858, 1860 et 1861. Ces obligations, émises à 440, remboursables à 500, et dont l'amortissement s'opère dans le cours de 30 ans par voie de tirages au sort annuels, produisent un intérêt de 20 0/0 à l'année, payable par moitié les 20 janvier et 20 juillet. Seize tirages ayant eu lieu déjà, il n'en reste plus que quatorze à effectuer.

Les *Bons du Trésor* se négocient par endos, comme des effets à échéance fixe. L'intérêt de ces bons, fixé par le Trésor, varie suivant les échéances et d'après la situation du marché monétaire.

Les *Bons de liquidation* de la ville de Paris ont été créés au nombre de 277,300 par les lois des 2 avril et 26 juillet 1873, en vue d'indemniser les victimes des dommages matériels causés par l'invasion allemande et l'insurrection du 18 mars 1871. Ils sont libérés, au porteur et remboursables à 500 fr., par 51 tirages au sort semestriels, dont le premier a eu lieu le 20 septembre 1873. Ces tirages sont effectués aux échéances des 20 mars et 20 septembre de chaque année. L'intérêt des bons, fixé à 5 0/0 sur le taux du remboursement, c'est-à-dire à 25 fr. net d'impôt par chaque bon, est payable par moitié, aux dates des 20 avril et 20 octobre. L'amortissement de ces bons, qui représentent un capital de 140 millions, doit être opéré dans le cours de 26 années.

Les *Bons de liquidation* départementaux, au nombre de 221,500, rapportant 25 fr. d'intérêt, payable les 15 janvier et 15 juillet, sont remboursables à 500 fr. au moyen de 52 tirages au sort, à deux tirages par an, aux dates des 15 mai et 15 novembre.

CHAPITRE II

OBLIGATIONS DES VILLES

VILLE DE PARIS

Emprunt 4 0/0, 1876

Cet Emprunt a été émis le 22 juillet par application de la loi du 27 juin 1876 et du décret du 13 juillet.

Il se compose de 258,065 obligations au porteur remboursables à 500 francs, au moyen de 146 tirages trimestriels dont le premier aura lieu le 1er février 1877.

Les obligations ont été émises au taux de 465 francs.

Chaque tirage comprend :

1 lot de 100,000 francs..................	100.000
1 lot de 10,000 francs.....................	10.000
1 lot de 5,000 francs....................	5.000
10 lots de 1,000 francs.....................	10.000
Total...........	125.000

Les intérêts se paient par semestre au 15 avril et 15 octobre; mais pendant la période de libération qui s'étendra jusqu'en avril 1878, les porteurs de titres provisoires non libérés n'auront droit qu'à un intérêt semestriel fixe de 5 francs.

Cette émission a eu un succès plus brillant encore que celle de l'Emprunt 1875; la souscription a été couverte 65 fois. La Ville demandait 120 millions; on lui a apporté 6 milliards. Les cours ont cependant un peu fléchi après la souscription, mais pour se relever ensuite et monter, le jour où nous écrivons, à 478 fr., ce qui représente une prime de 13 fr.

Les autres Emprunts de la ville de Paris antérieurs à celui de 1876 sont les suivants :

L'Emprunt de 1855-1860, autorisé par les lois du 2 mai 1855 et 1er août 1860, et portant un intérêt annuel de 15 fr., payable par semestre, les 1er mars et 1er septembre, comprend 487,618 obligations libérées au porteur. Ces obligations, qui sont remboursables à 500 fr. en 36 ans, à partir de l'année 1860, sont divisées en trois séries, comprenant : la *série rose*, 150,000 obligations émises en 1855 ; la *série bleue*, 164,833 obligations émises en 1860 ; la *série jaune*, 122,785 obligations émises en 1862. Les tirages ont lieu deux fois par an, les 1er février et 1er août, et les remboursements les 1er mars et 1er septembre, échéances de paiement des coupons d'intérêt. Un seul tirage est effectué pour les trois séries, avec le même numéro gagnant ; 150,000 fr. de lots à chacune.

L'Emprunt 4 0/0 de 1865 comporte 600,000 obligations émises à 450 fr. et remboursables à 500 fr. en 60 années, au moyen de quatre tirages par an, aux dates des 15 mars, 15 juin, 15 septembre et 15 décembre, avec 285,000 fr. de lots à chaque tirage. L'intérêt annuel des obligations est de 20 fr., payable les 1er février et 1er août.

L'Emprunt 3 0/0 de 1869 comprend 753,623 obligations émises à 345 fr. et remboursables à 400 fr. en 40 ans, au moyen de quatre tirages par an, aux dates des 15 janvier, 15 avril, 15 juillet et 15 octobre, avec 250,000 fr. de lots à chaque tirage. L'intérêt annuel est de 12 fr., payable par moitié, les 31 janvier et 31 juillet.

L'Emprunt 3 0/0 de 1871, autorisé par la loi du 6 septembre 1871, comprend 1,296,000 obligations émises à 250 fr. et remboursables à 400 fr., ou avec primes, en 75 ans, au moyen de quatre tirages par an, aux dates des 10 janvier, 10 avril, 10 juillet et 10 octobre, — 20 janvier, 20 avril, 20 juillet et 20 octobre, avec 375,000 fr. de lots à chaque tirage, lesquels lots sont payés les 5 février, 5 mai, 5 août et 5 novembre. L'intérêt annuel est de 12 fr., payable par moitié, les 1er janvier et 1er juillet. Ultérieurement à l'émission, des titres de quart d'obligation ont été créés pour faciliter le classement de l'Emprunt, et ces titres donnent droit au quart du produit de l'obligation entière.

L'Emprunt 4 0/0 de 1875 a été émis à 440 fr., le 5 février de cette même année, en vertu de la loi du 24 décembre 1874, et comprend 500,000 obligations remboursables à 500 fr. en 75 ans, au moyen de quatre tirages par an, avec 225,000 fr. de lots à chaque tirage. Les intérêts se payent trimestriellement et par quart, les 5 mai, 5 août, 5 novembre et 5 février.

En outre de ces divers Emprunts de la ville de Paris, citons l'Emprunt du département de la Seine, autorisé par la loi du 19 juillet 1856. Cet Emprunt comprend 254,682 obligations libérées au porteur, chacune de 225 fr., émises à 205 fr. et remboursables à 225 fr., du 1er mai 1857 au 1er mai 1888, au moyen de deux tirages au sort par an, aux dates des 1er juillet et 1er janvier. L'intérêt annuel est de 9 fr., payable par moitié, les 1er janvier et 1er juillet.

VILLE DE NIMES

Emprunt de 1875

7,251 obligations libérées au porteur, produisant 50 fr. d'intérêt annuel, remboursables à 1,000 fr. en 25 ans, émises au prix de 982 50.

Le premier tirage a eu lieu en avril 1876. Les intérêts sont payables janvier-juillet.

L'Emprunt est garanti par la ville de Nîmes et par 3,800,000 fr. d'annuités de l'Etat en garantie supplémentaire.

Ces 3,800,000 fr. garantis par l'Etat sont remboursables en 15 annuités.

Il existe des coupures de 500 fr. rapportant 25 fr. d'intérêt annuel.

VILLE DE DUNKERQUE

Emprunt de 1876

Emprunt émis en vertu de la loi du 14 décembre 1875, qui autorise la ville de Dunkerque à faire avance à l'Etat des sommes nécessaires pour l'exécution des travaux du port.

L'émission a eu lieu en 13,233 obligations remboursables à 1,000 fr. en 14 annuités, au prix de 995 fr.

Ces obligations rapportent 50 fr. d'intérêt annuel, payables le 1er mai et le 1er novembre de chaque année.

Le montant total de l'Emprunt a été de 12,600,000 fr.

L'Etat accorde à la ville l'intérêt jusqu'en 1880; de plus, 12 annuités de 1,332,351 fr. 72, à partir du 1er mai 1880, pour le remboursement de cette avance. Ces annuités sont spécialement affectées au service du présent Emprunt.

DÉPARTEMENT DE L'EURE

Emprunt de 1874

3,414 obligations de 1,000 fr., remboursables en 26 années.

Intérêt : 50 fr. par an. Prix : 950 fr.

Tirage : avril pour juin-décembre.

Paiements d'intérêts : 30 juin, 31 décembre.

En outre des récents Emprunts que nous venons de citer, et qui concernent les villes de Nîmes et de Dunkerque et le département de l'Eure, nous devons rappeler en quelques mots ceux contractés antérieurement par d'autres villes et départements, tels que les suivants :

VILLE DE LYON

L'Emprunt de 1854 (loi du 22 juin 1854), comportant 10,364 obligations au porteur, remboursables à 1,250 fr. en 50 ans, de 1856 à 1905, au moyen de 50 tirages au sort, avec intérêt annuel payable par moitié les 15 janvier et 15 juillet;

L'Emprunt de 1856 (loi du 28 juin 1856), comprenant 4,000 obligations au porteur, émises à 1,000 fr. et remboursables à 1,250 fr. en 48 ans, de 1860 à 1907; intérêt annuel de 50 fr., payable par moitié les 15 janvier et 15 juillet;

L'Emprunt de 1858 (loi du 28 avril 1858), en 889 obligations libérées au porteur, émises à 1,000 fr. et remboursables au pair, à échéances déterminées de l'assentiment du premier souscripteur; intérêt annuel, 50 fr., payable par moitié les 15 juin et 15 décembre;

L'Emprunt de 1859 (loi du 14 mai 1859); 10,000 obligations libérées au porteur, émises à 1,000 fr., remboursables à 1,250 fr. en 69 ans, par tirage annuel au mois de juin; intérêt semestriel de 25 fr., les 1er janvier et 1er juillet;

L'Emprunt de janvier 1865 (décret du 21 janvier 1865; 3,800 obligations libérées au porteur, émises et remboursables à 500 fr., à échéances fixes convenues; intérêt annuel, 25 fr., payable par semestre;

L'Emprunt de juillet 1865 (loi du 12 juillet); 18,370 obligations libérées au porteur, remboursables à 500 fr. en 30 ans, par tirage au sort; intérêt annuel, 25 fr.;

L'Emprunt de 1867 (loi du 31 juillet 1867); émission de 1,600 obligations dans les mêmes conditions que les précédentes;

L'Emprunt de 1870 (décret du 21 septembre 1870); 29,000 obligations libérées au porteur, émises et remboursables à 500 fr. en 20 ans, par tirage au sort; intérêt annuel, 25 fr., payable semestriellement et par moitié;

L'Emprunt de 1871 (décret du 21 septembre 1871); 5,480 obligations libérées au porteur, émises et remboursables à 500 fr. en 20 ans, par tirages au sort; intérêt annuel, 25 fr., payable par moitié semestriellement;

L'Emprunt de 1872 (loi du 30 mars 1872); 18,823 obligations émises à 430 fr. et remboursables à 500 fr. en 30 ans; intérêt annuel, 25 fr., payé semestriellement et par moitié.

DÉPARTEMENT DU RHONE

L'Emprunt de 1871 ; 9,600 obligations libérées au porteur, émises et remboursables à 500 fr. en 12 ans; intérêt annuel, 25 fr., payable par moitié et par semestre.

VILLE DE MARSEILLE

L'Emprunt 5 0/0 de 1859 (loi du 14 juin 1859) ; 9,500 obligations libérées au porteur, remboursables à 1,000 fr. par tirages annuels, en 20 ans; intérêt annuel, 50 fr., payable par semestre.

L'Emprunt 5 0/0 de 1861 (loi du 26 juin 1861) ; 40,000 obligations libérées au porteur, émises à 490 fr., remboursables à 500 fr. en 50 ans, par tirages annuels ; ces obligations divisables en cinq coupures de 100 fr.; intérêt annuel, 25 fr., payable par semestre ;

L'Emprunt 4 0/0 de 1863 (loi du 21 juin 1861) ; 23,554 obligations libérées, au porteur, remboursables à 500 fr., en 50 ans (de 1864 à 1913), par voie de tirages au sort ; intérêt annuel : 20 fr., payable par semestre.

L'Emprunt 5 0/0 1865, autorisé par les lois des 21 juin 1861 et 21 mai 1864 ; 16,818 obligations au porteur, remboursables à 500 fr., en 50 ans, par voie de tirages au sort annuels ; intérêt annuel : 25 fr., payable par moitié.

L'Emprunt 5 0/0 1867, autorisé par les lois des 21 mai 1864 et 1er mai 1865 ; 18,000 obligations libérées, au porteur, émises à 500 fr. en mars 1867, remboursables à 500 fr., en 50 ans, par par voie de tirages au sort annuels ; intérêt annuel : 25 fr., payable par moitié.

L'Emprunt 6 0/0 1870 (décrets des 6, 19 octobre 1870) ; 100,000 obligations libérées, au porteur, remboursables à 100 fr., par voie de tirages au sort annuels ; intérêt annuel : 6 fr., payable par moitié.

VILLE DE BORDEAUX

L'Emprunt 4 0/0 de 1852 ; 4,800 obligations au porteur, remboursables à 1,000 fr., en 25 ans, par 50 tirages semestriels, les 1er janvier et 1er juillet ; intérêt annuel : 40 fr., payable par semestre ;

L'Emprunt 3 0/0 de 1863 ; 200,000 obligations, remboursables à 100 fr., en 36 ans, par tirages semestriels ; intérêt annuel : 3 fr. en un seul coupon ;

L'Emprunt de 1868 (loi du 26 juillet 1868) ; 9,200 obligations libérées, au porteur, émises et remboursables à 500 fr., en 20 ans, par tirages au sort trimestriels ; intérêt annuel : 21 fr. 25 ;

L'Emprunt de 1870 (décret du 5 novembre 1870) ; 11,000 obligations libérées, au porteur, émises et remboursables à 500 fr., en 12 ans, par tirages au sort semestriels ; intérêt annuel : 30 fr., payable par semestre.

VILLE DE LILLE

L'Emprunt 3 0/0 de 1860 ; 175,000 obligations au porteur, remboursables à 100 fr. ou avec primes, en 42 ans, par tirages semestriels, avec lots de 97,000 fr. à chaque tirage ; le dernier tirage, fixé au 1er mars 1902, devant comporter 115,800 fr. de lots ; intérêt annuel : 3 fr. en un seul coupon ;

L'Emprunt 3 0/0 de 1863 ; 77,000 obligations, remboursables à 100 fr. ou avec prime, en 30 ans ; intérêt annuel : 3 fr. en un coupon ; tirage annuel des remboursements au pair le 1er février ; tirage des lots, s'élevant annuellement à 37,000 fr., le 1er avril de chaque année ;

L'Emprunt de 1868 ; 16,953 obligations, émises à 485 fr., remboursables à 500 fr., en 30 ans, par tirages semestriels ; intérêt annuel : 22 fr. 50, payable par semestre.

VILLES DE ROUBAIX ET TOURCOING

L'Emprunt de 1860 ; 60,000 obligations, remboursables à 50 fr. ou avec lots, en 55 ans, par tirages semestriels ; pas d'intérêt fixe ; 60,000 fr. de lots pour chaque tirage.

DÉPARTEMENT DU NORD

L'Emprunt 3 0/0 de 1870 ; 225,000 obligations, remboursables à 50 fr. ou avec lots, en 35 années, par tirages semestriels, les 1er avril et 1er octobre.

VILLE D'AMIENS

L'Emprunt 4 0/0 de 1871 ; 72,500 obligations, remboursables à 100 fr. ou avec lots, en 50 ans, par tirages semestriels depuis le 1er juillet dernier, avec lots dont le chiffre varie à chaque tirage.

DÉPARTEMENT DE LA SOMME

L'Emprunt de 1870-71 ; 8,416 obligations de 500 fr. 5 0/0 émises au pair et remboursables de même par tirages annuels, sans prime, en 20 ans ; intérêt annuel : 25 fr.

VILLE DE ROUEN

L'Emprunt 4 0/0 de 1860 (loi du 22 juin 1860) ; 9,000 obligations au porteur, remboursables à 1,250 fr., en 50 ans, par tirages semestriels ; intérêt annuel : 50 fr. en deux coupons.

VILLE DE VERSAILLES

L'Emprunt autorisé par la loi du 5 septembre 1871 ; 1,880 obligations libérées, au porteur, émises et remboursables à 500 fr., par voie de tirage ; intérêt : 25 fr., payable par semestre.

DÉPARTEMENT DU CALVADOS

L'Emprunt effectué (loi du 3 juin 1872) en 2,136 obligations libérées, au porteur, émises à 950 fr., remboursables à 1,000 fr., par tirages semestriels ; intérêt annuel : 50 fr., payable par semestre.

CHAPITRE III

ÉTABLISSEMENTS DE CRÉDIT A PARIS

BANQUE DE FRANCE

Nous constations, l'année dernière, que l'abondance du numéraire avait rendu superflu l'usage du billet de banque de 5 fr., créé immédiatement après la guerre pour parer à des difficultés monétaires d'une intensité exceptionnelle. Le progrès en ce sens a été si rapide, que l'on peut dire que les billets de 20 fr. ont à peu près disparu de la circulation courante. La Banque les échange, au fur et à mesure qu'ils se présentent, contre des pièces de 20 fr., et ne les remet plus au public.

On regrette généralement la suppression de ces billets d'appoint; mais, d'un côté, la Banque en trouve la fabrication onéreuse, et, de l'autre, l'administration des postes s'est aperçue qu'ils étaient souvent employés à des envois de valeurs par lettres non chargées.

Le cours forcé n'existe plus que de nom : il doit disparaître lorsque l'Etat aura complétement remboursé la Banque.

Le maximum des émissions, fixé à 2 milliards 800 millions, n'a jamais été atteint. Le dernier bilan nous montre la Banque de France ayant en circulation 2,497,511,155 fr. de billets, tandis que son encaisse s'élève à 1 milliard 697 millions. L'encaisse est aujourd'hui de 2 milliards 76 millions.

Le dernier rapport constate que les billets sont ainsi répartis :

6 billets	de 5.000 fr.		.....	30.000 fr.
895.506	—	de 1.000	.....	695.506.000
454.035	—	de 500	.....	227.017 500
3.626	—	de 200	.....	725 200
11.111.521	—	de 100	.....	1.111.152.100
3.576 440	—	de 50	.....	178.822.000
59.365	—	de 25	.....	1.484.125
4.052.126	—	de 20	.....	81.042.520
346.342	—	de 5	.....	1.731.710
20.498.967 billets				2.497.511.155 fr.

Sur l'encaisse de 2 milliards 76 millions, il n'existe que 400 millions environ de métal argent.

Pendant l'exercice 1875, les opérations de la Banque se sont ressenties du ralentissement général des affaires, qui s'est continué pendant le premier semestre de 1876. Aussi le dernier dividende semestriel n'a-t-il été que de 87 fr. 62 c. 1/2, soit 85 fr. net d'impôt.

Voici les changements qui se sont opérés depuis l'année dernière dans l'organisation des succursales et dans le conseil de régence :

Succursales nouvelles : Auch, Aurillac, Belfort, Bourg, Cahors, Digne, Foix, Gap, Le Puy, Mende, Mont-de-Marsan, Perpignan, Tarbes, Tulle.

Deux autres succursales sont à l'étude dans les départements de Seine-et-Marne et de la Vendée. Le nombre des succursales de la Banque sera alors de 90.

L'assemblée générale a nommé M. Gouin régent pour deux ans en remplacement de M. Schneider décédé.

Elle a réélu :

MM. Garsonnier, censeur pour trois ans ;
Baron de Rothschild, régent pour cinq ans;
A. Kermann, régent pour cinq ans;
Demachy, régent pour cinq ans.

BANQUE DE L'ALGÉRIE

Le dernier rapport constate que l'exercice 1875 a été moins productif que le précédent, par suite de la médiocrité des récoltes et du ralentissement sensible dans les affaires.

Les escomptes ont porté dans le dernier exercice sur 245,691 effets pour une valeur de 185,668,181 francs contre 288,647 effets représentant 230,139,549 en 1873-74. C'est une diminution de 42,956 effets et de 44,471,367 francs pour 1875.

Les autres chiffres concernant la circulation, le compte-agio sont également en diminution.

L'exercice a donné un produit net de 1,648,613 francs. Le dividende pour les deux semestres a pu être fixé ainsi à 80 francs, et il est resté une somme de 613 francs à reporter à l'exercice suivant.

Les réserves sont restées ce qu'elles étaient à la fin de l'exercice 1873-74. Leur total est de 6,163,489 francs.

Le directeur, M. Chevalier, a déclaré qu'il poursuivra la demande faite par son prédécesseur M. Villiers, en vue d'obtenir la prolongation du privilége de la Banque et l'augmentation du capital.

MM. Giraud, Villenave, Derbez, administrateurs sortants et M. Porcellaga, censeur sortant, ont été réélus.

CRÉDIT FONCIER DE FRANCE

Nous ne nous étions occupés, dans la première partie de ce Manuel, que du Crédit foncier en tant qu'institution de prêt hypothécaire, émettant des obligations qui représentaient des prêts garantis par des immeubles d'une valeur double au moins et nous disions que ces obligations étaient de toute sûreté.

Nous ne croyons pas que les faits révélés par le dernier rapport du dernier conseil d'administration soient de nature à modifier cette opinion. Mais il est impossible de ne pas reconnaître qu'ils ont provoqué dans le cours des actions une dépréciation sensible, et que beaucoup d'anciens actionnaires se montrent disposés à sortir des titres qu'ils jugent trop aléatoires.

Les statuts du Crédit foncier l'autorisaient malheureusement à recevoir des capitaux en dépôt, ce qui n'avait pas d'inconvénient du moment où il ne s'occupait que des prêts hypothécaires ; mais ce qui devenait dangereux alors qu'un autre article des statuts l'autorisait à faire des avances sur les mêmes valeurs que la Banque de France.

Lorsque les grands travaux de la ville de Paris durent être ralentis, à la suite d'une opération avec le Crédit foncier qui fit beaucoup de bruit, il fallut songer à chercher de nouvelles sources de bénéfices. On eut la funeste idée de rapprocher les deux paragraphes des statuts que nous venons de rappeler ; on en conclut que si l'on avait le droit de faire des avances sur les mêmes valeurs que la Banque de France, on avait aussi celui d'escompter du papier de banque que la Banque de France ne refuserait pas.

Le papier ainsi escompté par le Crédit foncier au moyen de l'argent des dépôts, fut celui d'un syndicat engagé tantôt dans le Crédit foncier d'Autriche, tantôt dans les fonds ottomans; enfin, comme on l'a vu au dernier moment, il s'est trouvé que le Crédit foncier, sur ses dépôts, avait avancé indirectement 140 millions à court terme à l'Egypte, alors que celle-ci se trouvait dans l'impossibilité de persévérer dans le système qu'elle avait suivi jusqu'alors à l'exemple de la Turquie.

Ces engagements se compliquaient de ceux du Crédit agricole

et de la Société générale algérienne, qui avait endossé le papier sur lequel avait prêté le Crédit foncier. C'est là ce qui a donné lieu au projet de fusion entre le Crédit foncier et le Crédit agricole, ou plutôt à l'absorption du second par le premier, sur les bases générales suivantes : le Crédit agricole remettrait tout son actif et son passif au Crédit foncier, chargé de le liquider, et appellerait les 300 francs restant à verser par action, ce qui produirait 24 millions également dévolus au Crédit foncier qui, par contre, créerait 80,000 actions nouvelles pour être remises en échange aux porteurs d'actions du Crédit agricole. Jusqu'à présent, cette combinaison paraît rencontrer quelques difficultés; elle n'a pas été d'ailleurs sans soulever quelques critiques.

La dernière assemblée générale a constaté que le montant des prêts hypothécaires s'élevait à 830,464,852 francs; celui des prêts communaux à 578,173,196 francs; ce qui porte à 1,400,314,086 francs le montant des obligations foncières, proprement dites. Le dividende a été fixé à 36 fr. 25. Les nominations opérées à l'issue de l'assemblée ont amené les modifications suivantes dans le conseil d'administration et le comité de censure.

On a ratifié la nomination de M. Sauret, comme administrateur, à la place de M. Josseau démissionnaire. MM. Dumas, Alfred Magne, Alphonse Baroche et Guérinet, administrateurs sortants, ont été réélus. M. Paravey, censeur sortant, a été également réélu.

En résumé, le Crédit foncier qui, jusqu'à présent, se présentait à l'épargne, comme une institution intacte, vient de révéler par son dernier exercice, les points défectueux de son organisation. Il est aujourd'hui atteint dans l'opinion ; il a du plomb à l'aile et l'opération des 141 millions avancés au gouvernement égyptien sera l'argument décisif qui nécessitera des modifications indispensables dans l'organisation de ce grand établissement de crédit.

SOCIÉTÉ GÉNÉRALE ALGÉRIENNE

La participation prise par cette Société aux avances à l'Egypte n'a pas eu de résultats plus heureux pour elle que pour le Crédit agricole. Elle a dû s'engager à rembourser au Crédit foncier 12 millions, dont 3 millions comptant et le reste en obligations à brève échéance. Ce n'était pas ce qui pouvait la remettre des pertes éprouvées les années précédentes.

Le rapport présenté à la dernière assemblée constate que l'exercice 1875 a, comme opération d'escompte, laissé de fortes pertes. Des sommes considérables se trouvent compromises dans les affaires engagées par le Comptoir de Constantine.

Malgré cela, tout en consacrant à l'amortissement de 5 à 6 millions de pertes laissées par l'affaire Hermanos, la même somme que l'année dernière, les bénéfices de 1875 permettent encore, selon le rapport, de distribuer un dividende de 6 fr. 44 par action.

Ce dividende, qui ne représente guère que 2 1/2 du capital versé, a médiocrement satisfait les actionnaires. Il est clair que la Société générale algérienne a dévié de la ligne droite de ses opérations. Le capital social versé pour être employé en travaux de colonisation et d'opérations d'escompte en Algérie a été mis tantôt à la disposition d'armateurs du Havre qui ont fait perdre d'un coup 6 millions à la Compagnie, et tantôt dans des participations pleines de risques. « Vous avez, a dit M. Frémy » aux actionnaires, 3 millions engagés sur l'Espagne et 12 mil» lions sur l'Egypte. » Or, ces sommes dépassent à elles seules, de 4 à 5 millions, la moyenne ordinaire des comptes de dépôts. L'assemblée a fini par approuver les comptes et par renommer les administrateurs et les commissaires sortants. Mais il est certain que la Société générale algérienne est fortement atteinte par les opérations aléatoires du Crédit foncier.

CRÉDIT AGRICOLE

En se reportant à ce que nous disons plus haut du Crédit foncier, on se rendra compte de l'importance des opérations engagées par le Crédit agricole avec le syndicat égyptien, et de l'imprudence avec laquelle elles ont été conduites. Le rapport conclut que, dans cette situation, il ne paraît pas opportun au conseil de distribuer le produit net du compte profits et pertes. Cette précaution n'a pas paru suffisante, puisqu'il est question d'appeler le capital restant et de liquider la Société par voie d'absorption dans le Crédit foncier.

Au contraire du rapport du Crédit foncier où les opérations algériennes occupaient la dernière place, ces opérations viennent en première ligne dans le rapport présenté au Crédit agricole. N'est-il pas étrange dans un établissement fondé pour développer les opérations agricoles en France, d'entendre parler de prêts avancés au Khédive pour le tirer d'embarras ? Et dans le texte du rapport, on lit : « La confiance était telle que le gouvernement de la Société a cru pouvoir de lui-même remplir quelques-unes de ces opérations. » On se demande, en vérité, à quoi servent les statuts d'une Société puisqu'ils sont en réalité lettre morte dans la pratique.

Comme à l'assemblée du Crédit foncier, les rapports du gouverneur et des censeurs ont invité les actionnaires à être très sobres dans leurs demandes d'explications sur tout ce qui se passe en Egypte. Cette invitation a eu plus de succès que celle faite aux actionnaires du Crédit foncier. « Soyez calmes, soyez prudents, a dit le gouverneur, il est inutile de surexciter davantage l'opinion publique et de provoquer les critiques des journaux. » La prudence que le conseil d'administration conseille aux intéressés aurait dû tout d'abord être pratiquée par lui-même et le Crédit agricole serait resté ce qu'il aurait dû toujours être, un établissement français consacré à des opérations françaises.

En présence de la situation faite à la Société, le conseil, au lieu de proposer aux actionnaires de se distribuer le reliquat des bénéfices réalisés en dehors des opérations égyptiennes, bénéfices qui après distribution des 800,000 francs payés en janvier, montent encore à 1,258,000 francs, le conseil a proposé de renvoyer à une autre assemblée générale l'approbation des comptes de 1875.

L'assemblée a approuvé cette proposition, et les administrateurs sortants ainsi que le censeur sortant, qui se présentaient à la réélection, ont vu renouveler leur mandat.

Quant au projet de fusion qui devait réunir le Crédit agricole au Crédit foncier, on n'en parle plus. Le but de l'opération était évident. Il s'agissait, en appelant le complément des actions du Crédit agricole, de verser un peu d'argent dans les caisses du Crédit foncier. Mais l'opération offre probablement des difficultés sérieuses, car elle n'a pu se réaliser.

En fin de compte, le Crédit agricole, comme le Crédit foncier, comme la Société algérienne, est complétement sorti des attributions que son titre et ses statuts lui assignaient. Sous la direction d'un conseil qui reste le même pour les trois sociétés, il a couru les grandes aventures des syndicats et des opérations exotiques. On voit où ça l'a conduit.

CRÉDIT FONCIER COLONIAL

La situation de cet établissement semble légèrement améliorée ; la colonie de la Réunion, condamnée à payer une somme pour laquelle elle avait garanti des prêts consentis à ses planteurs, s'est exécutée immédiatement. D'autre part, grâce au concours de la maison Cail et de la Société de commerce (Moitessier et Cie), elle tire meilleur parti des plantations qu'elle a expropriées.

Le rapport sur l'exercice 1875 constate une amélioration importante de la situation sociale, malgré une crise assez sérieuse de l'industrie sucrière qui enraye l'exploitation des domaines sociaux.

Par suite du jugement rendu par le conseil d'Etat dans le procès engagé entre la Société et l'Ile de la Réunion, la garantie coloniale fonctionnera désormais sans entrave. L'Ile a versé une somme de 3,827,555 francs, montant des comptes contestés.

Dix prêts à long terme s'élevant à 678,000 francs ont été consentis pendant l'exercice, dont sept à la Guadeloupe et trois à la Martinique. La somme totale des prêts s'élève actuellement à 23,161,961 francs.

Les annuités à recouvrer ne présentent de difficultés qu'à la Réunion, où il existe en ce moment un arriéré de 1,060,900 francs. Peut-être faudra-t-il encore arriver à des expropriations, ce qui serait fâcheux, les propriétés ne trouvant en ce moment que difficilement des acquéreurs.

La Société possède trente-cinq immeubles : deux à la Martinique, quatre à la Guadeloupe, et vingt-neuf à la Réunion.

L'exercice donne comme résultat du compte profits et pertes un bénéfice de 342,664 fr. 31, ce qui permet au conseil de proposer la distribution de 5 francs par action. Sur la demande d'un actionnaire, l'assemblée décide à la presque unanimité la distribution de 7 fr. 50 par titre. Les comptes ont ensuite été approuvés.

M. Félix Rivet a été nommé administrateur en remplacement de M. Boissaye, décédé. MM. Cottin et Julians ont été réélus administrateurs et M. Edouard Ferron, censeur.

Le Crédit foncier colonial est appelé à profiter des dispositions d'un projet de loi voté en deuxième délibération par le Sénat, le 31 juillet dernier, et dont voici la teneur :

Sera puni d'un emprisonnement d'un mois au moins et d'un an au plus et d'une amende de 16 fr. à 500 fr. tout propriétaire, usufruitier, gérant, administrateur, ou tout autre représentant du propriétaire, tout fermier, métayer ou locataire de propriétés hypothéquées « sises dans les colonies, » qui aura frauduleusement détourné ou dissipé, en tout ou en partie, au préjudice du « créancier hypothécaire, » les matériaux faisant partie des constructions, les animaux, instruments ou objets d'exploitation placés à titre d'immeubles par destination sur la propriété hypothéquée.

Ces dispositions légales ont pour but, comme on le voit, de prévenir les nombreuses fraudes qui ont longtemps compromis le crédit hypothécaire dans les colonies.

COMPTOIR D'ESCOMPTE

Nous trouvons le Comptoir d'escompte dans de meilleures conditions. Cet établissement, à la suite de la guerre de 1870-71, a passé par une crise qui a duré assez longtemps.

D'un côté, la direction de la Société avait eu le malheur de perdre l'homme qui avait longtemps présidé au maniement de ses affaires, et qui pendant l'empire eut le mérite d'assurer au Comptoir d'escompte le second rang parmi nos établissements de crédit par le développement des opérations et les heureux résultats qu'il avait obtenus. Cette longue et fructueuse administration n'avait pas été sans doute sans erreurs. L'emprunt de Tunis et l'emprunt du Mexique avaient lancé le Comptoir d'escompte dans cette aventureuse campagne d'opérations exotiques qui semblent n'avoir été conçues que pour organiser la ruine de la France, et l'on sait ce que ces deux emprunts de Tunis et du Mexique ont produit pour le Comptoir d'escompte. Bien que le Comptoir n'eût fait ces émissions qu'à titre d'intermédiaire, il n'en a pas moins endossé la responsabilité morale, et la chute de ces deux opérations est restée comme une tache dans l'histoire de son passé. Toutefois, cette ingérence malencontreuse dans le monde des émissions n'avait porté aucune atteinte à la propriété de la Société et la direction de M. Pinard paraissait être la garantie de bénéfices certains pour les intéressés. C'est assez dire que la perte de ce directeur expérimenté apporta le trouble dans les conseils de la direction. Cette perte s'aggrava encore par la mort de deux autres administrateurs habiles, et le Comptoir d'escompte se ressentit assez longtemps, ainsi que l'avoue le dernier rapport, des difficultés que ces pertes douloureuses firent naître dans la haute direction de la Société.

A la même époque, la guerre de 1870-71 produisit dans les Agences importantes établies à l'étranger un résultat assez inattendu. L'engouement qu'ont toujours montré nos sociétés de crédit pour les employés allemands était naturellement partagé par le Comptoir d'escompte, qui avait pour le représenter à l'étranger des employés supérieurs d'outre-Rhin, et par conséquent des ennemis déterminés qui s'empressèrent d'abandonner les postes de confiance dont ils avaient la direction.

Les conséquences qui en résultèrent furent si graves que la solidité de ces Agences fut un instant compromise et qu'on agita pendant quelque temps dans les conseils de la direction la question de leur maintien ou de leur suppression. Le Comptoir résista pourtant à cette crise et confia, ce qu'il aurait dû faire dès l'origine, à des représentants français le soin de diriger ces agences. Elles sont aujourd'hui sur un bon pied et le chiffre de leurs opérations prouve qu'elles ont reconquis la place et l'autorité qui leur avaient un instant fait défaut.

La crise que nous rappelons est aujourd'hui passée. La direction est reconstituée. Les agences sont réorganisées et la marche des opérations paraît suivre, conduite par des mains fermes et sûres d'elles-mêmes.

Un seul point noir subsiste encore et nous n'hésitons pas à le signaler parce qu'il nous semble que la direction nouvelle du Comptoir, qui tient dans son rapport à l'assemblée un langage si plein d'assurance, a commis, en 1874, une lourde faute en modifiant les statuts de la Société dans l'assemblée générale des actionnaires du 31 janvier 1874. Parmi les modifications nouvelles introduites dans les statuts, le Comptoir a été doté de l'avantage très-périlleux de négocier pour son compte toutes opérations de banque et de finance et de participer aux opérations de même nature faites par des tiers.

Comment ! c'est quand les emprunts étrangers ont accumulé sur notre pays désastres sur désastres, c'est quand la haute banque est obligée de s'avouer piteusement que les syndicats formés par elle ont tous abouti à des mécomptes, c'est à ce moment que le Comptoir d'escompte annonce l'intention de prendre ferme certaines parts dans des émissions nouvelles ! C'est là une imprudence qui pourrait lui coûter cher. Il est plus facile de souscrire des titres que de les écouler, et le Comptoir en a la triste expérience. Mieux vaut songer aux opérations françaises. Elles sont plus fructueuses et plus sûres.

En résumé, l'exercice 1875 a été meilleur que le précédent. Le mouvement général des affaires a porté sur une valeur de 5,208 millions, dépassant d'un peu plus de 2 milliards le mouvement de 1874 qui ne comprenait que 3,202 1/2 millions.

L'ensemble des escomptes s'est élevé à 1,231 millions contre 974 en 1874. Les opérations des agences ont porté sur 627 millions en France et 2,561 millions à l'étranger. Les chiffres correspondants de l'exercice précédent avaient respectivement 978 millions et 644 millions.

Le mouvement de la caisse est en rapport avec ces accroissements. D'une année à l'autre, il a passé de 3 milliards 16 millions à 3,991 millions. Les opérations du portefeuille ont porté sur 1,792,328 effets représentant une valeur de 1,523 millions.

Les bénéfices du premier semestre ont été de 2,939,000 francs ; ceux du second ont atteint le chiffre de 3,526,600 francs ; ensemble 6,465,600 francs. C'est environ 250,000 francs de plus que l'année dernière.

Ces résultats ont permis au conseil de proposer la répartition d'un dividende de 40 francs par action, au lieu de 37 francs l'année dernière. L'assemblée a ratifié cette proposition, approuvé les comptes et voté des remerciements au conseil.

MM. Hentsch, Poirier et Baudelot, administrateurs sortants, ont été réélus, ainsi que M. Forget, censeur sortant. L'assemblée a ensuite approuvé le choix fait par le comité de censure, de M. Daguin, comme successeur de M. Drouin, démissionnaire.

Un à-compte de 18 francs ayant été payé en août dernier, il reste à répartir un solde de 22 francs qui est payable depuis le 1er février.

CRÉDIT MOBILIER

Le Crédit mobilier ne paraît pas être au terme de ses vicissitudes. La direction de M. d'Erlanger ne paraît pas avoir été beaucoup plus favorable que celle de M. Philippart. La dernière et récente assemblée a été consacrée à la lecture d'un long rapport dans lequel il n'est guère question que de la Société immobilière ; il est vrai que l'actif de la liquidation semble constituer la plus grande partie, et de beaucoup, de l'actif du Crédit mobilier.

Les explications fournies ensuite par M. d'Erlanger portent en substance que les titres qui figuraient au bilan de 1875 sont ou de nulle valeur, ou irréalisables, et qu'il serait opportun de faire subir au capital actuel une réduction d'environ 40 millions, puis de se procurer des ressources nouvelles au moyen d'une émission ultérieure d'actions.

Et, en effet, les principaux chiffres du bilan sont ceux-ci : sur un capital de 80 millions, une somme de 37,580,276 fr. 03 figure au compte des profits et pertes. Sur la somme disponible de 42,418,723 fr. 97 restant actuellement et composant l'actif net, il y aurait probablement encore une diminution à faire au moment de la réalisation.

C'est en présence de cette situation que le conseil avait pensé à réduire le capital à 40 millions et à reconstituer une Société nouvelle. Mais faute d'un nombre suffisant d'actionnaires pour délibérer, la question n'a pu être discutée.

L'assemblée approuve les comptes présentés et confirme la nomination de M. Lemoine comme administrateur de la Société. Sur l'observation d'un actionnaire on procède à la nomination de nouveaux commissaires, parce que les comptes de vérification ne sont pas d'accord avec le conseil d'administration. Au scrutin de liste, MM. Enault et Petit ont été élus en remplacement de MM. Poisson et Vernhette. M. Ambres a été réélu.

Après la proclamation du scrutin, M. Poisson dépose un dossier contenant la correspondance échangée entre les commissaires et le conseil d'administration, et demande l'insertion de ce dépôt au procès-verbal, se réservant de faire telles poursuites que de droit.

A la suite de cette séance, on annonçait que M. Lambquin, commissaire de police, avait apposé les scellés sur les livres et sur les caisses, sur la plainte déposée que des titres avaient été déposés pour assister à la séance par des actionnaires fictifs. Mais sur les réclamations faites par les dépositaires, les scellés ont été levés, et cet incident n'a pas eu d'autres suites.

Et maintenant que va faire, que va devenir le Crédit mobilier? Les projets passent et repassent devant le conseil d'administration, sans aboutir à aucune solution. La dernière combinaison consisterait, d'après les dernières informations, à fusionner les deux sociétés du Crédit mobilier et de la Banque franco-hollandaise. Hélas! on se demande involontairement ce que pourraient valoir deux établissements qui ne comptent dans leurs opérations que des échecs et qui ont perdu la confiance de l'épargne. Deux zéros qui ne sont précédés d'aucun chiffre, ne représentent jamais que des zéros, et ce n'est pas avec de tels remèdes qu'on rendra la vie à une institution mourante.

SOCIÉTÉ GÉNÉRALE

POUR FAVORISER LE DÉVELOPPEMENT DU COMMERCE ET DE L'INDUSTRIE EN FRANCE

Il est difficile d'écrire le sous-titre de cette institution financière, sans être tenté de sourire des inconséquences de nos éminents financiers. Voilà une Société bien et dûment constituée pour donner le branle au mouvement industriel de notre pays, et son histoire n'est remplie que d'opérations entreprises au profit de l'étranger et au détriment de la France. On sait quel en est le résultat. La leçon est dure ; mais nous ne voyons pas malheureusement que la Société générale soit disposée à revenir sur ses pas et à cesser d'être la pompe aspirante et foulante de l'épargne française au service de tous ceux qui viennent drainer sur notre marché les millions dont ils n'ont pas le premier sou chez eux.

C'est d'autant plus regrettable que le rapport présenté à l'assemblée générale du 25 mars constate l'importance des mouvements des comptes généraux pendant l'exercice 1875.

Le compte général de la caisse, en augmentation de plus d'un milliard, atteint 9,782,638,606 fr., celui du portefeuille 3 milliards 862,469,377 fr. Le montant des coupons encaissés pour les clients s'est élevé à 211,097,480 fr. contre 179 en 1874.

Les ordres de Bourse exécutés par l'intermédiaire de la Société ont porté sur 462,898,513 fr., soit 153 millions de plus que l'année précédente.

Les comptes à fonds disponibles dont le mouvement atteint 781,026,722 fr. se soldaient en fin d'exercice par 5,167,847 fr. A la même date, les comptes de chèques montaient à 118,075,212.

Il a été ouvert, dans l'année, 6,422 comptes nouveaux et le mouvement général de ce chapitre a roulé sur 3,379,224,228 fr. Au 29 février, le solde de ces comptes était de 136,643,857 fr., dont 66,429,189 fr. à Paris, et 70,214,668 fr. dans les agences.

Les dépôts à échéances fixes s'élèvent, au 31 décembre, à 87,571,423 fr. avec une augmentation de 44 millions.

La Société est donc manifestement en voie de progression, et nous avons tenu à enregistrer les chiffres des principaux chapitres de ses opérations pour le prouver. Aussi a-t-elle augmenté le nombre de ses succursales, en créant trois nouvelles agences à Auxerre, à Castres et à Châteauroux. Eh bien! franchement, en présence de ces masses de chiffres plus importants les uns que les autres, nous cherchons en vain en quoi la Société générale s'est préoccupée d'agir en vue d'accroître notre industrie nationale. Son action va du Pérou à la Russie, de l'Espagne à l'Egypte ; mais la France qui fournit le capital est toujours la dernière inscrite dans les ordres du jour de la Société.

Le rapport signale la consolidation des cours des actions de Mokta-el-Hadid et l'amélioration générale de la situation de cette Compagnie. — Il rappelle également, en termes rapides, et qui montrent le peu de valeur des résultats, quatre autres opérations : l'exploitation des mines de soufre de Grotta-Calde, l'affaire des terrains de Rochechouart, l'affaire des travaux du port de Marseille et l'exploitation des mines de Sarre-et-Moselle. Il n'y a rien là qui puisse intéresser encore les actionnaires.

La partie capitale du rapport est consacrée aux entreprises inaugurées par la Société, en Russie, au remboursement des sommes avancées au gouvernement espagnol, aux contestations avec le gouvernement ottoman relatives au prêt de 40 millions, à la réalisation des obligations égyptiennes, et à cette détestable opération des fonds péruviens, qui sera pour la Société générale ce que l'emprunt du Mexique est pour le Comptoir d'escompte.

Avons-nous raison de blâmer la direction que le conseil d'administration a toujours donnée aux opérations de la Société? C'est le rapport lui-même qui nous fait exécuter ce tour du monde à travers la Russie, l'Egypte, la Turquie, l'Espagne et le Pérou, etc., etc. Les milliards que la Société générale a contribué à faire perdre à la France n'auront-ils pas du moins, comme conséquence dernière, le mérite de ramener la Société à des entreprises françaises qu'elle s'est engagée à développer?

Les bénéfices de l'exercice se sont élevés à 9,570,537 fr. 40, dont l'assemblée a approuvé la répartition de la manière suivante :

Produit........................Fr.	9.570.537 40
Impôts et frais à déduire............	3.052 764 08
Reste net...	6.517.773 32
Ainsi attribués :	
5 0/0 du capital versé....	3.000.000 »
Réserve statutaire..................	651.777 33
Prélèvement statutaire du conseil....	286.599 59
Reste......	2.579.396 40
A ajouter le solde de 1874..........	3.024 72
Total......	2.582.421 12
Dividende de 10 fr. 69 par action....	2 567.010 30
Solde à reporter........ Fr.	15.410 82

Le dividende total est donc de 23 fr. 19. Le chiffre total des réserves s'élève à 11 millions 628,851 fr. 62.

L'assemblée, après approbation des comptes et la fixation des dividendes, réélit MM. Bloant et de Maintenant, administrateurs sortants.

En résumé, notre dernier, comme notre premier mot, à propos de la Société générale est pour dire : Quand viendra le jour où l'on s'occupera du développement du commerce et de l'industrie ?

SOCIÉTÉ GÉNÉRALE DE CRÉDIT INDUSTRIEL ET COMMERCIAL

Le rapport lu à l'assemblée générale des actionnaires, le 22 avril, nous montre les opérations de la Société avec des chiffres des plus satisfaisants. Mais là, comme à la Société générale, comme au Crédit foncier, la direction de l'institution se trouve entraînée pour l'emploi des capitaux déposés dans ses caisses, vers les syndicats, les participations et les opérations étrangères.

Or les résultats de cette trop longue campagne ont été si déplorables, et le dégoût du public au sujet de ces ruineuses opérations est si prononcé que nos sociétés financières affectent dans leurs rapports de s'éloigner désormais de ces agissements compromettants. C'est ainsi que M. le marquis d'Audiffret, président du conseil d'administration, annonce que dans l'exercice 1875, le Crédit industriel et commercial *a réduit l'importance de ses participations financières.*

Nous prenons acte de la déclaration ; mais nous constatons en même temps qu'en réduisant ces affaires dans la Société, le conseil d'administration s'est laissé entraîner à prêter son concours à l'Emprunt d'Haïti. Repousser les participations financières, pour ouvrir ses guichets à l'Emprunt d'Haïti, c'est à notre avis troquer son cheval borgne pour un aveugle, et nous demandons où se trouve cet esprit de sagesse et de haute capacité financière qu'une certaine presse est toujours prête à vanter dans nos grands établissements de crédit.

Ceci bien établi, nous constatons bien volontiers les accroissements que le Crédit industriel et commercial nous présente dans ses opérations. Le mouvement des fonds de dépôts qui était, en 1874 de 490,625,078 fr. 50, a été en 1875 de 639,951,572 fr. 40 ; celui des comptes courants qui était en 1874 de 1,235,073,073 fr. 16, a été en 1875 de 2,613,312,830 fr. 53. C'est assurément la preuve que la clientèle de la maison va grandissant.

Le mouvement général de la caisse a porté sur un ensemble de 897,871,832 fr. 71 et le portefeuille a reçu 68,730 effets d'une valeur de 538,987,598 fr. 55.

Le compte profits et pertes a produit pour le premier semestre 2,311,269 fr. 50, et pour le second semestre, 2,359,589 fr. 82; total, 4,670,859 fr. 40.

Il a été fait au mois de novembre dernier une première répartition de 12 fr. par action, soit pour 120,000 actions, 1,440,000 fr.

Le conseil propose une deuxième répartition de 12 fr. par action, ce qui porte à 24 fr. le dividende de l'exercice 1875, et de reporter au crédit du compte profits et pertes la somme de 64,790 fr. 75.

L'assemblée approuve les comptes et remplace au conseil d'administration M. Louvet, décédé, par M. Ernest Lehideux, et réélit administrateur M. V. Jacobs. M. Mathieu-Bodet est réélu censeur.

SOCIÉTÉ DE DÉPOTS ET DE COMPTES COURANTS

L'assemblée du 5 avril, présidée par M. Donon, a entendu un rapport qui constate l'amélioration des opérations sociales pendant l'exercice 1875. L'escompte s'est pourtant ralenti, soit parce que le cours forcé a décidé des maisons étrangères à transporter à Londres le siége de leurs escomptes, soit parce que le ralentissement des affaires commerciales s'applique à la France comme à tous les pays de l'Europe, soit enfin parce que la diffusion des banques et du crédit a éparpillé dans un plus grand nombre de maisons les opérations d'escompte autrefois concentrées sur un petit nombre d'établissements de crédit.

La Société des dépôts et comptes courants s'est appliquée, en présence de cette diminution de l'escompte, à améliorer ses services de manière à développer ses opérations courantes, et elle y a réussi.

Le mouvement de la caisse, recettes et paiements compris, qui n'avait été que de 1,541,524,577 fr. en 1874, a atteint 1,876,627,414 fr. en 1875, réalisant ainsi une augmentation de 335 millions d'une année à l'autre.

Le mouvement des comptes courants a réalisé, de son côté, une augmentation de 176,558,333 fr. Recettes et paiements additionnés, le chiffre a atteint 1 milliard 258 millions.

Le rapport s'occupe ensuite du doublement du capital. Aux termes des statuts, le montant des opérations sociales est subordonné au capital et aux réserves. Or la limite est à la veille d'être atteinte. L'émission de 4,000 actions nouvelles de 500 fr. n'aurait pour but que de mettre le capital social en rapport avec le chiffre des opérations de la Société et en harmonie avec ses dispositions statutaires. Cette émission porterait le capital social au chiffre de 20 millions. Ces titres libérés seulement de 125 fr. seraient réservés aux actionnaires actuels.

Le compte profits et pertes s'est élevé à 1,791,864 fr. 39, ce qui permet de fixer le dividende à 15 francs.

L'assemblée approuve les comptes présentés et la fixation du dividende à l'unanimité. MM. Maurice Aubry, Gustave Delahante, Arsène Blavoyer et Edouard Dalloz, administrateurs sortants, ont été réélus. M. A. Peghoux a été nommé censeur en remplacement de M. Salel de Chassanet, décédé.

BANQUE DE PARIS ET DES PAYS-BAS

La Banque de Paris a sur le marché financier une spécialité qui lui fait gagner de l'argent là où tout le monde en perd. La Banque de Paris et des Pays-Bas prête ses millions au gouvernement espagnol qui les lui rend en lui faisant gagner d'importants bénéfices. C'est que s'il y a fagots et fagots, il y a aussi, paraît-il, pour les gouvernements dette et dette. Les créanciers de la dette consolidée sont ruinés de fond en comble, et les créanciers de la dette flottante sont intégralement remboursés avec de fortes commissions comme en paient les gouvernements qui n'ont plus un sou de crédit.

La Banque de Paris fait donc des avances au gouvernement espagnol, et jusqu'à présent il s'en est bien trouvé. C'est sans doute pour remercier ses prêteurs de leurs bons offices que le gouvernement de Madrid a fondé une banque hypothécaire dans laquelle la Banque de Paris est fortement intéressée. Mais quel que soit le profit qu'on retire d'avances faites à un gouvernement en état de banqueroute flagrante, nous estimons que ces sortes d'opérations ne sont pas sans risques. Qu'un vote des Cortès vienne placer la dette flottante sur le même pied que la dette consolidée, et la Banque de Paris pourrait attendre longtemps les millions prêtés par elle. Et même, sans même recourir à l'action des Cortès, d'inéluctables nécessités comme en éprouvent les gouvernements aux abois, peuvent rendre également impossible le remboursement de tout ou partie de la dette flottante.

Que la Banque de Paris se souvienne de l'imprudence commise par la banque ottomane dans ses rapports avec le gouvernement turc. La Banque ottomane a payé cher les droits et priviléges dérisoires dont l'a gratifiée le grand-vizir. Elle a avancé à la Sublime Porte 75 millions qui sont bien couchés sur les registres de la dette flottante, mais que la Banque ottomane doit considérer maintenant comme bien compromis. Pareille aventure pourrait bien arriver en Espagne à la Banque de Paris.

Ceci posé, nous reconnaissons, avec le rapport présenté à l'assemblée générale le 29 mai, que la situation de la Banque de Paris apparaît comme exceptionnellement bonne. Avec un capital de 62 millions et demi, la Société annonce qu'elle a gagné :

Commissions diverses.....................	569.191 fr.
Intérêts et changes..................... ..	3.424.343
Reports d'actions.......................	1.441.699
Reports de ventes et d'obligations à Paris.	3.103.117
Reports de rentes et d'obligations dans les succursales..............	337.982

Déduction faite de tous les frais, les bénéfices nets s'élèvent à 7,841,759 fr. 68.

Les actionnaires recevront donc, outre 5 0[0 d'intérêt, un dividende supplémentaire de 5 0[0, ce qui représente 50 fr. comme revenu de chaque action, soit 10 0[0 du capital versé.

En distribuant ce dividende, la Banque met encore à sa réserve statutaire 392,088 fr. et au fonds de prévoyance spéciale qu'elle a créé, la somme de 850,000 fr.

Après approbation des comptes, l'assemblée, à l'unanimité, réélit M. Joubert administrateur sortant, et confirme la nomination de MM. de Camondo, banquier, E. Duclerc, sénateur, et E. Dutilleul, député, comme administrateurs de la Banque de Paris et des Pays-Bas.

A l'unanimité également, l'assemblée réélit M. Cunin-Gridaine, censeur sortant. Enfin l'assemblée nomme MM. E. Leviez, Ch. Gide, commissaires chargés de faire un rapport à la prochaine assemblée sur la situation de la Société, sur le bilan et sur les comptes présentés cette année à l'assemblée des actionnaires.

CRÉDIT LYONNAIS

Bien longtemps la Société de Crédit lyonnais a pu se prévaloir de l'avantage de n'avoir pas trempé dans les opérations étrangères qui ont pratiqué dans notre épargne française tant de saignées mortelles. C'est à peine s'il avait tondu de ce pré la largeur de sa langue !

Tant de réserve lui pesait sans aucun doute ; car à l'heure où tant de fâcheux pronostics faisaient prévoir la banqueroute de la Turquie, le Crédit lyonnais jugeait à propos de créer une succursale à Constantinople, pour avoir sa part des dépouilles de *l'homme malade*. Cette initiative tardive n'a pas, on le comprend, apporté au Crédit lyonnais les profits qu'il en attendait. L'heure de la catastrophe arrivée, le Crédit lyonnais s'est trouvé engagé dans une participation qui doit lui peser aujourd'hui. Le rapport présenté à l'assemblée générale le 22 avril, constate, en effet, qu'une somme a été distraite du compte profits et pertes pour amortir la perte subie dans une participation prise à l'occasion de prêts faits au gouvernement turc par la Banque impériale ottomane. Le conseil d'administration du Crédit lyonnais, que l'on disait si sage, doit avoir appris aujourd'hui à ses dépens que la Turquie est arrivée à son heure psychologique, et qu'en tournant ses vues du côté de Constantinople, il a lâché la proie pour l'ombre.

Le rapport affirme que l'actif social se compose de valeurs d'une réalisation prompte et facile, de telle sorte que, dans des moments graves, la Société serait assurée de disponibilités bien supérieures à ses exigibilités.

Les encaisses atteignent aujourd'hui la somme de vingt millions. Le portefeuille s'élève en chiffres ronds à 100 millions, représentés en grande partie par des valeurs que l'on pourrait réescompter à la Banque. Les avances à crédit sur nantissement se composent de reports faits sur les trois places de Paris, Lyon, Londres.

Le compte de profits et pertes, déduction faite de l'amortissement dont nous avons parlé, s'élève à 3,100,224 fr. 14. Après le prélèvement des sommes statutaires, le conseil propose de distribuer 20 fr par action ou de reporter 8,151 fr. 69 au compte de fonds extraordinaires.

L'assemblée, après avoir entendu le rapport des commissaires, approuve les comptes de l'exercice 1875 et approuve la distribution du dividende de 20 fr. L'assemblée confirme ensuite la nomination de M. Léon Masson comme administrateur, en remplacement de M. Lucien Mangini et celle de M. Henri Bouthier, en remplacement de M. Paul Chartron ; réélit MM. Henri Germain et Emile Vauthier, administrateurs sortants, et nomme commissaires pour un an, MM. Léon Basset, Colongeat, Daguin, Ferrouillat et Jaillant.

CRÉDIT MOBILIER ESPAGNOL

Le plus fantasque des établissements de crédit. Si les promesses et les mirages de l'année dernière étaient devenus des réalités, les actions du Crédit mobilier espagnol seraient aujourd'hui à 2,000 fr. et ces titres seraient de l'or en barre. Or c'est à peine si les actions font maintenant 100 fr. de prime et l'épargne rendue prudente par le spectacle d'une spéculation effrénée s en éloigne avec un salutaire effroi.

Et comment en serait-il autrement ? Peut-on regarder comme des affaires sérieuses ces campagnes aventureuses, qui commencent par affirmer que les *éminents financiers* qui dirigent la Société ont réalisé de tels bénéfices, que la Société est en mesure de racheter ses propres actions en conservant un capital considérable pour continuer les opérations sociales ? On ne sait, en vérité, quelle opinion se faire d'une Société qui fait appel à un capital pour entreprendre des affaires et qui, une fois ce capital en mains, n'a d'autre préoccupation que de spéculer sur ses propres actions. Ce n'est pas par de tels agissements que la direction du Crédit mobilier espagnol réhabilitera l'institution du Crédit mobilier en France.

Dans l'assemblée du 21 juin, le rapport lu aux actionnaires annonce que le conseil d'administration a cru devoir vendre sa mine de charbon et le chemin de fer de Barrisselo et diverses portions de terrain qui lui appartenaient à Madrid. De plus, la Société a cédé le chemin de fer de Séville à Cordoue à la Compagnie de Saragosse à Alicante.

Les sommes provenant de ces diverses opérations ont été, bien entendu, suivant les pratiques de la Société, consacrées à la réduction du capital social, au moyen du rachat d'actions, et à d'autres placements que la Société estime devoir être très-avantageux.

Le capital social qui était, il y a quelques années, de 120 millions, n'est plus aujourd'hui que de 39,474,500 fr. représenté par 78,949 actions.

Le compte profits et pertes est inférieur à celui de l'exercice 1874. Cette diminution vient de circonstances spéciales, telles que contributions de guerre et impôts de toutes sortes. Le paiement de ces impôts figure dans les comptes pour 1,357,100 fr. 79 soit 16 fr. 69 par action. Par suite de ces charges, le bénéfice résultant de l'achat fait en 1874 de 30,000 actions au-dessous du pair, a été englobé dans le compte général. Une somme de 700,000 fr. a de plus été portée au débit du compte profits et pertes pour l'amortissement d'un nombre d'actions supérieur au minimum prescrit par les statuts. Le solde disponible n'est plus que de 4 millions 61,362 fr. 01 qui, après les prélèvements statutaires, permettent de distribuer 30 fr. à titre d'intérêts à 80,349 actions de capital et 15 fr. à titre de dividende à 95,000 actions de jouissance, en reportant 9,838 fr. 49 sur l'exercice suivant. 100 fr. ayant été payés en janvier, le paiement du surplus, soit 15 fr., aura lieu à partir du 1er juillet.

L'assemblée, après avoir approuvé les comptes et fixé le dividende ainsi que nous venons de le dire, réélit MM. Delessert et Gustave Pereire, administrateurs sortants.

BANQUE IMPÉRIALE OTTOMANE

Il est peu d'établissements de crédit qui aient pu faire briller aux yeux de leurs actionnaires plus de promesses et plus d'espérances, que la Banque impériale ottomane. Les droits et priviléges lui étaient dispensés par le gouvernement turc avec une prodigalité qui n'était égalée que par l'empressement du même gouvernement à ne pas tenir ses engagements. Qu'importe ? La Banque impériale ottomane, dirigée pourtant par des banquiers sérieux de Londres et de Paris, la Banque ottomane croyait aveuglément à toutes ces mensongères stipulations, et elle ne manquait pas de faire partager sa ferme conviction à ses actionnaires.

Aussi depuis deux ans, les intéressés de la Banque impériale ottomane voyaient-ils l'avenir avec les perspectives les plus brillantes. La Banque ottomane allait devenir le trésorier-receveur et payeur de l'empire. Les avantages qui allaient en résulter ponr elle étaient incalculables, et les actionnaires escomptaient largement cet avenir en faisant monter les actions au-dessus de 600 fr. et en prédisant qu'à bref délai la Banque impériale ottomane serait à 1,000 fr.

Il a suffi d'une épingle pour crever ce ballon. L'épingle était ici bien facile à voir. Elle était dans la main de cette administration turque qui n'a jamais su que percer à jour et réduire à néant toutes les conventions, toutes les stipulations, toutes les garanties, tous les traités qu'elle a signés avec les établissements de crédit, et l'on sait si nous en avons vu passer des engagements, depuis les moutons de la Roumélie jusqu'aux douanes de Constantinople ! Le doute était donc commandé par tout le passé financier de la Turquie, et la Banque impériale, mieux placée que toute autre pour connaître et apprécier le gaspillage des finances ottomanes, aurait dû montrer une résistance à toute épreuve aux demandes d'argent que la Trésorerie ne pouvait manquer de lui adresser.

Eh bien! non. La Banque impériale ottomane s'est montrée, dans ses rapports avec la Sublime-Porte, d'une candeur vraiment surprenante. Loin de résister aux demandes d'argent, la Banque semble, par l'importance des sommes avancées, être allée au-devant des désirs qui pouvaient être exprimés.

C'est là, en effet, la fin caractéristique qui ressort du compte rendu présenté à la réunion générale des actionnaires qui a été tenue à Londres le 28 juin. Il résulte des communications faites que la Banque a fait au gouvernement turc une avance de 75 millions de francs. Cette avance est-elle le prix assigné aux droits et priviléges octroyés à la Compagnie par la Sublime-Porte ? N'est-elle qu'un placement opéré sur la dette flottante de la Trésorerie turque et considéré par les directeurs comme avantageux et rémunérateur ?

Quelle que soit la cause de cette avance qui représente l'immobilisation d'une portion notable des ressources de la Banque, il est certain que cette opération pèse et pèsera lourdement sur la Banque impériale ottomane. La Banque a fait implicitement en quelque sorte l'aveu de cette situation difficile en portant à la *réserve spéciale* le solde des bénéfices annoncés, soit une somme de 371,088 liv. st.

L'assemblée a néanmoins approuvé les comptes présentés d'après lesquels les bénéfices de l'exercice 1875 s'élèvent à la somme de 621,000 liv. st. Sur ce total 250,000, soit 5 fr. par action, ont été distribués en janvier dernier et 371,000 st. ont été gardés en caisse pour parer aux éventualités créées par la situation.

M. Demachy, P. Gilberston, baron Hottinguer et J. W. Larkmy ont été réélus administrateurs.

Et maintenant que va faire la Banque impériale ottomane ? On a parlé d'un appel de fonds: mais le conseil d'administration n'a pas cru, dans les circonstances présentes, donner suite à cette mesure.

BANQUE FRANCO-HOLLANDAISE

La Banque franco-hollandaise a beaucoup fait parler d'elle. Elle a occupé un instant l'attention de tout le monde financier. Elle se présentait comme devant englober, dans un même centre, tout le réseau de nos lignes secondaires, comme devant ressusciter le Crédit mobilier et enfin, comme devant avec ces deux leviers soulever les grandes affaires financières et industrielles du marché de Paris.

C'était une vaste conception, et nous devons constater qu'elle a été entreprise et menée avec la plus grande vigueur par M. Philippart qui a trôné, pendant trois mois, du haut du Crédit mobilier et de la Banque franco-hollandaise, poursuivant de front la même campagne.

Mais le rêve a été aussi court que brillant ; l'entreprise a été aussi désastreuse que retentissante. Tous les plans de M. Philippart sont restés en route. Le Crédit mobilier est retombé sur le lit de douleur où il agonise. La Banque franco-hollandaise est retombée sur ses pieds. Le réseau du chemin d'intérêt local est resté ce qu'il était et il en a été de la campagne de M. Philippart, comme d'un météore. Il n'a brillé qu'un jour et son passage au Crédit mobilier n'a été marqué que par ce fait caractéristique d'une perte de 9 millions sur le capital social. En trois mois, 9 millions. Encore quelques tours de force de ce genre, et le Crédit mobilier sera mort !

Quant à la Banque franco-hollandaise, résumons en peu de mots l'historique de ses opérations, au milieu de ces tumultueuses équipées.

Le 7 octobre 1874, la Banque franco-hollandaise fusionnait avec la Banque franco-autrichienne-hongroise. Cette fusion fut accueillie par la presse comme un acte qui attestait une situation difficile pour les deux banques. Le résultat ne pouvait être avantageux qu'à la condition de constituer pour la Banque franco-hollandaise un capital suffisant pour se faire une place solide parmi nos établissements de crédit.

Ce capital arriva-t-il à la Banque franco-hollandaise par la fusion ? Le rapport présenté à l'assemblée générale des actionnaires du 3 juillet 1873 va nous l'apprendre.

D'après les données de ce rapport, le bilan arrêté le 31 décembre 1874 se soldait, actif et passif, par 115,923,513 fr. 23.

L'encaisse et les billets à recevoir s'élevaient à la somme de 17,993,586 fr. 91.

Les fonds publics et les participations financières montaient à 53,196,507 fr. 50.

A première vue, un tel avoir représente encore des ressources capables de faire face aux besoins d'une compagnie et d'entreprendre des affaires profitables pour les actionnaires. Mais en décomposant cet avoir, on serait arrivé probablement à voir qu'il se composait de valeurs difficiles à réaliser sans pertes énormes. Les billets à recevoir composaient en majeure partie l'encaisse, et quelle était leur valeur ? Quant aux fonds publics et aux participations, il est clair, comme le reconnaît d'ailleurs le rapport, qu'ils étaient représentés par des actions et des obligations des chemins de fer de second ordre, ce qui ne donnait pas à la Compagnie des titres de premier crédit. L'avoir de la Banque était donc assez précaire et c'est précisément pour cette raison que M. Philippart, pour réaliser d'autres moyens d'action, entreprit la campagne du Crédit mobilier.

Chacun sait comment s'est accompli cette brusque évolution du Crédit mobilier. Devenu président du conseil d'administration par la volonté des actionnaires qui avaient approuvé ses propositions, M. Philippart entreprit de ressusciter cette grande Société en faisant appel à un capital nouveau. La plupart des actionnaires, — 95 0/0 — adhérèrent à ce programme. La hausse qui s'était faite à la Bourse sur les actions du Crédit mobilier était, en effet, un stimulant irrésistible. Un seul porteur de vingt actions a fait crouler l'édifice, en invoquant l'intervention de la justice qui annula les résolutions prises par l'assemblée. Les actions rebaissèrent de 400 fr. M. Philippart essaya de résister en créant une Société auxiliaire du Crédit mobilier. Mais la justice fut encore invoquée pour cette nouvelle combinaison, et la seconde tentative échoua comme la première, et M. Philippart dut céder la place que ses adversaires lui contestaient avec tant d'acharnement.

Depuis cette époque, le Crédit mobilier et la Banque franco-hollandaise sont restés sur leur terrain respectif et les deux établissements se sont occupés séparément de leurs affaires.

Dernièrement, le bruit d'une nouvelle fusion entre les deux Sociétés s'est répandu dans le monde des affaires et les actions du Crédit mobilier et de la Banque franco-hollandaise ont sensiblement haussé. Toutefois, jusqu'à présent, rien n'est encore venu confirmer ce bruit. Mais en admettant qu'il se confirme et que les deux Sociétés unissent les épaves de leurs naufrages, nous espérons que l'établissement qui naîtra de cette fusion aura un autre objectif que celui de M. Philippart, dont le projet, tout d'abord, consistait à reprendre les opérations de la Société immobilière.

Si l'on ne prend pas des mouches avec du vinaigre, on n'attire pas non plus les capitalistes avec des ruines.

Un dernier mot. Le chapitre profits et pertes se traduisait fin décembre 1874, par 3,657,568 fr. 70. Sur cette somme, il avait été prélevé un million pour distribuer aux actionnaires 10 fr. par action. Il restait donc encore 2,657,568 fr. 70. Mais le conseil d'administration jugea prudent de mettre cette somme en réserve pour atténuer les pertes de la Société. La réserve statutaire et le fonds de prévision étaient depuis longtemps anéantis, et le montant de ces bénéfices ne suffira certainement pas pour combler le gouffre du passé. On voit que la Banque franco-hollandaise a beaucoup à faire pour détruire les préventions et les résistances qu'elle a déjà rencontrées sur sa route.

CRÉDIT RURAL DE FRANCE

Encore un établissement qui s'est montré au public avec des statuts dorés sur tranches, et qui voit s'émietter d'année en année entre ses mains le capital de ses actionnaires. Voilà bien des assemblées où le Crédit rural ne réunit ses intéressés que pour leur annoncer une métamorphose nouvelle. Nous en avons deux cette fois à enregistrer, et nous ne croyons pas que ce soit les dernières.

L'assemblée qui a eu lieu le 4 mars a été des plus tumultueuses. Récriminations d'actionnaires mécontents de l'appel de fonds qui a été fait; récriminations des commissaires contre le conseil d'administration; récriminations de porteurs de titres affligés de voir la Compagnie toujours en butte à des crises interminables.

Il est certain que les actionnaires ne sont pas sur un lit de roses. La Compagnie a bien distribué un dividende de 7 fr. 50, qui ajoutés aux 5 fr. payés précédemment, élève à 12 fr. 50 la somme que les actionnaires ont touchée depuis la réorganisation du Crédit rural. Mais on est forcé d'ajouter que le conseil d'administration s'est empressé de faire un appel de 100 fr. par action. En réalité, c'est donc une somme de 87 fr. 50 que les actionnaires ont dû verser dans la caisse de la Société. Piteux moyen d'assurer un dividende.

Le conseil d'administration ne fait pas mystère d'ailleurs des difficultés de la situation. Mais pour lui ces difficultés sont surmontables. En tout cas, la tâche ne doit pas être des plus aisées; car voilà bien longtemps que le Crédit rural lutte sans avoir pu vaincre ces obstacles.

En regard de l'actif qui s'élève à 15,177,854 fr. 51, nous trouvons un profit de 5,162,114 fr. 52. D'où ressort un actif de 10,015,739 fr. 99, représentant le capital versé, les réserves, mais déduction faite des frais de premier établissement et les frais généraux.

C'est sur ces données que le conseil d'administration s'appuie pour promettre monts et merveilles à ses actionnaires. Malheureusement quand on va au fond des choses, on trouve un actif qui va s'amoindrissant d'une façon désespérante et un passif qui a des exigences pressantes.

Ainsi comment ne pas être frappé de cette phrase du rapport: « Il est sage de s'attendre lors de la réalisation des valeurs de l'actif à des mécomptes, et nous croyons devoir faire la même réflexion pour le portefeuille d'effets à recevoir et celui des actions et obligations. »

Cette situation plus que difficile pèse naturellement sur la Société, et les actionnaires s'en montrent préoccupés au point que sur l'appel de fonds de 100 fr.; il n'y a de versé, en réalité, que 333,350 fr., et les retardataires ont encore à verser 1,666,650 fr. Les verseront-ils?

Le Crédit rural en était là, quand il nous a fait assister à une nouvelle assemblée qui annonce une troisième transformation. L'instance introduite devant les tribunaux par quelques actionnaires à l'effet d'obtenir la dissolution, ayant été repoussée, le conseil d'administration a repris courage.

Une assemblée générale des actionnaires, réunie le 7 août, a accepté la combinaison suivante proposée par les administrateurs. M. Armand, banquier à Bercy, apporte à la Société une somme de 3 millions, sous la condition que les administrateurs se retireront, et feront abandon de leurs comptes courants créditeurs, pour compenser la perte résultant de l'opération des chemins de fer des Bouches-du-Rhône. C'est un sacrifice de 1,800,000 fr. auquel ces messieurs ont consenti sans résistance.

M. Armand a exigé en outre qu'un appel de fonds de 50 fr. fût voté par l'assemblée générale. Cette condition a été également acceptée.

Cette nouvelle métamorphose sauvera-t-elle le Crédit rural? Il serait permis de se montrer sceptique en jugeant d'après le passé. Le Crédit rural a toujours annoncé d'énormes bénéfices et n'a jamais réalisé que des pertes. L'affaire des phosphates qui devait relever la Compagnie a donné, en 1875, 225,000 fr. de pertes. Attendons le nouvel exercice de la Société sous la direction de M. Armand. Celui-ci est, dit-on, habile; il est certainement bien intentionné. Souhaitons-lui bonne chance.

CRÉDIT GÉNÉRAL FRANÇAIS

Le rapport présenté à l'assemblée générale du 3 avril énumère les différentes affaires conclues par la Société et les bénéfices qu'elles ont permis de réaliser.

Nous n'examinerons pas en détail le mérite des affaires dans lesquelles le Crédit général français a engagé sa clientèle. Plusieurs nous paraissent reposer sur des bases solides, à l'exception, bien entendu, de l'Emprunt d'Haïti. C'était une erreur, et le Crédit général français l'a franchement reconnu ; mais il en a repoussé la responsabilité dans une brochure où tous les faits relatifs à cette émission ont été consignés. Nous n'avons qu'un vœu à former : c'est que le Crédit général français, organisé sur les mêmes bases que la Banque générale de crédit, apporte toujours un entier discernement dans le choix des opérations qu'il propose à sa clientèle.

Le bénéfice de l'exercice est de 2,310,781 fr. 22. Il a été distribué en juillet 25 fr. par action, soit 150,000 fr. Après les prélèvements statutaires, et une partie des bénéfices mise de côté équivalant à 1,310,781 fr. 22 pour être distribué plus tard, il reste encore à répartir une somme de 470,000 fr., ce qui représente un dividende de 78 fr. 33 par action. En ajoutant ces 78 fr. 33 aux 25 fr. distribués en juillet, le revenu de chaque action est de 103 fr. 33 pour l'exercice 1875.

L'assemblée a approuvé les comptes ainsi que la distribution du dividende, et réélu M. Lévêque comme commissaire. En résumé, pour les actionnaires, c'est un exercice satisfaisant.

OUS-COMPTOIR DU COMMERCE ET DE L'INDUSTRIE

Le Sous-Comptoir du commerce et de l'industrie est une Société nouvelle fondée au capital de 3 millions, moyennant échange de 5 actions de l'ancien Sous-Comptoir, mis en liquidation à la suite de pertes considérables, contre une action nouvelle de la Société reconstituée.

Comme solde du chef de cette liquidation, la Société nouvelle encaissera environ 200,000 fr., en admettant que les actions anciennes représentent environ 25 fr. par titre, somme acquise déjà au fonds social.

L'ancienne Société possédait un certain nombre de créances actives, dont l'achat peut donner à la Société nouvelle certains bénéfices. Les rentrées opérées ont déjà couvert à peu près la moitié des débours.

Le nouveau Sous-Comptoir du commerce et de l'industrie apparaît donc comme un réparateur. L'assemblée générale des actionnaires qui a eu lieu le 8 avril, présente la situation sous un jour favorable, et le rapport a été bien accueilli par les actionnaires présents.

Les affaires en cours d'exécution sont satisfaisantes pour un début. Avec un capital de 750,000 fr. les bénéfices se sont élevés à 90,250 fr. 27 net. Le conseil a proposé la répartition suivante : A la réserve statutaire, 4,512 fr. 50 ; aux fondateurs, 4,512 fr. 50 ; aux administrateurs, 9,025 fr.; aux actionnaires, 10 fr. par action; soit 60,000 fr., solde à reporter : 12,201 fr. 27.

Après l'approbation des comptes, le conseil nomme M. Harouel, administrateur, et réélit MM. Jules Hamelin et Hochet de Latevel, commissaires pour l'exercice 1876.

BANQUE FRANCO-ÉGYPTIENNE

L'assemblée générale des actionnaires a eu lieu le 25 avril sous la présidence de M. Rostand.

L'année 1875 a été signalée par des crises désastreuses dont on ne pouvait manquer d'attendre les résultats avec une certaine impatience, surtout pour un établissement de crédit ayant forcément des relations incessantes avec un des pays où ces crises se sont le plus fait sentir. La préoccupation la plus vive des actionnaires était de savoir pour combien la Banque franco-égyptienne était engagée dans la dette flottante du gouvernement du khédive.

Sur ce point capital, le rapport présenté est des plus rassurants. La Banque qui, en 1874, avait en portefeuille un chiffre important de bons du Trésor égyptien, a cru devoir s'en défaire, et la Banque n'en possède plus que pour 1,800,000 fr. C'est un chiffre insignifiant.

Mais l'exercice 1875 a porté préjudice à la Banque franco-égyptienne sur un autre point important. La suspension de paiement de la maison Lutscher et C°, de Londres, engage la Banque franco-égyptienne, sauf rentrées probables, pour une somme de 2,500,000 fr.

C'est une perte sensible et pour se tenir en garde contre les éventualités de l'avenir, le conseil a cru devoir limiter le dividende pour porter à la réserve une somme plus considérable.

Ainsi le total des profits et pertes est pour 1875 de 2,442,468 fr. de bénéfices nets. Sur cette somme un prélèvement de 1 million 250,000 fr. a été fait pour la distribution d'un à-compte de 12 fr. 50 par action, distribué en janvier. Le solde de 1,192,486 fr. a été porté à la réserve dont le montant s'élève maintenant à 6,250,000 fr.

L'assemblée, après avoir entendu le rapport du conseil et le rapport des commissaires, approuve les comptes et la fixation du dividende. Elle contient ensuite la nomination de M. de Grieninger comme commissaire, et réélit M. Defalque comme administrateur sortant.

MM. Kalm et Durand sont nommés commissaires pour l'exercice 1876.

BANQUE FRANÇAISE ET ITALIENNE

L'assemblée générale des actionnaires a eu lieu le 26 avril dernier. Le rapport commence par signaler une double amélioration dans la situation. D'un côté, les affaires qui pesaient sur les opérations de la Société ont été liquidées de manière à laisser à la Société sa liberté d'action pleine et entière, et de l'autre le va-et-vient des opérations courantes va grandissant d'une manière sensible, ce qui prouve que le crédit de la Société est justement apprécié.

Signalons les faits importants de l'exercice. La participation à l'emprunt égyptien a été liquidée à 400 fr. par titre, environ, et la Banque n'en possède pas pour plus de 90,000 fr. Nous sommes frappés de l'empressement que montre la haute finance pour apprendre à ses intéressés qu'elle s'est débarrassée des valeurs égyptiennes.

D'un autre côté, le syndicat dont faisait partie la Banque française, le syndicat qui avait demandé la concession des chemins de fer de la Roumélie, s'est dissous sans avoir rien traité. C'est donc à tort qu'on a reproché au conseil d'avoir en portefeuille des titres de cette Société.

Le reliquat de l'opération ottomane pour 1873 et une perte de la dette de l'Atlantic and Great Western royal company.

En résumé, les bénéfices de la Société s'élèvent nets à 1,884,224 fr. 96, et une réserve extraordinaire de 1,376,841 fr. 30 a été constituée pour mettre le résultat des exercices précédents à l'abri de toute éventualité fâcheuse. Cette réserve est représentée par la plus-value de titres en portefeuille qui n'ont pas encore été réalisés.

L'assemblée, après approbation des comptes présentés, fixe le dividende à 25 fr., dont 12 fr. 50 ont été payés en janvier et le complément en juillet. Les actionnaires ont ensuite élu MM. Fol et Pares, commissaires pour l'exercice 1876.

SOCIÉTÉ FINANCIÈRE DE PARIS

Cette Société anonyme a été autorisée par décret du 15 janvier 1869, pour une durée de vingt-cinq ans. Son siége social est à Paris, 19, rue Louis-le-Grand. La Société a pour objet de faire pour elle-même ou pour le compte de tiers, en France et à l'étranger, toutes opérations financières, industrielles, commerciales, même immobilières, et toutes entreprises de travaux publics. Cependant il lui est interdit : 1° de recevoir des sommes en dépôt, avec ou sans chèques, ou bons à payer ; 2° d'émettre aucun bon ou obligation contre sommes reçues et remboursables soit à vue, soit à époque fixe. Le capital social est de 40 millions de francs, divisés en 80,000 actions nominatives de 500 fr., sur lesquelles il a été versé 250 fr.

La dernière assemblée générale de la Société financière a eu lieu le 15 mars dernier.

Aux termes du rapport qui a été approuvé par l'assemblée, les résultats satisfaisants de l'exercice se traduisent par 2,194,000 fr. de bénéfices, ce qui a permis de porter le dividende à 20 fr., dividende qui n'avait été que de 17 fr. 50 l'exercice précédent. Entre autres affaires nouvelles de la Société, on peut citer : le chemin de fer de la Teste à l'Etang-de-Cazeaux, l'entreprise de l'éclairage au gaz du vieux Pétersbourg et de Viborg, la construction et l'exploitation des tramways de Nice, etc. L'assemblée a sanctionné l'intention du conseil d'administration de porter, comme précédemment, une portion des bénéfices au fonds de prévoyance, pour parer à tout mécompte Le prélèvement ainsi consenti se trouve être de presque le double de celui de l'année dernière, c'est-à-dire de 450,000 fr. au lieu de 250,000 fr.; de telle sorte que le fonds de prévoyance s'élève aujourd'hui à 900,000 fr.

Le dividende de 20 fr. ayant été voté, les bénéfices, qui sont exactement de 2,193,978 fr., ont été répartis de la manière suivante : — fonds de prévoyance, 450,000 fr.; — réserve statutaire, 87,198 fr.; — intérêts du capital versé, 1 million ; — prélèvement statutaire pour les administrateurs, 65,677 fr.; — dividende de 7 fr. 50 par action, 600,000 fr.; enfin on a reporté à l'exercice en cours un solde de 2,439 fr.

Sur le revenu de 20 fr., un à-compte de 6 fr. 25 avait été payé en octobre dernier ; le solde, soit 13 fr. 75, a été payé à partir du 1er avril de cette année.

Ont été réélus : MM. Aubry, Crapelet et Lippmann, administrateurs sortants, ainsi que M. le vicomte Clauzel, membre sortant du comité de censure.

L'assemblée a également ratifié la nomination provisoire de M. Peghoux comme censeur, en remplacement de M. le comte de Leusse, démissionnaire.

BANQUE BRÉSILIENNE FRANÇAISE

Nous ne rappelons que pour mémoire cet établissement de crédit dont nous avions donné la constitution dans notre précédente édition.

Cette Banque est en liquidation depuis le mois de février, rue Taitbout, n° 29, chez M. Mirabaud.

SOCIÉTÉ FRANÇAISE ET BELGE DE BANQUE ET D'ESCOMPTE

Constitution : Société anonyme libre, créée par un acte du 31 octobre 1872.

Siége social : A Paris, 20, rue de Choiseul.

Durée : 30 ans.

Objet : Escompter tous effets de commerce, warrants, bulletins de gage ; fournir ou recevoir des fonds en comptes courants, faire tous paiements, recouvrements et encaissements, recevoir en dépôt, moyennant droit de garde, tous titres et valeurs, émettre tous chèques, bons ou promesses ; ouvrir et se faire ouvrir tous crédits, faire des prêts et avances, ou emprunter soit sur obligations personnelles, soit sur effets publics, actions, obligations, warrants, connaissements, marchandises et autres valeurs mobilières pouvant être données en nantissements ou hypothèques ; faire tous achats et ventes de valeurs d'or et d'argent, d'effets de change et de commerce ; faire, pour le compte de tiers, toutes émissions d'actions et d'obligations, tous achats et ventes, opérations de commission et de consignation.

Capital social : 5 millions de francs divisé en 10,000 actions nominatives ou au porteur, sur lesquelles il n'a été versé que 250 fr. jusqu'à ce jour.

L'assemblée générale des actionnaires a eu lieu le 25 mars 1876.

Les membres du conseil d'administration qui ont été confirmés dans leur gestion sont : MM. Henry Davillier, *président ;* Léopold Martineau, Léon Orban, Armand Gibert, J. Vander Straeten ; — *Directeur*, M. L. Veyer.

Sur le rapport soumis à l'assemblée on relève les traits suivants :

Le compte de profits et pertes accuse un chiffre de bénéfices, pour l'exercice écoulé, de 164,004 fr. 19, ainsi réparti : 10 0/0 à la réserve, ou 16,400 fr. 40 ; 12 fr. 50 par action (soit 5 0/0 de la somme versée), ou 125,000 fr.; 18,000 fr. d'allocation aux membres du conseil (suivant les statuts); 4,097 fr. 40 pour amortissement des frais d'installation, et 506 fr. 39 à reporter sur l'exercice 1876.

Le dividende distribué à partir du 1er avril dernier, a été de 12 fr. 50 par action.

COMPTOIR CENTRAL DE CRÉDIT

Cette Société en commandite a été créée par acte du 24 mai 1853. Sa raison sociale, qui était *Bonnard et Ce*, est aujourd'hui *Naud et Ce*. Sa durée est jusqu'au 31 décembre 1880.

Capital social : 5,500,000 fr., représenté par 55,000 actions libérées au porteur, de 100 fr. chacune.

Objet de la société : Commission et échange en nature des marchandises, immeubles, etc.

Siége social : Rue Saint-Lazare, 77 (place de la Trinité).

Dans l'assemblée générale qui a eu lieu le 2 mars 1876, le bilan de l'exercice 1875, qui a été soumis à son approbation et qu'elle a approuvé, présente les faits suivants : — caisse et portefeuille, 1,356,578 fr. 71 ; — billets de crédit, 968,479 fr. 05 ; — immeubles, 5,069,388 fr. 27 ; — valeurs diverses, 914,472 fr. 66 ; — créditeurs divers, 1,374,536 fr. 51 ; — comptes d'ordre, 1,499,135 fr. 23 ; — capital, 5,224,800 fr.

En somme, le compte de profits et pertes s'élève à 210,446 fr. 95 c., représentation du chiffre des bénéfices nets de l'exercice 1875, sur lesquels a été opéré dès le 6 mars 1876 une répartition de 3 fr. 70 par action.

BANQUE GÉNÉRALE DE CHANGE ET DE COMMISSION

Constitution : Société anonyme libre, créée par acte du 22 février 1872.

Siége social : Rue de Châteaudun, 53, à Paris.

Durée : 40 ans.

Capital social : 10 millions de francs, représentés par 20,000 actions de 500 fr., libérées de 250 fr.

Objet : Opérations de change, de commission et de banque.

Aux termes du rapport présenté à la dernière assemblée générale des actionnaires, tenue le 22 juin 1876 au siége de la Société, le bilan, actif et passif, se solde par 11,239,292 fr. 23, savoir :

Le compte de profits et pertes se monte à 145,496 fr. 86, chiffre inférieur à celui des années précédentes. Cette somme, déduction faite de 7,274 fr. 84 pour la réserve statutaire, a été portée à la réserve exceptionnelle.

Dans la même assemblée, M. H. Renard a été nommé *administrateur-directeur*, en remplacement de M. Deutz, démissionnaire ; ont été également nommés : M. Ph. Juslé, *administrateur*, en remplacement de M. Armieux, démissionnaire, et M. Giraud, comme *commissaire* pour l'exercice 1876.

BANQUE GÉNÉRALE DE CRÉDIT

Société constituée par acte du 7 juillet 1875.

SIÉGE SOCIAL : 7, rue Lafayette.

DURÉE : 30 ans.

OBJET : Toutes opérations de banque, et notamment l'achat, la vente et l'émission de valeurs mobilières.

CAPITAL SOCIAL : 5 millions de francs, divisé en 5,000 actions libérées de 1.000 fr. chacune.

ADMINISTRATEURS : MM. Antoine Beaure, *président*. — Henri Beaure. — Émile Beaure. — Auguste Deroide. — Émile Gallet, O. ✻. — Arnold Henryot. — Victor Ledien.

Bien que de formation récente, cette Société existait depuis quatre ans et demi, sous forme de Société en participation; elle a donné, pendant cette durée, un bénéfice moyen de 36 0/0 par an.

La *Banque générale de Crédit* a des succursales à Amiens, Angers, Besançon, Bordeaux, Brest, Boulogne-sur-Mer, Bruxelles, Dijon, Le Havre, Lille, Limoges, Lyon, Lunéville, Mâcon, Le Mans, Marseille, Montpellier, Nancy, Nantes, Nice, Nîmes, Reims, Rennes, Rouen, Saint-Étienne, Strasbourg, Toulon, Toulouse, Tours, Versailles.

D'autres succursales sont en voie d'installation dans les principales villes de France.

SOCIÉTÉ LEHIDEUX ET Cie

Société en commandite, créée par acte du 15 mai 1849, sous la raison sociale : Lehideux et Ce.

SIÉGE SOCIAL : Rue de la Banque, 16, à Paris.

DURÉE : Jusqu'au 31 mars 1880.

OBJET : Escompte du papier de commerce.

CAPITAL SOCIAL : 12 millions de francs, divisé en 12,000 actions de 1,000 fr. au porteur, dont il n'a été émis que 8,000.

CONSEIL DE SURVEILLANCE : MM. Bachaud et Cavard.

La deuxième assemblée générale des actionnaires de cette Société a eu lieu le 23 mai 1876.

Aux termes du compte rendu présenté à l'assemblée par la gérance, en la personne de M. Lehideux père, le chiffre des affaires de l'exercice écoulé s'est élevé à 536 millions, avec augmentation de 50 millions sur l'exercice précédent.

Le bénéfice net de l'exercice se chiffre par 1,012,114 fr. 30.

La répartition de ce bénéfice a eu lieu dans les proportions suivantes : — 5 0/0 aux employés, soit 50,605 fr. 70 ; — 15 0/0 à la réserve, dont 43 fr. 75,805c aux actions, ou 10 fr. 37 par action, soit 151,817 fr. 15 ; — 43 fr. 75 0/0 aux actions, ou 55 fr. 35 c. par action, soit 442,800 fr. ; — et 36 fr. 25 0/0 à la gérance, soit 366,891 fr. 45 ; — soit en tout une somme de 1,012,114 fr. 30, représentant le bénéfice net indiqué plus haut.

Il résulte donc des proportions ci-dessus que le produit des actions pendant l'exercice écoulé a été, savoir : à titre de *dividende*, de 95 fr. 35 par action, ou 9 fr. 53 0/0 ; à titre de *réserve*, de 10 fr. 37 par action, ou 1 fr. 03 0/0.

Un premier à-compte de 20 fr. ayant été touché en janvier, il restait à recevoir pour solde de dividende, déduction faite de l'impôt sur le revenu, la somme de 72 fr. 50.

La réserve entière s'élève aujourd'hui à 1,441,903 fr. 73.

L'assemblée a accepté la démission de gérant de M. Lehideux père, démissionnaire pour raison de santé, et l'a nommé membre du conseil de surveillance ; elle a également maintenu les anciens membres du conseil qui sont : MM. Bachoux, Brebion, Cavaré, Doé, Gaillard, Hamel, Hellot, Hubin, Loysel, Pinatel, Reveilhac et Servant.

BANQUE DE L'UNION FRANCO-BELGE
BANQUE NATIONALE DE CRÉDIT

Nous ne faisons ici que rappeler simplement pour mémoire ces deux Sociétés de crédit dont il avait été fait mention dans la précédente édition du *Guide-Manuel*, et seulement pour édifier nos lecteurs sur tout ce qui peut les intéresser.

La *Banque de l'Union Franco-Belge* a cessé ses opérations.

La *Banque Nationale de Crédit*, qui avait son siége social 4, Chaussée-d'Antin, est aujourd'hui en liquidation, rue Neuve-Saint-Augustin, 8.

BANQUES COLONIALES

Cinq *banques coloniales* ont été instituées par des lois spéciales, de 1851 à 1854.

AGENT CENTRAL DES CINQ BANQUES COLONIALES A PARIS : M. Le Pelletier de Saint-Remy.

COMMISSION DE SURVEILLANCE DES CINQ BANQUES COLONIALES A PARIS : MM. De Villers, *président*. — Goussard. — Rod. Hottinguer. — Dutilleul. — Benoist d'Azy. — Hennequin. — Ogier d'Ivry.

Ces cinq banques sont :

1° La Banque de la Martinique

CONSTITUTION. — Société anonyme instituée par la loi du 11 juillet 1851.

SIÉGE SOCIAL : à Saint-Pierre (Martinique); agence centrale à Paris, 39, rue d'Amsterdam.

CAPITAL SOCIAL : 3 millions de francs, représenté par 6,000 actions libérées, nominatives, de 500 fr. Le transfert peut s'opérer à l'agence centrale de Paris.

PRIVILÉGES : Émission de billets au porteur et à vue.

OPÉRATIONS : Escompte des effets à ordre, traites du Trésor public, obligations négociables ou non négociables, garanties soit par des récépissés de marchandises déposées dans les magasins publics, soit par des cessions de récoltes pendantes, ou transferts de rentes ou dépôts de lingots, monnaies et matières d'or et d'argent ; encaissements d'effets, garde de toutes les valeurs.

DIRECTEUR : A. Saint-Michel Rivet.

ADMINISTRATEURS : de la Tranchade. — Ch. Borde. — Monguy. — Doucet.

2° La Banque de la Guadeloupe

Instituée par la loi du 11 juillet 1851.

SIÉGE SOCIAL : à la Pointe-à-Pitre (Guadeloupe), avec agence centrale à Paris, 39, rue d'Amsterdam.

CAPITAL SOCIAL : 3 millions de francs, divisé en 6,000 actions libérées, nominatives, de 500 fr. Le transfert peut s'opérer à l'agence centrale de Paris.

OPÉRATIONS : Les mêmes que celles de la Martinique.

DIRECTEUR : Adr. Dancy.

ADMINISTRATEURS : MM. Ad. René. — Verteuil. — Chefdrue.

DIRECTEUR : M. André.

ADMINISTRATEURS : MM. Dumont. — Desamet. — D'Erneville.

3° La Banque de l'île de la Réunion

CONSTITUTION : Société anonyme, instituée par la loi du 11 juillet 1851.

SIÉGE SOCIAL : à Saint-Denis (île de la Réunion), agence centrale à Paris, 39, rue d'Amsterdam.

OBJET : Mêmes opérations que celles de la Banque de la Martinique.

CAPITAL SOCIAL : 3 millions de francs, représenté par 6,000 actions libérées nominatives de 500 fr. chacune. Le transfert peut s'opérer à l'agence centrale de Paris.

DIRECTEUR : M. Bridet.

ADMINISTRATEURS : MM. Z. Bertho. — Echernier. — Lahuppe Verrières, *trésorier de la colonie*.

4° La Banque de la Guyane française

CONSTITUTION : Société anonyme, instituée par décret impérial du 1er février 1854.

SIÉGE SOCIAL : à Cayenne, agence centrale à Paris, 39, rue d'Amsterdam.

OBJET : Opérations de la Banque de la Martinique.

CAPITAL SOCIAL : 600,000 fr., représenté par 1,200 actions.

DIRECTEUR : M. de Robert.

ADMINISTRATEURS : MM. Emler. — P. Buja. — A. Couy. — Cassé, *trésorier de la colonie*.

5° La Banque du Sénégal

CONSTITUTION : Société anonyme, instituée par décret impérial du 21 décembre 1853.

SIÉGE SOCIAL : à Saint-Louis. Agence centrale à Paris, 39, rue d'Amsterdam.

CAPITAL SOCIAL : 230,000 fr., représenté par 460 actions nominatives de 500 fr.

CHAPITRE IV

SOCIÉTÉS DE CRÉDIT DES DÉPARTEMENTS

COMPTOIR D'ESCOMPTE DE ROUEN

Constitution : Société en commandite, créée par acte du 31 mars 1854.

Raison sociale : Jules Le Picard et Ce.

Siége social : A Rouen.

Durée : 19 ans et 9 mois.

Capital social : 4 millions de francs, divisé en 4,000 actions nominatives de 1,000 fr. chacune, libérées de 250 fr. Il existe néanmoins 200 actions libérées complétement.

Gérance : MM. Jules Le Picard et Ernest Le Picard.

Conseil de surveillance : MM. Esclavy.— Gaignæux.— Ph. Morel.— E. Prevel.—Auber. — J. Keittinger.— H. Germonière. — E. Alleaume.— Auvard. — Duval. — Petit. — Étienne.

COMPTOIR D'ESCOMPTE DE LYON

Constitution : Société en commandite, créée par acte du 3 avril 1854.

Raison sociale : Bine, Gonton et Ce.

Siége social : 9, rue Saint-Côme, à Lyon (Rhône).

Durée : 27 ans, à partir du 3 avril 1854.

Capital social : 2 millions de francs, divisé en 4,000 actions libérées, nominatives, de 500 fr. chacune.

COMPTOIR D'ESCOMPTE DE CAEN

Constitution : Société anonyme, autorisée par décret du 9 septembre 1854.

Siége social : A Caen (Calvados).

Durée : 40 ans, à partir du 2 juin 1854.

CAPITAL SOCIAL : 2 millions de francs, divisé en 4,000 actions libérées, nominatives ou au porteur, de 500 fr. chacune.

Inventaire au 30 juin.

DIRECTEUR : M. A.-C.-E. Mondeharc.

ADMINISTRATEURS : MM. E. Solenge, *président.* — L.-A. Mignot. — A.-P. Grusse-Dagneaux. — J.-E. Ravenel. — J.-B.-E. Jardin fils aîné.— J.-A. Denis.— E.-P.-M. Boullement d'Ingremare. — J.-A. Roger. — Ch. Solenge. — Savare.— Engerand.— Manchon.

COMMISSAIRES : MM. Ch. Plaisant. — Berjot. — Levard.

COMPTOIR D'ESCOMPTE D'ANGOULÊME

Société anonyme, créée le 1er janvier 1870, pour une durée de neuf ans à partir de cette date.

SIÉGE SOCIAL : Angoulême.

CAPITAL SOCIAL : 3 millions de francs, divisé en 3,000 actions libérées au porteur, de 1,000 fr. chacune, sur lesquelles il a été versé 400 fr.

DIRECTEUR : M. Bugeaud.

CONSEIL D'ADMINISTRATION : M. Decescaud, *président.*

COMPTOIR D'ESCOMPTE DE REIMS

CONSTITUTION : Société en commandite, par acte du 23 janvier 1854, pour la durée de 29 ans.

RAISON SOCIALE : Plumet et Ce.

SIÉGE SOCIAL : A Reims.

CAPITAL SOCIAL : 6 millions de francs, divisé en 12,000 actions nominatives de 500 fr., dont 6,000 sont libérées de 400 fr., et les 6,000 autres libérées seulement de 125 fr.

GÉRANCE : M. Plumet.

CONSEIL DE SURVEILLANCE : M. Maille-Leblanc, *président.*

CRÉDIT HAVRAIS

Société à responsabilité limitée, dont le siége social est au Havre.

DURÉE : 20 ans.

CAPITAL SOCIAL : 8 millions de francs, représenté par 16,000 actions nominatives de 500 fr. libérées de 200 fr.

Cette Société a pour objet : escompte des effets de commerce, warrants, lettres de grosse, achat de matières d'or et d'argent, comptes courants, achat et vente de fonds publics, prêts et emprunts sur valeurs publiques, reports sur rentes et actions de chemins de fer, etc.

ADMINISTRATEUR DÉLÉGUÉ : M. Edmond Roguier.

CONSEIL D'ADMINISTRATION : M. le baron Hottinger, *président.*

CAISSE COMMERCIALE DE BÉTHUNE

Société en commandite, créée par actes des 6 juillet et 9 août 1871, sous la raison sociale Rupert, Sauier et Cᵉ.

SIÉGE SOCIAL : A Béthune (Pas-de-Calais).

DURÉE : 15 ans, à partir de 1871.

CAPITAL SOCIAL : 300,000 fr. divisé en 600 actions nominatives de 500 fr., sur lesquelles il a été versé 250 fr.

CONSEIL DE SURVEILLANCE : M. Brun, *président.*

CAISSE COMMERCIALE DE SAINT-QUENTIN

CONSTITUTION : Société en commandite, créée par acte du 15 octobre 1836.

RAISON SOCIALE : Lécuyer et Cᵉ.

SIÉGE SOCIAL : Saint-Quentin ; succursale à Paris, 17, rue de la Banque.

DURÉE : Du 1ᵉʳ janvier 1837 au 31 décembre 1877.

CAPITAL SOCIAL : 12 millions de francs, représenté par 24,000 actions libérées nominatives de 500 fr. chacune.

GÉRANCE : MM. Lecuyer aîné.— Jules et Clovis Lecuyer.

CONSEIL DE SURVEILLANCE : MM. Huet-Jacquemin, *président.* — Livorel. — Quennouelle.— Cliff William.— Eug. Bourdon.

CAISSE INDUSTRIELLE DE SAINT-QUENTIN

CONSTITUTION : Société en commandite, créée par acte du 5 janvier 1847.

RAISON SOCIALE : Néc et Cᵉ.

SIÉGE SOCIAL : A Saint-Quentin (Aisne) ; succursale, 35, rue du Faubourg-Poissonnière, à Paris.

DURÉE : 20 ans, à partir du 1ᵉʳ janvier 1847.

Capital social : 4 millions de francs, divisé en 4,000 actions, nominatives ou au porteur, de 1,000 fr. chacune, sur lesquelles il n'a été versé que 500 fr.

CAISSE INDUSTRIELLE DU NORD

Constitution : Société en commandite, créée par acte du 2 octobre 1846.

Raison sociale : L. Dupont et Cie.

Siége social : 70, rue du Quesnoy, à Valenciennes ; succursale à Douai (Nord).

Durée : 50 ans, à partir du 1er décembre 1846.

Capital social : 10 millions de francs, divisé en 10,000 actions nominatives de 1,000 fr.

Gérance : MM. Louis Dupont, Paul Dupont et Pierre Dupont.

Conseil de surveillance : MM. Gouvion-Deroy. — Ad. Patoux. — Aimé Deslinsel. — Ad. Leclercq. — J.-B. Dupas-Brasme.

CAISSE DU COMMERCE ET DE L'AGRICULTURE

Société en commandite, créée le 6 avril 1846, pour une durée de 40 ans.

Raison sociale : Museux, Rouart et Cie.

Siége social : à Saint-Quentin, avec succursale à Ham (Somme).

Capital social : 6 millions en 6,000 actions nominatives de 1,000 fr., sur lesquelles il a été versé 500 fr.

Gérance : MM. Museux. — Rouart. — Lepaute.

Conseil de surveillance : M. Laporte, *président*.

COMPTOIR DE VALENCIENNES

Société anonyme libre, créée le 7 décembre 1866, pour une durée de 57 ans 1/2.

Siége social : à Valenciennes (Nord).

Capital social : 1,500,000 fr., divisé en 3,000 actions nominatives de 500 fr., sur lesquelles 200 fr. ont été versés. — Transmission des actions, par voie de transfert, au siége social.

Administrateurs délégués : MM. Jules Lefebvre, *directeur*, et Julien Decle.

CAISSE DÉPARTEMENTALE DE LA MAYENNE

Société en commandite, créée le 25 mai 1847, avec durée jusqu'en 1882, sous la raison sociale : Chanteau, veuve Vieillard et Ce.

SIÉGE SOCIAL : à Laval.

CAPITAL SOCIAL : 2,000,000 fr. en 2,000 actions nominatives de 1,000 fr.

CAISSE COMMERCIALE D'AMIENS

CONSTITUTION : Société en commandite créée par acte du 14 juillet 1849.

RAISON SOCIALE : J. Le Bouffy et Ce.

SIÉGE SOCIAL : à Amiens.

DURÉE : 30 ans.

CAPITAL SOCIAL : 2,500,000 fr., divisé en 1,250 actions nominatives de 2,000 fr. chacune, dont 500 libérées intégralement et 750 sur lesquelles il n'a été appelé que 500 fr.

GÉRANCE : M. J. Le Bouffy.

CONSEIL DE SURVEILLANCE : MM. Ponthieu-Crémery, *président*. — A. Duflos. — Rayez. — A. Carpentier. — Lavallart.

CAISSE COMMERCIALE DE VITRY

CONSTITUTION : Société en commandite créée par acte du 1er mars 1851.

RAISON SOCIALE : Jacquier, Vallet et Ce.

SIÉGE SOCIAL : à Vitry-le-Français (Marne).

DURÉE : 25 ans, à partir du 1er mars 1851.

CAPITAL SOCIAL : 1,200,000 fr., divisé en 6,000 actions libérées au porteur, de 100 fr. chacune et 1,200 actions également libérées, de 500 fr. chacune.

COMPTOIR D'ESCOMPTE DE MIRECOURT

Société en commandite en date du 14 mars 1853.

RAISON SOCIALE : Auguste Evrard et Ce.

SIÉGE SOCIAL : à Mirecourt (Vosges), avec succursales à Epinal, Neufchâteau et Charmes.

DURÉE : 30 ans.

Capital social : 2 millions en 4,000 actions libérées nominatives de 500 fr.

Gérance : MM. Auguste Evrard. — Jules Evrard et Auguste Evrard.

Conseil de surveillance : M. Pommier, *président.*

COMPTOIR DU FINISTÈRE

Société en commandite, créée par acte du 24 août 1853, sous la raison sociale : Lemonnier frères et Ce.

Siége social : à Brest, avec succursale à Morlaix (Finistère).

Durée de la Société : 30 ans.

Capital social : 3 millions, divisé en 3,000 actions nominatives de 1,000 fr. — Transmission des actions au siége social, par voie de transfert.

SOCIÉTÉ LYONNAISE DE DÉPOTS ET COMPTES COURANTS ET DE CRÉDIT INDUSTRIEL

Constitution : Société anonyme autorisée par décret du 8 juillet 1865.

Siége social : Palais Saint-Pierre, rue de l'Hôtel-de-Ville, à Lyon.

Durée : 30 ans.

Capital social : 20 millions représentés par 40,000 actions nominatives de 500 fr., libérées de 125 fr.

Objet : Escompte, avances sur Rentes françaises, actions et obligations d'entreprises industrielles; avances aux Sociétés de commerce contre nantissement; recouvrements; souscriptions pour compte de tiers; ouvrir des comptes courants, etc.

Administrateurs : MM. A. Montessuy, *président.* — Gust. Gros, *vice-président.* — P. Bissuel. — Arthur Brolemann. — Caquet-Vauzelle. — Champagne aîné. — Durrieu. — Ed. Gautier. — Baron Le Febvre. — A. Monterrad. — Osmont. — Pariset. — J.-B. Perret. — E. Rimaud.

Administrateur délégué : M. François Robert.

Censeurs : MM. Paul d'Aubarède. — L. Audibert. — M. Thomasset.

L'assemblée générale des actionnaires a eu lieu à Lyon, le 6 avril. Le rapport présenté signale l'augmentation des affaires sociales sur tous les chapitres des opérations, et en tire cette conclusion que la Société répond à un besoin public et permet d'espérer un développement constant.

Le produit brut des profits et pertes s'est élevé à 3,444,150 fr. 39 qui, en déduisant tous les frais, laisse disponible un solde de 800,605 fr. 13.

Ce bénéfice net permet de fixer le dividende à 12 fr. 50 par action pour l'exercice 1875, de porter 210,000 fr. à la réserve, et de laisser une réserve de 30,845 fr. 13 pour l'exercice suivant.

Après la lecture du comité de censure, l'assemblée adopte les comptes présentés et approuve le dividende de 12 fr. 50. En novembre dernier, les actionnaires ont déjà reçu 5 fr.; le complément leur a été payé le 1er mai.

Les deux administrateurs sortants, MM. Brolemann et Reciandy, et le censeur également sortant, M. Audibert, ont été réélus. M. Mouserrend, administrateur décédé, a été remplacé par M. Thomasset, et M. E. Ferber a été élu censeur.

SOCIÉTÉ MARSEILLAISE DE CRÉDIT INDUSTRIEL ET COMMERCIAL ET DE DEPOT

Constitution : Société anonyme autorisée par décret du 2 octobre 1865.

Siége social : 74, rue de Paradis, à Marseille

Durée : 30 ans.

Capital social : 20 millions représentés par 40,000 actions nominatives libérées de 125 fr.

Objet de la Société : escomptes, recouvrements, avances sur nantissement, ouverture de crédit et comptes courants.

Conseil d'administration : M. Pastré, *président.*

Administrateur délégué : M. Cauve.

CAISSE DE CRÉDIT DE NICE

Constitution : Société à responsabilité limitée, créée par acte du 1er mai 1865.

Siége social : Nice (Alpes-Maritimes).

Durée : 20 ans.

Capital social : 5 millions représenté par 10,000 actions nominatives de 500 fr., libérées de 200 fr.

Objet : Avances; escomptes; souscriptions; comptes courants, etc.

Administrateurs : MM. Max. Sauvan, *président.* — Eug. Abbo. — J. Boutau. — H. de Saint-Cyr. — Jules Gilly. — Léger-Marchessaux. — Eug. Dauprat. — Adolphe Sicard, *directeur.*

Commissaires : MM. Th. Rouquier. — Édouard Vial.

SOCIÉTÉ COMMERCIALE ET INDUSTRIELLE DE NICE

Constitution : Société anonyme libre, créée par acte d'octobre 1869.

Siége social : à Nice.

Durée : 25 ans.

Objet : Les opérations commerciales et industrielles et principalement le commerce des grains et farines et l'exploitation des moulins apportés à la Société.

Capital social : 1,200,000 fr., divisé en 2,400 actions libérées, nominatives ou au porteur, de 500 fr. chacune.

Administrateurs : MM. Eug. Abbo, *président.* — Jules Gilly, *secrétaire.* — Eug. Dauprat. — H. de Saint-Cyr. — Léger-Marchessaux. — L. Aune. — Ad. Sicard. — Michel Gautier.

Commissaires : MM. Célestin Arlaud. — J. Boutau.

BANQUE COMMERCIALE DE SEDAN

Constitution : Société en commandite par acte du 31 janvier 1870.

Raison sociale : Cougar et Ce.

Siége social : 5, place Turenne, à Sedan (Ardennes).

Durée : 10 ans, à partir du 1er juillet 1870.

Capital social : 3 millions, divisé en 6,000 actions libérées nominatives de 500 fr. chacune.

Conseil de surveillance : MM. Edmond Gollnisch. — Charles Philippoteaux. — Kistemann. — Louis David. — Piot. — Jules Lamotte.

CAISSE COMMERCIALE DU GARD

Société en commandite en date de création de 1865, sous la raison sociale : François Salten et Ce.

Siége social : à Nîmes, avec succursales à Alais et Anduze

Capital social : 2 millions en 4,000 actions de 500 fr., libérées de 250 fr.

Conseil de surveillance : M. Ausset, *président.*

CRÉDIT DU NORD

Société anonyme autorisée par décret du 5 mai 1866, transformée en Société anonyme libre, le 10 octobre 1871, pour la durée de 30 ans.

Siége social : à Lille, avec succursale à Roubaix (Nord).

Capital social : 20 millions, divisé en 40,000 actions nominatives ou au porteur de 500 fr., sur lesquelles 300 fr. ont été versés.

Objet de la Société : Escomptes, avances, ouverture de crédits et comptes courants, etc.

Administrateur délégué : M. Kiener.

Conseil d'administration : M. Crespel-Tilloy, *président.* — M. Aubry, *vice-président.*

Commissaires : MM. Cabilloux et Schautteten.

CAISSE D'ESCOMPTE DE L'ARRONDISSEMENT DE LILLE

Société en commandite, créée par acte du 10 juin 1856, sous la raison sociale : Pérot et Ce.

Siége social : à Lille, avec succursales à Tourcoing, Roubaix et Armentières (Nord).

Durée : jusqu'au 10 décembre 1882.

Capital social : 8 millions, divisé en 16,000 actions libérées, nominatives ou au porteur, de 500 fr.

Gérance : M. Jean-Marie-Albert Pérot.

Conseil de surveillance : M. Van Hedfeghem, *président.* — M. Roussel-Defontaine, *vice-président.*

SOCIÉTÉ FAIVRE et Ce

Société en commandite, fondée par acte du 5 mai 1858, sous la raison sociale : Faivre et Ce.

Siége social : à Luxeuil (Haute-Saône), avec succursales à Vesoul et Saint-Loup.

Durée : 25 ans.

CAPITAL SOCIAL : 1 million, représenté par 2,000 actions nominatives ou au porteur, libérées de 500 fr. Il n'a été émis que 1,200 actions jusqu'à ce jour.

COMPTOIR DU COMMERCE DU HAVRE

Société en commandite, fondée par acte du 26 octobre 1866, sous la raison sociale : Heuzey et Cᵉ.

SIÉGE SOCIAL : au Havre (Seine-Inférieure).

DURÉE : jusqu'en 1878.

CAPITAL SOCIAL : 2 millions, divisé en 2,000 actions libérées nominatives de 1,000 fr.

GÉRANCE : MM. Heuzey et Philbert.

CONSEIL DE SURVEILLANCE : M. Spreenghie, *président*.

CAISSE D'ESCOMPTE D'ANNECY

CONSTITUTION : Société anonyme française, autorisée par décret royal du 4 août 1856.

SIÉGE SOCIAL : Annecy (Haute-Savoie).

DURÉE : 25 ans.

CAPITAL SOCIAL : 400,000 fr., divisé en 800 actions libérées nominatives de 500 fr.

DIRECTEUR : M. François Bachet.

CAISSE COMMERCIALE DE LILLE

CONSTITUTION : Société en commandite, créée par acte du 10 novembre 1858.

RAISON SOCIALE : Verley, Decroix et Cᵉ.

SIÉGE SOCIAL : à Lille (Nord), succursales à Armentières et à Béthune.

CAPITAL SOCIAL : 5 millions, représenté par 10,000 actions nominatives de 500 fr., libérées.

SOCIÉTÉ VICTOR CAILLIAU, A. DUNCQ ET Cᵉ

Société en commandite, par acte du 20 décembre 1868, sous la raison sociale : Victor Cailliau, Duncq et Cᵉ.

Siége social : à Douai, avec succursale à Orchies (Nord).

Durée : 25 ans.

Capital social : 4 millions, divisé en 8,000 actions nominatives de 500 fr., sur lesquelles 300 fr. seulement ont été versés.

Conseil de surveillance : M. Giraud, *président.*

SOCIÉTÉ BOUGÈRE, ROBIN ET Cie

Constitution : Société en commandite, créée par acte des 24 et 28 décembre 1861.

Raison sociale : Bougère, Robin et Ce.

Siége social : 2, place du Lyon-d'Or, à Angers.

Durée : 15 ans, du 1er janvier 1862.

Capital social : 600,000 fr., représentés par 1,200 actions nominatives de 500 fr. Il n'a été émis que 1,012 actions.

Gérance : MM. L. Bougère et Robin.

Conseil de surveillance : MM. Bertron. — Blavier. — Duvêtre. — Montrieux. — Carriol aîné. — Léon Cosnier. — Bardet. — Guittoneau. — Gaston Laroche.

CHAPITRE V

SOCIÉTÉS D'ASSURANCES

§ Ier (1)

ASSURANCES CONTRE L'INCENDIE

Compagnie d'assurances générales contre l'incendie

CONSTITUTION : Société anonyme, autorisée par ordonnance royale du 14 février 1819.

SIÉGE SOCIAL : 87, rue de Richelieu, à Paris.

DURÉE : 80 ans, à partir du 18 mars 1819.

CAPITAL SOCIAL : 2 millions de francs, divisé en 300 actions libérées nominatives de 5,000 fr., et 1,000 actions libérées au porteur de 500 fr. chacune. Tout propriétaire de 10 actions au porteur a le droit de les convertir en une action nominative de 5,000 fr. L'inverse ne peut avoir lieu. La transmission des actions nominatives s'opère par voie de transfert, au siége de la Société. Aucun actionnaire ne peut posséder plus de 15 actions nominatives.

OBJET : Assurances à primes fixes.

DIRECTEUR : M. A. comte de Gourcuff.

ADMINISTRATEURS : MM. baron Alph. Mallet, *président*. — Baron Alph. de Rothschild, *vice-président*. — Alf. de Courcy. — L. Odier. — Trubost. — Martel. — Prince Czartoryski. — Ganneron.

La dernière assemblée générale a eu lieu le 22 avril 1876 au siége de la Compagnie ; et le rapport qui a été présenté constatait un accroissement satisfaisant des opérations réalisées pendant l'exercice écoulé.

---

(1) Nous n'avons cité dans le *Guide-Manuel* que les Compagnies d'assurances à primes fixes ayant un capital de garantie formé par des actions. Nous n'avons pas mentionné, par conséquent, les sociétés mutuelles qui n'ont pas émis de titres donnant lieu à des placements.

L'Union

Société anonyme, autorisée par ordonnance royale du 5 octobre 1828.

SIÉGE SOCIAL : rue de la Banque, 15, à Paris.

DURÉE : 50 ans.

CAPITAL SOCIAL : 10 millions de francs, divisé en 2,000 actions nominatives de 5,000 fr. chacune. — Transmission des actions par voie de transfert au siége social. Tout cessionnaire doit être agréé par l'administration. Aucun versement n'a été effectué par des actionnaires qui ont seulement déposé par chaque action : 1° 100 fr. en espèces; 2° des effets publics dus par le gouvernement français et représentant au pair un capital d'au moins 1,500 fr., et produisant au moins 45 fr. de rente annuelle. Le produit de ce dépôt revient directement à l'actionnaire.

OBJET : assurances à primes fixes.

DIRECTEUR : M. Maas.

L'assemblée générale des actionnaires a eu lieu le 29 avril 1876 au siége social.

Le rapport présenté à cette assemblée et approuvé par elle constate les faits suivants :

Les assurances réalisées pendant l'exercice se sont élevées à 1,410,052,571 fr. avec 1,542,785 fr. 86 c. de primes. Les assurances antérieures et encore en cours montaient à 6,440,097,083 fr., avec 6,364,578 fr. 68 c. de primes; soit un total de 7,850,149,654 fr. de capitaux assurés, avec 7,907,364 fr. 54 c.

Le montant net des risques en cours au 31 décembre dernier et des primes appartenant à l'exercice 1875 s'élève ainsi à 6,283,301,036 fr. de capitaux assurés et 5,685,298 fr. 17 c. de primes, avec augmentation de 80 millions de capitaux assurés sur l'exercice précédent.

Le solde du compte de profits et pertes est de 1,243,910 fr. 26 c.

RÉPARTITION : 824,800 fr. à titre de dividende, à raison de 412 fr. 40 c. par action, soit 400 fr. nets d'impôts ; 30,000 fr. portés à la réserve des risques en cours, réserve qui se trouve ainsi portée à 1,730,000 fr.; 160,000 fr. à la réserve des bénéfices qui est ainsi portée à 3 millions ; et comme les statuts de la Société ne permettent pas de dépasser ce chiffre, l'intégralité des bénéfices sera dorénevant disponible.

Les sinistres éprouvés en 1875 ont été de 2,549,652 fr. 69 c., ils avaient été de 3,040,605 fr. en 1874.

L'assemblée générale a prorogé la durée de la Société pour 99 ans à partir du 1er janvier 1877.

La Nationale

Société anonyme, autorisée par ordonnance royale du 11 février 1820.

SIÉGE SOCIAL : 13, rue de Grammont, à Paris.

DURÉE : 80 ans.

CAPITAL SOCIAL : 10 millions de francs, représenté par 2,000 actions nominatives de 5,000 fr. chacune.

Transmission des actions par voie de transfert au siége social. — Cessionnaire préalablement agréé par le conseil d'administration.

Les actionnaires n'ont effectué aucun versement de fonds; seulement ils ont déposé par chaque action 50 fr. de rentes en fonds français, ou en actions de canaux et autres effets publics portant rente et garantis par l'Etat. Le produit du dépôt revient à l'actionnaire.

OBJET SOCIAL : assurances à primes fixes.

DIRECTEUR : M. Mounerot, remplaçant M. Boy de la Tour, décédé.

ADMINISTRATEURS : MM. Davillier, *président du conseil*. — Le comte de la Panouse. — Francis Lefebvre. — Frédéric Moreau. — Henri Mallet. — Le baron Hottinguer. — Alfred André. — A. de Waru. — Le baron Gustave de Rothschild. — André Lutscher. — Gustave Clausse. — Demachy. — Vuitry. — Le comte Pillet-Will. — Denormandie.

CENSEURS : MM. Le Lasseur. — Antoine Bourceret. — Edmond-Alexandre Archdéacon.

PRÉSIDENT HONORAIRE : M. François Bourceret.

L'assemblée générale des actionnaires a eu lieu le 31 mars 1876. Le rapport qui lui a été présenté par M. Davillier, président du conseil d'administration, établit ce qui suit :

Le montant total des risques souscrits pendant l'exercice 1875, est de 47,820,653,776 fr., représentant en primes et timbre 41,242,785 fr. 78 c., soit une augmentation sur l'exercice précédent de 9,208,750 fr. de capitaux, et 79,379 fr. 33 c. de primes et timbre.

Sinistres de l'exercice restés à la charge de la Compagnie, 3,100,338 fr. 92 c.

Les sommes payées pour sinistres depuis l'origine de la Compagnie dépassent 125 millions.

Bénéfice net résultant du compte de profits et pertes, 2 millions 222,031 fr. 37 c. à répartir.

Répartition : 2,200,000 fr. entre les actionnaires, soit 1,100 fr.

par action, pour 2,000 actions; solde porté à compte nouveau, 22,031 fr. 37 c.

Une première distribution de 300 fr. par action ayant eu lieu en janvier dernier, il n'est resté à répartir, depuis la date de l'assemblée générale, que 800 fr. par action.

Situation générale de la Compagnie : capital social, 10 millions de francs; réserve statutaire, 3 millions de francs; réserve applicable aux risques en cours et autres éventualités, 3 millions 445,209 fr. 56 c.; soit ensemble, 19,445,209 fr. 56 c.

Compagnie française du Phénix

Cette Société anonyme a été autorisée par ordonnance royale du 1er septembre 1819.

Durée : 80 ans.

Siége social : rue Lafayette, 33, à Paris.

Capital social : 4 millions de francs, divisé en 4,000 actions libérées, au porteur, chacune de 1,000 fr.

Objet de la société : Assurances contre l'incendie.

Administrateurs : MM. le comte A. de Montesquiou, *président.* — E. Joly de Bammeville, *vice-président.* — Comte H. de Montesquiou.— A. Delaistre.— Ed. Mallet.— Comte Dulong de Rosnay. — De Clercq. — E. de Bammeville. — Alfred Dubois.

Censeurs : MM. Bérenger. — Max. Cornély.— Jules Mœnch. — Henri Viard. — J. Wuilleumier.

Directeur : M. Edouard Vautrey.— Sous-Directeur : M. du Fresnay.

L'assemblée générale des actionnaires de la Compagnie a eu lieu le 4 mai 1876. Nous extrayons ce qui suit du rapport sur les opérations de l'exercice 1875, rapport qui a été approuvé par l'assemblée :

Les risques en cours au 31 décembre 1874 étaient de	9.067.421.710 fr.
Ils s'élèvent, au 31 décembre 1875, à...........	9.166.101.642
Il y a donc, dans les valeurs assurées, une augmentation de..	18.679.932 fr.
Les recettes, en 1875, tant en primes de première année qu'en primes des années antérieures et de réassurances, déduction faite de l'impôt et des primes payées aux réassureurs, ont été de...........	8.587.561 74
En 1874, elles avaient été de.....................	8.459.878 05
Soit une augmentation, pour 1875, de......	127.683 69
On a signalé une diminution notable dans le chiffre des sinistres; en effet, les sinistres avaient atteint, en 1874, déduction faite des recours, la somme de..	4.522.248 73
En 1875, les incendies sont de....................	4.061.823 11
Soit une diminution, en 1875, de..........	460.425 62

Les sinistres payés par la Compagnie, depuis son origine jusqu'au 31 décembre 1875, sont au nombre de 156,864, et s'élèvent à 145 millions 326,978 fr. 88.

Les bénéfices de l'année, montant à 2,223,475 fr. 94, ont permis de verser 400,000 fr. à la réserve des risques en cours, qui se trouve ainsi élevée à 3,195,103 fr. 91, et de porter au crédit du compte de profits et pertes du semestre courant une somme de 223,475 fr. 94.

Il a été distribué 1,600,000 fr., à raison de 400 fr. par action, ce qui constitue une augmentation de 25 fr. sur le dividende de l'année 1874.

La France

Société anonyme, autorisée par ordonnance royale du 27 février 1837.

Siége social : à Paris, rue de Grammont, 14.

Durée : 50 ans.

Capital social : 10 millions de francs, représenté par 2,000 actions nominatives de 5,000 fr. chacune. La transmission des actions s'effectue par voie de transfert au siége social. Le conseil d'administration agrée préalablement le cessionnaire. Aucun versement n'a été fait par les actionnaires qui ont seulement déposé : 1° 100 fr. en espèces ; 2° un titre de 45 fr. de rente de 4 1/2 0/0 ou de 4 0/0 français, ou un titre de rente de 39 fr. 3 0/0 français, soit encore des obligations de la ville de Paris ou des actions des quatre canaux, représentant au pair une somme de 900 fr. par action. Le produit du dépôt revient directement à l'actionnaire.

Objet de la Société : Assurances contre l'incendie, la foudre, l'explosion du gaz et des appareils à vapeur.

Directeur : M. Rolin. — Directeur-Adjoint : M. Colombet.

Conseil d'Administration : MM. Drouin, *président;* Malbet, Allegri, Beaufeu, Berthier, Boutret-Aubertot, Hussenot, Michau, Montessier, Petit, Renouard, Roy, Siéber, Tavernier, Thelier.

L'assemblée générale des actionnaires s'est tenue le 11 avril 1876.

Il résulte du rapport présenté à cette assemblée, que les opérations de la Société ont progressé pendant l'exercice écoulé. Les souscriptions réalisées se sont élevées, en capitaux, à 1,179,861,722 fr., et en primes, à 1,289,807 fr. 12 c., avec augmentation de 65,679,937 fr. pour les capitaux, et de 77,938 fr. 22 c. pour les primes. Le chapitre des sinistres ne porte pour indemnités restées à la charge de la Compagnie, qu'une dépense de 2,081,303 fr. 79 c., en diminution de près de 2 millions sur le même chapitre du précédent exercice.

Le bénéfice net de l'année se chiffre par 931,718 fr. 89 c.

Le dividende, net d'impôt et payable dès le lendemain de l'assemblée, a été de 350 fr. par action.

La répartition du bénéfice net de 931,718 fr. 89 c. s'est effectuée dans les proportions suivantes : réserve en augmentation de capital, 116,000 fr.; — dividende de 350 fr. par action, 700,000 fr.; — impôt de 3 0/0 sur le revenu, 21,649 fr. 50; — réserve disponible, 94,069 fr. 39.

Tous ces comptes ont été approuvés par l'assemblée.

L'Urbaine

CONSTITUTION : Société anonyme, autorisée par ordonnance royale du 4 mars 1838.

SIÉGE SOCIAL : à Paris, rue Le Peletier, 8.

DURÉE : 50 ans.

CAPITAL SOCIAL : 5 millions de francs, représenté par 1,000 actions nominatives de 5,000 fr.—Transfert des actions au siége social.—Agrément du conseil d'administration indispensable au cessionnaire ; versement de 200 fr. en espèces par les actionnaires, et de plus, dépôt par eux de titres de rente de 40 fr. en 4 1/2 0/0 ou 4 0/0 français, ou de 36 fr. en 3 0/0, ou bien encore de tous autres effets publics français agréés par le conseil ; produit du dépôt revenant directement à l'actionnaire.

DIRECTEUR : M. Bonnefons.

DIRECTEUR-ADJOINT : M. Desfrançais.

ADMINISTRATEURS : MM. Chevalier, *président*. — Math. Dolfus. — Denière. — Grieninger frères.

Résumé de la situation exposée dans le rapport soumis à l'assemblée générale du 25 avril 1876 :

Assurances souscrites en 1875 : 950,595,970 fr. en capitaux, et 1,008,486 fr. 90 c. en primes.

Les sinistres qui ont frappé la Compagnie, en 1875, sont au nombre de 3,614, et figurent au débit du compte de profits et pertes pour une somme de 1,642,517 fr. 83. C'est une proportion de 39,33 0/0 des primes de l'année.

La moyenne générale de sinistres, depuis la création de la Compagnie, qui était, l'année dernière, de 49,27 0/0, est actuellement de 48,83 0/0.

Une somme de 100,000 fr. a été portée à la réserve pour risques en cours et autres éventualités, en accroissement de la portion disponible de ce compte.

Quant aux autres comptes, ils n'ont subi aucune modification importante et demeurent en rapport avec le chiffre des recettes.

Le compte de profits et pertes, déduction faite des dépenses de toute nature, du prélèvement attribué à la direction et à la caisse de prévoyance des employés, ainsi que de l'impôt sur le dividende, reste créditeur de 952,761 fr. 02, que le conseil d'administration, après en avoir délibéré conformément à l'article 42 des statuts, a proposé de répartir de la manière suivante :

750,000 fr. à distribuer, nets de l'impôt du dividende, aux actionnaires, à raison de 750 fr. par action ;
110,500 fr. à porter au compte de réserve, en augmentation de capital.
92,261 fr. 02 à compte nouveau.

Au moyen des 110,500 fr. ci-dessus, la réserve en augmentation de capital est actuellement de 2,327,500 fr.

La Providence

Constitution : Société anonyme, autorisée par ordonnance royale du 18 septembre 1838.

Siége social : à Paris, 12, rue de Grammont.

Durée : 60 ans, à partir du 18 septembre 1838.

Capital social : 5 millions de francs, divisé en 2,000 actions nominatives de 2,500 fr. chacune. La transmission des actions s'opère par voie de transfert, au siége de la Société, sur un registre à ce destiné. Le cessionnaire doit être agréé par le conseil d'administration. Les actionnaires ont versé en numéraire, les uns deux dixièmes (500 fr.), les autres un dixième seulement (250 fr.). Ces derniers ont remplacé le dernier dixième par un dépôt en Rentes. Le produit de ce dernier dépôt revient directement à l'actionnaire.

Objet : Assurance contre l'incendie.

Directeur : M. Ch. de Bousquet.

Sous-directeur : M. A. Donatis.

Administrateurs : MM. B.-A.-F.-X. marquis Sauvaire de Barthélemy, *président*. — Comte de Lévis-Mirepoix. — Marquis de la Baume-Pluvinel. — Comte Léon de Béthune. — Vicomte J. de Rainneville. — De Corcelle. — Vicomte de Bagneux. — Comte d'Hauterive. — Vicomte de la Salle. — Vicomte de la Panouse. — Baron de Barante. — Anat. Bartholony. — Comte de Laubespin.

L'assemblée générale des actionnaires a eu lieu le 6 avril 1876, au siége social.

Le rapport qui lui a été soumis sur l'exercice 1875 constate les faits suivants :

Assurances souscrites, 734,544,300 fr. pour les capitaux, et 648,191 fr. 88 c. pour les primes.

Le compte de profits et pertes établit un bénéfice de 947,748 fr. 32 c.

La répartition de ce bénéfice, proposée à l'assemblée et acceptée par elle, a eu lieu ainsi :

1° A la réserve, comme accroissement de capital, une somme de 53,000 fr.;

2° Dividende de 400 fr. par action à distribuer aux actionnaires, soit une somme totale de 800,000 fr.;

3° Prélèvement de l'impôt sur le dividende, soit 24,742 fr. 27 c.;

4° A la réserve des éventualités la somme de 51,350 fr.

De plus, il est resté disponible un solde de 18,656 fr. 05 c. à inscrire comme premier article de recette de l'exercice courant 1876.

Le Nord

Société anonyme, autorisée par ordonnance royale du 24 février 1840.

SIÉGE SOCIAL : 4, rue Le Peletier.

DURÉE : 50 ans.

OBJET : Assurance contre l'incendie.

CAPITAL SOCIAL : 2 millions de francs, représenté par 2,000 actions nominatives de 1,000 fr., libérées de 200 fr. La transmission s'opère par voie de transfert, au siége social. Le cessionnaire doit être agréé par le conseil d'administration.

DIRECTEUR GÉNÉRAL : M. Henri Masnou.

DIRECTEUR A PARIS : M. E. Cluzet.

ADMINISTRATEURS : MM. Bigo, *président*. — Alfred Descamps, *vice-président*. — Scrive-Vallaert. — Ch. Crespel-Tilloy. — De la Chaussée. — Comte de Melun. — Comte de Maisniel. — Emile Delerne.

Dans l'assemblée générale du 10 mai 1876, il a été lu un rapport dont nous donnons ci-après les points principaux qui ont été approuvés par la réunion.

Aux termes de ce rapport, la situation de la Compagnie est prospère, et la marche de ses opérations est en progrès.

La Compagnie a réalisé 655,997,835 fr. d'affaires nouvelles pendant l'exercice, représentant 806,727 fr. 69 de primes au comptant, et 5,398,036 fr. 42 c. de primes cumulées.

L'ensemble des garanties offertes aux assurés est de 2 millions. Ses réserves s'élèvent à 1,281,643 fr. 01 c.; ses primes en portefeuille à 16,987,800 fr 59 c.

La Compagnie a réglé 1,663 sinistres.

Le bénéfice a été de plus de 50 0/0 du capital versé, sur lequel 20 0/0 ont été distribués en dividende, et le surplus porté à la réserve.

Le Soleil

Société anonyme, autorisée par ordonnance royale du 16 décembre 1829.

SIÉGE SOCIAL : 44, rue de Châteaudun, à Paris.

DURÉE : 90 ans, à partir du 16 décembre 1829.

CAPITAL SOCIAL : 6 millions de francs, divisé en 6,000 actions nominatives de 1,000 fr. chacune. La transmission des actions s'opère par voie de transfert, au siége de la Société. Le cessionnaire doit être agréé par le conseil d'administration. Les actionnaires n'ont opéré aucun versement ; ils ont seulement déposé en garantie 7 fr. 50 de Rente française ou l'équivalent en actions de la Banque de France. Le produit de ce dépôt revient directement à l'actionnaire.

OBJET : Assurances à primes fixes.

DIRECTEUR GÉNÉRAL : M. L. Thomas de Bojano.

ADMINISTRATEURS : MM. A. de Dalmas, *président*. — Marquis de Plœuc, *vice-président*. — Véneau. — Sapia. — L. Frémy. — De Lapalme. — Gide. — A. Heine. — Stern.

COMITÉ DE VÉRIFICATION DES COMPTES : MM. Brémard. — Guépratte. — Ponsignon.

Voici un extrait du rapport sur l'exercice 1875, présenté à l'assemblée, qui l'a approuvé :

	CAPITAUX	PRIMES
Les assurances réalisées en 1875 se sont élevées à	1.472.594.222	1.553.647 80
En ajoutant les assurances contractées antérieurement, et qui ont continué à avoir leur effet	7.180.094.144	7.059.903 94
Le montant total des risques garantis pendant le dernier exercice est de	8.652.688.366	8.613.551 74
A déduire : annulations, non-valeurs.	1.118.146.951	1.274.479 25
Le total net est donc de	7.534.541.415	7.339.072 49

De la comparaison de ces chiffres, avec ceux de l'exercice qui précède, il résulte que le total des primes du portefeuille est encore en accroissement de 279.168 55

Les recettes provenant des primes se sont élevées à	7.165.657 91
Celles de 1874 étaient de	7.015.107 73
Soit, pour 1875, une augmentation de	150.550 18

Les sinistres à la charge de la Compagnie, au nombre de 5,182, figurent au compte de profits et pertes pour une somme de 2,647,329 fr. 81 c., déduction faite des sommes remboursées par nos réassureurs et de celles provenant de recours divers. Le chiffre des sinistres, par rapport à l'année 1874, est donc supérieur de 161,344 fr. 78 c.

Le compte de profits et pertes se solde par une somme de 2 millions 363,095 fr. 51 c. que nous vous proposons de répartir de la manière suivante :

1° Réserve pour amortissement du capital social (réalisation de valeurs)	500.000	»
2° Réserve pour éventualités	10.693	70
3° Caisse de prévoyance en faveur des employés	35.766	19
4° Réserve pour sinistres de guerre et émeute	8.197	28
5° Amortissement du mobilier	6.000	»
6° Dividende brut de 298 fr. 96 c. par action (net 290 fr.)	1.793.814	45
7° Solde à nouveau	8.623	91
TOTAL ÉGAL	2.363.095	51

Les 500,000 fr. mis en réserve pour amortissement du capital social représentent 83 fr. 33 c. par action.

La Confiance

Société anonyme autorisée par ordonnance royale du 16 septembre 1844.

SIÉGE SOCIAL : à Paris, rue de Grammont, 23.

DURÉE : 70 ans.

CAPITAL SOCIAL : 6 millions de francs, divisé en 1,200 actions nominatives de 5,000 fr. Transfert des actions au siége social avec l'agrément préalable du conseil d'administration. Versement par action, 2,000 fr. en espèces.

DIRECTEUR : M. Hip. Charlon.

ADMINISTRATEURS : MM. Devinck, *président*. — Germain Thibault. — Baudot. — Eugène Pereire. — Grimoult. — Lippmann. — Halphan. — Kœnigswarter. — Louis Passy. — Billiet. — Evette. — Outin-Watel.

CENSEURS : MM. Delamarre. — Delaporte. — Mercier.

Assemblée générale du 10 avril 1876 ; extrait du rapport :

Primes nettes de l'exercice : 5,853,675 fr. 90 c.

Montant des sinistres : 1,915,107 fr. 08 c.

Solde créditeur : 657,291 fr. 76 c.

Nota. — Un traité, en vigueur depuis le 1er juillet 1875, a été conclu entre la *Confiance* et la Compagnie le *Midi* pour la réunion de leurs services d'administration centrale et d'inspection.

Le Midi

Société anonyme créée par décret du 12 octobre 1854.

Siége social : à Paris, rue Drouot, 20.

Durée : 50 ans.

Capital social : 5 millions de francs en 1.000 actions nominatives de 5,000 fr. Transfert des actions au siége social avec l'agrément du conseil d'administration. Versement par action, 1,000 fr. en espèces.

Objet : assurances à primes fixes.

Directeur : M. Charlon.

Conseil d'administration : M. Rey de Foresta, *président.* — Léon Gay.— Benoist d'Azy. —Bernex.—Cambefort.—Clappier. Dehaynin. — Féray. — Grandval. — Monicoult. — Monthiers. Saint-Geniès. — Comte de Salvandy. — Target.

Assemblée générale du 30 mai 1876; extrait du rapport sur l'exercice :

Souscriptions réalisées : 497,005 fr. 97 c.

Sinistres : 490,908 fr. 67 c.

Solde créditeur du compte de profits et pertes, 4,499 fr. 22 c

---

L'Abeille

Société anonyme autorisée par un décret du 27 mai 1857.

Siége social : à Paris, rue des Petites-Écuries, 52.

Durée : 30 ans.

Capital social : 12 millions, en 12,000 actions nominatives de 1,000 fr. Transfert des actions au siége social, avec l'agrément préalable du conseil. Versement par action, 200 fr.

Directeur : M. Langlois.

Administrateurs : M. Chartier, *président.* — A. Gayot. — Moreau. — Cornu. — Delarue. — Dolivot. — Doré. — de Forceville. — Nicolas. — Ritaud. — Van Heeghe. — Vayson.

Assemblée générale du 30 avril 1876 : extrait du rapport :

Sinistres de l'exercice, 1,228,952 fr. 62 c.

Primes nettes, 3,018,782 fr. 89 c.

Total des souscriptions réalisées, 2,916,181,104 fr.

Bénéfices, 634,517 fr. 66, ainsi répartis :

1° 90,000 fr. à l'amortissement du solde des frais de premier établissement.

2° 340,000 fr. à la réserve qui est ainsi portée à 1 million.

3° 180,000 fr. aux actionnaires à titre de dividende, soit 7 1/2 0/0 d'intérêt du capital versé, ou 15 fr. par action.

La Paternelle

CONSTITUTION : Société anonyme autorisée par ordonnance royale du 2 octobre 1843.

SIÉGE SOCIAL : 4, rue de Ménars, à Paris.

DURÉE : 50 ans.

OBJET : Assurance à primes fixes; la Compagnie assure contre les risques de transports par chemins de fer.

CAPITAL SOCIAL : 6 millions de francs, divisé en 6,000 actions nominatives de 1,000 fr. chacune. La transmission des actions s'opère par voie de transfert, au siége de la Société, sur un registre à ce destiné. Le cessionnaire doit être agréé par le conseil d'administration. Versement, 40 0/0 (400 fr.) en espèces par action.

DIRECTEUR : M. Pierre-Théophile Cloquemin.

ADMINISTRATEURS : MM. comte de Flavigny, *président*. — C. Valette. — Audiffred. — H. Mirault. — Marquis de Flers. — Lenoir. — Klein. — Alfred Leroux. — Edm. Rodier. — Marquis de la Grange.

L'assemblée générale du 26 avril 1876 a entendu un rapport que nous analysons ci-après :

Sinistres supportés en 1875, élevés à 1,071,033 fr. 78 c.

Solde en bénéfice du compte de profits et pertes 1,093,407 fr. 56 c.

Répartition aux actionnaires pour dividende; 463,500 fr., à la réserve statutaire, 46,350 fr. et à la réserve extraordinaire 50,000 fr.

L'Aigle

CONSTITUTION : Société anonyme autorisée par ordonnance royale du 18 mai 1443.

SIÉGE SOCIAL : 44, rue de Châteaudun, à Paris.

DURÉE : 50 ans, à partir du 18 mai 1843.

CAPITAL SOCIAL : 2 millions de francs, divisé en 2,000 actions nominatives de 1,000 fr., dont 1,024 sur lesquelles on a versé 20 0/0 (soit 200 fr.) seulement, et 976 qui sont entièrement libérées. La transmission des actions s'opère par voie de transfert, au siége de la Société, sur un registre à ce destiné. Le cessionnaire d'actions non libérées doit être agréé par le Conseil d'administration.

DIRECTEUR : M. Ch. Soultzener.

SOUS-DIRECTEUR : M. de Raney.

Administrateurs : MM. de Ronseray, *président*. — Delapalme. — A. de Dalmas. — Sapia. — Véneau. — Gide. — A. Ponsignon.

Censeurs : MM. Guépratte. — Brémard. — Brullé.

L'assemblée générale a eu lieu le 4 avril 1876. Voici le résumé du rapport qui lui a été soumis, et qu'elle a approuvé :

	CAPITAUX ASSURÉS	PRIMES
Les assurances des années antérieures s'élevaient à	3.443.864.004 fr.	3.463 948 39
Celles réalisées en 1875 s'élèvent à	821.904.557 »	1.032.006 76
Totaux	4.265.768.561 fr.	4.496.855 15
A déduire : annulations, remplacements	673.721.489 »	804.022 87
Reste en vigueur au 31 décembre 1875	3.592.047.072 fr.	3.692.832 28
Soit en plus sur 1874	148.183.068 »	228.883 89

Les primes encaissées provenant, tant de l'exercice courant que des exercices antérieurs, ont produit	3.628.126 13
A déduire celles payées aux Compagnies de réassurances	582.388 58
La recette nette est donc de	3.045.737 55

Les sinistres, au nombre de 1,980, sont inscrits au compte de profits et pertes pour 1,315,017 fr. 54.

Les commissions s'élèvent à 739,077 fr. 34, et les frais généraux à 222,442 fr. 59.

Ainsi, par rapport à l'exercice précédent, les recettes ont augmenté de 170,316 fr. 82.

Les sinistres, de 92,229 fr. 33.

Les frais généraux, de 11,116 fr. 59.

Les commissions, de 53,584 fr. 97.

Le compte de profits et pertes se balance par un crédit de 875,016 fr. 82 c. ; la réserve statutaire ayant atteint son maximum de 2 millions, nous vous proposons de répartir ce solde de la manière suivante :

1° Dividende de 195 fr. 88 par action (net 190 fr.)	783.505 15
2° Caisse de prévoyance des employés	17.287 35
3° Solde à nouveau	74.224 32
Somme égale	875.016 82

La Centrale

Société anonyme autorisée par décret du 12 août 1863.

Siége social : à Paris, rue Richelieu, 108.

Durée : 50 ans.

Capital social : 5 millions de francs, représenté par 1,000 actions nominatives de 5,000 fr. Transfert des actions au siége social, avec l'agrément préalable du conseil d'administration. Nul ne peut posséder plus de 25 actions. Versement par action : 1,000 fr. en espèces.

DIRECTEUR : M. Amédée Thouret.

SECRÉTAIRE GÉNÉRAL : M. Duchêne.

ADMINISTRATEURS : MM. Forget, *président*. — Meunier. — Allain. — Bloquel. — Dubus. — Eymond. — Grainville. — Lemoine. — Pélagat. — Prévôt. — Trotrat. — Truelle Saint-Évron.

A l'assemblée générale du 19 avril 1876, le rapport a constaté ce qui suit :

Assurances nouvelles, 379,220,686 francs en capitaux, et 526,854 fr. 02 en primes; sinistres de l'exercice, 1,076,223 fr. 82, mais déduction faite du recours, réduit à 808,574 fr. 35; bénéfices, 20,580 fr. 41.

La Patrie

Société anonyme libre, créée par acte du 21 décembre 1868.

SIÈGE SOCIAL : 38, rue des Bourdonnais, à Paris.

DURÉE : 50 ans.

CAPITAL SOCIAL : 3 millions de francs, représenté par 3,000 actions de 1,000 fr., sur lesquelles il a été appelé 250 fr.

ADMINISTRATEURS : MM. Eugène Decamps. — Emile Silvy. — Charles-Julien Pfeiffer. — Emery-César Pingrez. — Jean-Jacques Azema. — De Valcourt. — Margot. — Henri Degroux. — Roberts.

DIRECTEUR : M. Lucien Duladoure.

DIRECTEUR-ADJOINT : M. Samazan.

COMMISSAIRE DE LA SOCIÉTÉ : M. Du Planty.

Voici les points principaux du rapport lu à l'assemblée générale du 25 avril 1876 :

Assurances réalisées pour 250,957,811 fr. en capitaux, et 300,088 fr. 67 en primes; bénéfices résultant du compte de profits et pertes, 17,903 fr. ; par suite, pas de dividende; mais la somme est reportée pour 4,000 fr. à la réserve statutaire, pour 12,000 fr. à la réserve de prévoyance, et 1,900 fr. à compte nouveau.

La Paix

Société anonyme libre créée par acte du 4 novembre 1868.

SIÈGE SOCIAL : 19, rue Louis-le-Grand, à Paris.

DURÉE : 50 ans à partir du 4 novembre 1868.

CAPITAL SOCIAL : 5 millions de francs, divisé en 5,000 actions nominatives de 1,000 fr., sur lesquelles il n'a été versé à ce jour que 250 fr. par action. La transmission des actions s'opère au siége social, avec l'agrément préalable du conseil d'administration.

OBJET DE LA SOCIÉTÉ : assurances à primes fixes.

DIRECTEUR : M. Brisset.

ADMINISTRATEURS : MM. le duc d'Albuféra, *président.* — Aubry. — Blondel. — Dubaury. — Gil. — Henkey. — Heuschen. — Comte Fr. de Lagrange. — Baron Levavasseur. — De Matharel. — Poisson. — Sabatier. — Vignal. — De Matharel. — Le comte Carnet.

COMMISSAIRES : MM. Arm. Donon. — Ed. de Bussière. — De Mongis.

Assemblée du 29 avril 1876, d'après le rapport : assurances nouvelles 415,476,505 fr. en capitaux, et 817,999 fr. 67 c. en primes; sinistres 434,617 fr. 32 c.; excédant de recettes, 152,624 fr. 11 c. affecté à amortir les frais de premier établissement.

Le Monde

Compagnie anonyme d'assurances à primes fixes, autorisée par décret du 27 mars 1864.

SIÉGE SOCIAL : à Paris, rue du Quatre-Septembre, 12.

CAPITAL SOCIAL : 5 millions de francs, divisé.

ADMINISTRATEURS : MM. Cochery, *président.* — Gros-Hartmann, *vice-président.* — Breitmayer. — Masson. — Durand de Beauregard. — Comte d'Estampes. — Gauchier. — De Kiss. de Némesker. — Comte de Laurencel.

L'assemblée générale a eu lieu le 2 mars 1876. Extrait du rapport sur l'exercice :

Capitaux assurés, 787,294,815 fr.; primes, 81,470 fr. 79 c.; Primes à terme, 457,927 fr. 59 c.; sinistres, 764,885 fr. 05.

Les bénéfices résultant du compte de profits et pertes sont de 62,511 fr. 70 c.

La Nation

Société d'assurances contre l'incendie au capital social de 5,000,000 de francs.

SIÉGE SOCIAL : à Paris, rue du Quatre-Septembre, 12.

Voici un extrait du rapport soumis à l'assemblée générale des actionnaires tenue le 26 avril 1876 :

Assurances réalisées pendant l'exercice : en capitaux, 110,159,906 fr, et en primes 348,304 fr. 56 c.; montant des sinistres, 224,687 fr. 29 c.; solde créditeur du compte de profits et pertes, 35,502 fr. 28 c. porté au compte de premier établissement.

L'administration est composée aujourd'hui de : MM. Lasalle, *président*. — Poirson. — Tanc. — Chatmeron. — Delacroix. — Dewailly. — Leclerc. — De Launay. — Pector. — De Saint-Robert. — Spèment. — Piersacq. — Valentin.

DIRECTEUR : M. Denis Viard.

L'Univers

CONSTITUTION : Société anonyme libre, créée par acte du 17 août 1874.

SIÉGE SOCIAL : A Paris, 11, rue du Quatre-Septembre.

DURÉE : 50 ans.

CAPITAL SOCIAL : 3 millions, représenté par 3,000 actions de 1,000 fr., sur lesquelles il a été appelé 400 fr.

ADMINISTRATEURS : MM. Lalou, ancien trésorier-payeur général, officier de la Légion d'honneur, *président*. — Emile Gallet, officier de la Légion d'honneur, *secrétaire*. — Reneufve, ancien préfet, chevalier de la Légion d'honneur, officier de l'instruction publique, etc., *membre*. — Varé, ancien notaire, etc., *membre*. — Louis Sainsère, chevalier de la Légion d'honneur, ancien maire de Bar-le-Duc, *membre*.

DIRECTEUR GÉNÉRAL : Cl. Petitet.

DIRECTEUR ADJOINT : E. Ricard.

Le 29 juin dernier a eu lieu une assemblée ordinaire suivie, le 31 juillet, d'une assemblée extraordinaire.

Le rapport lu à la première de ces assemblées avait constaté que les opérations de 1875 se sont élevées à 330 millions environ en capitaux assurés et à 1,035,000 fr. en primes, ce qui représente une augmentation de 160 millions en capitaux et de 360,000 fr. en primes sur l'exercice précédent.

Malheureusement, les sinistres ont atteint la proportion tout à fait anormale de 110 0/0 des primes réalisées dans l'année et élevées à 1,324,000 fr.

Ce chiffre est dû, dit le rapport, à « l'acceptation irréfléchie de risques extra-chanceux, tant en France qu'à l'étranger, et notamment dans les pays d'outre-mer ». Par suite, l'exercice

1875 se solde par une perte d'environ 600,000 fr. qui, jointe à celle de 1874, forme un total de................ 952.000 fr.

Les frais de premier établissement........ .. 305.000

Et les versements en retard sur les appels de fonds.. 308.000

Représentant en totalité...................... 1.565.000 fr.

Or, la partie appelée du capital social est de. 1.650.000

Il ne restait donc comme fonds de roulement qu'un capital liquide de........................ 85.000 fr.

Aussi, dans l'assemblée du 31 juillet, on s'est arrêté, pour sauver la situation, à cette résolution : les 3,000 actions de 1,000 fr. qui composent le capital actuel seront réduites à une valeur nominale de 650 fr., et il sera émis 3,000 autres actions de 650 fr. également. La réduction ainsi opérée sur les anciennes actions représente 1,050,000 fr., ce qui semble être à peu près le chiffre véritable de la perte à laquelle il s'agit de se résigner.

L'exercice actuel paraît s'annoncer sous un aspect beaucoup plus favorable.

Caisse générale des assurances contre l'incendie

Constitution : Société anonyme, autorisée par décrets des 30 décembre 1858 et 9 mars 1864.

Siége social : à Paris, rue de Grammont 28 et 30.

Capital social : 12 millions.

Directeur : M. de la Haye.

Administrateurs : MM. Le Cesne, *président*. — Chaperon, *vice-président*. — Baron de Livois, *vice-président*. — Labrousse. — Bayvet. — Bodhet de Chauvigné. — Colmet-d'Aage. — Denouvilliers. — Gamard. — Ims. — C. Le Cesne. — Ed. Portalis. — Randoin-Berthier. — Roblin. — Le baron Saillard.

L'assemblée générale a eu lieu le 7 avril 1876. Le rapport qui lui a été soumis constate ce qui suit :

Les souscriptions nouvelles, réalisées dans cet exercice, s'élèvent en primes :

A terme...........................	33.158 10	1.869.512 11
Au comptant.......................	1.836.354 01	
		4.574.266 32
Dont il faut déduire :		
1° Pour annulations et non-valeurs probables......		405.713 13
		4.168.553 19
2° Réassurances cédées...		592.536 59
Soit net pour 1875................................		3.576.016 60
Le total des risques couverts en 1874 donnait en primes............		2.674.539 46
Différence en faveur de 1875......................		901.477 14
Le portefeuille de la Compagnie, au 31 décembre 1875, s'élève pour la période décennale, en primes, à..................		13.659.473 17
Il était, au 31 décembre 1874, de..................		12.283.742 30
Il en résulte donc, au 31 décembre 1875, une augmentation de.......•....................................		1.375.730 87
Le total résultant de la souscription des assurances et afférent à l'exercice étant de................		3.576.016 60
Il convient d'y ajouter les produits divers, soit.....		137.524 60
Total des produits de l'exercice.......		3.713.541 20

L'ensemble des primes de 1875 présente un excédant de 901 mille 477 fr. 14 sur l'année précédente, où nous constations déjà une notable augmentation; leur développement excède de 1,375,730 fr. 87 le montant net du portefeuille général.

Le solde créditeur de l'exercice s'élève, cette année, à 509,078 fr. 46 que le Conseil propose d'employer de la manière suivante : 342 mille 787 fr. 51 en atténuation du compte de premier établissement, et 166,290 fr. 95 pour ouverture d'un fonds de prévoyance.

La Réassurance

Société anonyme, instituée pour toutes les opérations que son titre indique et comporte.

Siége social : à Paris, rue de Provence, 19.

Directeur : M. Spycket.

Administrateurs : MM. Boutry van Isselstein, *président.* — Cary, *vice-président.* — Lefrancq. — Carteron. — Danel. — Deblock. — Flament-Reboux. — Lezarches d'Azay. — Serive. — Wallubert.

Voici un extrait du rapport approuvé par l'assemblée générale des actionnaires du 23 mai 1876 :

Les réassurances acceptées en 1875 se sont élevées en capitaux, y compris les 921,595,390 fr. de 1874, à		1,584.178.015 »
sur lesquels nous avons à déduire :		
Les annulations	179.243 230 »	
Les rétrocessions	161.482.480 »	
		340.725.710 »
Montant des recettes, en primes, intérêts de fonds placés, remboursement de sinistres, etc.		3.442.759 69
Montant des dépenses en sinistres, commissions, frais généraux, etc.		3.130.149 95
Excédant de recettes		312.609 74

Répartition de cet exécédant :

1° Ajouter à la réserve statutaire	35.000 »
2° Ajouter à la réserve de prévoyance	60.000 »
3° Ajouter à la réserve des risques en cours	116.478 »
4° Ajouter à la réserve des primes escomptées	7.867 »
5° Distribuer un dividende aux actionnaires, à raison de 90 fr. par action	90.000 »
6° A nouveau	3.264 74

Par suite de cette répartition, la réserve statutaire s'élèvera à 250,000 fr.; la réserve de prévoyance, à 350,000 fr.; la réserve pour risques en cours, à 904,569 fr.; la réserve pour primes escomptées, à 204,742 fr.

---

§ II

ASSURANCES SUR LA VIE A PRIMES FIXES

Compagnie d'assurances générales sur la vie des hommes

Société anonyme autorisée par ordonnance royale du 22 décembre 1819.

Siége social : à Paris, rue Richelieu, 87.

Durée : jusqu'au 12 février 1900.

Capital social : 3 millions de francs divisé en 300 actions libérées, nominatives, de 7,500 fr., et 1,000 actions libérées, au porteur, de 750 fr. Transfert des actions nominatives au siége social. Aucun actionnaire ne peut posséder plus de 15 actions nominatives.

Directeur : M. de Boisredon.

Administrateurs : MM. baron Mallet, *président*. — Alph. baron de Rothschild, *vice-président*. — Odier. — Ganneron. — Prince Czartoryski. — Trubert.

Il n'y a aucun lien d'intérêt entre cette Compagnie et la Compagnie du même nom contre l'incendie, bien que l'une et l'autre aient leur siége social dans le même immeuble.

L'assemblée générale des actionnaires a eu lieu le 22 avril 1876. Voici les traits principaux du rapport qui lui a été soumis et qu'elle a approuvé :

Les souscriptions réalisées en 1875, pour assurances en cas de décès, mixtes, à terme fixe, temporaires et différées, s'élèvent, en capitaux, à la somme de	62.717.862 25
Les souscriptions réalisées pendant la période biennale 1874-1875 se sont élevées à	128.181.625 10
Celles de la période 1872-1873 ne s'étaient élevées qu'à	100.793.188 37
Il y a donc pour la dernière période, une augmentation dans les capitaux assurés de	27.391.436 73
Les rentes viagères immédiates, différées, temporaires et de survie, constituées en 1875, s'élèvent à..	911.038 45
Pour la période 1874-1875, le chiffre des rentes viagères qui ont été constituées, s'est élevé à	1.660.479 »
Celles qui ont été constituées dans le cours de la période 1872-1873 ne s'élevaient qu'à	1.055.881 20
Il y a donc pour la dernière période une augmentation de	604.597 80
Le nombre des assurés décédés en 1875 est de 285; les sommes assurées sur leurs têtes étaient de	5.373.048 30
Pendant la période biennale qui vient de s'écouler, les sinistres se sont élevés à la somme de	9.857.309 20
Dans la période précédente, ils ne s'étaient élevés qu'à	8.358.468 85
Différence	1.498.840 35
En 1875, le décès de 475 rentiers a éteint .... de rentes viagères.	410.262 »
Pour la période 1874-1875, le chiffre des extinctions s'élève à	728.591 80
Il s'élevait, pour la période biennale précédente, à	790.204 20
Diminution en 1874-1875..	61.612 40

Les risques en cours, au 31 décembre 1874, se résument comme suit :

Capitaux assurés	427.368.636 53
Rentes de survie et temporaires	280.191 »
Rentes viagères immédiates	7.104.259 75
Rentes viagères différées	224.349 65

Les réserves nécessaires pour faire face aux engagements de payer les capitaux et rentes en cours s'élèvent :

Pour les capitaux assurés, à....................	60.422.803 30
Pour les rentes de survie, à..........................	407.544 10
Pour les rentes viagères immédiates, à..............	60.307.956 70
Pour les rentes différées, à............................	1.392.006 20
Total des réserves........	122.530.370 30

Dividende : Il a été réparti, outre les 1,500 fr. par action, distribués à titre d'à-compte en avril 1875, 5,046 fr. 39 c. par action, d'où il y a lieu de déduire l'impôt à acquitter au Trésor en vertu de la loi du 29 juin 1872, soit 196 fr. 39 par action, de telle sorte qu'il est réparti à nouveau une somme, nette d'impôt, de 4,850 fr. par action.

La Nationale

Constitution : Société anonyme, autorisée par ordonnance royale du 31 janvier 1821.

Siége social : 13, rue de Grammont, à Paris.

Durée : 99 ans, à partir du 31 janvier 1821.

Capital social : 15 millions de francs, divisé en 3,000 actions nominatives de 5,000 fr. chacune. La transmission des actions s'opère par voie de transfert, au siége de la Société. Le cessionnaire doit être agréé par le conseil d'administration. Les actionnaires n'ont opéré aucun versement ; ils ont seulement déposé par chaque action 50 fr. de rente en fonds français, ou actions de canaux et autres effets publics portant rente, émis ou garantis par le gouvernement. Le produit de ce dépôt revient directement à l'actionnaire.

Objet : Au début de ses opérations, la *Nationale* n'assurait qu'à primes fixes, c'est-à-dire que, moyennant une prime annuelle, elle garantissait au décès de l'assuré le paiement d'une somme déterminée au profit du bénéficiaire du contrat ; elle constituait aussi des rentes viagères et son programme comprenait les diverses combinaisons financières qui sont dans les attributions d'une Compagnie d'assurances sur la vie.

En 1845, la *Nationale* recevait aussi l'autorisation de former des associations mutuelles sur la vie, genre d'opérations pour lesquelles il était et il est encore nécessaire d'avoir l'autorisation spéciale du gouvernement, l'assurance mutuelle sur la vie, autrement dit les *tontines*, ne constituant pas une industrie libre.

Directeur : M. L'Hôpital.

Administrateurs : MM. Davillier, *président*. — La Panouse. — Lefebvre. — Moreau. — Maclot. — Hottinger. — Alf. André. — De Waru. — Baron Gust. de Rothschild. — Lutscher. —

Clausse. — Demachy. — Vuitry. — Pillet-Will. — Denormandie.

CENSEURS : MM. Le Lasseur. — Bourgeret. — Archedéacon.

PRÉSIDENT HONORAIRE : M. Bourceret.

Assemblée générale du 31 *mars* 1876. — *Extrait du rapport.*

Dans le cours de l'année 1875, le décès de 392 rentiers viagers a éteint.. 321.833 90
de rentes viagères, et réduit au service sur une seule tête. 97.567 20
de rentes viagères constituées sur 2 têtes.

La Compagnie a eu à payer, en 1875, un capital de 1,901,647 fr. assurés en cas de décès, dont 1,562,616 fr. applicables au compte d'assurances en cas de décès vie entière, avec participation, et 339,031 fr. aux divers comptes d'assurance en cas de décès avec ou sans participation.

Voici les résultats des opérations des principales catégories d'assurances, pendant l'année dernière.

Les rentes viagères immédiates constituées en 1875, s'élèvent à......	676.376 »	
pour un capital reçu de............		6.551.147 »
Les constitutions de rentes ont été, en 1874, de	602.925 »	
pour un capital reçu de.............		5.606.558 »
présentant une différence en faveur du dernier exercice, en rentes, de.......	73.451 »	
et en capital, de....................		944.589 »

Depuis l'origine de la Compagnie, les affaires en rentes viagères n'avaient jamais atteint ces chiffres.

Les capitaux assurés en cas de décès pour la vie entière, avec participation aux bénéfices de la Compagnie, se sont élevés, en 1875, à la somme de.. 36.783.813 »

en capitaux assurés, et en primes à celle de............................	1.171.281 »	
En 1874, ces mêmes assurances avaient atteint la somme de.........		33.253.136 »
en capitaux, et, en primes, celle de..	1.082.812 »	
Il en ressort une augmentation pour 1875 de..............................		3.530.677 »
en capitaux, et, en primes de........	88.469 »	

Après avoir pourvu à tout ce que la prudence exige, le compte de profits et pertes présente un bénéfice de 3,473,695 fr. 93 c.

Voici le résumé de ce compte :

CRÉDIT

Solde au 1er janvier 1874..........................	327.033 42
Années 1874 et 1875 :	
Intérêts et arbitrages	3.445.655 83
Assurances en cas de décès pour la vie entière, donnant droit aux assurés à moitié des bénéfices nets, ci.	6.100.000 »
Assurances mixtes, donnant droit aux assurés à moitié des bénéfices nets, ci.......	150.000 »
Assurances à terme fixe, donnant droit aux assurés à moitié des bénéfices nets, ci.......................	3.000 »
Total..........	10.025.689 25

DÉBIT

Frais généraux, frais d'agences, de publicité, etc., déduction faite des frais attribués aux divers comptes d'assurances	3.425.493 32
Part de bénéfices revenant aux assurés en cas de décès, vie entière avec participation, ci	3.050.000 »
Part de bénéfices aux assurés mixtes, avec participation, ci	75.000 »
Part de bénéfices aux assurés terme fixe, avec participation, ci	1.500 »
Solde disponible	3.473.695 93
Total	10.025.689 25

Le conseil a décidé que ce solde disponible de 3,473,695 fr. 93 c. serait employé de la manière suivante :

1° Réserve en augmentation du capital (art. 60 des Statuts) un sixième sur	3.150.000 »	525.000 »	3.150.000 »
2° Dividende aux actionnaires à raison de 875 fr. par action, sur lesquels ils ont déjà reçu un à-compte de 130 fr., ci		2.625.000 »	
Solde à porter à nouveau			323.695 03
Somme égale			3.473.695 93

Les 525,000 fr. qui vont être ajoutés à la réserve en augmentation du capital social porteront cette réserve à	4.803.000 »
La part des bénéfices attribués aux assurés en cas de décès, vie entière avec participation aux bénéfices nets de cette nature d'opérations, s'élève pour la période biennale de 1874 et 1875, à	3.050.000 »
Celle attribuée aux assurances mixtes, avec participation, est de	75.000 »
Celle attribuée aux assurances à terme fixe, avec participation, est de	1.500 »
Ensemble	3.126.500 »

L'Union

Constitution : Société anonyme, autorisée par ordonnance royale du 29 juin 1829.

Siége social : 15, rue de la Banque, à Paris.

Durée : 99 ans, à partir du 21 juin 1829.

Capital social : 10 millions de francs, divisé en 2,000 actions nominatives de 5,000 fr. chacune. La transmission des actions s'opère par voie de transfert, au siége de la Société, sur un registre à ce destiné. Le cessionnaire doit être agréé par le conseil d'administration. Les actionnaires n'ont opéré aucun versement; ils ont seulement déposé en garantie, par chaque action, des effets publics dont le gouvernement français est débiteur, représentant au pair un capital d'au moins 1,657 fr. et rapportant au moins 50 fr. de rente annuelle. Le produit de ce dépôt revient directement à l'actionnaire.

Objet : Assurances à primes fixes et toutes les combinaisons qui s'y rattachent : reconstitution de rentes viagères, etc.

Directeur : M. Charles Robert.

Administrateurs : MM. d'Eichthal, *président ;* Mallet, *vice-président ;* Audéaud, Hentsch, Hurissel, Zamesson, Mirabaud, Velay, Félix Vernes.

L'assemblée générale a eu lieu le 29 avril 1876. Voici un extrait du rapport que l'assemblée a approuvé :

Les contrats, au nombre de 1,858, réalisés en 1875, pour assurances de capitaux et de rentes exigibles au décès des assurés (assurances vie entière, comprenant les assurances de survie, assurances temporaires, contre-assurances), s'élèvent : en rentes, à 17,150 fr., et en capitaux, à.. .... 21.918.242 83

Les capitaux et rentes exigibles du vivant des assurés (assurances différées) ont atteint, en 1875, pour 108 contrats, le chiffre de 14,934 fr. en rentes, et en capitaux, de.. 692.970

Le total des capitaux assurés en 1875 s'élève à..... 28.635.971 83 et dépasse de 4,927,460 fr. 33 c. le chiffre correspondant de 1874, qui était de 23,708,511 fr. 30 c.

Les rentes viagères immédiates, constituées en 1875, ont donné lieu à 216 contrats, représentant un chiffre d'arrérages annuels de.. 132.399 90

Le nombre des assurés, en cas de décès, morts en 1875, a été de 153. Les capitaux assurés sur leurs têtes (déduction faite des réassurances montant à 135,000 fr.), s'élèvent à............ 2.059.998 50

Sont arrivés à leur terme, pendant l'année 1875, 37 contrats en cas de vie, mixtes ou à terme fixe, pour des capitaux s'élevant ensemble à.. 175.780 »

Les arrérages servis en 1875 à nos rentiers viagers s'élèvent à.. 1.207.176 29

Pendant l'année 1875, par suite du décès de 121 rentiers, des rentes viagères se sont éteintes pour un chiffre total d'arrérages annuels de 81,462 fr. 51 c.

En tenant compte des affaires réalisées en 1875, et déduction faite des annulations, des extinctions et des réassurances, l'ensemble de nos opérations en cours au 31 décembre dernier se résume ainsi qu'il suit :

Capitaux exigibles au décès des assurés (assurances vie entière, assurances temporaires et contre-assurances).......	113.442.128 51
Assurances mixtes et à terme fixe.................	15.490.653 50
Assurances de capitaux différés..................	7.491 515 20
Total..	136.424.297 21

Les arrérages de rentes viagères immédiates, différées et de survie que nous servons ou que nous aurons à servir s'élèvent à....... .... 1.506.259 83

Compte de profits et pertes : Attribution aux assurés participants de 459,169 fr. 40 c.; bénéfices pour dividendes, 465,974 fr. 58 c.

Répartition : 400,000 fr. aux actionnaires, soit 200 fr. par action, y compris l'à-compte de 50 fr. payé en 1875 ; 61,548 fr. 33 c. à la réserve statutaire qui sera ainsi de 970,000 fr., et 4,625 fr. 25 c. de solde, créditeur à nouveau du compte de profits et pertes.

Le Phénix

Constitution : Société anonyme autorisée par ordonnance royale du 9 juin 1844.

Siége social : 33, rue Lafayette, à Paris.

Durée : 99 ans, à partir du 9 juin 1844.

Capital social : 4 millions de francs, divisé en 800 actions nominatives de 5,000 fr. chacune, libérées de 1,000 fr. La transmission des actions s'opère par voie de transfert, au siége de de la Société. Le cessionnaire doit être agréé par le conseil d'administration.

Objet : 1° Assurance à primes fixes sur la vie et toutes combinaisons qui s'y rattachent, constitution de rentes ; 2° Formation et gestion d'associations mutuelles sur la vie.

Directeur : M. Vautrey.

Sous-directeur : M. du Fresnay.

Administrateurs : MM. comte Anatole de Montesquiou, *président*.— E. Joly de Bammeville, *vice-président*.— A. Delaistre, — H. Ditte. — Comte H. de Montesquiou. — Ed. Mallet. — Comte Dulong de Rosnay. — Duclercq. — Dubois.

Censeurs : MM. Bérenger. — Cornély. — Mœusch. — Viard. — Wuilelmier.

L'assemblée générale des actionnaires a eu lieu le 20 avril 1876. Voici un extrait du rapport qui a été approuvé par l'assemblée :

La somme totale des capitaux assurés en 1875 a été de 36 millions 320,987 fr. 63, et celle des rentes constituées, soit en rentes viagères immédiates, soit en rentes différées et de survie, de 112,719 fr. 50.

Les recettes de nos comptes d'assurances se sont élevées à 9 millions 238,802 fr. 93, y compris 883,138 fr. 18 c., montant des intérêts revenant aux diverses catégories d'assurances.

Ces opérations se composent ainsi, savoir:

NATURE des opérations	NOMBRE de contrats	CAPITAUX assurés	RENTES assurées	PRIMES EXIGIBLES et capitaux reçus en 1875
		fr. c.	fr. c.	fr. c.
Assurances vie entière { av. particip.	975	15 899.282 68	»	563.410 15
Assurances vie entière { s. participat.	75	1.613.250 »	»	48.335 03
Assurances de survie....	2	41 000 »	»	797 10
Assurances temporaires, C. A..................	78	278.200 »	»	5.218 85
Assurances mixtes et à terme fixe avec particip.	1.189	18.057.089 85	»	1.000.345 77
Assurances mixtes sans participation	12	266.000 »	»	17.170 75
Assurances différées.....	21	166.165 10	»	22.327 70
Rentes viagères immédiates................	161	»	96.059 50	886.934 55
Rentes différées et de survie................	16	»	16.660 »	11.556 85
Totaux..........	2.469	36.320.987 63	112.719 50	2.549.096 75

Les assurances réalisées en 1874 étaient de 28,272,258 fr. 80 pour les capitaux, et de 92,705 40 pour les rentes. L'année 1875 offre une différence en plus de 8,048,728 fr. 85 pour les capitaux assurés, et de 20,906 fr. 90 pour les rentes.

Les sinistres se sont élevés en 1875 à 1,761,782 fr. 70, y compris 43,917 fr. 35 payés pour assurances en cas de vie arrivées à leur terme.

Le décès de 49 rentiers en 1875 a amené l'extinction de 43,267 fr. 00 de rentes viagères.

Le conseil d'administration, en présence de ce résultat, a pensé qu'il convenait d'employer le bénéfice obtenu de la manière suivante :

Dividende de 350 fr. pour chacune des 800 actions du fonds social..	280.000 fr.	»
Versement statutaire à la réserve sociale..........	93.333	35
Réserve des employés	18.666	65
Versement pour solde au fonds de prévoyance.....	55.612	43
Somme égale.........	447.612 fr.	43

Le dividende des actions pour l'année 1875 est de 350 fr. par action; la réserve sociale et la réserve de prévoyance, de 1,225,817 fr. 90.

La répartition des bénéfices entre les assurés donne, pour les assurances vie entière, 3 fr. 03 0/0 du montant des primes annuelles viagères versées, et, pour les assurances mixtes, 4 fr. 06 0/0 du montant des primes annuelles versées.

Caisse paternelle

CONSTITUTION : Société anonyme autorisée par décret présidentiel du 19 mars 1850.

SIÉGE SOCIAL : 4, rue de Ménars, à Paris.

DURÉE : 50 ans, à partir du 19 mars 1850.

CAPITAL SOCIAL : 6 millions de francs, divisé en 12,000 actions nominatives de 500 fr. chacune, libérées de 100 fr. La transmission des actions s'opère par voie de transfert, au siége de la Société. Le cessionnaire doit être agréé par le conseil d'administration.

OBJET : En 1842, la *Caisse paternelle* était simplement une agence autorisée à former et à gérer des associations mutuelles sur la vie ; elle a conservé cette spécialité longtemps, même depuis sa constitution en société d'assurances à primes fixes.

En 1850, elle a élargi le cercle de ses opérations, en pratiquant l'assurance à primes fixes. Aujourd'hui, c'est la branche la plus importante de ses opérations.

DIRECTEUR : M. Théophile Cloquenin.

ADMINISTRATEURS : MM. Alfred Leroux, *président*. — Le marquis de La Grange. — Lenoir. — Le marquis de Flers. — Radier. — Audiffret. — Clapier. — Milault. — Valette.

Voici un extrait du rapport lu à l'assemblée générale du 29 avril 1876 :

Total des capitaux garantis au moyen d'assurances vie entière, temporaires, mixtes, capitaux différés et contre-assurances	19.161.917 67
Rentes viagères immédiates ou différées	133.674 75
Capitaux et primes encaissés	4.221.769 25
Montant de 266 sinistres éprouvés	1.068.336 35
Le solde du compte de profits et pertes est de	254.438 88

dont il a été fait l'application suivante :

Dividende : 120,000 fr., ou 10 0/0 ; réserve statutaire : 12,360 fr ; taxe sur dividende : 3,600 fr. ; aux assurés, en primes fixes : 50,000 fr., etc.

Caisse générale des Familles

CONSTITUTION : Société anonyme autorisée par décret impérial du 1er octobre 1858.

SIÉGE SOCIAL : à Paris, 4, rue de la Paix.

DURÉE : 90 ans.

CAPITAL SOCIAL : 6 millions de francs, divisé en 12,000 actions nominatives de 500 fr. chacune, libérées de 100 fr. La transmission des actions s'opère par voie de transfert, au siége de la Société. Le cessionnaire doit être agréé par le Conseil d'administration.

DIRECTEUR : M. Alfred Odier.

SECRÉTAIRE GÉNÉRAL : M. D. Huiard.

ADMINISTRATEURS : MM. Boittelle, *président*. — Marquis de Beaumont, *vice-président*.— Ch. Kennerley-Hall, *vice-président*. — Darcel, *secrétaire*. — Vavin. — H. Mars. — Martenot. — C. de Bertier. — W. Brolemann.

CENSEURS : MM. Calame et Barry.

Du rapport lu à l'assemblée générale du 29 mars 1876, il résulte que la Compagnie a réalisé 8,756 polices d'assurances, représentant une somme de 20,568,299 fr. 34.

Sinistres, au nombre de 111, pour 284,225 fr. 95.

Compte de profits et pertes, montant à 344,157 fr. 10, ainsi réparti : intérêt à 5 0/0 du cinquième versé sur les actions, 40,000 fr. ; 1er amortissement des bons d'amortissement, 45,000 fr. ; réserve spéciale, 110,000 fr. ; réserve statutaire, 7,434 fr. 55 ; dividende d'intérêt sur chaque action, 5 fr., plus les intérêts à 5 0/0 sur le prix d'émission.

Le Monde

Société anonyme, autorisée par décret du 27 avril 1864.

CAPITAL SOCIAL : 5 millions de francs.

SIÉGE SOCIAL : à Paris, rue du Quatre-Septembre, 12.

DURÉE DE LA SOCIÉTÉ : 50 ans.

DIRECTEUR : M. La Salle.

ADMINISTRATEURS : MM. Cochery, *président*. — Pol.— Fabry. — Breittmayer. — Tournude de Noaillat. — Durand de Beauregard. — Comte d'Estampes. — Harouel. — De Kist de Nemesker. — Comte de Laurencel. — Béchet. — Comte de Védel.

L'assemblée générale des actionnaires a eu lieu le 20 avril 1876.

Voici un extrait du rapport :

Le montant des capitaux payés par la Compagnie pendant l'exercice, par suite du décès de ses assurés, s'est élevé à 666,570 fr. 60 c.

Le montant des capitaux assurés pour assurances diverses, vie entière, mixtes, etc., s'est chiffré par 8,645,838 fr. 75 c.

Les extinctions de rentes viagères par le décès des rentiers a été de 26,519 fr. 33 c.

Le compte de profits et pertes accuse un solde de bénéfices de

72,958 fr. qui a été porté en déduction du solde des comptes à amortir.

L'Urbaine

Société anonyme, autorisée par décret impérial du 1er avril 1865.

Siége social : 8, rue Le Peletier, à Paris.

Durée : 50 ans.

Capital social : 12 millions de francs, divisé en 12,000 actions nominatives, de 1,000 fr. chacune, libérées de 200 fr. La transmission des actions s'opère par voie de transfert, au siége de la Société. Le cessionnaire doit être agréé par le Conseil d'administration. Nul ne peut posséder plus de 250 actions.

Objet : Assurances à primes fixes sur la vie.

Directeur général : M. Louis-Georges Bonnefons.

Directeur-adjoint : M. J. de Kersauson.

Administrateurs : MM. P.-A. Chevalier. — G. Denière. — Math. Dolfus. — V. Fère. — Fr. Grieninger. — G.-T. Bouissin — Guibert. — Guyot-Sionnest. — Abel Laurent.

Commissaires : MM. Emile Léger et Albert Cohin.

Le rapport présenté à l'assemblée générale des actionnaires qui s'est tenue le 25 avril 1876, expose les faits suivants :

Les assurances nouvelles, réalisées en 1875, se sont élevées :

En capitaux payables au décès, ou du vivant des assurés, à la somme de 12,269,593 fr.

La Compagnie a aussi constitué 38,738 fr. de rentes viagères immédiates, différées ou de survie.

Et le total des primes et capitaux reçus pour ces nouvelles souscriptions a été de 805,994 fr. 25.

Ces résultats, comparés à ceux de l'année précédente, présentent une augmentation pour les assurances sur la vie, et une diminution sur le chiffre des constitutions de rentes viagères, quoique le nombre de ces derniers contrats se soit élevé à 73, au lieu de 58 l'année précédente.

Cette diminution s'explique donc par la constitution, en 1874, de quelques rentes viagères d'une plus grande importance.

Pendant l'exercice 1875, la Compagnie a eu à payer aux ayants droit de 48 assurés en cas de décès, un capital de 522.451 fr. 75.

L'année dernière, le capital payé avait été de 417.910 fr. 10.

Par contre, le décès de 23 rentiers viagers a éteint 26,100 fr. de rentes viagères, et a réduit sur une seule tête trois rentes viagères montant ensemble à 1,896 fr. 20 c., et primitivement constituées sur deux têtes.

Le compte de profits et pertes, déduction faite des dépenses de toute nature, du prélèvement attribué à la direction et à la caisse de prévoyance des employés, ainsi que de l'impôt sur le dividende, reste créditeur de 321,162 fr. 74, que le conseil d'administration, conformément à l'article 49 des statuts, vous propose de répartir de la manière suivante :

216,000 fr. » à distribuer, nets de l'impôt du dividende, à raison de 18 fr. par action.
60,000 » à porter à la réserve en augmentation du capital (art. 50 des statuts).
Et 45,162 74 à compte nouveau.

321,162 fr. 74

La part attribuée aux assurés dans les bénéfices s'élève, pour cet exercice, à :

192,560 fr. 48 pour les assurances vie entière avec participation, soit 3 fr. 02 0/0 des primes versées.
Et 36,427 42 pour les assurances mixtes avec participation, soit 2 fr. 52 0/0 des primes versées.

L'Alliance

CONSTITUTION : Société anonyme, autorisée par décrets impériaux des 9 juillet 1868 et 16 mai 1870, avec modifications autorisées par nouveau décret de 1875.

Cette Société, dont le siége était primitivement au Havre, a fonctionné sous la dénomination de : *L'Alliance des Départements.*

SIÉGE SOCIAL : à Paris, 16, rue de Grammont.

DURÉE : jusqu'au 25 septembre 1916.

OBJET : Toutes opérations d'assurances sur la vie et constitutions de rentes viagères.

DIRECTEUR : M. Tournal.

ADMINISTRATEURS : MM. Dietz-Monnin, *président honoraire.* — Thuillier, *président.* — Auzou. — Soller. — Meiger. — Bourbeau. — Charité. — Fillieul. — Japy.

L'assemblée générale a eu lieu le 28 avril 1876. Nous extrayons ce qui suit du rapport :

Montant des opérations de l'exercice, en rentes viagères immédiates, 3,192 fr. 35 c.; en rentes viagères différées, 4,280 fr., soit en totalité, 7,472 fr. 35.

Montant des opérations de toute nature agréées pendant l'exercice, 3,121,000 fr.

Sinistres réglés, 41,622 fr.

L'approbation des comptes a été renvoyée à une autre réunion, le rapport des commissaires n'ayant pu être présenté à l'assemblée générale du 28 avril 1876.

Le Soleil

Constitution : Société anonyme autorisée par décret du 21 décembre 1872.

Siége social : 44, rue de Châteaudun, à Paris.

Durée : 90 ans à partir du 21 décembre 1972.

Capital social : 12 millions de francs, divisé en 12,000 actions nominatives, de 1,000 fr. chacune, libérées de 250 fr. La transmission des actions s'opère par voie de transfert, au siége de la Société. Le cessionnaire doit être agréé par le conseil d'administration.

Objet : Assurances à primes fixes sur la vie.

Directeur : M. Dormoy.

Administrateurs : M. Frémy, *président*. — De Dalmas. — A. Heine. — Pincherle. — Le marquis de Plœuc. — Sapia. — J. Stern. — De Bojand.

Censeurs : MM. Leviez. — De Ronseray. — Descours.

L'assemblée générale du 26 mai 1876 a entendu et approuvé le rapport dont nous donnons un extrait ci-après :

Souscriptions d'assurances diverses pendant l'exercice écoulé, s'élevant à 76,291 fr. 85 c. de rentes.

Cinq sinistres ayant coûté 24,845 fr. 60 c., ce qui a amené l'extinction de 1,636 fr. 80 c. de rentes viagères.

Bénéfice résultant du compte de profits et pertes, 632,914 fr. 06; mais, attendu que la majeure partie provient du mouvement du portefeuille, il n'y a pas eu de répartition aux actionnaires, et le solde a été porté au nouveau crédit de compte.

L'Atlas

Constitution : Société anonyme, autorisée par décret du 16 juin 1873.

Siége social : 12, rue Lafayette, à Paris.

Durée : 99 ans à partir du 16 juin 1873.

Capital social : 5 millions de francs, divisé en 10,000 actions nominatives, de 500 fr. chacune, libérées de 125 fr. La transmission des actions s'opère par voie de transfert. Le cessionnaire doit être agréé par le conseil d'administration.

Objet : assurances à primes fixes sur la vie.

Directeur : M. Eugène Reboul.

Administrateurs : MM. Duvergier, *président*. — Amédée

Beau, *vice-président*. — Victor Borie. — Tarnier. — Blondel. — Lehideux. — Pelouze. — Rochard. — Saint-Amand.

CENSEURS : Fumouze. — Giroud.

Voici un extrait du rapport de l'assemblée générale du 29 avril 1876 :

Capital des contrats souscrits dans l'exercice, 8,009,614 fr.

Total des recettes.................	637.589 fr.	40 c.
Total des dépenses et réserves....	532.171	55
Excédant des recettes...........	105.417 fr.	85 c.

lequel excédant a été affecté au solde du compte d'intérêts.

Pas de dividende.

Le Crédit viager

CONSTITUTION : Société anonyme, autorisée primitivement sous le titre de l'*Impériale*, en vertu de décrets en date des 29 mars 1854, 26 mai 1869 et 16 novembre 1870.

SIÉGE SOCIAL : à Paris, 92, rue de Richelieu.

DURÉE : 99 ans.

CAPITAL SOCIAL : 5 millions de francs, représenté par 10,000 actions de 500 fr.

ADMINISTRATEURS : MM. comte de Damas d'Hautefort. — Foacier. — H. Hankey. — Baron de Jouvenel. — Baron de Kinkelin. — Comte de Lasteyrie. — Comte Léo de Saint-Poncy. — Comte Sérurier.

DIRECTEUR : M. de Chaumont.

Le Conservateur

CONSTITUTION : Société anonyme, autorisée par décret du 2 août 1844.

SIÉGE SOCIAL : à Paris, rue Richelieu, 102.

DURÉE : 90 ans.

OBJET : Formation et gestion d'associations mutuelles sur la vie. La Compagnie ne garantit aucun résultat à ses risques et périls.

CAPITAL SOCIAL : 2 millions de francs, représentés par 4,000 actions de 500 fr. chacune.

DIRECTEUR : M. O. Riffaut.

La Famille

Société anonyme, autorisée, dont le siége social est à Paris, rue de Choiseul, 16.

Capital social : 3 millions.

Conseil d'administration : MM. Daguin, *président.* — Bergeron de Boutellier. — Chabriet. — Claude Lafontaine. — Lavalley. — Pernolet.

---

§ 11

ASSURANCES MARITIMES

L'Océan

Constitution : Société anonyme, autorisée par ordonnance royale du 29 mars 1837.

Capital social : 1 million de francs, représenté par 200 actions nominatives de 5,000 fr. chacune. La transmission s'opère au siége de la Société. Le cessionnaire doit être agréé par le conseil d'administration. Les actions sont libérées de 1,000 fr.

Directeur : M. Lesuuyer de la Place.

Compagnie d'Assurances générales maritimes

Constitution : Société anonyme, autorisée par ordonnance royale du 22 avril 1818.

Siége social : à Paris, 87, rue de Richelieu.

Durée : 80 ans.

Capital social : 5 millions de francs, divisé en 300 actions nominatives de 12,500 fr., et 1,000 actions libérées au porteur de 12,500 fr. chacune. La transmission des actions nominatives s'opère par voie de transfert, au siége de la Société. Le cessionnaire doit être agréé par le Conseil d'administration et aucun actionnaire ne peut posséder plus de 15 actions nominatives. Chaque action nominatives est garantie : 1° par le versement originaire de 2,500 fr. en espèces ; 2° par le versement également compté en espèces de 2,500 fr., provenant des retenues opérées sur les bénéfices répartis jusqu'à ce jour; 3° par une obligation directe de l'actionnaire de 7,500 fr.

ADMINISTRATEURS : MM. baron Alph. Mallet, *président.* — Baron Alph. de Rotshchild. — A.-F. de Courcy. — Odier. — Alf. Trubert. — Martel. — Prince Czartoryski. — Ganneron.

L'Union des Ports

Société anonyme, autorisée par ordonnance royale du 27 mai 1836.

SIÉGE SOCIAL ; 4, place de la Bourse, à Paris.

DURÉE : 60 ans, à partir du 27 mai 1836.

CAPITAL SOCIAL : 5 millions de francs, divisé en 1,000 actions nominatives de 5,000 fr. chacune, libérées de 1,000 fr. La transmission des actions s'opère par voie de transfert, au siége de la Société. Le cessionnaire doit être agréé par le conseil d'administration.

DIRECTEUR : M. L. Olivier.

ADMINISTRATEURS : MM. Dareste, *président.* — F. Gaillard. — A. Petitdidier. — P. Gil. — Vignal. — A. Le Roy. — A. J. Stern. — Ch. Tavernier. — X...

COMMISSAIRES VÉRIFICATEURS : MM. E. Brandon. — Sorbé-Lormont. — Germain-Thibaut.

Lloyd français

CONSTITUTION : Société anonyme, autorisée par ordonnance royale du 16 mars 1837.

SIÉGE SOCIAL : 8, place de la Bourse, Paris.

DURÉE : 60 ans.

CAPITAL SOCIAL : 6 millions de francs, représenté par 1,200 actions nominatives de 5,000 fr. libérées de 1,000 fr. La transmission des actions s'opère par voie de transfert au siége de la Société.

DIRECTEUR : M. Henri Bal.

ADMINISTRATEURS : MM. F. Bartholony, *président.* — B. Allegri, *vice-président.* — Fern. Bartholony. — G. Van den Broeck. — Comte A. de La Panouse. — N. Rondot. — V. Marco-del-Pont. — A. de Warn. — H. Mirabaud.

La Réunion

Constitution : Société anonyme, autorisée par décret impérial du 6 juin 1855.

Siége social : 10, place de la Bourse, à Paris.

Durée : 50 ans, à partir du 6 juin 1855.

Capital social : 6 millions de francs, divisé en 1,200 actions nominatives de 5,000 fr. libérées de 1,000 fr. Transfert au siége social avec l'agrément de l'administration.

Directeur : M. Leger.

Compagnie centrale d'Assurances maritimes

Société anonyme, autorisée par décret impérial du 23 novembre 1854.

Siége social : 8, place de la Bourse.

Durée : 30 ans.

Capital social : 5,000 fr., représenté par 1,000 actions nominatives libérées de 1,000 fr. La transmission des actions s'opère par voie de transfert au siége de la Société. Le cessionnaire doit être agréé par le conseil d'administration.

Directeur : M. Ch. Panel.

Administrateurs : MM. J. Dethomas, *président*. — F. Talamon, *vice-président*. — Alf. Herpin. — J. Raimbert. — G. Brolemann. — V. Musnier. — Darblay jeune. — C. Renouard. — G. Halphen.

L'Eole

Société anonyme, autorisée par décret impérial du 29 août 1858.

Siége social : 12, place de la Bourse, à Paris.

Durée : 30 ans.

Capital social : 2 millions de francs, représentés par 400 actions nominatives libérées de 1,000 fr. La transmission des actions s'opère par voie de transfert, au siége de la Société. Le cessionnaire doit être agréé par le conseil d'administration.

Directeur : Jean-Henri Degreteau.

L'Etoile de la mer

Constitution : Société anonyme, autorisée par décret impérial du 11 décembre 1858.

Siége social : 44, rue Notre-Dame-des-Victoires, à Paris.

Durée : 30 ans, à partir du 11 décembre 1858.

Capital social : 2 millions de francs, divisé en 400 actions nominatives de 5,000 fr. chacune, libérées de 1,000 fr. La transmission des actions s'opère par voie de transfert, au siége de la Société. Le cessionnaire doit être agréé par le conseil d'administration.

Directeur : M. A.-E. Billette.

Le Cercle commercial

Constitution : Société anonyme, autorisée par décret impérial du 25 juin 1860.

Siége social : 8, place de la Bourse, à Paris.

Durée : 30 ans.

Capital social : 2 millions de francs, représentés par 400 actions nominatives de 5,000 fr., libérées de 1,000 fr. La transmission des actions s'opère par voie de transfert, au siége social. Le cessionnaire doit être agréé par le conseil d'administration.

Directeur : M. Louis-Jules Plouviez.

Administrateurs : MM. L. Roy, *président*. — V. Baud, *vice-président*. — Ch. Berthier. — Lanseigne. — Loysel. — Brault.

Compagnie d'assurances maritimes havraise et parisienne

Société anonyme, autorisée par ordonnance royale du 3 juin 1836.

Siége social : 19, rue Caroline, au Havre (Seine-Inférieure).

Durée : 48 ans, à partir du 3 juin 1836.

Capital social : 1,200,000 fr., divisé en 1,200 actions nominatives de 1,000 fr. chacune, libérées de 250 fr. La transmission des actions s'opère par voie de transfert, au siége de la Société. Le cessionnaire doit être agréé par le conseil d'administration.

Directeur : M. E. Cauvin.

Administrateurs : MM. L.-A. Wouters, *président*. — J. Barbulée, *vice-président*. — F. Sprunglin. — R.-E. Latham. — L. Mandrot. — H. Delaroche. — J.-F. Geschwind. — E. Lecadre. — J.-B. Faride.

La Garonne

Constitution : Société anonyme, autorisée par décret impérial du 28 mai 1864.

Siége social : 11, rue du Plessis, à Bordeaux.

Durée : 30 ans.

Capital : 3 millions de francs, représentés par 600 actions nominatives de 5,000 fr. chacune, libérées de 1,000 fr. La transmission des actions s'opère par voie de transfert, au siége de la Société.

Directeur : M. Léonce A. D. R. Adam.

Compagnie lyonnaise d'Assurances maritimes

Société anonyme, créée par acte du 15 juillet 1869.

Siége social : 16, rue Lafont, à Lyon. Agence, 8, place de la Bourse, à Paris.

Durée : 30 ans.

Capital social : 6 millions de francs, représenté par 1,500 actions nominatives de 4,000 fr. chacune, libérées de 1,000 fr. La transmission des actions s'opère par voie de transfert, au siége de la Société. Le cessionnaire doit être agréé par le conseil d'administration.

Administrateur-Directeur : M. Ch. Moutier.

Administrateurs : MM. J. Gourd, *président*. — E. Aynard. — J. Cambefort. — E. Chabrières. — Ph. Germain. — S. Lilienthal. — J. Letourneur. — Ch. Payen. — J.-A. Sevène.

Commissaires : MM. M. Gilliard. — Vernet.

Compagnie française d'Assurances maritimes

Société anonyme, autorisée par décret impérial du 22 septembre 1962.

Siége social : 9, place de la Bourse, à Paris.

Capital social : 5 millions de francs, représenté par 1,000 actions nominatives de 5,000 fr., libérées de 1,000 fr. La transmission des actions s'opère par voie de transfert, au siége de la Société. Le cessionnaire doit être agréé par le conseil d'administration.

DIRECTEUR : M. Auguste-Charles Allais.

ADMINISTRATEURS : MM. L. Frémy, *président*. — Ch. Bal. — Clerc-Kayser. — O. Galline. — Henri Germain. — H. Mirabaud. — E. Maas. — J.-B. Pastré. — Comte A. de la Panouse. — A. Revenaz. — N. Rondot. — F. Thomas.

La Mélusine

Société anonyme, autorisée par ordonnance royale du 15 mars 1830, pour la durée de 50 ans.

SIÉGE SOCIAL : à Paris, 6, place de la Bourse.

CAPITAL SOCIAL : 2 millions de francs en 400 actions nominatives de 5,000 fr. chacune, libérées de 100, et en outre d'un dépôt par action d'un coupon de rente 3 0/0 de 36 fr.

DIRECTEUR : M. Haurissel.

L'Indemnité

Société anonyme, autorisée par décret du 7 mai 1856.

SIÉGE SOCIAL : à Paris, 8, place de la Bourse.

DURÉE : 50 ans.

CAPITAL : 2 millions de francs.

DIRECTEUR : M. Ployer.

La Gironde

Société anonyme, autorisée par décret du 25 mai 1860.

SIÉGE SOCIAL : à Bordeaux, rue Jean-Jacques Bel, 9. — Agence à Paris, place de la Bourse, 6.

DURÉE : 30 ans.

CAPITAL SOCIAL : 2 millions de francs, divisé en 400 actions nominatives de 5,000 fr., libérées de 1,000 fr. — Transfert au siége social avec l'agrément de l'administration.

---

§ IV

ASSURANCES DIVERSES

ASSURANCES CONTRE LA GRÊLE

L'Abeille

Société anonyme, autorisée par décrets des 25 juin 1856, 24 octobre 1857, 20 octobre 1858, 4 août 1860, 1er octobre 1866 et 25 avril 1867.

Siége social : à Paris, rue des Petites-Écuries, 52.

Durée : 50 ans.

Objet : Assurances à primes fixes contre les risques de la grêle.

Capital social : 8 millions de francs, représenté par 16,000 actions nominatives de 500 fr., libérées de 250 fr.

Directeur : M. Arthur Langlois.

Administrateurs : MM. Chartier, *président*. — Amédée Gayot, *vice-président*. — Aucoc. — Moreau. — Nicolas. — Vayson, etc.

Voici un extrait du rapport soumis à la dernière assemblée générale sur les opérations de l'exercice de l'année 1875 :

Valeurs assurées pendant l'année, 157 millions en diminution de 32 millions sur le chiffre de l'année précédente.

Indemnités payées pour sinistres 1,842,479 fr. 20 c.

Excédant des recettes, 305,912 fr. 17.

ASSURANCES CONTRE LES ACCIDENTS

La Sécurité générale

Société anonyme, autorisée par décret du 11 novembre 1865.

Siége social : à Paris, cité d'Antin, 7.

Durée : 50 ans.

Objet : assurances individuelles contre les accidents de toutes sortes; assurances collectives contre les accidents professionnels; assurances spéciales aux accidents de mer.

Capital social : 2,500,000 fr. représenté par 2,500 actions de 1,000 fr.

Directeur : M. Pouget.

Administrateurs : MM. le comte Le Hon, *président.* — Le Pelletier de Saint-Rémy, *vice-président.* — Barbet. — Paul Firino. — Le comte Ham. — Le comte de Juigné. — Le comte Sérurier.

L'Accident

Société anonyme, instituée au capital de 1 million de francs.

Siége social : à Paris, rue Lafayette, 1.

Objet : Assurances *individuelles* contre tous accidents, et *collectives* contre les accidents professionnels.

Directeur : M. Duprelle.

Compagnie nationale d'Assurance contre les accidents

Société anonyme, instituée au capital social de 5 millions de francs.

Siége social : à Paris, rue Paradis-Poissonnière, 22 *bis.*

CHAPITRE VI

SOCIÉTÉS INDUSTRIELLES ET COMMERCIALES

DE FRANCE

HOUILLÈRES ET CHARBONNAGES

On compte en France 60 grands bassins houillers dont la production, en 1875, s'est élevée à 17,500,000 tonnes, production qui, en 1812, ne dépassait pas 800,000 tonnes.

Il y a donc une progression considérable du chiffre de la production et nécessairement de la consommation dans le cours de ces soixante années.

Cette augmentation dans le chiffre de la production et de la vente a nécessairement influé sur le prix des actions, puisqu'elle entraînait à sa suite un accroissement dans les bénéfices de l'exploitation.

Il en est résulté que le cours des valeurs minières, dont la progression a été toutefois assez lente de l'année 1812 à l'année 1862, a pris, dès cette dernière époque, un essor qui a atteint, en 1875, jusqu'aux limites de l'exagération.

En effet, pour ne citer que les bassins houillers du Nord et du Pas-de-Calais, la plus-value des actions des Compagnies qui les exploitent *a quintuplé* de 1862 à 1875.

Les actions des mines d'Anzin, par exemple, qui étaient, au début, de 100,000 fr., ont monté en octobre 1875 à 850,000 fr.; celles de Vicoigne-Nœuds, qui étaient en principe de 600 fr., ont passé de 4,200 fr. en 1862, à 35,000 fr. en 1875; celles de Courrières, de 400 fr. au début sont arrivées à 3,500 fr. en 1862, et à 55,000 fr. en 1875.

Il importe donc au plus haut degré pour le capitaliste de distinguer entre les Compagnies dont les actions montent en raison inverse du double chiffre de la production et de la vente, et les Compagnies dans les opérations desquelles les bénéfices signalés par les rapports faits aux assemblées d'actionnaires expriment exactement la progression simultanée de la production et de la vente.

Une augmentation du dividende n'est qu'une présomption de succès pour l'avenir, une simple constatation de plus-value de l'exercice présent sur les exercices antérieurs; mais elle ne saurait être un gage de succès assuré pour les exercices ultérieurs.

C'est pourquoi il importe avant tout de distinguer entre les Compagnies dont les titres sont en faveur sur le marché, celles qui offrent l'équation du chiffre de production et du chiffre de vente, conséquemment une étroite corrélation entre ce double résultat et le cours des actions.

Houillères et Usines de Commentry-Fourchambault

Société anonyme, instituée le 7 avril 1874.

SIÉGE SOCIAL : à Paris, place Vendôme.

DURÉE : jusqu'au 31 décembre 1913.

OBJET : Exploitation de mines de houille et anthracite de Commentry et de Montwicq, arrondissement de Montluçon (Allier); exploitation du chemin de fer de Commentry et Montluçon; exploitation des usines de Fourchambault, Montluçon, Tarteron, Imphy et La Pique, etc.

CAPITAL SOCIAL : 25 millions de francs, représenté par 50.000 actions libérées de 500 fr., nominatives ou au porteur, au choix de l'actionnaire, et donnant droit à 1/50,000 des biens et profits de la Société.

COMITÉ DE DIRECTION : M. Stephan Mony, *président*.

ADMINISTRATEURS nommés pour 6 ans : MM. le comte Benoist d'Azy. — Le vicomte Benoist d'Azy. — Albert Boignes. — Emile Boignes. — Prosper Huchet. — Ch. Gauthier. — Eug. Glachant. — Aug. de Mieulle. — Mony. — Ch. Rambourg. — Louis Rambourg. — Baron de la Rochette. — Anatole de Secsavalle.

Résultats financiers de l'exercice 1875, exposés à la dernière assemblée générale des actionnaires :

Actions émises au nombre de 44,836.

Dividende réparti sur le montant des bénéfices de l'année, 35 fr. par action.

Houillères de Montrambert et de la Béraudière (Saône)

Société anonyme, autorisée par décret du 17 octobre 1854.

SIÉGE SOCIAL : à Lyon, quai de l'Hôpital, 4.

DURÉE : 99 ans.

Capital social : représenté par 80,000 actions libérées, nominatives ou au porteur.

Directeur : M. Thomas Hutter.

Administrateurs : MM. Emile Ferrouillat, *président*. — Eug. Flottard, *vice-président*. — Henri Germain. — E. Neyrand. — Jules Richard-Vacheron. — E. Colongeat. — Em. Vautier. — H. Thiollière. — Ed. Aymard.

A la dernière assemblée générale des actionnaires, le rapport sur l'exercice 1875 constate ce qui suit :

Production de l'année, 533,620 tonnes.

Bénéfices nets, 4,966,369 fr.

Dividende réparti, 42 fr. 50 c. par action, dont 29 fr. payés pour solde.

Mines de la Loire

Constitution : Société anonyme, autorisée par décret impérial du 17 octobre 1854.

Siége social : 85, rue de Richelieu, à Paris.

Durée : 90 ans, à partir du 17 octobre 1854.

Capital social : Divisé en 80,000 actions libérées, nominatives ou au porteur.

Emprunts par obligations

Les quatre Sociétés, *Société des Mines de la Loire*, *Société des houillères de Montrambert et de la Béraudière*, *Société des houillères de Saint-Étienne* et *Société des houillères de Rive-de-Gier*, résultent du fractionnement de l'ancienne Société civile, créée par acte du 10 octobre 1837, connue d'abord sous la dénomination de *Compagnie générale des mines de Rive-de-Gier*, puis, à partir des 31 juillet 1845 et 10 janvier 1846, sous celle de *Compagnie des mines de la Loire*. Le capital de cette dernière Compagnie était de 80,000 actions de 1,000 fr. chacune. Chaque action a reçu une action de chacune des quatre nouvelles Sociétés. Quant aux dettes de la Compagnie primitive, les nouvelles Sociétés en sont restées solidairement responsables ; mais l'une d'entre elles seulement, la Société des mines de la Loire, a été chargée du service de ces dettes, la charge devant être répartie annuellement entre les quatre Sociétés, à proportion de la production houillère dûment constatée.

Non-seulement les quatre Compagnies précitées sont tenues à servir l'intérêt et l'amortissement des emprunts tel qu'il est dit dans les actes d'emprunt, mais encore, toutes les fois que le dividende total annuel des quatre Sociétés dépasse 50 fr.; une somme équivalente au quart du surplus du dividende est affectée à des tirages supplémentaires des obligations de l'emprunt de 1852. C'est ainsi que, sur les 1,873 obligations amorties, 592 l'ont été par suite de l'excédant des dividendes sur 50 fr., et 1,281 dans les termes du tableau d'amortissement.

La portion de ces dettes contractées sous forme d'obligations similaires consiste actuellement en un emprunt divisé en 18,000 obligations libérées, au porteur, remboursables à 1,250 fr., en 75 années (1853 à 1927), et jouissant d'un intérêt annuel de 50 fr., payable par moitié, les 1er février et 1er août de chaque année. Les tirages ont lieu en décembre, et le remboursement des obligations sorties s'effectue le 1er février suivant.

Directeur : M. Houpeurt.

Administrateurs : MM. G. West, *président*. — Jules Petit-Jean, *vice-président*. — J. de la Bouillerie. — Ed. Dalloz. — F. Escoffier. — M. Gras. — Comte Ferrot de Chazelle. — Deniou. — Réné Guerin. — Morin-Pons.

Le rapport soumis à la dernière assemblée générale sur l'exercice écoulé, établit les faits suivants :

Bénéfices nets de l'exercice, 2,118,030 fr. 26 c., ainsi répartis :

284,671 fr. 36 c. pour amortissements divers ;

250,000 fr. pour prélèvement de provision des travaux à exécuter ;

140,000 fr. pour amortissement extraordinaire des obligations des quatre groupes ;

60,149 fr. 23 c. porté au compte de profits et pertes ;

Dividende : 18 fr. par action, dont 7 fr. déjà payés.

Houillères de Saint-Étienne (Loire)

Société anonyme, autorisée par décret du 17 octobre 1854.

Siége social : à Lyon, rue de Lyon, 34.

Durée : 99 ans.

Capital social : représenté par 80,000 actions libérées, nominatives.

Directeur : M. Bayle.

Administrateurs : MM. Richard-Vitton, *président*. — H. Martin, *vice-président*. — Verpilleux. — Comte de la Panouse. — Gervay. — J. Basset. — H. Neyrand. — L. Felissent. — Thiollière de l'Isle.

Bilan présenté à la dernière assemblée générale sur l'exercice 1875 :

Bénéfices, 2,800,000 fr.;

Dividende réparti, 1,200,000 fr. ou 15 0/0 par action;

Réserve de 1 million de francs pour payer l'accident du puits Jabin.

Mines de houille de Courrières

Société civile, établie par acte du 27 octobre 1852.

Siége social : Hénin-Liétar Pas-de-Calais).

Durée : Illimitée, à partir du 27 octobre 1852.

Capital social : 600,000 fr., divisé en 2,000 actions libérées, nominatives, de 300 fr. chacune. — La transmission des actions s'opère par voie de transfert, au siége de la Société.

Sur les bénéfices, on prélève d'abord 10 0/0 pour porter à une réserve qui ne peut dépasser 900,000 fr. Toutes les fois que la réserve atteindra ce chiffre, une somme de 300,000 fr. sera répartie entre toutes les actions, à raison de 150 fr. par action. Le surplus est réparti entre toutes les actions, à titre de dividende.

Les répartitions se sont élevées progressivement de 150 fr. à 800 fr. par action.

Directeur-Gérant : M. Constant Mathieu.

Administrateurs : MM. Douchy, *président*. — Guilmot. — Ild. Landrieux. — Ch. Mathieu. — Dupont.

Voici un extrait du rapport soumis à l'assemblée générale des actionnaires qui a eu lieu le 15 mai 1876 :

Bénéfices nets de l'exercice, 3,632,842 fr.

Répartition, 3,200,000 fr. aux actionnaires pour dividende. Le surplus, porté réserve qui est aujourd'hui de 1,900,000 fr.

Houillères de Rive-de-Gier

Société anonyme, autorisée par décret du 17 octobre 1854.

Capital social : divisé en 80,000 actions libérées, nominatives ou au porteur.

Siége social : à Lyon, rue Saint-Joseph, 60.

Durée : 99 ans.

Administrateurs : MM. Pouyer-Quertier, *président*. — Marquis de Nicolaï. — Marquis de Tilly. — Comte de Valon. — Comte de Mascarène de Rivière. — Th. Hubert. — Comte de

Chavagnac. — J. Dutreil. — J. de Vaufleury. — Blavier. — Bonnefont. — Segretain.

L'assemblée générale des actionnaires a eu lieu le 29 mars 1876. Extrait du rapport :

Production de l'exercice 1875 : 221,363 tonnes.

Bénéfice net : 388,000 fr.

Dividende : 3 fr. par action.

Mines de la Grand'Combe

CONSTITUTION : Société anonyme, autorisée par décret impérial du 3 octobre 1855.

SIÉGE SOCIAL : 17, rue Laffitte, Paris.

DURÉE : 50 ans.

CAPITAL SOCIAL : Divisé en 24,000 actions libérées, nominatives ou au porteur.

Emprunts par obligations

11 *juillet* 1844. — 10,000 obligations libérées, au porteur, remboursables à 1,250 fr., en 50 années (1850 à 1,899), et jouissant d'un intérêt annuel de 50 fr., payable par moitié, les 1er avril et 1er octobre de chaque année. Les tirages ont lieu en juin, et le remboursement des obligations sorties s'effectue le 1er octobre suivant. Au 1er octobre 1873, il était sorti 2,560 obligations.

30 *juin* 1858. — 2,700 obligations libérées, au porteur, remboursables à 1,250 fr. en 41 années (1859 à 1899), et jouissant d'un intérêt annuel de 50 fr., payable par moitié, les 1er avril et 1er octobre de chaque année. Les tirages ont lieu en juin, et le remboursement des obligations sorties s'effectue le 1er octobre suivant. Au 1er octobre 1873, il était sorti 561 obligations.

Le 1er octobre 1876, un nouveau tirage a eu lieu, pour les 10,000 obligations de l'emprunt 1844, et pour les 2,700 de l'emprunt du 30 juin 1858.

ADMINISTRATEURS : MM. Thirion, *président*. — Em. Abric. — Beau. — Comte Benoist d'Azy. — G. Luce. — Jul. Callon. — Marquis de Flers. — Vicomte de Magnieu. — Baron Edm. de Rothschild. — Roux de Fraissinet. — Conrad de Witt.

Mines de Carmaux

Société anonyme, autorisée par décret du 21 avril 1860.

SIÉGE SOCIAL : A Paris, place Vendôme ; siége d'exploitation, à Carmaux (Tarn).

CAPITAL SOCIAL : 11,600,000 fr., représentés par 23,200 actions libérées, nominatives ou au porteur, de 500 fr.

Cette Société a contracté en 1858 un emprunt de 6,500 obligations libérées, au porteur, émises de 270 à 300 fr., remboursables à 500 fr. en 90 années (1861 à 1950), et jouissant d'un intérêt annuel de 15 fr., payable par moitié, les 1er janvier et 1er juillet de chaque année. Les tirages ont lieu en décembre, et le remboursement des obligations sorties s'effectue le 1er janvier suivant. Au 1er janvier 1873, il était sorti 232 obligations.

ADMINISTRATEURS : MM. Comte Fréd. de Lagrange, *président*. — Edouard Dalloz, *vice-président*. — Marquis de Solages. — P. de Naurois.— Baron de Gaujac.— J. Gautier.— Eug. Mancel.— Surell.

ADMINISTRATEUR DÉLÉGUÉ : M. Eug. Mancel.

Dans l'assemblée générale du 20 avril, il a été constaté et arrêté ce qui suit :

Production de l'exercice, 200,000 tonnes.

Bénéfice, 1,969,705 fr.

Dividende, 80 fr. par action.

Mines de Douchy

Société civile, fondée par acte de 1833, pour une durée illimitée.

SIÉGE SOCIAL : A Lourches (Nord).

CAPITAL SOCIAL : Représenté par 3,744 actions libérées et nominatives.

DIRECTEUR : MM. A. Mathieu, *président*. — Derosne. — L. Mathieu.— P. Mathieu.— L. Landrieu.— J. Piérard.

Depuis la création de cette Société, les répartitions annuelles varient entre 110 fr. par action et 320, plus haut chiffre (exercice 1866).

Le chiffre du dividende arrêté à la dernière assemblée générale, pour l'exercice 1875, est de 310 fr. — Les à-compte payés se montent à 265 fr.

Les actions des mines de Douchy, qui étaient de 2,500 fr. en 1870, ont été portées à 10,500 fr. en 1875.

Houillères de la Saône et du Rhône

Société anonyme libre, créée par acte de 1872.

SIÉGE SOCIAL : A Paris, boulevard Haussmann, 35.

DURÉE : 99 ans.

OBJET : Exploitation des mines de Norroy, de Communay et de Forges.

Cette Société est la continuation de l'ancienne Société des Houillères de Forges et du Martrat (transformée).

CAPITAL SOCIAL : 3 millions de francs en 6,000 actions de 500 francs. — 4,000 parts de jouissance ont été créées ; il leur est attribué 30 0/0 dans les bénéfices nets de l'entreprise.

ADMINISTRATEURS : MM. Desprez. — Le comte de Sainte-Croix. — Le vicomte de la Monneraye.

COMMISSAIRE DE SURVEILLANCE : M. Richardière.

Emprunt par obligations

20,000 obligations remboursables à 500 francs à partir de 1875.

Le 30 juin 1876 a eu lieu l'assemblée générale des actionnaires. Après avoir pris connaissance du rapport qui lui a été fait sur l'exercice 1875, elle s'est ajournée à plus tard pour les résolutions à prendre. Ces résolutions ne pourront aboutir qu'à une liquidation, et plus tard à une reconstitution de l'affaire, qui renferme de sérieux éléments de succès.

Houillères et Chemin de fer de Saint-Eloi (Puy-de-Dôme)

Société anonyme, autorisée par décret impérial du 7 septembre 1863.

SIÉGE SOCIAL : 64, rue de la Chaussée-d'Antin.

DURÉE : 99 ans.

CAPITAL SOCIAL : Divisé en 6,000 actions libérées, nominatives ou au porteur.

Emprunt par obligations

12,500 obligations libérées, au porteur, remboursables en 19 ans (1867 à 1885), jouissant d'un intérêt annuel de 15 francs, payable par moitié, les 15 janvier et juillet de chaque année.

Dans l'assemblée générale du 8 juin dernier, on a fixé à 20

francs le dividende attribué à chaque action de la Société, et payable à partir du 15 septembre à la caisse de la Société.

Compagnie du Ban-Lafaverge

Société civile, créée par acte du 17 novembre 1864.

SIÉGE SOCIAL : 46, rue Centrale, à Lyon.

DURÉE : Illimitée.

CAPITAL SOCIAL : Divisé en 5,000 actions libérées, nominatives.

Dividende restreint.

Charbonnages d'Anzin (Nord)

Société civile, formée en 1757.

SIÉGE SOCIAL : A Anzin (Nord).

CAPITAL SOCIAL : Sans évaluation nominale. Ce capital est divisé, comme l'ancien livre de compte, en parts ou deniers.

Les parts se trouvant dans un nombre de mains très-restreint, il n'y a pas lieu de convoquer les intéressés en assemblée générale. On se réunit par invitation particulière, dans les bureaux de l'Agence de la Compagnie, à Paris, rue de Châteaudun, 53, et là on discute en comité secret la question des opérations de la Société et la question non moins importante du dividende à répartir. Dans la dernière réunion relative à l'exercice 1875, il a été arrêté que le chiffre du dividende serait, pour le titre entier, de 40,000 fr., ce titre entier étant porté à la vente à plus de 800,000 fr. Le droit des parts ou deniers à ce dividende s'établit dans la même proportion.

Les 100es d'actions se traitent à 8,000 fr.

Dans le conseil de régie tenu à Saint-Waast-là-Haut, près de Valenciennes, le 1er novembre 1875, sous la présidence de M. Thiers, le dividende semestriel avait été fixé à 200 fr. par centième de denier, le même que le précédent dividende.

Houillères de la Haute-Loire

Société civile, créée par acte du 6 octobre 1837.

SIÉGE SOCIAL : A Paris, rue Joubert, 43. Banquiers : MM. A. B. Stern et Ce, rue de Châteaudun, 58.

DURÉE : 99 ans, à partir du 6 octobre 1837.

Capital social : 5,200,000 fr., divisé en 5,200 actions libérées, nominatives ou au porteur, de 1,000 fr. chacune.

Emprunt par obligations

400 obligations libérées, au porteur, remboursables à 1,250 francs, en 32 années (1855 à 1887), et jouissant d'un intérêt annuel de 50 fr., payable par moitié, les 1er mars et 1er septembre. Les tirages ont lieu en février, et le remboursement des obligations sorties s'effectue le 1er mars suivant.

Agent général : M. Forqueray.

Administrateurs : MM. A. Kœnigswarter. — Ant. Maur, Schnapper.— L. Stern.— Brullé.

Secrétaire : M. Jules Bouquerot.

Compagnie houillère du Centre-du-Fléau

Société civile, fondée par actes des 8 et 12 mars 1838.

Siége social : A Paris, boulevard Saint-Martin, 11.

Durée : 99 ans.

Capital social : 3,600,000 fr., en 3,600 actions libérées, nominatives ou au porteur, chacune de 1,000 fr.

Administrateur délégué : M. Levainville.

Mines de houilles de Blanzy (Saône-et-Loire)

Société en commandite, fondée par acte du 12 juillet 1830.

Raison sociale : Jules Chagot et Ce.

Siége social : A Paris, boulevard Haussmann, 55.

Durée : 82 ans.

Capital social : 15 millions de francs, en 30,000 actions libérées, au porteur, de 500 fr. chacune.

Emprunts par obligations

1° 1,000 obligations de 1,000 fr. et 1,000 de 250 fr., toutes libérées et au porteur, portant intérêt à 5 0/0 par an, payable par moitié, les 1er février et 1er août de chaque année, à partir du 1er février 1849. Ces obligations sont remboursables au pair, par voie de tirage au sort (ayant lieu en janvier), en 20 séries de 50 obligations chacune, échéant les 1er février 1874, 1875, 1876, 1877, 1878 et 1879. On a effectué le remboursement des obligations échéant les 1er février 1849, 1852, 1855, 1858, 1860, 1862, 1864, 1865, 1867, 1868, 1870, 1871, 1872, 1873. Annuités,

50,000 fr. pour les obligations de 1,000 fr., et 12,500 fr. pour celles de 250.

2° 6,000 obligations libérées, au porteur, émises à 500 fr. en 1868, remboursables à 500 fr., en 34 ans (1873 à 1906), par voie de tirage au sort et jouissant d'un intérêt annuel de 30 francs, payables par moitié, le 1er février et le 1er août de chaque année. 76 obligations sont sorties au tirage de 1873.

CONSEIL DE SURVEILLANCE : MM. A. Burat.— J. Burat.— Ch. Camus.— Baron A. Thénard.— Perret.— A. Gérard.— Cornudet.— E. Siraudin.— Coste.— L. Siraudin.

Variation de dividende, de 6 à 9 0/0.

Société nouvelle des houillères et fonderies de l'Aveyron

Société anonyme libre, formée par acte du 29 janvier 1868.

SIÉGE SOCIAL : 43, rue de Provence, à Paris.

DURÉE : 50 ans, à partir du 30 janvier 1868.

CAPITAL SOCIAL : 6,500,000 fr., divisé en 13,000 actions libérées, nominatives ou au porteur, de 500 fr. chacune.

ADMINISTRATEUR-DIRECTEUR : M. Alfred Descilligny.

ADMINISTRATEURS : MM. Léon Say, *président*. — Gust. Descilligny, *secrétaire*.— Eric Joly de Bammeville.— Arthur Joly de Bammeville.—Alfred Cibiel.— F. Raoul Duval.— N. Johnston.— Paul Hely-d'Oissel.— L. de Lamberterie.— J. Marmottan.— Paul Schneider.

COMMISSAIRES : MM. Ad. Mazerat.— Pradié.

Cette Société a absorbé la Compagnie des houillères de Rulhe.

Mines de houille d'Azincourt (Nord)

Société anonyme autorisée par ordonnance royale du 31 juillet 1842.

SIÉGE SOCIAL : Aniches, près Somain (Nord).

DURÉE : 99 ans.

CAPITAL SOCIAL : Représenté par 1,500 actions liberées, nominatives, transférables par acte signé des deux parties sur un registre spécial de la Société.

Emprunt par obligations.

1,335 obligations libérées, au porteur, émises à 450 fr., en mars 1839, remboursables à 300 fr. en 11 années (de 1879 à

1889) avec intérêt annuel payable par moitié les 1er avril et 1er octobre.

DIRECTEUR : M. J. Canelle.

ADMINISTRATEURS : MM. Grimmonprez. — Béthune. — Boutry van Isselsteyn. — Bauduin. — Debray. — Lauvin. — Lisbet. — Sevaistre. — Savari. — Catte.

Une assemblée générale des actionnaires a eu lieu le 10 septembre 1876. Le rapport n'a constaté pour l'exercice que 25,000 francs de bénéfices qui sont absorbés pour la dette. Le conseil d'administration a été autorisé à augmenter le capital-obligations, en portant de 600,000 fr. à 1 million l'emprunt voté le 6 février 1876.

Houillères de Layon et Loire

Société anonyme, autorisée par ordonnance royale du 9 juin 1847.

SIÉGE SOCIAL : à Paris, rue de la Chaussée d'Antin, 10.

DURÉE : 99 ans.

CAPITAL SOCIAL : représenté par 1,850 actions libérées, au porteur.

DIRECTEUR : M. L. Gattineau.

ADMINISTRATEURS : MM. P. Chenel. — Delacour. — Métayer. Braire. — Rougeot.

Mines de Campagnac

Société civile créée par actes des 23 et 30 septembre 1862.

SIÉGE SOCIAL : à Paris, 11, boulevard Saint-Martin ; siége d'exploitation : à Craussac (Aveyron).

DURÉE : illimitée.

CAPITAL SOCIAL : 4,500,000 fr., divisé en 4,500 actions libérées, nominatives ou au porteur, de 1,000 fr. chacune. Il n'a été émis que 3,500 actions.

OBJET : exploitation des concessions de Lavergne et du Mazel réunis.

ADMINISTRATEURS : MM. L. Frémy. — De Carbonel. — A. Bérard. — Scrive-Wallaert. — E. Lebleu. — F.-A. Détolle. — S. Humbert. — Boselli. — V.-E. Levainville, *secrétaire.*

Emprunts par obligations.

1° 1,200 obligations libérées, au porteur, émises à 500 fr., remboursables à 500 fr., en 15 années (1863 à 1877), et jouissant d'un intérêt annuel de 15 fr., payable par moitié, les 1er mars et 1er septembre de chaque année. Les tirages ont lieu en mai et le remboursement des obligations sorties s'effectue le 1er septembre suivant ;

2o 200 actions libérées, au porteur, émises à 500 fr., remboursables à 500 fr. en 15 années (1865 à 1879) et jouissant d'un intérêt annuel de 15 fr., payable par moitié, les 1er janvier et 1er juillet de chaque année. Les tirages ont lieu en mai et le remboursement des obligations sorties s'effectue le 1er juillet suivant;

3o 300 obligations libérées, au porteur, émises à 500 fr., remboursables à 500 fr., en 15 années (1870 à 1884) et jouissant d'un intérêt annuel de 15 fr., payable par moitié, les 1er mai et 1er novembre de chaque année. Les tirages ont lieu en mai et le remboursement des obligations sorties s'effectue le 1er novembre suivant;

4o 500 obligations libérées, au porteur, émises à 500 fr., remboursables à 500 fr. en 11 années (1875 à 1885) et jouissant d'un intérêt annuel de 15 fr., payable par moitié, les 1er mai et 1er novembre de chaque année. Les tirages ont lieu en mai et le remboursement des obligations sorties s'effectue le 1er novembre suivant.

Compagnie houillère de Bessége

Société anonyme libre créée par acte de 1868.

Siége social : 20, rue Jeanne-d'Arc, à Nîmes (Gard.)

Durée : 50 années, à partir du 1er janvier 1868.

Capital social : 10 millions de francs, divisé en 2,000 actions libérées, au porteur, de 500 fr. chacune.

Directeur : Chalmeton.

Compagnie houillère des Grandes-Flaches (Loire)

Société civile créée par acte du 24 mars 1863.

Siége social : à Rive-de-Gier (Loire.)

Durée : illimitée, à partir du 14 juin 1839. Cette entreprise ayant fonctionné de juin 1839 mars 1863, sous la forme de Société en commandite portant la raison sociale : *Bethenod, Dugas, Bonnard et Ce.*

Capital social : divisé en 6,000 actions libérées, au porteur. Ce nombre a été réduit de 1,200 par suite d'achats opérés pour le compte de la Société.

Administrateurs délégués : MM. J.-A. Bethenod. — J. Bethenod.

Directeur : M. J. Benoît.

Mines de Charbon minéral de la Mayenne et de la Sarthe

Société anonyme autorisée par décret du 7 juillet 1855.

Siége social : à Laval (Mayenne).

Durée : 50 ans.

Capital social : représenté par 13,200 actions libérées, nominatives ou au porteur.

Directeur : M. Le Clerc d'Armonville.

Administrateurs : MM. Pouyer-Quertier, *président*. — Marquis de Nicolaï. — Marquis de Tilly. — Comte de Valon. — Comte de Mascarère de Rivière. — Th. Hubert. — J. Dutreil. — Comte de Chavagnac. — Marquis de Montecler. — J. de Vaufleury. — Blavier. -- L. Segretain. — Bonnefont.

Les répartitions varient de 35 fr. à 45 fr.

Mines de la Roche-la-Molière et Firminy (Loire)

Société civile créée par acte du 16 septembre 1857.

Siége social : 13, rue de Lyon, à Lyon.

Durée : illimitée.

Capital social : divisé en 36,000 actions libérées, nominatives.

Le rapport fait à l'assemblée générale des actionnaires, le 11 mai 1876, sur l'exercice 1875, porte ce qui suit : — Extraction de l'année, 500,000 tonnes ; — bénéfices nets, 2,527,545 fr., dont 2,480,000 fr. en dividende et 45,545 fr. à la réserve. — Le dividende fixé à 80 fr. par action ; — compte des réserves, bénéfices disponibles, 442,165 fr.; — provision pour travaux nouveaux, 1,200,000 fr.; — réserve statutaire, 1,617,835 fr.

Compagnie du chemin de fer et du bassin houiller du Var

Société anonyme libre, fondée par acte du 16 mai 1871.

Siége social : à Paris, 23, rue Louis-le-Grand.

Siége de l'exploitation : rue Nationale, à Fréjus (Var).

Ingénieur en chef de l'exploitation : M. A. Abadie, à Fréjus.

Ingénieur des mines : M. Passebois, aux Vaux de l'Esterel.

Dépôt commercial : à Cannes (Alpes-Maritimes).

Durée : 99 ans.

Capital social : 2 millions de francs, représenté par 4,000 actions de 500 fr.

Objet : exploitation de houillères situées dans le bassin du Var et du chemin de fer destiné au transport des produits.

La Société était constituée originairement au capital de un million de francs, sous la dénomination de : *Société des houillères du Vaux de l'Esterel.*

L'assemblée générale extraordinaire des actionnaires, dans la séance du 18 novembre 1872, décida de porter le capital social à 2 millions de francs, en prévision de l'acquisition de nouvelles concessions houillères et de la construction du chemin de fer houiller qui doit relier le bassin du Var à la Méditerranée.

La même assemblée déclara qu'à l'avenir, la Société ainsi transformée s'appellerait : *Compagnie du chemin de fer et du bassin houiller du Var.*

Quoique régie par la loi du 24 juillet 1867 sur les Sociétés anonymes, la Compagnie du chemin de fer et du bassin houiller du Var est *une société civile* non commerciale, à raison de son objet et en vertu des dispositions spéciales de la loi de 1810 sur les mines.

Bassin houiller du Var. — Le bassin du Var est situé à une distance moyenne de 15 kilomètres de la Méditerranée, et forme une vallée continue d'environ 25 kilomètres de longueur. La Compagnie possède en totalité la concession du Vaux de l'Esterel (700 hectares) et partie de la concession de Fréjus nord, la plus importante en étendue (750 hectares).

Conseil d'administration : MM. Gallet, *président.* — Lascols. — Raquin. — Leborgne. — Henryot Barral.

Emprunt par obligations.

La Compagnie est autorisée à émettre 75,000 obligations remboursables à 100 fr., en 50 années, et rapportant 6 fr. d'intérêt, payable les 15 avril et 15 octobre par moitié.

Il n'a été émis, jusqu'à ce jour, qu'une moitié environ de ces titres.

Houillères d'Ahun (Creuse)

Société anonyme autorisée par décret impérial du 7 mai 1863.

Siége social : 15, rue de la Chaussée-d'Antin, à Paris ; siége d'exploitation à Ahun (Creuse).

Durée : 50 ans, à partir du 9 mai 1863.

Capital social : 4 millions de francs, divisé en 8,000 actions libérées, nominatives ou au porteur, de 500 fr. chacune. Il n'a été émis que 6,000 actions.

DIRECTEUR : M. Jacques Palotte.

ADMINISTRATEURS : MM. de Beauchamp, *président*. — Arm. Denon. — Ed. Dalloz. — H. Poisson. — Ch. Nicot. — Alph. Staub.

SECRÉTAIRE GÉNÉRAL : M. L. Roussel.

Emprunt par obligations

12,000 obligations libérées, au porteur, émises à 250 fr., remboursables à 312 fr. 50 en 40 ans (1870 à 1909), et jouissant d'un intérêt annuel de 15 fr., payable par moitié, les 15 avril et 15 octobre de chaque année. Les tirages ont lieu le 15 janvier et, le 15 avril suivant, s'opère le remboursement des obligations sorties.

Dividendes variables.

Houillères de Saint-Chaumont (Loire)

Société anonyme, autorisée par décret impérial du 29 octobre 1853.

SIÉGE SOCIAL : à Saint-Chamont (Loire). — Bureau : 55, boulevard Haussmann, à Paris.

DURÉE : 50 ans, à partir du 29 octobre 1853.

CAPITAL SOCIAL : divisé en 3,275 actions libérées nominatives. — La cession des actions s'opère par voie de transfert, au siége de la Société.

Compagnie des quatre mines réunies de Graissessac

Société anonyme autorisée par décret impérial du 7 octobre 1863.

SIÉGE SOCIAL : à Montpellier (Hérault).

DURÉE : 50 ans.

CAPITAL SOCIAL : divisé en 20,000 actions libérées nominatives ou au porteur. La transmission des actions nominatives s'opère par voie de transfert, au siége social.

CONSEIL D'ADMINISTRATION : MM. A. Durand, *président*. — Vicomte G. d'Adhémar. — H. Cazalis. — Vicomte R. de Forton. — Ach. Kühnlsoltz-Lordat. — Ch. Léenhardt. — J. Riben. — Félix Sabatier. — Ch. Sans. — A.-B. Simon. — H. Usquin. — P. Verrière.

ADMINISTRATEURS DÉLÉGUÉS : A.-B. Simon. — P. Verrière.

Cette entreprise a fonctionné de 1860 à 1863 sous la forme de Société en commandite Moulinier, Simon et Ce. Deux actions de cette Société ont donné droit à la remise d'une action de la Société actuelle.

Houillères de Ronchamp (Haute-Saône)

Société civile fondée par acte du 10 mai 1854.

SIÉGE SOCIAL : à Ronchamp (Haute-Saône).

DURÉE : 50 ans, à partir du 1er mai 1854.

CAPITAL SOCIAL : 6,125,000 fr., représenté par 1,255 actions libérées, nominatives, de 5,000 fr. chacune.

DIRECTEUR : M. Hoffet.

ADMINISTRATEURS TITULAIRES : MM. Ch. de Mandre, *président*. — J. de Mandre. — J. Dolfus. — G. Steinbach. — Ed. Vaucher. — J. Huguenin. — P. Bezanson. — L. Duchonr — C. Risler-Kestner. — Monnot-Arbilleur. — Arth. de Buyer. — Ricot.

Société des houillères et du chemin de fer d'Epinac

CONSTITUTION : Société anonyme, autorisée par décret présidentiel du 2 juillet 1850.

SIÉGE SOCIAL : 29, rue Le Pélétier, à Paris.

DURÉE : 99 ans, à partir du 2 juillet 1850.

CAPITAL SOCIAL : 6 millions de francs, divisé en 2,400 actions libérées, au porteur, de 2,500 fr. chacune.

ADMINISTRATEURS : MM. Al. Bleymuller. — R. Hottinguer. — Alph. Mallet. — Théod. Audéoud. — A. Lutscher. — J. Chauffert. — H. Mirabaud.

SECRÉTAIRE GÉNÉRAL : M. Laure (Louis).

DIRECTEUR : à Épinac, Z. Blanchet.

Depuis 1853, les répartitions aux actions n'ont pas été moindres de 50 fr., et se sont élevées souvent à 100 fr. et 125 fr.

Emprunt par obligations

4,500 obligations libérées, au porteur, remboursables à 625 fr. en 20 ans (de 1874 à 1895), avec intérêt annuel de 25 fr., payable tous les six mois par moitié, les 10 janvier et 10 juillet.

Charbonnage du Pont-du-Loup-sud (Belgique)

Société française civile, fondée par acte des 12, 14 et 15 mars 1838.

Siége social : à Paris, rue Joubert, 43.

Durée : 99 ans, à partir du 12 mars 1838.

Capital social : 2,800,000 fr., divisé en 2,800 actions libérées, nominatives ou au porteur, de 1,000 fr. chacune.

Agent général : M. G. Bouquerot.

Administrateurs : MM. Édouard Dalloz, *président.* — Dubeau. — Claye. — Hennecart. — Santerre. — Bonjour. — A. Grimprel.

Répartition : de 20 fr. à 40 fr.

Mines de houille de Montieux, près Saint-Étienne (Loire)

Société anonyme, créée par acte du 30 mai 1870.

Siége social : 43, rue Joubert, à Paris.

Durée : illimitée, à partir du 18 mai 1838.

Capital social : 1,400,000 fr., représenté par 2,800 actions de 500 fr., libérées, au porteur.

Agent général : M. E. Ponchard.

Administrateurs : MM. A Stern, *président.* — E. Pereire. — Ant.-Maur, Schnapper.

Secrétaire : M. Jules Bouquerot.

Cette Société est la continuation et la transformation de la Société constituée sous la même dénomination le 18 mars 1838.

Depuis 1838, l'exploitation n'a pas donné de grands résultats : il y a beaucoup plus d'exercices sans dividendes que d'années productives.

Mines de Montcel-Sorbier (Loire)

Société anonyme, fondée le 6 mai 1872.

Fonds social : représenté par 3,000 actions de 500 fr., dont 750 entièrement libérées.

Objet : exploitation de la concession minière obtenue par l'ordonnance royale du 13 juillet 1825.

A l'assemblée générale des actionnaires, réunis pour entendre le rapport sur les opérations de l'exercice 1875, il a été établi ce qui suit :

La production de l'année est de 102,740 tonnes.

Les bénéfices réunis des exercices 1873, 1874 et 1875, ont atteint le chiffre de 1.100,000 fr.

Le *Chemin de fer de Sorbier* unit les mines de la Chazotte et de Montcel au réseau de Paris-Lyon-Méditerranée. Ce chemin de fer appartient à une Société de 3 actionnaires, qui sont : 1° la Compagnie des mines de la Chazotte, pour 5 parts ; 2° celle de Montcel, pour 4 parts ; 3° la Compagnie du chemin de fer de Paris-Lyon-Méditerranée, pour 3 parts. — Le dividende du *Chemin de fer de Sorbier* a été, pour l'exercice 1875, de 120,000 fr., dont 50,000 fr. à la Société de la Chazotte, 40,000 fr. à celle de Montcel, et 30,000 fr. à la Compagnie Paris-Lyon-Méditerranée. Pour désintéresser les actionnaires de ce chemin, la Compagnie de Paris-Lyon-Méditerranée a donné, pour sa part, 100 fr. par action.

Compagnie des Houillères de Portes et Sénéchas (Gard)

Société en commandite, constituée par actes des 7, 8, 9 et 11 novembre 1854.

DURÉE : 40 ans.

CAPITAL SOCIAL, représenté par 24,000 actions libérées, au porteur.

L'assemblée générale, tenue le 24 juin 1876. Le rapport qu'elle a approuvé établit ce qui suit :

Bénéfices de l'exercice..............	1.784.644 62
dont il est déduit pour le service des obligations.	182.000 »
	1.602.644 62

La répartition donne les chiffres suivants :

Amortissement des actions..................	172.000 »
Dividende à 35 fr. par action	1.260.000 »
Solde réservé pour achat d'immeuble........	190.371 06

Sur le dividende de 35 fr., 15 fr. ayant été déjà payés, il n reste plus à payer que 20 fr. par action à partir du 1er o tobre 1876.

A la mention des mines qui précède, il ne sera pas sans intérêt pour le capitaliste d'avoir une nomenclature d'un certain nombre d'autres Compagnies houillères, dont les titres sont l'objet de nombreuses transactions. Dans l'impossibilité de les citer toutes, voici les principales :

Mines d'Ahun..................	Cours des obligations, de 235 à		240
— d'Alais..................	—	actions..........	520
— d'Annœulin.............	—	—	365
— d'Azincourt.............	—	—	720
	—	obligations......	470
— des Bouches-du-Rhône...	—	actions..........	455
— de Bruay (divid. 375 fr.).	—	—	9.400
— de Bully-Grenay	—	—	2.200
— de Carvin (divid. 120 fr.).	—	—	2.430
— de Courcelles-Lens.......	—	—	745
— du Creusot..............	—	—	750
— de Ferfay (empr. de 2 millions voté le 9 mars 1875)	—	—	2.100
— de Reuche-la-Molière et Firminy (1).............	—	—	2.450
— de Vicoigne.............	—	—	21.500
— de Fives-Lille..........	—	—	900
— d'Escarpelle............	—	—	4.175
— de Terre-Noire..........	—	—	495
— de Mourchin (divid. 75 fr.)	—	—	2.100

En terminant ce chapitre relatif aux Sociétés houillères, il importe de faire remarquer que beaucoup d'entre elles n'ont pas encore tenu ou ont ajourné leurs assemblées générales et que par conséquent on n'a pu consigner dans le *Manuel* le compte rendu de l'exercice 1875 de ces Sociétés en retard.

---

(1) Le rapport lu à l'assemblée du 11 mai 1876 porte : Extraction, 500,000 tonnes; bénéfices nets, 2,527,545 fr., dont 2,480,000 fr. en dividende et 47,545 fr. en réserve; réserve statutaire, 1,617,835; dividende, 80 fr. par action.

CHAPITRE VII

ÉCLAIRAGE PAR LE GAZ

Les entreprises d'éclairage par le gaz sont classées de nos jours parmi les meilleures entreprises industrielles, ce qui dispense de faire ressortir ici les avantages et la sécurité que présentent la plupart d'entre elles pour le placement des capitaux.

Le *Manuel* ne pouvait mentionner toutes les Sociétés fondées pour cet objet et fonctionnant actuellement. Dans un grand nombre de localités d'importance secondaire, l'éclairage par le gaz est une entreprise industrielle particulière, absolument locale et ne relevant que de deux ou trois associés qui exercent cette industrie avec leurs propres capitaux et sans le concours d'actionnaires ou d'obligataires. D'autre part, l'éclairage d'un certain nombre de villes est l'entreprise illimitée de Compagnies spéciales qui la poursuivent sur une plus ou moins grande échelle, ainsi que le pratique la Compagnie centrale d'éclairage ou Société en commandite Lebau et Ce, de Paris, pour les villes de Dieppe, Chartres, Alger, Fécamp, Bernay, Honfleur, Saint-Malo, Saint-Brieuc, Quimper, etc., etc.

Il n'a donc été cité, dans le *Manuel*, que les Sociétés d'éclairage dont les titres subissent dans leurs cours les fluctuations de toutes les valeurs de Bourse et de change, en raison des opérations réalisées aussi bien que de la situation du marché.

Compagnie parisienne d'éclairage et de chauffage par le gaz

Société anonyme, autorisée par décret impérial du 22 décembre 1855.

Siège social : 6, rue Condorcet, à Paris.

Durée : du 22 décembre 1855 au 31 décembre 1905.

Objet : Exploitation de l'éclairage et du chauffage par le gaz de la ville et de la banlieue de Paris, ainsi que des communes environnantes.

Capital social : 84 millions de francs, divisé en 336,000 actions libérées, au porteur, de 250 fr. chacune.

Emprunt par obligations

152,668 obligations libérées, au porteur, émises à divers prix, remboursables à 500 fr. en 45 années (1861 à 1905), et jouissant d'un intérêt annuel de 25 fr., payable par moitié les 1er janvier et 1er juillet de chaque année. Les tirages ont lieu en décembre et le remboursement des obligations sorties s'effectue le 1er janvier suivant. — Emprunt, autorisé en 1875, de 25,226,000 fr. pour augmenter de 40 millions de mètres cubes la fabrication.

La plus faible répartition aux actions est celle de l'exercice 1856 : elle n'a été que de 20 fr., ce qui représente encore un revenu de 8 0/0 sur le capital versé. Depuis, les dividendes se sont constamment élevés. En 1868, il a été distribué 60 fr. par action. Les années 1870 et 1871 ont été relativement faibles (40 fr. et 32 fr. 50), mais les dividendes sont revenus promptement au-dessus de 50 fr., soit 20 0/0 du taux nominal de l'action; l'année dernière, le revenu s'est élevé à 60 fr., et, pour l'exercice en cours, il est présumable que ce chiffre sera dépassé, comme aussi on peut compter, pour les exercices ultérieurs, sur une progression continue. Ainsi, on cote les actions de la Compagnie parisienne de 1,350 à 1,400.

Directeur : M. Emile Camus.

Administrateurs : MM. V. Dubochet, *président*. — Marguerite, *vice-président*. — H. Payn fils. — Baron Roger. — Eug. Pelouze fils. — Preschez. — Baron de Heeckeren. — Lesergeant de Monnecove. — Comte Ph. de Ségur. — Duval. — Morisot. — Berthier. — O. Guet. — Félix Legras. — Pernolet. — Jules Guichard. — Hervé. — Laroche. — Hart.

Commissaires : MM. Comte. — Baron Nau de Champlouis. — Cabrand. — Baron Fayau de Vilgrouy. — Lefrançois. — Sainte-Claire Deville. — Comte de Ségur.

Le 23 mars 1876 a eu lieu l'assemblée générale ordinaire et extraordinaire des actionnaires de la Compagnie : *ordinaire*, pour entendre le compte rendu de l'exercice 1875, et fixer le chiffre du dividende; *extraordinaire*, pour approuver la rectification du texte de l'article 40 des statuts.

Voici un extrait du rapport :

Pendant l'année 1875, accroissement considérable de la consommation de gaz qui s'est élevée à 15,286,000 mètres cubes.

Les usines, au nombre de dix, ont livré 175,938,244 mètres cubes de gaz.

Consommation de jour : 33,169,095 mètres cubes, provenant en partie du chauffage par le gaz.

Produit de la vente du gaz : 43,507,287 fr. 41 c.

Nombre d'abonnés : 111,221.

Nombre des appareils de l'éclairage public : 39,407, en augmentation de 909 sur l'exercice précédent.

Nombre des conduites montantes posées en 1875 : 7,898, double du nombre existant en 1871.

Recettes du gaz de ces conduites : 4,519,725 fr. 20 c.

Abonnés sur conduites montantes : 22,480, en augmentation de près de 4,000 sur l'année précédente.

Le moindre chiffre de dividende a été de 32 fr. 50 en 1871 ; le plus élevé de 120 fr. en 1868.

Capacité du magasin de gaz actuel : 473,000 mètres cubes.

Dépenses de premier établissement pour l'année 1875, s'élevant à 6,316,223 fr. 70 c.

Acquisitions d'immeubles et frais, 389,148 fr. 28 c.; ensemble avec les usines et constructions diverses : 6,316,223 fr. 70 c.

Résultat du bilan de 1875 : Sur un capital de 169,145,739 fr. 15 c., il a été amorti 5,548,592 fr. 77 c. d'obligations et 4,256,000 fr. d'actions, soit en tout 9,804,592 fr. 77 c.; de sorte qu'il reste à amortir 159,341,146 fr. 38 c.

Les comptes d'exploitation sont ainsi établis : fabrication et matières, 19,491,947 fr. 23 c.; service des usines, 4,223,652 fr. 03 c.; service de l'éclairage et de la canalisation, 1,402,855 fr. 44 c.; administration centrale, 7,487,462 fr. 13 c.; charges municipales, 3,578.903 fr. 85 c.; charges envers l'Etat, 494,763 fr. 32 c.; soit en totalité, pour dépenses d'exploitation........................ 36.679.584 »»

Les produits présentent un chiffre de............. 65.122.007 15

En résumé, bénéfices de l'exercice................. 28.442.423 15 à répartir entre la Compagnie et la ville de Paris, prélèvement fait du dividende des actions qui est de 12,400,000 fr., soit en répartition: 8 millions à la ville de Paris et 8 millions à la Compagnie.

Il en résulte que la part des actionnaires se compose :

1° Du prélèvement susdit........................ 12.400.000 »»

2° De la moitié des bénéfices partagés............ 8.000.000 »»

3° Du troisième payement fait par la ville, en remboursement de la moitié de l'annuité de 520,792 fr., portée aux charges de l'exploitation par le traité du 27 avril 1872.. 50.000 »»

4° Du solde des bénéfices de 1874 reportée......... 135.530 07

Conséquemment, étant effectué le prélèvement de 1 fr. par action pour la réserve spéciale (décision de l'Assemblée générale du 23 mars 1875), il reste net à répartir.. 20.585.530 07

Un à-compte de 12 fr. 50 c. par action ayant été déjà payé en octobre dernier, le solde à répartir est de 16,205,167 fr. 57 c.

En conséquence, le dividende de l'exercice 1875, basé sur un capital disponible de 16,205,167 fr. 57 c., est de 47 fr. 50 c. par action, en outre des 12 fr. 50 c. déjà payés, ce qui le porte pour l'exercice à 60 francs.

Ce dividende sera payé le 6 avril 1877.

Tous ces comptes ayant été exposés et approuvés, l'assemblée générale ordinaire est devenue extraordinaire pour entendre la proposition suivante qui ne pouvait être adoptée, d'après les statuts, que dans une assemblée réunissant au moins le quart du fonds social et de la majorité des deux tiers des voix des membres présents, au nombre de 30 au moins.

Il s'agissait d'établir une concordance parfaite entre l'acte de Société de la Compagnie (statuts de 1855 et 1861 révisés) et le traité de concession du 7 février 1870. Par suite, il importait de libeller ainsi qu'il suit, l'article 40 des statuts, modification que l'assemblée a adopté :

Art. 40. — Les produits nets, déduction faite de toutes les charges mentionnées à l'article précédent, constituent les bénéfices. Sur ces bénéfices, on prélève annuellement, avant tout partage :

1° Une retenue qui ne pourra être inférieure à 5 0/0 de ces bénéfices pour former un fonds de réserve;

2° A partir du 1er janvier 1872, la somme nécessaire pour assurer l'amortissement de la totalité des actions émises ou à émettre avant l'expiration de la concession, à raison de 250 fr. par action;

3° La somme que le conseil d'administration jugera nécessaire à la liquidation finale des comptes de l'exercice qui n'auront pu être réglés au 31 décembre; le reliquat, s'il y a lieu, sera ajouté aux bénéfices de l'année suivante;

4° Une somme pour intérêts et dividende des actions, fixée à 12,400,000 fr., du 1er janvier 1869 au 31 décembre 1887, et de 11 millions 200,000 fr., du 1er janvier 1888 à la fin de la concession.

Sur cette somme il sera servi un premier dividende annuel de 12 fr. 50 c. par action non amortie, correspondant à l'intérêt à 5 0/0 de la portion du capital non encore remboursée.

Le surplus des produits annuels, sauf les droits réservés à la Ville de Paris par l'article 6 du traité sur cette partie des bénéfices, et la portion restante du prélèvement de 12,400,000 fr. ou de 11,200,000 fr., seront répartis aux actions, à raison de un trois-cent-trente-six-millième par action.

Un avis récemment publié porte qu'à partir du 6 octobre 1876 il sera distribué 12 fr. 50 c. par action de capital à titre d'à-compte sur l'exercice 1876.

Compagnie centrale d'éclairage par le gaz

Société en commandite, créée par acte du 23 mars 1847.

Raison sociale : Eugène Lebon et Cie.

Objet : Exploitation des usines de Dieppe, Chartres, Alger, Fécamp, Bernay, Honfleur, Saint-Malo, Morlaix, Saint-Servan, Granville, Saint-Brieuc, Quimper, Oran, Blidah, Alexandrie (Égypte), Yvetot, Grenade, Alméria, le Caire, Barcelone, Murcie, Santander, Cadix et Valence (Espagne), Grão de Valence, Cabanal et Puerto de Santa-Maria, ainsi que des usines dont la Compagnie deviendrait propriétaire.

Capital social : 11 millions de francs, divisé en 22,000 actions libérées, au porteur, de 500 fr. chacune.

MEMBRES DU CONSEIL DE SURVEILLANCE : MM. Billiet, *président*. — Marchais, *secrétaire*. — Germain. — Thibaut. — Boyard. — Chameroy.

Emprunt par obligations

1° 150 obligations libérées, au porteur, émises à 1,000 fr., remboursables à 1,100 fr. en 25 années (1861 à 1885), et jouissant d'un intérêt annuel de 60 fr., payable par moitié, les 1er janvier et 1er juillet de chaque année. Les tirages ont lieu en mars, et le remboursement des obligations sorties s'effectue le 31 décembre suivant.

2° 22,400 obligations libérées, au porteur, émises à 250 fr., remboursables à 300 fr. en 25 ans (1867 à 1896), et jouissant d'un intérêt annuel de 15 fr., payable par moitié, les 1er janvier et 1er juillet de chaque année. Les tirages ont lieu en mars, et le remboursement des obligations sorties s'effectue le 1er janvier suivant.

Depuis 1870, les répartitions qui étaient avant cette époque de 30 à 40 fr., ne sont plus que de 20 fr. comme pour l'exercice 1875.

Dans l'assemblée générale qui a eu lieu le 20 mars 1876, le rapport de la gérance sur l'exercice 1875 s'est exprimé ainsi :

Ventes brutes de gaz, 312,302 fr. 47 c. en augmentation de près de 130,000 fr. sur 1874.

Produit net des usines, en augmentation de 238,692 fr. 63 c.

Bénéfice net, seul encaissé, 680,857 fr. 54 c., ainsi réparti :

1° A la gérance, 10 0/0, soit.......................... Fr.	68.085 75
(à charge de verser à qui de droit les 24,000 fr. viagers de 1875).	
2° Au conseil de surveillance et aux divers comités, 2 1/2 0/0 du même..........................	17.021 44
3° A la réserve effective, treizième prélèvement, 5 0/0 du même..........................	34.042 88
4° Aux actions, le reste..........................	561.707 47
pour faire un total égal de.......................... Fr.	680.857 54
De cette somme de..........................	561.707 47
il y a lieu de retrancher celle de..........................	2.426 43
prélevée d'avance, en 1874, sur 1875.	
ce qui laissera un total de.......................... Fr.	559.281 04
Sur cette somme il a déjà été payé aux 22,000 actions pour l'à-compte de 5 fr. ou 1 0/0 d'octobre 1875..........	110.000 »
qui laissent encore disponibles.......................... Fr.	449.281 04

Ce total permet de distribuer un solde de 4 0/0 ou 20 fr. par action (pour lequel il faut une somme de 440,000 fr.) en laissant à reporter sur l'exercice prochain les 9,281 fr. 04 d'excédant, ce qui portera à 25 fr. par action le bénéfice réparti pour 1875 à valoir sur les 29 fr. 20

qui leur étaient acquis pour cet exercice, et auraient eu à leur être distribués à chacune si toutes les recettes municipales d'Espagne pour 1875 avaient été encaissées.

Outre l'acceptation des comptes proposés d'autre part (y compris la réserve faite des arriérés jusqu'après leur encaissement) et la décharge à en donner à la gérance, on a proposé de voter le dividende à répartir pour l'exercice 1875 à 5 0/0 ou 25 fr. par action, soit une distribution de 4 0/0 à nouveau ou 20 fr. par action et de porter la somme de 34,042 fr. 88 à la réserve statutaire.

A partir du 6 octobre 1876, il sera distribué 5 fr. par action (coupon n° 26) à titre d'à-compte sur le dividende de 1876.

Société d'éclairage par le gaz hydrogène de la ville de Lyon

Constitution : Société anonyme autorisée par ordonnance royale du 24 octobre 1836.

Siége social : 2, rue de Savoie, Lyon.

Durée : 99 ans.

Objet : Eclairage par le gaz de Lyon (ancienne délimitation) et la Croix-Rousse, pendant 50 années, expirant en 1903.

Capital social : divisé en 70,000 actions libérées, nominatives. La transmission des actions s'opère par voie de transfert, au siége de la Société.

Le capital social se composait à l'origine de 990 actions; deux émissions de nouveaux titres le portèrent à 1,625 actions. Plus tard, ces titres furent divisés en quatre nouvelles actions, soit 6,500 titres : une dernière émission de 500 nouveaux titres en porta le nombre à 7,000, chiffre actuel.

Emprunt par obligations.

1° 3,666 obligations libérées, nominatives, émises à 300 fr., de 1856 à 1858, remboursables à 300 fr. en 46 années (1857 à 1903), et jouissant d'un intérêt annuel de 10 fr., payable par moitié les 15 mai et 15 novembre de chaque année. Les tirages ont lieu en septembre, et le remboursement des obligations sorties s'effectue le 15 novembre suivant.

2° 3,636 obligations libérées, nominatives, émises à 275 fr., remboursables à 300 fr. en 38 années (1865 à 1902), et jouissant d'un intérêt annuel de 15 fr., payable par moitié les 15 mai et 15 novembre de chaque année.

Directeur : M. Ancel.

De 1848 à 1852, les répartitions aux actions ont varié de 75 à 100 fr. A partir de 1853, les dividendes ont sans cesse progressé et se sont élevés à 170 fr. par action.

Eclairage de Marseille, Toulon et Nîmes

Société anonyme autorisée par ordonnance royale du 5 juillet 1840.

SIÉGE SOCIAL : 49, rue la Bourse, à Lyon.

DURÉE : 50 ans, à partir du 5 juillet 1840.

CAPITAL SOCIAL : Divisé en 6,000 actions libérées, nominatives. La transmission des actions s'opère par voie de transfert, au siége de la Société.

Les répartitions ont varié de 35 à 45 fr.

Eclairage et chauffage par le gaz de Nice

Société anonyme, autorisée par ordonnance royale du 21 novembre 1858.

SIÉGE SOCIAL : à Nice (Alpes-Maritimes).

DURÉE : du 1er janvier 1859 au 31 décembre 1884.

CAPITAL SOCIAL : 750,000 fr., divisé en 1,500 actions libérées, nominatives ou au porteur, de 500 fr. chacune.

Emprunt par obligations.

400 obligations libérées, au porteur, émises à 500 fr. en 1866, remboursables à 500 fr., en 40 années (1867 à 1906), et jouissant d'un intérêt annuel de 30 fr., payable par moitié les 1er janvier et 1er juillet de chaque année. Les tirages ont lieu en mai, et le remboursement des obligations sorties s'effectue le 1er juillet suivant. Au 1er juillet 1873, il était sorti 70 obligations.

Dividendes : de 10 à 15 0/0.

Gaz de Mulhouse

Société anonyme fondée par acte du 29 décembre 1869.

SIÉGE SOCIAL : à Paris, rue Lafayette, 30.

DURÉE : jusqu'en 1908.

CAPITAL : 2 millions de francs en 4,000 actions libérées, au porteur, de 500 fr.

ADMINISTRATEURS : MM. Rousseau. — Breittmayer. — Harouel.

Compagnie française pour l'industrie du gaz

Société anonyme, créée par acte du 4 décembre 1876.

SIÉGE SOCIAL : 7, rue Lafayette, Paris.

DURÉE : 50 ans, à partir du 4 décembre 1875.

Capital social : divisé en 3,000 actions de 500 fr., entièrement libérées.

Objet : exploitation des usines de Béthune, Commines, Niort, La Rochelle, ainsi que des usines dont la Compagnie deviendrait propriétaire.

Administrateurs : MM. A. Beaure, président. — Defly, Deroide. — Gallet. — Ledien.

Directeur : Béghin.

Société de l'éclairage au gaz et des hauts-fourneaux et fonderies de Marseille, et des mines de Portes et Sénéchas.

Société anonyme autorisée par décret du 16 août 1860.

Siége social : à Paris, rue de la Chaussée-d'Antin, 60.

Durée : jusqu'en 1907.

Capital social : 21,600,000 fr. divisé en 36,000 actions libérées, au porteur, de 600 fr. chacune.

Emprunt par obligations

6,000 obligations libérées, au porteur, émises à diverses reprises, remboursables à 625 fr., en 43 années (1865 à 1907), et jouissant d'un intérêt annuel de 25 fr., payable par moitié les 1er janvier et 1er juillet de chaque année. Les tirages ont lieu en juin, et le remboursement des obligations sorties s'effectue le 1er juillet suivant.

Les répartitions aux actions n'ont jamais atteint 5 0/0 de leur taux nominal. Cependant, la situation de cette entreprise tend à s'améliorer.

La Société actuelle est le résultat de la fusion de deux Sociétés qui existaient séparément : la *Compagnie du chemin de fer et des houillères de Portes et Sénéchas*, et la *Société de l'éclairage au gaz et des hauts-fourneaux et fonderies de Marseille.*

Administrateurs : MM. S. Jordan. — P.-J. Coullet. — H. Darcy. — Henri Germain. — De Gonet. — Emile Vautier. — Valz. — David Lenoir. — Jouet-Pastré.

L'assemblée générale a eu lieu le 24 juin 1876. Le dividende ayant été fixé à 35 fr., le solde de ce dividende qui est de 20 fr. se paye à partir du 1er octobre 1876.

Quant aux actions amorties, dites de jouissance, il est payé à partir de la même date, 4 fr. 65 pour les titres au porteur et 4 fr. 85 pour les titres nominatifs.

Eclairage de la ville d'Alais

Société anonyme autorisée par décret du 22 juin 1855.

Siège social : à Lyon, rue Centrale, 46.

Durée : jusqu'en 1920.

Capital social : 196,875 fr., en 875 actions libérées nominatives, de 225 fr.

Dividende de 50 à 55 fr.

Compagnie industrielle du gaz

Société anonyme créée par acte du 10 juin 1875.

Siège social : à Paris, rue de Châteaudun, 55.

Capital social : 1,500,000 fr., en 3,000 actions de 500 fr.

Objet : Eclairage au gaz des villes et notamment de Melun, Montereau et Verdun.

Administration : MM. Beaure, *président*. — Cesbron. — Doassans.

Directeur : M. Béghin.

L'Union des Gaz

Société en commandite formée par acte du 18 novembre 1854.

Raison sociale : Touché et Cᵉ.

Cette Société a été fondée sous la raison sociale : *Omer Salmon et Cᵉ*. Elle a changé de gérant en 1857, et la raison sociale est devenue : *Goldsmid, Grégory et Cᵉ*. En 1859, un nouveau changement s'opère, et la Société devient : *Goldsmid, Breittmayer et Cᵉ*.

C'est depuis 1862 seulement que cette Société, fort mal conduite à l'origine, est connue sous la raison sociale actuelle.

Siège social : 31, rue Lafayette, à Paris.

Durée : 65 ans, à partir du 1er novembre 1854.

Objet : exploitation de l'éclairage et du chauffage par le gaz, en France et à l'Étranger, et, à cet effet, l'obtention de toutes concessions ; l'acquisition de concessions, usines et brevets ; l'affermage, soit comme bailleur, soit comme preneur, de toutes usines à gaz. — Strasbourg, Nîmes, Cette, Roanne, Vienne (Isère), Beaucaire, Tarascon, Rueil, Albi, Gênes, Parme, Modène, Milan, Sestri, Alexandrie (Italie).

Capital social : Il était primitivement de 8 millions de

francs, représenté par 32,000 actions libérées, au porteur, de 250 francs chacune. Par une mesure ultérieure, le capital a été porté à 10 millions de francs et est, aujourd'hui, représenté par 20,000 actions nouvelles de 500 francs, admises à la cote de la Bourse, en remplacement des 32,000 actions anciennes de 250 francs.

Dans l'assemblée générale du 20 novembre 1875, il a été établi ce qui suit : — Bénéfices nets, 1,755,328 francs ; — Dividende, 37 fr. 50 aux actions libérées, soit 7 1/2 0/0.

Emprunt par obligations.

30,818 obligations libérées, au porteur, émises à 220 francs, remboursables à 250 francs, en 25 ans (de 1858 à 1882), avec intérêt annuel de 15 francs, payable par moitié : les 1er janvier et 1er juillet. — Tirages en novembre et remboursement des obligations sorties le 1er janvier suivant.

CONSEIL DE SURVEILLANCE : MM. de Lestang. — Micaud. — Rabat.

M. Chatenet-Smith a été nommé administrateur, en remplacement de M. Fischer, décédé.

Société du Gaz général de Paris

Société en commandite formée par acte du 29 décembre 1855.

RAISON SOCIALE : Hugon et Cie.

SIÉGE SOCIAL : à Paris, boulevard de Strasbourg, 2.

CAPITAL SOCIAL : 6 millions de francs (chiffre des statuts rédigés avant la loi de 1856 sur les Sociétés par actions). Ce capital est représenté par 12,000 actions libérées de 500 francs. Émission seulement des deux tiers.

Emprunt par obligations.

9,000 actions libérées, au porteur, remboursables à 300 francs, en 35 années (jusqu'en 1902), avec intérêt annuel de 15 francs. — Ces obligations sont admises à la cote officielle ; mais il en a été émis un grand nombre d'autres non encore cotées.

GÉRANCE : MM. Pierre Hugon et Paul Levavasseur.

CONSEIL DE SURVEILLANCE : MM. Saladin, *président*. — De Mouchy. — Thierry-Mieg. — Blanchard.

Eclairage par le gaz de Vaise-Lyon

Société en commandite, formée par acte du 6 juin 1854.

RAISON SOCIALE : Prosper de Lachomette et Ce.

SIÉGE SOCIAL : 68, rue de l'Hôtel-de-Ville, à Lyon (Rhône).

DURÉE : du 6 juin 1854 au 16 décembre 1903.

CAPITAL SOCIAL : divisé en 700 actions nominatives.

Les répartitions aux actions ont été de 35 à 40 francs.

Eclairage par le gaz de la ville de Montélimar (Drôme)

Société anonyme, créée par décret présidentiel du 7 avril 1852.

SIÉGE SOCIAL : 49, rue de la Bourse, à Lyon.

DURÉE : jusqu'à l'expiration de la concession, 1er janvier 1882.

CAPITAL SOCIAL : divisé en 700 actions nominatives. La transmission des actions s'opère par voie de transfert, au siége de la Société.

Dividende de 30 à 40 francs.

Éclairage de la ville de Saint-Étienne

Société anonyme, autorisée par ordonnance royale du 11 juillet 1845.

SIÉGE SOCIAL : 18, rue Gérentet, à Saint-Étienne (Loire). — Bureau : 4, quai de la Pêcherie, à Lyon (Rhône).

DURÉE : 11 juillet 1845 au 31 décembre 1910.

CAPITAL SOCIAL : divisé en 2,100 actions libérées, nominatives. La transmission des actions s'opère, par voie de transfert, au siége de la Société.

Les dividendes ont été de 45 fr. jusqu'en 1856. De 1875 à 1867, les dividendes s'élèvent successivement de 60 à 95 fr. Depuis 1862, les répartitions ont été de 120 fr. par action en moyenne.

DIRECTEUR : M. F. Cadel.

ADMINISTRATEURS : MM. F. Escoffier, *président*. — L. Bethenod. — P. Girinon. — P. Denoyel. — P.-R. Philipp-Thiollière, *secrétaire*.

Il résulte du rapport soumis à l'assemblée générale des actionnaires du 6 août 1876, que les bénéfices de l'exercice 1875 ont été de 970,819 fr.

Le dividende a été fixé à 80 fr.

Société du gaz de Bordeaux

Société constituée le 20 septembre 1875.

Durée : Jusqu'en 1904.

Fonds social : 3 millions de francs, divisé en 6,000 actions de 500 fr. Les actions libérées de 250 fr. sont au porteur.

Conseil d'Administration : MM. de Bussières. — Daru. — Oppenheim. — Ramberg. — Mac Donald.

Commissaires : MM. Clauzel. — Propper.

Il n'y a pas encore eu d'assemblée générale.

Ici se bornent les informations que nous avons à mentionner pour cette année.

Nos lecteurs remarqueront que nous omettons dans ce chapitre les renseignements relatifs aux Compagnies d'éclairage par le gaz dans les villes de Bourges, de Mâcon et Chalon-sur-Saône, de la Guillotière, Vaise et Lyon, de Vazemmes, Esquermes et les Moulins, de Montpellier, de Metz, de Montauban, de Clermont-Ferrand, de Perpignan, de Bourg, de Limoges, Venise, Besançon, Reims.

Les informations générales relatives à ces Compagnies d'éclairage se trouvent dans le Manuel que nous avons publié l'année dernière, et les résultats donnés par ces Compagnies ne diffèrent pas sensiblement de ceux que nous avons déjà indiqués.

Nous devons toutefois consigner ici quelques observations générales que nous croyons utiles, et que nous recommandons à l'attention de nos lecteurs.

Les Compagnies de gaz se sont multipliées depuis quelques années, et le développement de cette excellente industrie n'a rien qui doive étonner. Les entreprises d'éclairage par le gaz sont aujourd'hui des opérations connues, expérimentées et pouvant s'organiser à des conditions limitées d'avance d'une façon précise. Les résultats en sont en quelque sorte fixés mathématiquement.

Il y a donc à la fois un double progrès qui va s'étendant rapidement dans toutes les villes, progrès au point de vue de l'éclairage, et progrès au point de vue d'un placement nouveau qui présente aux capitalistes l'avantage d'un revenu certain et rémunérateur.

Il en sera donc de l'éclairage au gaz comme des chemins de fer, comme du télégraphe électrique, comme des tramways; il s'établira partout où le besoin de l'éclairage par le gaz se fera sentir, et nous ne pouvons que recommander à l'épargne ces entreprises, qui ont l'avantage de conserver à la France l'argent de la France, et qui donnent presque toujours de bons revenus.

CHAPITRE VIII

INDUSTRIE MINÉRALE

§ 1er

ETABLISSEMENTS MÉTALLURGIQUES

Les établissements métallurgiques, comme les charbonnages, comme la plupart des autres entreprises industrielles, n'ont occupé chez nous qu'un rang secondaire depuis que le pays a commencé la construction des chemins de fer. L'Angleterre a toujours eu le bon esprit de comprendre que toutes les opérations industrielles relevaient les unes des autres, et qu'il fallait les mener toutes de front, puisqu'elles se prêtaient un mutuel appui.

En France, nous ne montrons pas dans la direction de nos opérations industrielles cet esprit d'ordre et d'ensemble, et nous ne procédons en quelque sorte que par campagnes périodiques. C'est ainsi que depuis la charte de notre grand réseau de chemins de fer, promulguée en 1842, nous ne nous sommes guère occupés que de construire et d'achever nos voies ferrées, et nous avons eu le tort de laisser en arrière nos mines, nos charbonnages, nos forges, nos canaux et toutes les industries que nous aurions dû développer en même temps que celle des transports perfectionnés.

Nous avons certainement des établissements modèles; mais nous n'en avons pas en quantité suffisante pour nous, qui nous piquons de vouloir tenir le premier rang parmi les peuples producteurs. On commence, depuis quelques années, à regretter le temps perdu, et l'opinion comme l'épargne se tournent du côté des industries que nous avons délaissées.

Les établissements métallurgiques ont d'ailleurs, pour favoriser leur développement, le courant des opérations générales de notre temps. L'achèvement de notre réseau de chemins de fer, la construction des lignes de tramways, tous les travaux que provoquent les progrès de la mécanique industrielle et agricole, en un mot le mouvement industriel qui emporte aujourd'hui tous les peuples, sont autant de raisons qui militent en faveur des affaires aussi méritantes et avantageuses qu'indispensables.

C'est assez dire que les capitaux du pays peuvent apporter leur concours à ces opérations qui répondent aux exigences de notre temps. Nous avons bien des entreprises qui prouvent surabondamment l'excellence de ces créations; mais nous en avons surtout une, — le Creusot, — qui passe à juste titre dans le monde entier pour un établissement modèle, et c'est par lui que nous commençons la revue de nos forges, usines et fonderies. Nous avertissons toutefois nos lecteurs que nous nous abstenons de parler des Sociétés qui ne nous ont fourni cette année aucune information particulière, et nous les renvoyons au Manuel de l'année dernière pour les renseignements généraux dont ils peuvent avoir besoin.

Houillères, forges, fonderies et ateliers de construction du Creuzot

Société en commandite formée par acte du 21 octobre 1836.

Raison sociale : Schneider et Cᵉ.

Durée : Jusqu'au 30 avril 1903.

Capital social : 18,000,000 fr., représenté par 36,000 actions libérées, au porteur, de 500 fr. chacune.

Emprunt par obligations.

1° — 4,600 obligations, libérées, au porteur, remboursables à 1,250 fr. en 50 années (1853 à 1903), et jouissant d'un intérêt annuel de 50 fr. payable par moitié les 1er avril et 1er octobre de chaque année. Les tirages ont lieu en novembre et le remboursement des obligations sorties s'effectue le 1er avril suivant.

2° — 17,000 obligations libérées, au porteur, émises à 275 fr., jouissance du 1er avril 1867, remboursables à 300 fr. en 17 années par nombre égal (1,000) chaque année et jouissant d'un intérêt annuel de 15 fr. payable par moitié, les 1er avril et 1er octobre de chaque année. Les tirages ont lieu en novembre et le remboursement des obligations sorties s'effectue le 1er avril suivant.

Gérant : M. Henri Schneider.

Conseil de surveillance : MM. Baron Seillière. — D.-M. Renouard. — Comte de Bondy. — Michelon.

Cette grande entreprise est une des plus prospères. Les dividendes n'ont jamais été moindres de 40 fr. et la moyenne des répartitions pendant une période de 20 ans est d'environ 55 fr. par action, soit plus de 10 0/0 du capital des actions.

Voici un extrait du rapport fait à l'assemblée générale des actionnaires du 30 novembre 1875 :

Vente à l'étranger, 22 millions.

Les usines figurent pour 10 millions.

Le fonds de roulement est de 17 millions.

Le chiffre de la réserve est de 4,300,000 fr.

Les bénéfices de l'année ont été de 4,670,352 fr. 23 c.

Le dividende 1875 a été fixé à 50 fr. par action.

Compagnie des fonderies et forges de Terre-Noire, et Bességes

Société anonyme autorisée par ordonnance royale du 13 novembre 1833.

Siége social : 8, rue Sainte-Hélène, à Lyon ; bureau à Paris : rue Louis-le-Grand, 9.

Durée : 99 ans.

Capital social : Divisé en 30,000 actions libérées, nominatives ou au porteur.

Emprunts par obligations.

1° — 6,000 obligations libérées, émises à 465 fr. en 1862, remboursables à 500 fr. en 30 années (1863 à 1892), et jouissant d'un intérêt annuel de 25 fr., payable par moitié les 31 mars et 30 septembre de chaque année. Les tirages ont lieu en septembre et le remboursement des obligations s'effectue le 30 septembre.

2° — 6,000 obligations libérées, au porteur, émises au pair en 1865, remboursables à 500 fr. en 30 années (1868 à 1397), et jouissant d'un intérêt annuel de 30 fr., payable par moitié, les 30 juin et 31 décembre de chaque année. Les tirages ont lieu en décembre et le remboursement des obligations sorties s'effectue le 31 décembre suivant. Au 31 décembre 1874, il était sorti 612 obligations.

3° — 6,000 obligations libérées, au porteur, émises à 450 fr. en juin 1872, remboursables à 500 fr. en 24 années (1874 à 1897), et jouissant d'un intérêt annuel de 30 fr., payable par moitié les 30 juin et 31 juillet de chaque année. Les tirages ont eu lieu en décembre dernier, et le remboursement des obligations sorties s'est effectué le 31 du même mois.

Directeur : M. Alexandre Jullien.

Administrateurs : MM. E. de Cotton. — Combier. — Amand. — Allard. — Duringe. — Louis Payen. — Desgaretz. — L. Bietrive. — L. Gautier. — Chaurand. — Rambaud.

Cette Société a subi plusieurs transformations dans sa dénomination et dans la constitution de son capital. Elle s'est d'abord appelée *Compagnie des forges et fonderies de la Loire et de l'Ardèche*; puis *Compagnie des fonderies et forges de la Loire et de l'Isère*.

La valeur de ces établissements était représentée par 800 parts qui furent divisées en 4 nouvelles, soit 3,200 ; 800 parts nouvelles furent créées en représentation d'apport nouveau : en tout 4,000 parts jusqu'en 1855. Au mois d'avril de l'année 1855, 2,000 autres parts ont été émises, et ce sont ces 6,000 parts qui ont été divisées en 30,000 autres à raison de cinq anciennes contre une nouvelle.

De 1856 à 1863, les répartitions ont successivement diminué. L'année 1856 permettait de distribuer 80 fr. par action ; pour l'année 1863, il n'était plus distribué que 30 fr., et les années suivantes, jusqu'en 1871, il n'était fait aucune répartition.

Depuis 1872, la situation s'est améliorée et les actions ont reçu 30 fr. en moyenne.

Cours actuel des actions, 495 fr.

Compagnie des fonderies et forges d'Alais

Société anonyme autorisée par ordonnance royale du 20 octobre 1830.

Siége social : 24, rue Le Peletier, à Paris.

Durée : 99 ans, à partir du 20 octobre 1830.

Capital social : 9,000,000 fr., divisé en 18,000 actions libérées, nominatives ou au porteur, de 500 fr. chacune.

De 1836 à 1856, la Société propriétaire des Etablissements d'Alais n'exploitait pas; Elle avait contracté un traité de fermage avec MM. Drouillard, Benoit et Ce.

En 1856, la Société propriétaire et la Société fermière fusionnèrent, et la propriété du fonds et des revenus, devenue commune, fut représentée par 18,000 actions.

Les dividendes n'ont jamais dépassé 35 fr. et ils ont été souvent beaucoup au-dessous quand ils n'étaient pas absolument nuls. De 1865 à 1870, il n'a rien été distribué.

Emprunts par obligations

1° — 4,000 obligations libérées, au porteur, émises à 500 fr. jouissance du 1er janvier 1857, remboursables à 500 fr. en 60 années (1868 à 1928), et jouissant d'un intérêt annuel de 30 fr., payables par moitié les 1er janvier et 1er juillet de chaque année. Les tirages ont lieu en mai, et le remboursement des obligations sorties s'effectue le 1er janvier suivant.

2° — 3,000 obligations libérées, au porteur, émises à 500 fr., jouissance du 1er janvier 1859, remboursables à 500 fr. en 60 années (1870 à 1930), et jouissant d'un intérêt annuel de 27 fr.50 c., payable par moitié les 1er janvier et 1er juillet de chaque année. Les tirages ont lieu en mai, et le remboursement des obligations sorties s'effectue le 1er janvier suivant.

3° — 1,903 obligations libérées, au porteur, émises à 500 fr., jouissance du 1er janvier 1866, remboursables à 500 fr. en 60 années (1870 à 1930), et jouissant d'un intérêt annuel de 30 fr., payable par moitié les 1er janvier et 1er juillet de chaque année. Les tirages ont lieu en mai, et le remboursement des obligations sorties s'effectue le 1er janvier suivant.

ADMINISTRATEURS : MM. Comte Benoist d'Azy, *président*. — Ch. Benoist d'Azy. — Delarbre. — A. de Loynes. — C. A. J. Paravey. — Général comte Pisani Jourdan. — Ch. Burton. — Émile de Clausonne. — Baron Reille. — G. Rede. — Baron de l'Espée. — Alexandre.

SECRÉTAIRE GÉNÉRAL : M. Commendenr.

Compagnie des forges et aciéries de Chambon-Feugerolles

Société constituée sous la raison sociale : Claudrion et Ce.

Dans l'assemblee générale qui a eu lieu le 4 octobre 1875, les faits suivants ont été consignés au rapport :

Bénéfices de l'exercice.	237,657 fr. 84
Ces bénéfices ont été ainsi répartis :	
Réserve pour l'amortissement et la gérance...	57.037 fr. 86
Réserve pour constructions nouvelles........	36.619 98
Aux actions, dividende de 40 fr.	144.000 »
Somme égale..	237.657 fr. 84

Soit 31 0/0 du capital social.

Société P. Christofle et Ce

Société en commandite formée par acte du 6 juillet 1845.

RAISON SOCIALE : P. Christofle et Ce.

Siége social : 56, rue de Bondy, à Paris.

Durée : 40 ans.

Capital social : 3 millions de francs, représenté par 6,000 actions libérées de 500 francs chacune.

Objet : dorure et argenture par les procédés Ruolz.

Emprunt par obligations.

1,000 obligations libérées, nominatives ou au porteur, émises à 500 francs en 1864, remboursables à 600 francs, en 10 années (1866 à 1875), par tirage au sort et jouissant d'un intérêt annuel de 30 francs, payable par moitié, les 15 mai et 15 novembre de chaque année, à partir du 15 mai 1865. Les tirages ont lieu en mai et novembre, et le remboursement des obligations sorties s'effectue les 15 mai et 15 novembre de chaque année. Le 1er tirage a eu lieu le 15 mai 1866. Au 15 mai 1873, il était sorti 759 obligations.

Gérance : MM. Hugues-Antoine-Paul Christofle et Charles-Henri Bouilhet.

Conseil de surveillance : Mainguet, *président*.— Tourneux. — Guynet. — Poulain. — Elambert.

Les bénéfices réalisés ont beaucoup varié, mais les dividendes n'ont pas été moindres, depuis 25 ans, de 80 francs par action, sauf pour les années 1870 et 1871, rendues mauvaises par les événements.

Société des hauts-fourneaux de Maubeuge

Société anonyme autorisée par décret du 26 octobre 1849.

Siége social : à Valenciennes (Nord). — Bureau : à Paris, place Vendôme, 16.

Durée : 50 ans.

Capital social : représenté par 6,000 actions libérées, nominatives ou au porteur.

Administrateurs : MM. Didier, *président*. — Piérard. — Renard. — R. Hamoit.

Le dividende varie de 40 à 50 francs.

Société Chameroy et Ce

Société en commandite formée par acte du 3 avril 1838.

Raison sociale : Chameroy et Ce.

Siége social : 162, rue du Faubourg-Saint-Martin, à Paris.

Durée : 48 ans.

Objet : Fabrication de tuyaux en tôle et bitume pour conduites d'eaux et de gaz.

Capital social : 2 millions de francs, divisé en 4,000 actions libérées, nominatives ou au porteur, de 500 francs chacune. Il n'a été émis que 2,500 actions.

Conseil de surveillance : MM. V. Morel. — Gargan. — Guilloux. — Janoux. — An. Roux.

Fonderies et forges de l'Horme.

Société anonyme formée par ordonnance royale du 2 juillet 1847.

Siége social : 8, rue de Bourbon, à Lyon (Rhône). Siége d'exploitation : à St-Chamond (Loire).

Durée : 99 ans, à partir du 2 juillet 1847.

Capital social : divisé en 10,000 actions libérées, nominatives.

Emprunt par obligations.

1° — 4,210 obligations libérées, au porteur, émises à 475 fr., remboursables à 500 fr., en 30 années (1852 à 1883, et jouissant d'un intérêt annuel de 25 fr., payable par moitié, les 30 juin et 31 décembre de chaque année. Les tirages ont lieu en octobre, et le remboursement des obligations sorties s'effectue le 31 décembre suivant. Au 31 décembre 1872, il était sorti 2,095 obligations.

2° — 7,000 obligations libérées au porteur, émises à 265 fr., remboursables à 300 fr., en 50 années (1855 à 1804) et jouissant d'un intérêt annuel de 15 fr., payable par moitié, les 31 mars et 30 septembre de chaque année. Les tirages ont lieu en février, et le remboursement des obligations sorties s'effectue le 31 mars suivant. Au 31 mars 1873, il était sorti 988 obligations.

Directeur : M. E. Lescure.

Les dividendes ont varié de 50 à 80 fr.; il y a même eu des exercices qui ont permis de distribuer plus de 100 francs par action. — La moyenne est de 70 fr.

Société des hauts-fourneaux de Denain et d'Anzin

Société anonyme autorisée par décret présidentiel du 6 avril 1849.

Siége social : à Denain (Nord). — Bureau : à Paris, 56, rue de Provence.

Durée : 99 ans.

Capital social : 10 millions de fr., représentés par 20,000 actions libérées, nominatives ou au porteur, de 500 fr. chacune.

Conseil d'administration : M. Paulin Talabot, *président*.

Administrateur-délégué : M. Martelet.

Directeurs : à Denain, M. L. Mara; — à Anzin, M. de Molin.

Hauts-fourneaux et fonderies de Givors

Société en commandite.

Raison sociale : J. de la Rochette et Ce.

Durée : 30 ans.

Moyenne des dividendes : 40 fr.

Houillères de Commentry, Forges et fonderies de Fourchambault, Montluçon, Imphy et la Pique

Société en commandite, formée par acte du 17 décembre 1853.

Raison sociale : Boigues, Rambourg et Ce.

Siége social : 16, place Vendôme, à Paris.

Durée : 60 ans.

Capital social : divisé en 50,000 actions au porteur, libérées.

Emprunts par obligations

1° — 8,000 obligations libérées, au porteur, émises à 1,000 fr., remboursables à 1,250 fr. en 50 années (1854 à 1903), et jouissant d'un intérêt annuel de 50 fr., payable par moitié les 15 janvier et 15 juillet de chaque année. Les tirages ont lieu en décembre, et le remboursement des obligations sorties s'effectue le 15 janvier suivant. Au 15 janvier 1873, il était sorti 1,450 obligations.

2° — 16,000 obligations libérées, au porteur, émises à 250 fr. en 1858, remboursables à 250 fr. en 50 années (1858 à 1907), et jouissant d'un intérêt annuel de 15 fr., payable par moitié le 15 janvier et le 15 juillet de chaque année. Les tirages ont lieu en décembre, et le remboursement des obligations sorties s'effectue le 15 janvier suivant. Au 15 janvier 1873, il était sorti 1,159 obligations.

Gérance : MM. Émile Boigues.— Stéphane Mony.— Eug.-A. Glachant.

Conseil de surveillance : MM. Baron de la Rochette, *président*. — Comte Benoist d'Azy. — L. Rambourg. — Ch. Rambourg. — Pr. Hochet. — A. de Mieulle. — Vicomte P. Benoist d'Azy. — A. de Sessevalle. — Vicomte Tirlet. — Alb. Boigues. — Louis de Mieulle.

Moyenne des dividendes : 35 fr.

Cette Société résulte de la fusion des Sociétés Rambourg et Cᵉ (houillère de Commentry et chemin de fer de Commentry à Montluçon), Boigues et Cᵉ (forges de Fourchambault), de la Société anonyme des hauts-fourneaux de Montluçon,et, en 1854, de la Société des usines d'Imphy et de la Pique. En 1856, la Société s'est rendue propriétaire d'une moitié de la fonderie de Fourchambault, dont elle possédait déjà la première moitié.

Forges et chantiers de la Méditerranée

Société anonyme, autorisée par décret impérial du 24 mai 1856.

Siége social : 28, rue Notre-Dame-des-Victoires, à Paris.

Durée : 30 ans, à partir du 21 mai 1856.

Capital social : divisé en 16,000 actions libérées, au porteur.

Emprunt par obligations

16,000 obligations libérées, au porteur, émises à 450 fr. en mai 1867, remboursables à 500 fr., par quart, les 1er juin 1874, 1875, 1876 et 1877, et jouissant d'un intérêt annuel de 25 fr., payable par moitié le 1er juin et le 1er décembre de chaque année.

Administrateurs : MM. A. Simons. — Améd. Revenaz. — A. Béhic. — Fr. Bartholony. — A. Jouët-Pastré. — V. Fère. — Dupuy de Lôme. — Denion du Pin. — Dessaignes.

Moyenne des dividendes : 77 fr. 50.

Cours actuel des actions : 615 fr.

Forges de Châtillon et Commentry

Société anonyme, autorisée par décret impérial du 10 juillet 1862.

Siége social : 4, rue de Clary, à Paris.

Durée : 90 ans.

Objet : Exploitation des établissements métallurgiques ci-après, appartenant à la Compagnie : 1° Les hauts-fourneaux et forges de Sainte-Colombe, Maisonneuve, les mines de Thostes et Beauregard (Côte-d'Or), les forges d'Ancy-le-Franc (Yonne); — 2° les laminoirs et tréfilerie de Plaines (Aube); — 3° les hauts-fourneaux et forges de Montluçon, Commentry et Tronçais, les houillères de Bézenet, Doyet, les Ferrières, l'Ouche, Benezet et le Montet (Allier); 4° les domaines métallifères situés dans le département du Cher.

Capital social : Divisé en 25,000 actions libérées, nominatives ou au porteur.

Emprunts par obligations

1° — 12,000 obligations libérées, au porteur, émises à 500 fr. en 1853, remboursables à 625 fr. en 25 années (1854 à 1878), et jouissant d'un intérêt annuel de 25 fr., payable par moitié les 20 janvier et juillet de chaque année. Les tirages ont lieu en janvier et juillet, et le remboursement des obligations sorties s'effectue le 20 des mêmes mois. Au 20 janvier 1873, il était sorti 6,780 obligations.

2° — 20,000 obligations libérées, au porteur, émises à 250 fr. en 1857, remboursables à 312 fr. 50 c., en 25 années (1860 à 1884), et jouissant d'un intérêt annuel de 15 fr., payable par moitié les 15 mai et novembre de chaque année. Les tirages ont lieu le 10 mai, et le remboursement des obligations sorties s'effectue le 15 mai suivant. Au 15 mai 1873, il était sorti 11,508 obligations. La Compagnie possède en portefeuille 1,000 obligations.

Administrateurs : MM. H.-Y. Darcy, *président*. — Basset. — Brame. — G.-L. Bret. — F.-C. Couvreux. — Henri Germain. — Aug. Martenot. — E.-J.-V. Soubies. — J.-J. Thoyot.

Le 10 juin 1876 a eu lieu l'assemblée générale des actionnaires. Voici un extrait du rapport approuvé par cette assemblée :

Bénéfices nets : 1,992,406 fr. 29 c.

Répartition :

A la réserve statutaire, 75,000 fr.; à la réserve, pour les travaux en cours, 150,000 fr.; dividende de 60 fr. par action, soit 1,500,000 fr.; compte à nouveau, 305,000 fr.

Un à-compte de 20 fr. ayant été payé le 15 mars, le solde à payer dès le 15 septembre est de 40 fr. pour les actionnaires.

Ont été nommés *membres de la commission des comptes* : MM. Bordet, Daguin, Vuitry.

Forges et aciéries de Firminy

Société anonyme libre, créée par acte du décembre 1867.

SIÉGE SOCIAL : 13, rue de Lyon, à Lyon.

DURÉE : 50 ans à partir du 18 août 1854, la Société actuelle étant la continuation de la Société en commandite F.-F. Verdié et Cie.

CAPITAL SOCIAL : 3 millions de francs, représentés par 6,000 actions libérées, nominatives ou au porteur, de 500 fr. chacune.

Emprunts par obligations

2,400 obligations libérées, au porteur, émises à 250 fr., remboursables à 275 fr. en 15 années (1862 à 1877), et jouissant d'un intérêt annuel de 15 fr., payable par moitié les 31 janvier et 31 juillet de chaque année, à partir du 31 juillet 1862. Les tirages ont lieu en octobre et le remboursement des obligations sorties s'effectue le 31 juillet suivant. Au 31 juillet 1873, il était sorti 1,440 obligations.

DIRECTEUR : M. François-Félix Verdié.

ADMINISTRATEURS : MM. Colongeat, *président*. — Em. Ferrouillat. — Em. Bouniols. — J. Cambefort. — Eug. Chambeyron. — Ed. Chalmeton. — L. Douvreleur. — Fontaine de Bonne-Rive. — L. Gautier. — Ed. Vernet.

Le bénéfice net de l'exercice n'a pas dépassé 55,917 fr., exercice inférieur aux précédents. Mais on a effectué un amortissement de 424,255 fr.

Le dividende fixé a été de 35 fr., et il a fallu en prélever le montant sur les réserves extraordinaires.

Compagnie de Fives-Lille

Société anonyme libre, formée par acte du 17 décembre 1865.

SIÉGE SOCIAL : à Paris, rue de l'Université, 15[illegible]. — Ateliers de construction : à Fives-Lille (Nord) et à Givors (Rhône).

DURÉE : 30 ans.

OBJET : Constructions mécaniques et exploitation des établissements Parent, Schaken, Houel et Caillet.

CAPITAL SOCIAL : 6 millions de francs, représentés par 12,000 actions libérées, au porteur, de 500 fr. chacune.

Emprunt par obligations

15,000 obligations libérées, au porteur, émises à 400 fr. en mars 1867, remboursables à 450 fr en 30 années (1866 à 1895) et jouissant d'un intérêt annuel de 24 fr., payable par moitié les 1er janvier et 1er juillet de chaque année. Les tirages ont lieu le 1er décembre, et le remboursement des obligations sorties s'effectue le 1er janvier suivant. Au 1er janvier 1875, il était sorti 1,085 obligations.

ADMINISTRATEURS : MM. Lavaurs. — Chévremont. — Houel. — Caillet. — Lebeuf de Montgermont. — Al. Boisacq. — Moreaux.

Le dividende arrêté dans la dernière assemblée générale a été porté à 70 fr.

Hauts-fourneaux, fonderies et forges de Franche-Comté

Société anonyme libre, fondée par acte du 16 mai 1868.

SIÉGE SOCIAL : à Besançon (Doubs).

DURÉE : 99 ans à partir du 1er mai 1855, cette Société étant la continuation d'une Société en commandite, formée en 1854.

OBJET : Exploitation des établissements de Fraisans, Rans, Moulin-Rouge, la Saisse, Champagnolle, Pont-de-Navoy, Bourg-du-Sirod (Jura). — Châtillon, Buillon, Chenecey, Quingey, Torpes, Lods, Casamène (Doubs). — Valay, Pesmes (Haute-Saône). — Galvanisation et étamage du fer, 116, avenue Daumesnil, à Paris (Seine).

CAPITAL SOCIAL : 18,751,500 fr., représentés par 37,483 actions libérées, au porteur, de 500 fr. chacune.

Emprunt par obligations

5,883 obligations libérées, au porteur, remboursables à 500 fr. en 30 années (1858 à 1887), et jouissant d'un intérêt annuel de 25 fr., payable par moitié les 1er février et 1er août de chaque année. Les tirages ont lieu en novembre, et le remboursement des obligations sorties s'effectue le 15 décembre suivant. Au 15 décembre 1873, il était sorti 2,080 obligations.

ADMINISTRATEURS DÉLÉGUÉS : MM. Outhenin-Chalandre père. — Brugnon.

ADMINISTRATEURS : MM. L. de Sainte-Agathe, *président*. — L. Fernier. — J. Lemire. — Lieffroy. — Ligier.

Fonderies, forges et aciéries de Saint-Etienne

Société anonyme, fondée par acte du 20 février 1869.

SIÉGE SOCIAL : 19, rue de Lyon, à Lyon (Rhône). — Siége

d'exploitation, 6, place de l'Hôtel-de-Ville, à Saint-Etienne (Loire).

DURÉE : 30 ans, à partir du 29 septembre 1865.

CAPITAL SOCIAL : 4 millions de francs, divisé en 8,000 actions libérées, au porteur, de 500 fr. chacune.

ADMINISTRATEURS : MM. Em. Allamagny. — Jamen.— Philip-Thiollière. — J. Palluat de Besset. — L. Nicolas. — E. Revol. — Roget. — L. Arbel.

ADMINISTRATEUR DÉLÉGUÉ : M. E. Revol.

Hauts-fourneaux et forges du Val-d'Osne

Société anonyme libre, créée par acte du 22 avril 1870. Cette Société est la continuation de l'ancienne Société en commandite Barbezat et Ce, fondée en mars 1855.

SIÉGE SOCIAL : A Paris, boulevard Voltaire, 58.

DURÉE : 50 ans, à partir du 1er avril 1870.

CAPITAL SOCIAL : 2 millions de francs, divisé en 1,000 actions libérées, nominatives, de 2,000 fr. chacune.

ADMINISTRATEURS : MM. Al.-Ern. Legrand.— J.-B. Mignon.— M. Moreau.—W.-C. Priestley.—G. Prétavoine.— S.-H. Rouart.

ADMINISTRATEUR DÉLÉGUÉ : M. Jean-Baptiste Mignon.

Société Cail et Ce

Société en commandite, formée par acte des 12 et 13 juillet 1870.

OBJET : Construction et appareils de mécanique et de distillation.

RAISON SOCIALE : Cail et Ce.

SIÉGE SOCIAL : 15, quai de Grenelle, à Paris.

DURÉE : 20 ans, à partir du 12 juillet 1870.

CAPITAL SOCIAL : 7 millions de francs, divisé en 14,000 actions libérées, au porteur, de 500 fr. chacune.

Emprunt par obligations

30,000 obligations libérées, au porteur, émises à 400 fr., en octobre 1871, remboursables à 450 fr., en 14 années (de 1876 à 1889), par tirages au sort annuels et jouissant d'un intérêt annuel de 25 fr., payable par moitié, les 1er avril et 1er octobre de chaque année. Les tirages ont lieu en décembre, et le remboursement des obligations sorties s'effectue le 1er avril suivant.

Conseil de surveillance : MM. Germain.— Thibaut.—Mirie. — Bernard-Derosne. — Estivant. — Dehaynin.

Le rapport présenté à l'assemblée générale des actionnaires tenue le 30 décembre 1875 a constaté un ralentissement marqué dans les affaires, dont le chiffre n'a été pour cet exercice que de 13 1/2 millions, quand il avait été de 19 1/2 millions pour l'exercice antérieur. Par suite le dividende, qui avait atteint précédemment 85 fr., n'a été cette fois que de 43 fr. 15 c. par action de 500 fr.

Hauts-fourneaux, forges et aciéries de la marine et des chemins de fer

Constitution : Société anonyme libre, créée par acte du 9 novembre 1871.

Siége social : A Rive-de-Gier (Loire).

Durée : 50 ans, à partir du 1er juillet 1854.

Capital social : 13 millions de francs, divisé en 26,000 actions libérées, au porteur, de 500 fr. chacune.

Emprunt par obligations

16,000 obligations libérées, au porteur, émises à 250 fr., en octobre 1867, remboursables à 250 fr. en 20 ans (1868 à 1867), et jouissant d'un intérêt annuel de 15 fr., payable par moitié, les 31 mai et 30 novembre de chaque année. Les tirages ont lieu en octobre, et le remboursement des obligations sorties s'effectue le 30 novembre suivant. Au 30 novembre 1872 il était sorti 2,460 obligations.

Objet : Exploitation des divers établissements suivants, ayant fait l'objet de plusieurs Sociétés en commandite fusionnées : 1° Forges et aciéries d'Assailly-Jackson (Jackson frères et Ce); 2° forges de la marine et des chemins de fer (Petin, Gaudet et Ce); 3° aciérie de Lorette (Neyrand, Thiollière, Bergeron et Ce); forges et hauts-fourneaux de Vierzon (Parent; Schaken, Goldsmid et Ce).

Administrateurs : MM. Denière, *président.* —Th. Cote, *vice-président.* — G. Brolemann. — Cheilus. — F. Escoffier. — O. Galline.— J.-M. Gaudet.— J.-C. Houel.— Th. Hutter. — Molinos.— Hipp. Petin.—Verpilleux.

Administrateurs délégués : MM. Hipp. Petin. — J.-M Gaudet.

Fonderies et forges de Pont-Évêque (Vienne)

Constitution : Société en commandite.

Raison sociale : Harel et Cie.

Siége social : 11, rue de Bourbon, à Lyon (Rhône).

Durée : Jusqu'au 1er mai 1896.

Capital social : 3,500,000 fr., divisé en 7,000 actions libérées, au porteur, de 500 fr. chacune.

Les bénéfices de l'exercice 1875 se sont élevés à 628,737 fr.

Dividende porté à 50 fr. par action.

Le surplus à réserve et prévision.

Actions cotées à 600 fr.

Compagnie française de matériel des chemins de fer

Constitution : Société anonyme libre créée par acte du 24 novembre 1872.

Siége social : 57, rue Nationale, à Ivry-sur-Seine (Seine); bureau : 60, rue de la Victoire, à Paris.

Durée : 40 ans, à partir du 1er avril 1872.

Capital social : 2,500,000 fr. divisé en 5,000 actions libérées, au porteur, de 500 fr. chacune.

Président du Conseil : M. L. Trivulzi.

Forges de Liverdun (fers)

Constitution : Société anonyme créée par acte de septembre 1872.

Siége social : à Paris, rue Taitbout, 39.

Durée : 99 ans.

Objet : Exploitation de forges et d'usines situées à Liverdun (Meurthe-et-Moselle) et à Aubervilliers (Seine).

Capital social : 4,500,000 fr., représenté par 9,000 actions de 500 fr. chacune.

Emprunt par obligations

6 millions de francs représentés par des obligations remboursables à 250 fr. et produisant 15 fr. d'intérêt annuel, payables en deux fois, les 15 avril et 15 octobre.

Un emprunt de 1,500,000 fr. a été contracté au mois de mars 1876, en vertu d'une décision d'Assemblée générale. Il est représenté par 3,000,000 de bons hypothécaires remboursables à 600 fr. en 15 ans, à partir de 1880. Les intérêts à 30 fr. par bon sont payables les 15 avril et 15 octobre.

Administrateurs : MM. Ledien, *président.* — Lebatteux, *administrateur délégué.* — Piedferré. — Doassans, — Desprez. — Richel. — Leynadier.

Assemblée générale du 27 novembre 1875 sous la présidence de M. le baron de Saint-Paul.

Passif : 8,606,788 fr. 44 c.

Démission complète du conseil d'administration.

Mines de cuivre de Huelva

Constitution : Société en commandite créée par acte du 23 juin 1855.

Raison sociale : V. Mercier et Ce.

Siége social : à Paris, 58, rue de Châteaudun ; — bureau : à Huelva (Espagne).

Durée : 99 ans.

Capital social : 6 millions de francs représentés par 30,000 actions de 200 fr. chacune. Il a été créé, en outre, 70,000 actions au porteur, dites de jouissance.

Conseil de surveillance : MM Arnaud-Jeanté. — Baillage. — Brassac. — Messéan. — A. Pelletan.

Mines de plomb argentifère et fonderie de Pontgibaud

Constitution : Société anonyme autorisée par décret impérial du 8 avril 1853.

Siége social : 15, rue de Châteaudun, à Paris.

Durée : 99 ans.

Capital social : divisé en 10,000 actions libérées, nominatives ou au porteur.

Administrateurs : MM. P. Bontoux, *président.* — J. Basset, *vice-président.* — Ch. Morisson. — Baron P. de Barante. — J. Wittering. — A. André. — A. Bezanson. — Ch. Burton. — E. Feray. — R. Taylor.

Ssecrétaire : M. A. Basset.

Longtemps improductives, les actions de cette Compagnie n'ont reçu de dividende qu'à partir de 1862 : d'abord 10 et 20 fr., puis de 40 à 55 fr. par action.

Assemblée du 30 novembre 1875 :

Dividende de 15 fr., inférieur de 10 fr. au précédent.

Réserve de 250 fr. par action.

Cours des actions : 480 fr.

Mines de Kef-Oum-Théboul

CONSTITUTION : Société anonyme, autorisée par décret impérial du 15 novembre 1854.

SIÈGE SOCIAL : 33, rue de Breteuil, à Marseille.

DURÉE : 90 ans.

CAPITAL SOCIAL : divisé en 9,000 actions libérées, au porteur.

L'exploitation de ces mines, situées dans le cercle de la Calle, province de Constantine (Algérie), a donné d'assez bons résultats au début. Les dividendes ont varié, jusqu'en 1859, de 40 fr. à 25 fr. par action. Postérieurement, ils sont descendus au-dessous de 15 fr., et plusieurs exercices ont été privés de dividende.

Mines et fonderies de Santander et Quiros

CONSTITUTION : Société anonyme libre, créée par acte du 31 novembre 1868.

SIÈGE SOCIAL : 56, rue de Londres, à Paris.

DURÉE : 50 ans.

OBJET : Exploitation des mines et fonderies de zinc de la province de Santander et de la houillère de Quiros. Cette houillère faisait l'objet d'une Société spéciale, qui a été fusionnée avec la Compagnie de Santander.

ADMINISTRATEURS : MM. Ch. Lecomte, *président.*— A. Béchet. — Heuzey-Deneirouze. — Pothier. — H. Duboy. — Ch. Picard. — H. Duroselle.

Assemblée générale du 26 novembre 1875 :

Bénéfices nets : 611,652 fr.

Répartition : 21,288 fr. au fonds de réserve ; 10,920 fr. à l'État (impôt 3 0/0) ; 353,000 fr. aux actions, pour dividende ; 40,440 fr. aux administrateurs ; 185,897 fr. à l'exercice suivant.

Minerais de fer magnétique de Mokta-el-Hadid

CONSTITUTION : Société à responsabilité limitée, formée par acte du 29 avril 1865.

Siége social : à Paris, 59, rue de la Victoire,

Durée : 50 ans.

Capital social : 15 millions de francs, représenté par 30,000 actions, nominatives ou au porteur, de 500 fr. chacune. 9,300 sont libérées entièrement ; 20,700 ont encore à faire un versement de 100 fr.

Cette entreprise, patronnée par la Société générale, est assurément la meilleure de toutes celles créées sous les auspices de cet établissement financier. Les dividendes ont constamment progressé, et la situation, pour le présent et pour l'avenir, est excellente.

Administrateurs : MM. Paulin Talabot, *président.* — Am. Armand. — L. Benet. — Eug. Breittmayer. — Jules Cambefort, — Ferd. Chalmeton. — Comte Fr. Clary. — Eug. Colongeat.— Th. Cote. — Denière. — Emile Ferrouillat. — Ed. Hentsch. — Jules Mailly. — Fr. Marrel. — Edw. Montefiore. — Teisserenc de Bort. — Baron de Nervo. — Ch. Herpin.

Mines de cuivre et de plomb argentifères de Padern et Montgaillard (Aude)

Constitution : Société anonyme, créée par acte du 7 novembre 1872.

Siége social : 34, rue de Provence, à Paris.

Durée : 50 ans.

Capital social : 2,500,000 fr., représenté par 5,000 actions, nominatives ou au porteur, de 500 fr. chacune.

Administrateurs : MM. Armand Heine. — Michel Heine. — A.-C.-C. Bonna. — Édouard Pasteur. — Léop.-Ch.-Paul Trivulzi.

En outre des établissements métallurgiques qui viennent d'être mentionnés, il en est un certain nombre d'autres sur lesquels il n'est pas sans utilité de donner les indications suivantes :

Société métallurgique de l'Ariége

Assemblée du 15 octobre 1875 :

Bénéfices de l'exercice : 429,814 fr.

Répartition :

Aux actions : 231,000 fr. ; au compte d'amortissement : 198,814 fr.

Dividende : 66 fr. par action.

Société métallurgique du Périgord

Assemblée générale du 19 octobre 1875 :

Bénéfices de l'exercice : 282,827 fr. 70.

Répartition de 6 0/0 aux actionnaires.

Le reste à l'amortissement des frais de constructions.

Appel du 3e quart sur le capital social, de 2 millions.

Compagnie des hauts-fourneaux de Chasse

Assemblée générale de novembre 1875 :

Bénéfices de l'exercice : 244,026 fr. 02.

De l'actif disponible et du passif, il reste un fonds de roulement de 700,000 fr.

Le capital social n'est que de 1,800,000 fr.

Dividende : 30 fr. par action.

Mines et usines de Richaldon (Lozère)

Cette Société anonyme avait été fondée, en 1869, pour une durée de 33 ans, au capital de 3 millions de francs, représenté par 6,000 actions libérées de 500 fr. Elle avait pour objet l'exploitation de mines de plomb argentifère.

Cette Société avait émis successivement : 1° 1,670 obligations hypothécaires de 300 fr., remboursables à 375 fr. ; 2° 1,600 bons de 200 fr. ; 3° 6,000 obligations de 250 fr.

Un jugement du tribunal civil de la Seine, en date du 5 avril 1876, a prononcé la mise en liquidation de cette Société, et nommé M. Hue, liquidateur. — Le dernier siége social de la Compagnie était à Paris, rue Lavoisier, 4.

---

§ 2

CARRIÈRES

Compagnie générale des carrières de pierres lithographiques

Cette Société anonyme a été fondée pour l'exploitation de carrières, situées à Oneglia (Italie), à Nice (Alpes-Maritimes) et dans le département de l'Ain.

En outre de son capital social de 3 millions de francs, représenté par 6,000 actions de 500 francs, la Société, dont le siége est à Paris, rue Rossini, 3, a émis 4,000 obligations à 250 fr. sur les 8,000 qu'elle est autorisée à émettre. Ces obligations, qui rapportent 15 fr. d'intérêt annuel en deux coupons de 7 fr. 50 aux échéances des 1er avril et 1er octobre, sont remboursables par voie de tirage au sort.

Les produits des carrières de la Société sont très recherchés sur le marché français, et sont appelés à y remplacer les produits similaires qu'on importait de la Bavière. L'exploitation continuant à être sagement conduite, tout porte à croire que les actionnaires profiteront bientôt dans une large mesure des résultats que promet cette entreprise.

Compagnie des carrières de pierres de taille

Cette Société anonyme, dont le siége social est à Lyon, rue de Lyon, 34, a été fondée pour l'exploitation des carrières de Villebois, Serrières-de-Briord et Hauterive (Ain); Montalieu, Vercieu et Amblagnes (Isère).

Cette exploitation se fait sur une grande échelle, et rapporte de beaux bénéfices

DIRECTEUR DE LA COMPAGNIE : M. Lucien Farnoux.

DIVIDENDE : de 15 à 20 0/0.

Société Léger et Cie

Société en commandite, fondée pour l'exploitation des carrières de pierres de Lézinnes dites de Tonnerre, etc.

SIÉGE SOCIAL : à Paris, boulevard Richard-Lenoir, 15. — Maison d'exploitation à Falvy (Yonne.)

CHAPITRE IX

INDUSTRIE LINIÈRE

Comptoir de l'industrie linière

Cette Société en commandite a été fondée sous la raison sociale : Magnier, Pouilly, Brunet et Cᵉ, au capital de 20 millions de francs, en 40,000 actions de 500 fr. Elle a émis 4,000 obligations libérées, au porteur, de 250 fr. chacune, remboursables à 300 fr. par voie de tirage au sort, en 25 ans, avec intérêt annuel de 15 fr.

La dernière assemblée générale des actionnaires s'est tenue le 25 août 1876. On y a constaté que les bénéfices de l'exercice écoulé permettaient de fixer le dividende à 32 fr. par action au lieu de 29 fr. 50 c, qu'on avait eu pour l'exercice 1874. L'à-compte payé sur ce dividende étant de 12 fr. 50, il reste à payer 19 fr. 50 par action, à partir du 1ᵉʳ octobre 1856.

Ont été réélus membres du Conseil de surveillance : MM. Daguin, Billiot et Pouilly.

Société de la filature de lin d'Amiens

Société anonyme, au capital de 4 millions de francs, en 8,000 actions libérées, au porteur ou nominatives, de 500 fr. — Siége social : à Paris, rue d'Uzès, 2.

L'assemblée générale des actionnaires qui a eu lieu le 9 août 1876 n'a pas eu la peine de voter la répartition d'un dividende. Le rapport qui lui était soumis exposait, en effet, que la crise linière, dont la Société avait souffert dans le cours de l'exercice, résultait de l'excès de production et du renchérissement des matières premières à la suite de mauvaises années de production.

L'exercice écoulé se soldait, en conséquence, par un bénéfice modique de 25,556 fr. En joignant à ce bénéfice le solde reporté de 1874-1875 et les intérêts de la réserve, on obtenait un total de 47,957 fr, , mais, déduction faite du prélèvement pour l'amortissement obligatoire et de la dotation de la caisse de secours, il ne restait plus disponibles que 32,200 fr. qu'on reportait à l'exercice courant. Ainsi, pas de dividende.

MM. Germain Thibaut et Cornély ont été réélus administrateurs pour cinq ans : M. Abel Debauge a été nommé directeur en remplacement de M. Martolet, décédé

Compagnie linière de Pont-Rémy

De même que les autres Compagnies linières, cette Société anonyme, au capital de 2,500,000 fr., en 5,000 actions libérées, au porteur, de 500 fr., et dont le Siége social est à Paris, rue Grange-Batelière, 17, s'est ressentie de la crise qui a pesé cette année sur cette intéressante industrie. On n'en conjecture pas moins, avec raison, que le rapport, qui sera soumis à la prochaine assemblée générale des actionnaires, démontrera comme relativement satisfaisante la situation de la Société.

Compagnie des filatures et corderies du Maine

Cette Société anonyme, fondée au capital de 2 millions de fr., a procédé, le 1er juin 1876, à une émission de 3,750 actions de 500 fr.

Cette entreprise paraît appelée à un grand développement.

CHAPITRE X

CANAUX

Nous devons, avant tout, attirer l'attention sur l'importance de plus en plus grande que va prendre en France l'exploitation des canaux. Et, en effet, tout indique que l'immense réseau de nos chemins de fer va se trouver partagé entre nos six grandes Compagnies : le Nord, le Paris-Lyon-Méditerranée, l'Est, l'Orléans, le Midi, l'Ouest.

On voit quelle sera la conséquence du système adopté. L'impossibilité de constituer une septième grande Société, et de faire ainsi concurrence aux six grandes Compagnies, va rendre ces dernières omnipotentes et maîtresses absolues des tarifs, qu'elles ne songeront certainement pas à réduire. Les monopoles n'ont qu'un seul objectif : la défense et le maintien de leurs priviléges.

Étant donnée cette organisation de nos voies de communication rapides, les canaux vont devenir l'unique moyen de concurrence à opposer aux six grandes Compagnies pour arriver à la diminution des tarifs, que les populations réclament toujours, que les Compagnies n'accordent jamais.

De là, par conséquent, une importance plus directe et plus caractérisée qu'autrefois pour les canaux, qui sont appelés à lutter plus énergiquement contre les six grandes Compagnies, de manière à provoquer l'abaissement des tarifs.

C'est le langage qu'a tenu M. Christophle, ministre des travaux publics, et, comme témoignage du bon vouloir de l'administration, il a cité les trois mesures qui ont été prises pour améliorer la navigation de la Seine à Rouen, de Paris à Lyon et de Lyon à Marseille.

Ce n'est là, certainement, qu'un commencement; mais l'achèvement et l'amélioration de nos voies de navigation représentent une opération parallèle à celle qui remet l'exploitation de notre réseau de chemins de fer entre les mains des six grandes Compagnies.

On compte en France près de 140 canaux.

Ces canaux sont divisés en deux classes :

La première classe comprend ceux qui font communiquer les bassins entre eux.

A la deuxième classe appartiennent les canaux *latéraux*, destinés à remédier à l'inconstance de la navigation des fleuves et des rivières.

Les canaux principaux de la France sont les suivants : Canal du *Midi* ou du *Languedoc*, du *Centre*, de *Bourgogne*, du *Rhône au Rhin*, de la *Marne au Rhin*, de *Briare*, et ceux d'*Orléans*, de *Saint-Quentin*, des *Ardennes*, du *Berri*, de *Nantes à Brest*, d'*Ille-et-Rance*, etc.

Parmi les Compagnies autorisées à exploiter les canaux existant en France, nous ne mentionnerons ci-après, dans le *Manuel*, que celles dont les titres sont l'objet de transactions suivies et journalières.

Société pour la reconstitution du capital des actions du canal de Bourgogne

Société anonyme, autorisée par ordonnance royale du 31 octobre 1827.

SIÉGE SOCIAL : 18, rue du Quatre-Septembre, à Paris.

CAPITAL SOCIAL : Deux sortes de titres ont été émis :

1° 27,200 actions de capital de 1,000 francs, toutes remboursées ;

2° *Actions de jouissance* au nombre de 27,200, qui avaient droit, pendant les 40 années qui devaient suivre le remboursement total de l'emprunt, à la moitié du revenu net du canal. Ce droit a été racheté par l'État, moyennant une somme de 6,000,000 de francs, payable en 30 annuités, de 346,980 francs chacune. Ces annuités donnent, frais déduits, à chaque titre nouvellement émis sous le nom d'*action indemnitaire*, une répartition annuelle de 12 fr. 50, échéant le 1er juin de chaque année, à partir du 1er juin 1853, époque à laquelle a été payée la première annuité. La dernière annuité sera payée le 1er juin 1882.

Les actions de jouissance sont au porteur ou nominatives.

OBJET : Cette Société a été créée pour remplacer la *Compagnie de l'emprunt du canal de Bourgogne* qui, autorisée par ordonnance royale du 13 novembre 1822, a, depuis, cessé d'exister. Elle était au capital de 25,000,000 de francs, divisé en 10,000 actions libérées, au porteur, de 2,500 fr. chacune, sans actions de jouissance. En novembre 1827, la Société actuelle proposa à l'ancienne la conversion des actions anciennes en nouvelles, et la plupart des détenteurs acceptèrent.

L'administration est composée des membres qui en faisaient partie précédemment.

Il n'y a pas eu d'assemblée générale des actionnaires pour statuer sur les opérations de l'exercice 1875. On ne peut donc, à ce sujet, donner aucun renseignement certain sur les résultats obtenus qui, dans tous les cas, d'après toutes probabilités, seraient favorables.

Compagnie du canal du Rhône au Rhin

Société anonyme, autorisée par ordonnance royale du 19 octobre 1821.

Siége social : à Strasbourg (Bas-Rhin). — Bureau : à Paris, place Vendôme, 12.

Capital social : Le fonds social se composait primitivement de 10,000 actions de 1,000 fr. chacune. Ces actions ont toutes été amorties e elles ont été remplacées par 10,000 actions de jouissance, ayant droit à la moitié des revenus nets du canal pendant 75 ans.

Ce droit a été racheté par l'État, moyennant une somme de 7,480,742 fr. 80 c., payable en 30 annuités calculées à l'intérêt de 4 0/0 par an. Chacune de ces annuités monte à 432,612 fr. et leur total atteint ainsi le capital de 12,798,360 fr. Le droit à ces annuités a été converti, pour chaque action, en un remboursement par voie de tirage annuel au sort (1854 à 1882), à 725 fr. et, en attendant, un intérêt de 4 0/0, soit 29 fr. par an, payable en une seule fois, le 1er juin. Les tirages ont lieu le 1er mai, et le remboursement des obligations sorties s'effectue le 1er juin suivant.

Les opérations du tirage par annuités n'ont cessé d'avoir lieu régulièrement aux époques ci-dessus désignées.

Compagnie des Quatre-Canaux

Société anonyme, autorisée par ordonnance royale du 12 mars 1823.

Siége social : 18, rue du Quatre-Septembre, à Paris.

Capital social : Deux sortes de titres ont été émis :

1° Des actions de *capital* ou d'*emprunt* de 1,000 fr. chacune, au nombre de 69,120 ; ces titres sont remboursés depuis 1867 ;

2° Des actions de *jouissance*, au nombre de 68,000. Le droit qu'elles avaient à la moitié des revenus nets des quatre systèmes de canaux, pendant 40 ans, à partir de l'époque du remboursement total des actions d'emprunt, a été racheté par l'Etat, moyennant une indemnité de 9,800,000 fr., payable en 30 annuités, calculées à l'intérêt à 4 0/0 par an, soit, par chaque action de jouissance, une annuité de 8 fr. 30 c. échéant le 1er juin, et payable pendant 30 années consécutives, à partir du 1er juin 1853, époque à laquelle a été payée la première annuité. La dernière annuité sera payée le 1er juin 1882.

Les actions de jouissance sont au porteur ou nominatives.

Objet : Cette Société a eu pour objet de prêter au gouvernement la somme totale de 68 millions de francs, pour parfaire ou construire les voies de navigation suivantes : Canal de Nantes à Brest, — d'Ille-et-Rance, — du Blavet, — du Nivernais, — du Berry, — latéral à la Loire. Les trois premiers sont compris sous l'appellation de canaux de Bretagne. Réunis aux trois derniers, ils ont donné à la Compagnie le nom qu'elle porte.

Administrateurs : MM. Bartholomy, *président.* — Comte Pillet-Will.— Lefebvre.— De Waru.— Bourceret.— Argand.— Comte de Lapanouse. — Vernes. — Mabire. — Grimpel. — Sesquin.— Balanger.— Mirabaud.— Bérard.

Censeurs : MM. Santerre. — Audéoud.

Directeur : M. Hillemacher.

Les quatre canaux dont l'exploitation fait l'objet de la Société sont en pleine prospérité.

Canal de Roanne à Digoin

Société anonyme, autorisée par décret présidentiel du 2 juin 1851.

Siége social : A Roanne (Loire).

Capital social : 13,000 actions libérées au porteur.

Le canal de Roanne à Digoin a été racheté par l'Etat moyennant une somme de 4,150,000 fr., payable en 30 annuités, calculées à l'intérêt à 4 0/0 par an. Chacune de ces annuités monte à 239,994 fr. 91 c. (somme qui est mise, le 1er septembre de chaque année, à la disposition du conseil d'administration, pour en faire la répartition aux ayants droit), et leur total atteint le capital de 7,190,847 fr. 30 c. Le droit à ces annuités a été converti pour chaque action en un titre donnant droit à un remboursement par voie de tirage annuel au sort, de 1861 à 1890, à 312 fr. 50, et, en attendant, à un intérêt de 4 0/0, soit 12 fr. 50 par an. En mai 1873, il était sorti 3,844 titres d'actions.

Directeur général : M. A. Fer.

Même régularité pour les opérations du tirage annuel en remboursement que pour la Compagnie du Canal du Rhône au Rhin.

Société pour la reconstitution du capital des actions du canal d'Arles à Bouc

Société anonyme, autorisée par ordonnance royale du 31 octobre 1827.

SIÉGE SOCIAL : 18, rue du Quatre-Septembre, à Paris.

CAPITAL SOCIAL : 1° 6,000 actions de 1,000 fr. chacune, toutes remboursées depuis 1864 ; 2° *actions de jouissance*, au nombre de 6,000 fr. Le droit qu'elles avaient à la moitié des revenus nets du canal, pendant 40 ans, à partir de l'époque du remboursement total des actions de capital, a été racheté par l'Etat, moyennant une indemnité de 343,340 fr., payable en 30 annuités, calculées à l'intérêt de 4 0/0 par an, soit, par chaque action de jouissance, une annuité de 3 fr. 20 c., échéant le 1er septembre et payable pendant vingt-sept années consécutives, à partir du 1er septembre 1864, les trois premières annuités ayant été payées en une seule fois le 1er septembre 1863 par 10 fr. 50 c. La dernière annuité sera payée le 1er septembre 1890.

Les actions de jouissance sont nominatives ou au porteur.

OBJET : Cette Société a été créée pour remplacer la *Compagnie de l'emprunt du canal d'Arles à Bouc* qui, autorisée par ordonnance royale du 13 novembre 1822, n'a cependant pas cessé d'exister. Elle est au capital de 5,500,000 fr., divisé en 1,000 actions de 5,500 fr. chacune, sans actions de jouissance. En novembre 1827, la Société actuelle proposa à l'ancienne la conversion des anciennes actions en nouvelles, et la plupart des détenteurs acceptèrent ; mais comme il en est qui ont préféré garder leurs anciens titres, l'ancienne Société continue d'exister.

Cette Société a pour conseil d'administration les mêmes membres qui remplissent ces fonctions dans la Compagnie du Canal de Bourgogne, citée plus haut.

Compagnie des Trois-Canaux

Société anonyme, autorisée par ordonnance royale du 3 mars 1835.

Siége social : 18, rue du Quatre-Septembre, à Paris.

Capital social : deux sortes de titres ont été émis :

1° 19,600 actions, de 1,000 fr. chacune, remboursées intégralement depuis 1870 ;

2° 19,600 actions de *jouissance*, réparties ainsi : canal des Ardennes, 8,900 ; canal de la Somme : 8,350 ; navigation de l'Oise, 3,350.

Ces actions représentaient le droit aux excédants de produits pendant toute la période d'amortissement, et la moitié du revenu net de chaque canal pendant les 50 années qui devaient suivre le remboursement des emprunts.

Ce droit a été racheté par l'État, moyennant une somme de 1,249,606 fr. 74 c. pour le canal des Ardennes, de 1,411,218 fr. 14 c. pour celui de la Somme, et de 12,149,075 fr. 90 pour la navigation de l'Oise ; le tout payable en 30 annuités, calculées à l'intérêt de 4 0/0 par an, soit pour chaque action de jouissance du canal des Ardennes, une somme de 8 fr. 10 ; du canal de la Somme, une somme de 11 fr. 10 ; de la navigation de l'Oise, une somme de 209 fr. 70. Ces annuités échéant le 1er septembre, pendant 27 années consécutives, à partir du 1er septembre 1864, les trois premières annuités ayant été payées, en une seule fois, par 24.30 pour le canal des Ardennes, 33.30 pour celui de la Somme, et 629.10 pour la navigation de l'Oise, la dernière annuité sera payée le 1er septembre 1890.

Les actions de jouissance sont au porteur ou nominatives.

Objet : Cette Société a été créée pour remplacer les trois Compagnies suivantes : 1° *Compagnie de l'emprunt du canal de la Somme (ou du duc d'Angoulême)*, autorisée par ordonnance royale du 20 février 1823, constituée au capital de 6,600,000 fr., représenté par 6,600 actions d'emprunt avec les billets de prime, 1,320 actions de jouissance, et 100 actions administratives ; 2° *Compagnie de l'emprunt du canal des Ardennes*, autorisée par ordonnance royale du 20 février 1823, constituée au capital de 8,000,000 fr., représenté par 8,000 actions d'emprunt avec leurs billets de prime, 1,600 actions de jouissance, et 100 actions administratives ; enfin, 3° *Société de la navigation de l'Oise*, autorisée par ordonnance royale du 2 août 1826, constituée au capital de 3,000,000 fr., représenté par 3,000 actions d'emprunt, 3,000 actions de jouissance, et 30 actions administratives.

Les annuités continuent à être régulièrement soldées.

Canal de jonction de la Sambre à l'Oise

Société anonyme, autorisée par ordonnance royale du 20 octobre 1834.

Siége social : 22, rue Drouot, à Paris.

Durée : jusqu'à l'expiration de la concession, 39 ans, à partir d'octobre 1838.

Capital social : 11,550,000 fr., représenté par 11,550 actions de 1,000 fr., au porteur, libérées.

Emprunt par obligations

La Compagnie a émis 7,490 obligations au porteur, remboursables à 1,050 fr. en 25 années (1853 à 1877), et jouissant d'un intérêt annuel de 50 fr., payable par moitié le 1er janvier et le 1er juillet de chaque année. Les tirages ont lieu en janvier, et le remboursement des obligations sorties s'effectue le 1er juillet suivant.

Administrateurs : MM. Davillier, *président*. — Doffegnies.— Baron Liedts. — Grimprel.— Bérard.

Agent administratif : M. Martineau.

L'exercice 1875 n'a pas encore été l'objet d'une convocation d'assemblée générale.

Le tirage pour le remboursement des obligations, suivant la teneur de l'émission qui en a été faite en 1853, n'en continue pas moins régulièrement, aux échéances déterminées dans cette émission.

Canal d'Aire à la Bassée

Société anonyme autorisée par ordonnance royale du 13 décembre 1832.

Siége social : 12, rue Perronnet, à Paris.

Capital social : 690 actions libérées, nominatives ou au porteur, de 5,000 fr. chacune.

Le canal d'Aire à la Bassée a été racheté par l'Etat moyennant une somme de 9,442,050 fr. payable en 30 annuités calculées à l'intérêt de 4 0/0 par an ; soit par chaque action une annuité, comprenant à la fois l'intérêt et l'amortissement, de 9,000 fr. 58, échéant le 1er septembre et payable pendant trente années consécutives, de 1861 à 1890.

Compagnie du canal de Briare

Cette Compagnie poursuit sa liquidation confiée aux soins de M. de Sauville, liquidateur, rue Labruyère, 36, à Paris.

Société de la Sambre française canalisée

Société anonyme autorisée par décret présidentiel du 20 décembre 1850.

Siégé social : 22, rue Drouot, à Paris.

Durée : du 20 décembre 1850 à l'expiration de la concession.

Capital social : 6 millions de francs, divisé en 6,000 actions libérées, dont 5,400 nominatives et 600 au porteur, de 910 fr. chacune. La transmission des actions nominatives s'opère par voie de transfert, au siége social.

Administrateurs : MM. Henry Davillier, *président*.—J.-J.-H. Doffegnies. — Gilbert Bressole. — Ch Liedts.

Administrateur-Directeur : M. Léopold Martineau.

Secrétaire-Trésorier : M. G. Martineau.

Le dividende de l'exercice 1875, arrêté par l'assemblée générale des actionnaires du 15 janvier 1876, est de 75 fr. par action. C'est là un chiffre très rémunérateur, qui accuse la prospérité réelle de la Société.

CHAPITRE XI

EAUX

Compagnie générale des eaux

Société anonyme, autorisée par décret du 14 décembre 1853.

Siége social : A Paris, rue d'Anjou-Saint-Honoré, 52.

Durée : 99 ans.

Objet : Exploitation en France des concessions relatives au service des eaux, leur distribution dans les villes et l'irrigation dans les campagnes.

Capital social : 20 millions de francs, représenté par 80,000 actions libérées, au porteur, de 500 fr.

Emprunt par obligations

1° 39,796 obligations libérées, au porteur, émises à diverses reprises, remboursables à 500 fr., en 90 années (de 1862 à 1951), et jouissant d'un intérêt annuel de 15 fr., payable par moitié, les 1er avril et 1er octobre. Tirage en septembre, et remboursement des obligations sorties le 1er octobre suivant.

2° 16,850 obligations libérées, au porteur, émises à 480 fr. en 1870, remboursables à 500 fr., en 39 années (1871 à 1909), et jouissant d'un intérêt annuel, payable par moitié, les 1er mai et 1er novembre. Tirages en octobre et remboursement des obligations sorties le 1er novembre suivant.

Administrateurs : MM. Blount, *président*. — Baron de Richemond. — Vicomte de Montesquiou. — Baron Hottinger. — Galbine.— Lhabitant.— Duc de Montebello. — Baron Roger.— Jacques Stern. — Vicomte G. Reille. — Général baron Fririon. — Baron Nau de Champlouis.

Directeur : M. G. Marchant.

L'assemblée générale a eu lieu le 22 avril 1876 ; le dividende proposé a été fixé par elle à 50 fr. par action.

D'après le rapport du conseil d'administration, les recettes de l'exercice 1875 se sont élevées à 3,438,000 fr. pour Paris et la banlieue ; à 1,336,000 fr. pour Lyon ; à 250,000 fr. pour Nantes, et à 223,000 fr. pour Nice.

Le produit brut de l'exploitation atteint 5,335,339 fr., contre 3,129,388 fr. de dépenses. Il en résulte un bénéfice net de

2,205,950 fr., qui a permis de répartir le bénéfice indiqué plus haut.

Les dépenses de premier établissement étaient, au 31 décembre 1875, de 42,595,621 fr.

Le traité de distribution d'eau que le conseil d'administration avait passé avec la ville d'Hyères a été approuvé par l'assemblée qui a, en outre, renouvelé au conseil les pouvoirs précédemment donnés pour conclure un traité avec l'Etat et la ville de Nice, et arriver par suite à obtenir la concession du canal de la Vésubie. Le conseil a été enfin autorisé à accepter une réduction du chiffre de la subvention du gouvernement et de l'annuité précédemment fixée par la ville de Nice.

Compagnie des eaux de la banlieue de Paris

Société anonyme, fondée par acte du 29 novembre 1857.

Siège social : A Suresnes (Seine).

Durée : 60 ans.

Objet : Exploitation d'un établissement hydraulique pour le service des communes de Rueil, Suresnes, Nanterre, Colombes, Asnières, Gennevilliers et Courbevoie.

Capital social : 2 millions de francs en 4,000 actions libérées, au porteur, de 500 fr.

Emprunt par obligations

4,652 obligations libérées, au porteur, émises à 215 fr. en janvier 1870, remboursables à 300 fr. en 40 années (1870 à 1909), et jouissant d'un intérêt annuel de 10 fr., payable par moitié, les 1er janvier et 1er juillet. Tirages les 1er avril et 1er octobre de chaque année ; remboursement des obligations sorties un mois après.

Administrateurs : MM. de Lamine, *président.* — Pilat. — Arist. Dumont.— Baron du Faubaré. — De Loueux.

Directeur : M. Prosper Lamal.

La Société fonctionne régulièrement, dans des conditions modestes sans doute, mais relativement rémunératrices. Il y a lieu toutefois de regretter qu'elle ne donne pas une plus grande publicité à ses opérations.

Compagnie des eaux du Havre

Société anonyme, autorisée par décret du 4 août 1855.

Siège social : Au Havre, rue Edouard-Larue, 4.

Durée : 99 ans.

Fonds social : 1,500,000 fr., en 3,000 actions libérées, nom natives ou au porteur, de 500 fr.

Emprunt par obligations

2,500 obligations libérées, au porteur, émises à 300 fr., remboursables à 500 fr., en 94 années (1857 à 1949), et jouissan d'un intérêt annuel de 15 fr., payable par moitié, les 1er janvier et 1er juillet de chaque année. Tirages le 1er juillet, et remboursement des obligations sorties le 10 juillet suivant.

Directeur : M. Meurdra.

Administrateurs : MM. Dolfus. — Bourquin. — Durand. — Quesnel.— Ed. Quesnoy.— Edm. Latham.— Léon Maudrat.

Cette entreprise, toute locale, fait peu parler d'elle ; mais son exploitation, basée sur des revenus certains, offre toute sécurité aux porteurs des titres qu'elle a émis.

Compagnie pour l'exploitation des sources et établissements de Plombières

Cette Société anonyme, au capital social de 900,000 fr., en 1,800 actions libérées, nominatives ou au porteur, de 500 fr. chacune, poursuit paisiblement le cours de son exploitation.

Le chiffre des répartitions annuelles n'a pas sensiblement varié depuis l'année 1857, époque de la fondation de cette Société.

L'assemblée générale des actionnaires n'ayant pas encore eu lieu au sujet de l'exercice écoulé, et conséquemment aucun rapport officiel n'ayant été publié, il est impossible de rien préciser sur la situation présente de la Compagnie.

Compagnie fermière de l'établissement thermal de Vichy (Allier)

Cette Compagnie est une Société anonyme qui date de 1862 et qui s'est proposé d'exploiter jusqu'au 10 juin 1904 la concession que l'Etat lui a faite des sources et de l'établissement de Vichy.

Elle a émis 1,133 obligations libérées, au porteur, remboursables à 600 fr., en 24 années, et jouissant d'un intérêt annuel de 30 fr., payable par moitié, les 15 avril et 15 octobre de chaque année. Les tirages des obligations ont lieu en février, et le remboursement le 15 octobre, pour les obligations roses, et le 15 avril suivant pour les obligations vertes.

Le siége social est à Paris, boulevard Montmartre, 22.

Directeur de l'établissement thermal : M. Sandrié.

Le conseil d'administration de la Société a pour président M. Denière.

Aucun rapport officiel n'a encore été publié sur l'exercice 1875.

CHAPITRE XII

TRANSPORTS

§ 1er

TRANSPORTS PAR TERRE

Compagnie générale des Omnibus de Paris

Société anonyme, autorisée par décret impérial du 22 février 1855.

SIÉGE SOCIAL : 155, rue Saint-Honoré, à Paris.

DURÉE : jusqu'au 31 mai 1910.

CAPITAL SOCIAL : 17 millions de francs, représenté par 34,000 actions libérées, nominatives ou au porteur, de 500 fr. chacune.

Emprunt par obligations

77,000 obligations libérées, au porteur, émises à diverses reprises, de 1861 à 1872, remboursables à 500 fr. en 43 années (1868 à 1910), et jouissant d'un intérêt annuel de 25 fr. payable par moitié les 1er janvier et 1er juillet de chaque année. Les tirages ont lieu en janvier et le remboursement des obligations sorties s'effectue le 1er avril suivant.

L'assemblée générale des actionnaires a eu lieu le 31 mars 1876.

D'après l'exposé des comptes soumis aux actionnaires, les recettes brutes de l'exercice 1875 se sont élevées à 25 millions de francs environ, soit environ 1,500,000 fr. de plus qu'en 1874.

Les dépenses d'exploitation ont atteint 23,160,000 fr., soit 1,135,000 fr. de plus qu'en 1874.

Le produit net de l'exercice 1875 est ainsi de 1,897,192 fr. en augmentation de 356,189 fr. sur le chiffre correspondant de l'exercice antérieur.

Prélèvement a été fait sur ce produit, savoir : de 94,860 fr. à titre de dotation statutaire du fonds de réserve; de 173,000 fr pour l'amortissement des actions de 1875. Il est ainsi resté pour dividendes une somme de 1,629,332 fr., dont la répartition est de 50 fr. par action. Ce capital de dividende dépasse de 330,000 fr. celui de l'exercice 1874.

L'assemblée du 31 mars a approuvé tous les comptes qui lui ont été soumis; elle a réélu les administrateurs sortants, et finalement, elle a autorisé l'émission de 13 millions d'obligations nouvelles dont le produit sera destiné à la transformation de plusieurs lignes d'omnibus ou lignes de tramways.

Compagnie générale des voitures de Paris

Société anonyme, autorisée par décret impérial du 5 août 1866.

SIÉGE SOCIAL : 1, place du Théâtre-Français, à Paris.

DURÉE : jusqu'au 31 décembre 1915.

CAPITAL SOCIAL : 42,500,000 fr., représenté par 85,000 actions libérées, au porteur, de 500 fr. chacune.

Emprunt par obligations

27,000 obligations libérées, au porteur, émises à 80 fr., remboursables à 125 fr. en 55 années (1860 à 1914), et jouissant d'un intérêt annuel de 5 fr., payable par moitié les 1er janvier et 1er juillet de chaque année, à partir du 1er juillet 1858. Les tirages ont lieu en décembre et le remboursement des obligations sorties s'effectue le 1er janvier suivant. Il a été émis à peine le tiers des 27,000 obligations.

DIRECTEUR : M Bixio.

Dans l'assemblée générale du 29 avril 1876, aux termes du rapport soumis à cette assemblée, l'exercice 1875 serait le premier où l'on pût distribuer 30 fr. de dividende par action, chiffre de dividende qui a du reste été fixé par l'assemblée. Le rapport attribue ce résultat à une modification complète de l'alimentation des chevaux dans le sens des méthodes empruntées à l'Angleterre et à l'Allemagne.

Le bilan de l'exercice s'est soldé par un bénéfice net de 2,796,193 fr., chiffre supérieur de 434,000 fr. à celui de 1874.

Les recettes se sont élevées à 19,759,000 fr., soit 1,119 de plus qu'en 1874.

Les dépenses ont été de 16,962,867 fr., en augmentation de 680,000 fr. sur l'exercice précédent, augmentation qui correspondait presque exactement à la surcharge résultant de l'élévation du prix des fourrages, qui a été, en chiffres ronds, de 600,000 fr.

La répartition de 30 fr. par action laisse ainsi un solde à nouveau de 41,811 fr.

Par suite du prélèvement normal, la réserve statutaire se trouve portée à 1,324,766 fr.

Tramways-Nord

Société anonyme, constituée en 1873, au capital de 5 millions de francs en 10,000 actions de 500 fr., capital porté à 10 millions par suite de l'émission, le 18 mars 1876, de 10,000 actions nouvelles.

Siége social : à Paris, rue Louis-le-Grand, 19.

L'assemblée générale des actionnaires de la Compagnie des Tramways-Nord a eu lieu le 29 avril 1876.

Le rapport qui lui a été présenté embrasse un exercice entier. Il est vrai que l'exploitation ne concerne qu'une partie du réseau concédé, c'est-à-dire les 13 kilomètres que mesurent les lignes de l'Étoile à Suresnes, et de Saint-Augustin à Levallois et au boulevard Bineau.

Les recettes brutes fournies par ces lignes ont atteint 775,194 fr., soit 60,000 fr. environ par kilomètre.

Les dépenses se sont élevées à 744,486 fr., soit 57,268 fr. par kilomètre.

Le produit net est de 30,708 fr., soit 2,362 fr. par kilomètre, en diminution sur le produit net de la ligne de l'Étoile à Suresnes, qui, l'année dernière, avait été, pour quelques mois d'exploitation, de 40,000 fr. Il n'est pas téméraire de conclure de ce fait que la ligne de Saint-Augustin à Levallois absorbe une partie des bénéfices de la ligne de l'Étoile.

Le rapport établit le compte des dépenses de premier établissement, qui, de 3,856,000 fr. au 31 décembre 1874, s'est élevé à la fin de l'exercice 1875 à 10,493,000 fr., soit une différence en plus de 6,637,000 fr. De même, le compte cavalerie et matériel a presque doublé.

Le même rapport se tait sur l'application de ces dépenses à tel ou tel nombre de kilomètres. C'est là une lacune qu'on aurait dû éviter.

La Compagnie est loin de toucher à l'achèvement des lignes concédées, et les actionnaires n'ont qu'à patienter.

L'assemblée générale n'en a pas moins approuvé tous les comptes et voté l'application des 30,000 fr. de bénéfices nets au compte de premier établissement. Après s'être contenté de ce dividende négatif, elle a nommé administrateurs : MM. Vandal et de Révic, en remplacement de MM. de Leusse et Borie, démissionnaires. MM. Fourchault et de Mathorel ont été réélus commissaires pour l'exercice en cours.

Tramways-Sud

Société anonyme, fondée en 1874, au capital social de 7 millions 500,000 fr., représenté par 14,000 actions de 500 fr., libérées de 250 fr. et 1,000 actions libérées de 500 fr.; capital social aujourd'hui à 8 millions, représenté uniquement par 16,000 actions libérées de 250 fr., par suite du traité conclu avec M. Harding, à la fois concessionnaire et fermier des lignes composant le réseau de la Compagnie, ainsi qu'il sera dit plus loin.

SIÉGE SOCIAL : à Paris, rue Saint-Marc, 28.

Les actionnaires de la Compagnie se sont réunis le 15 janvier 1876, en assemblée générale. Le rapport qui leur a été présenté est intéressant, non-seulement en ce qu'il expose les résultats de l'exploitation, mais encore parce qu'il raconte de quelle manière s'est constituée la Société.

Le réseau de la Compagnie comprend actuellement : 1° les cinq lignes que lui a cédées, le 5 juin, M. Harding, concessionnaire de la ville de Paris, et qui vont, savoir : de la rue de Lyon à Saint-Mandé; de Saint-Germain-des-Prés à Châtillon; du Collége de France à Villejuif; du boulevard de la Gare à Vitry et du boulevard de Charonne à Montreuil; 2° les trois lignes suivantes affermées à M. Harding par la Compagnie des Omnibus qui en était concessionnaire jusqu'en 1910, et dont le même M. Harding avait déjà cédé l'exploitation à la Compagnie : 1° de la place du Trône à la place d'Italie; 2° de la rue de Lyon à la gare Montparnasse; 3° de la gare Montparnasse à la place de l'Étoile.

Le réseau de la Compagnie, tant en lignes concédées qu'en lignes affermées, s'étendra sur une longueur de 85 kilomètres 1/2, dont une bonne partie est déjà en exploitation.

La Compagnie s'est assuré rue de Londres, à Paris, un emplacement suffisant pour l'aménagement de son matériel.

L'assemblée a ratifié toutes les stipulations financières du traité conclu par la Compagnie avec M. Harding pour la cession et le fermage d'exploitation des lignes précitées.

L'assemblée du 15 janvier n'avait eu pour objet que de ratifier ce traité. Une nouvelle assemblée générale a eu lieu le

21 mars 1876 pour statuer sur les comptes arrêtés à la date du 31 décembre dernier.

Suivant les statuts primitifs, le capital social fixé à 7 1/2 millions de francs, est représenté par 14,000 actions de 500 fr., libérées de 250 fr., et 1,000 actions libérées de 500 fr., ces dernières délivrées à M. Harding, en représentation de son apport. On a proposé à l'assemblée, qui a accepté, le dédoublement des actions de M. Harding qui sont ainsi portées de 1,000 libérées de 500 fr. à 2,000 libérées de 250 fr., et cela, pour faire cesser la diversité des titres. Par suite de cette décision de l'assemblée générale, le capital social est porté à 8 millions, représenté par 16,000 actions libérées de moitié. Le solde susceptible d'être appelé se trouve ainsi élevé de 3 1/2 à 4 millions, et la garantie des obligations augmentée de 1/2 million.

La redevance annuelle due par la Compagnie est de 6,000 fr. par kilomètre pour les trois lignes affermées par la Compagnie des Omnibus concessionnaire à M. Harding, qui en a à son tour cédé le fermage d'exploitation à la Compagnie des Tramways-Sud, soit 82,000 fr. pour les 13 kilomètres 700 mètres composant les trois lignes intérieures, et de 4,000 fr. seulement par kilomètre pour les cinq lignes cédées à cette Compagnie par M. Harding, concessionnaire de ces lignes, soit 70,800 fr. pour les 17 kilomètres 700 mètres formant les rayons; la redevance de 4,000 fr. ne portant que sur la partie des rayons pénétrant dans Paris, soit une annuité totale de 153,000 fr.

Emprunt par obligations

26,000 obligations de 500 fr. 6 0/0, remboursables en 33 ans, ont été émises pour le paiement des travaux de construction des lignes, à propos desquels un traité à forfait a été conclu avec l'entrepreneur général de ces travaux, qui reste chargé du service d'intérêt jusqu'à la mise en exploitation.

Ces 26,000 obligations se négocient actuellement au-dessus même du pair.

La Compagnie des Tramways-Sud est susceptible d'avoir une perspective de prospérité; mais il convient toutefois d'attendre le rapport sur un exercice entier pour se prononcer définitivement à ce sujet, et les établissements intéressés à la hausse des titres ont le tort de viser plutôt à une spéculation qu'à un sérieux classement des titres.

§ 2

TRANSPORTS PAR EAU

Compagnie des Messageries maritimes

Société anonyme, autorisée par décret présidentiel du 22 janvier 1852.

Siége social : 28, rue Notre-Dame-des-Victoires, à Paris ; bureaux : 16, rue Canebière, à Marseille (Bouches-du-Rhône), et 19, quai de Bacalan, à Bordeaux (Gironde).

Durée : du 22 janvier 1852 au 31 décembre 1901.

Objet : exploitation des services de la Méditerranée, du Brésil, de la Plata et de l'océan Indien. (Lois des 8 juillet 1851, 17 juin 1857, 3 juillet 1861 et 4 juillet 1868.)

Capital social : 96 millions de francs, divisé en 192,000 actions au porteur de 500 fr. chacune.

Emprunts par obligations

1° — 20,000 obligations libérées, au porteur, émises en 1861, remboursables à 500 fr. le 1er octobre 1880, et jouissant d'un revenu annuel de 30 fr., payable par moitié le 1er avril et le 1er octobre de chaque année.

2° — 20,000 obligations libérées, au porteur, émises en 1866, remboursables à 500 fr. en 30 années (1867 à 1897), et jouissant d'un intérêt annuel de 25 fr. payable par moitié le 1er avril et le 1er octobre Les tirages ont lieu en septembre, et le remboursement des obligations sorties s'effectue le 1er octobre suivant. Au 1er octobre 1873, il était sorti 2,450 obligations.

3° — 22,000 obligations libérées, au porteur, émises en 1868, remboursables à 500 fr. en 27 années (1870 à 1896), et jouissant d'un intérêt annuel de 25 fr., payable par moitié le 1er avril et le 1er octobre suivant. Au 1er octobre 1873, il était sorti 1,734 obligations.

Administrateurs : MM. Arm. Béhic, *président*. — Dupuy de Lôme, *vice-président*. — Am. Revenaz, *vice-président*.

Dans l'assemblée générale des actionnaires, qui s'est tenue le 29 mai 1876, l'exercice 1875 a été exposé de la manière suivante :

D'une part, trafic stationnaire et diminution des recettes brutes, en raison de l'avilissement des frets. D'autre part, réduction relative des dépenses d'exploitation ; soit, comme résultat, équivalence à peu près exacte de l'exercice 1875 à l'exercice 1874.

Le trafic de 1875 a porté sur 108,000 voyageurs, 321,500 tonnes, et 258,000,000 millions d'espèces et valeurs.

Les recettes brutes du trafic ont été inférieures de 2 1/3 0/0 à celles de 1874. Les recettes de toute nature, qui avaient été, en 1874, de 51,641,000 fr., ont été, en 1875, de 51,382,000 fr., en diminution d'environ 260,000 fr.

Les dépenses d'exploitation ont été de 286,000 fr. en moins du chiffre de l'exercice antérieur.

Le produit qui reste net est de..................	5.735.202
Duquel il faut déduire, pour le service des obligations, la somme de..................................	1.308.943
Ce qui porte le solde en bénéfice à..............	4.426.259

Déduction faite de 221,313 fr. de prélèvement pour la réserve statutaire, le solde disponible a permis de répartir 35 fr. par action, et de reporter à nouveau un solde de 5,000 fr. environ. C'est à peu près le résultat de l'exercice précédent.

Après avoir approuvé les comptes et fixé le dividende, l'assemblée a réélu les administrateurs sortants.

Le rapport soumis à l'assemblée a exposé, en outre, la convention passée le 15 juillet 1875 avec l'État, et réglant à nouveau avec la Compagnie.

Compagnie générale transatlantique

Société anonyme, autorisée par décret impérial du 2 mai 1855.

Siége social : 4, rue de la Paix, à Paris.

Durée : du 2 mai 1855 au 25 août 1891.

Objet : 1° toutes opérations de construction de navires d'armement, d'affrétement de pêche, et toutes opérations de transport maritime ; 2° l'exploitation, pendant 20 ans, des services transatlantiques des États-Unis, des Antilles, du Mexique, de l'isthme de Panama et de la mer Pacifique, qui lui ont été concédés, aux termes des conventions des 20 octobre 1860, 24 avril et 8 juin 1861, et du cahier des charges du 17 février 1858, ainsi que l'exploitation de toutes autres lignes postales qui pourraient être ultérieurement concédées.

Capital social : 40 millions de francs, divisé en 80,000 actions libérées, au porteur, de 500 fr. chacune.

Emprunts par obligations

32,000 obligations libérées, au porteur, émises à 425 fr. en 1861, remboursables à 500 fr. en 15 années (de 1864 à 1891), et jouissant d'un intérêt annuel de 25 fr., payable par moitié le 1er janvier et le 1er juillet de chaque année. Les tirages on lieu en juin, et le remboursement des obligations sorties s'effectue le 1er juillet suivant.

16,000 obligations libérées, au porteur, émises à 450 fr. en 1869, remboursables à 500 fr. en 23 années (1869 à 1891), et jouissant d'un intérêt annuel de 25 fr., payable par moitié le 1er janvier et le 1er juillet de chaque année. Les tirages ont lieu en juin, et le remboursement des obligations sorties s'effectue le 1er juillet suivant.

L'assemblée générale du 29 avril 1876 a fourni au conseil d'administration l'occasion de lui exposer les innovations qu'il a introduites dans l'entreprise.

Le mécanisme de l'administration centrale comporte aujourd'hui 5 services distincts : service central, administratif et financier ; service technique ; service du personnel et de l'armement ; service de l'économat ; service commercial. C'est l'expérimentation qui permettra d'apprécier les avantages de cette innovation. Mais là seulement ne se sont pas bornées les modifications apportées dans le fonctionnement de l'entreprise. On a changé les itinéraires et multiplié les voyages. Est-ce un bien, est-ce un mal ? L'avenir le dira.

L'important pour l'assemblée était de se rendre compte de la situation, et c'est ce que le rapport lui a fait connaître.

Nous allons résumer, par quelques chiffres, le bilan de l'exercice 1875.

Recettes brutes de toute nature : 22,343,000 fr., sur lesquels l'État a fourni 9,310,000 fr.

Trafics et subventions : 21,713,000 fr.

Recettes accessoires : 630,400 fr.

Soit, en regard de l'exercice précédent, une augmentation de 3,063,000 fr. environ, et dans laquelle la création de la nouvelle ligne du Havre à Colon entre pour 1,200,000 fr.

Dépenses d'exploitation : 15,660,000 fr.

Frais généraux d'administration : 1,927,726 fr.

Service des emprunts : 2,945,226 fr.

Charges statutaires : 2,813,862 fr.

En résumé, l'exercice 1875 s'est soldé par un bénéfice net de 1,008,841 fr., permettant la répartition d'un dividende de

12 fr. 50 par action, et le report à nouveau d'un solde de 8,841 fr.

Ajoutons que, pendant cet exercice, une somme de 3 millions 778,000 fr. a été consacrée à l'amortissement.

La flotte de la Compagnie générale transatlantique se composait, au 31 décembre 1875, de 21 navires, d'une force totale de 18,640 chevaux et d'une capacité de 84,230 tonneaux de déplacement.

Les comptes de l'exercice ont été approuvés par l'assemblée, qui, après avoir fixé le dividende, a nommé administrateurs : MM. Charlon, Claquemin, Guérin de Litteau, Lafarge, I. Pereire, et E. Pereire.

CHAPITRE XIII

CHEMINS DE FER

Nous recommandons à l'attention sérieuse de la grande famille des porteurs de titres de nos chemins de fer français les observations générales que nous allons consigner ici au sujet de la situation financière du réseau actuel et de l'influence que peut exercer sur cette situation la construction des lignes secondaires qui restent à faire.

L'histoire de nos chemins de fer peut être divisée en deux parties, la première qui comprend nos grandes lignes exploitées par les six grandes Compagnies et qui représente naturellement la moitié la plus avantageuse au triple point de vue du crédit, du trafic et du revenu. Mais si nous avons terminé la plus riche portion du travail à la satisfaction de tous les intéressés, nous nous trouvons aujourd'hui en présence de la seconde moitié habituellement désignée sous le nom générique de *Chemins de fer d'intérêt local,* et l'exécution de cette seconde moitié mérite d'être examinée de près par tous ceux qui ont à cœur de voir la première de nos richesses mobilières conserver tout son crédit et les cours élevés qu'obtiennent ses actions et ses obligations sur notre marché.

Or, pour être appréciée et bien exactement connue, cette situation générale de nos chemins a besoin d'être examinée, tout d'abord au point de vue de l'Etat, qui doit plus tard rentrer en possession de tout le réseau, ensuite au point de vue des grandes Compagnies, qui représentent maintenant un avoir de 11 milliards de francs, enfin, au point de vue des chemins de fer d'intérêt local qui restent à construire et dont l'achèvement doit être pour le pays une nouvelle source de production et pour les intéressés une source certaine de revenus avantageux.

Passons en revue ces trois intérêts.

L'ÉTAT ET LES CHEMINS DE FER

Pour l'Etat, la question des chemins de fer se résume par les trois dates suivantes :

1° La loi du 11 juin 1842 qui a créé la charte de notre grand réseau, constitué aujourd'hui de manière à défier tout parallèle avec les chemins de tous les autres pays; l'organisation presque irréprochable de ce service immense et le cours des actions et des obligations à la Bourse en disent plus que tous les commentaires;

2° La loi de 1859 qui est venue ajouter des concessions nouvelles aux premières, en introduisant dans les concessions un principe nouveau, celui de la garantie de l'Etat, principe excellent dont l'action s'est heureusement fait sentir dans la construction de notre second réseau, mais auquel on ne peut pas toujours recourir en présence des charges effroyables qui pèsent aujourd'hui sur les finances de l'Etat;

3° La loi de 1865, faite pour favoriser l'exécution des chemins de fer d'intérêt local, en donnant aux conseils généraux des départements l'initiative pour créer ces entreprises et en hâter l'achèvement.

Mais cette loi de 1855 n'a pas tardé à placer l'Etat dans une situation délicate. Donner aux conseils généraux le pouvoir d'organiser ces lignes secondaires, c'était évidemment préparer pour nos grandes Compagnies une série d'entreprises rivales destinées à leur faire plus tard une sérieuse concurrence. Or, sous la direction de M. de Franqueville, qui vient de mourir, on sait que le gouvernement s'est toujours montré favorable au maintien des avantages qui font aux six grandes Compagnies une situation si prospère.

De là des hésitations, des tiraillements, des résistances qui ont grandement nui au développement des chemins de fer d'intérêt local en France, et nous nous trouvons aujourd'hui dans une situation qui se traduit par deux chiffres : nous avons construit 20,000 kilomètres de chemins de fer et il nous en reste 20,000 autres à construire. Comment? Par quels moyens? Avec quelle organisation? C'est là précisément l'objet des discussions qui se continuent, depuis plusieurs années, au sujet de toutes les questions qui se rattachent aux chemins de fer, et voilà pourquoi nous avons cru utile, dans l'intérêt des porteurs de titres, de bien mettre en lumière les problèmes si graves qui se rattachent à cette grande industrie.

Depuis quelque temps, il faut reconnaître que l'administration paraît beaucoup se préoccuper de l'humiliante situation qui nous est faite en matière de voies ferrées. On sait, en effet, que nous n'occupons, parmi les peuples civilisés, que le sixième rang pour cette industrie, et ce n'est pas en nous laissant distancer ainsi que nous pourrons lutter avec les grandes nations qui nous raillent en nous montrant à l'arrière-garde du mouvement industriel.

Dernièrement à Domfront, le discours de l'honorable ministre des travaux publics faisait de cette question le principal souci de l'administration, et avant lui, M. Deseilligny, dans son discours prononcé à Bordeaux, disait lui-même que « les voies de communication perfectionnées créent un tel avantage pour les villes traversées que l'inégalité pour celles qui en sont privées est devenue intolérable. C'est une troupe mal armée qui lutte contre des adversaires dont l'armement est complet, et qu'on ne peut vaincre qu'avec leurs propres armes. »

Ajoutons qu'à cette impatience du gouvernement vient se joindre l'impatience encore plus vive des populations. Et l'on ne peut, en vérité, qu'applaudir à l'ardeur communicative que témoignent, sur tous les points du pays, les conseils municipaux, les conseils d'arrondissements et les conseils généraux, pour l'organisation de nouvelles lignes de chemins de fer d'intérêt local. Il s'agit de répondre à une nécessité impérieuse, et quand la loi du 12 juillet 1865 est venue donner aux conseils généraux le droit d'intervenir dans cette importante question, on a pu voir immédiatement se multiplier les demandes de concessions. C'est ainsi que 3,205 kilomètres de chemins de fer d'intérêt local ont déjà été concédés; mais il en reste encore plus de 7,000 kilomètres à soumettre à une instruction régulière au ministère des travaux publics. On voit que nous sommes donc loin d'être au bout de cette grande campagne.

L'administration, comme le pays, se montre impatiente d'en finir.

C'est parfait; mais puisque nous touchons au moment de mettre la main à l'œuvre, l'administration, si désireuse d'arriver au couronnement de l'édifice, devrait bien se montrer conséquente avec elle-même et montrer, dans ses instructions comme dans ses actes, la même lettre et le même esprit.

Or, en présence d'une nouvelle série d'opérations qui arriveraient à doubler le nombre de kilomètres de nos chemins de fer, en présence d'un intérêt aussi considérable pour notre production nationale, il importe que l'administration centrale favorise l'heureuse activité des populations et n'arrête pas au passage les résolutions fécondes votées depuis longtemps par les conseils généraux.

On sait qu'une circulaire du ministre des travaux publics a mis inopinément comme un *veto* aux décisions favorables qui multipliaient de tous côtés les demandes de concessions de nouvelles lignes.

Ce document mémorable expose et adopte, au sujet des chemins de fer d'intérêt local, un système qui aurait été délibéré par le conseil d'Etat, et qui se caractérise par les trois règles suivantes :

1° Les lignes *qui desservent des grands centres de population* présentent *un caractère incontestable d'intérêt général;* donc, elles ne peuvent être concédées *à titre d'intérêt local;*

2° La même clause d'exclusion subsiste contre les lignes *qui se prolongent sur le territoire de plusieurs départements;*

3° Les Compagnies de chemins de fer d'intérêt local doivent être astreintes, dans la formation de leur capital, *à avoir en actions une somme égale à la somme en obligations.*

Il suffit d'énoncer ces trois règles pour rester convaincu que cette circulaire est inspirée par une pensée d'exclusivisme tellement rigoureuse que, dans ces conditions, toute concession de chemin de fer d'intérêt local deviendrait à peu près impossible.

Cette circulaire tend manifestement à ravir à l'action des conseils généraux et à l'intervention des influences locales, pour les rendre à l'administration centrale, les lignes sur lesquelles cette initiative des départements pourrait s'exercer avec le plus de succès.

Mais de quels arguments pourra-t-on soutenir la thèse insoutenable de l'administration centrale? Comment! Tout chemin aboutissant à un grand centre de population ne pourra être considéré comme chemin de fer d'intérêt local? Mais avec une telle règle, le ministère peut rayer toute concession de ce genre, car tout chef-lieu de département peut être considéré comme un grand centre de population, et dans ce cas, que devient le réseau des chemins de fer d'intérêt local?

L'interdiction devient, d'ailleurs, à peu près absolue, par la seconde condition imposée aux lignes secondaires. Ces lignes ne pourront se prolonger *sur le territoire de plusieurs départements!*

En vérité, les chemins de fer d'intérêt local réduits au parcours d'un seul département, ne seraient plus que des chemins de plaisance, et l'organisation de notre dernier réseau, dans ces conditions, n'aboutirait qu'à la perte des capitaux qui l'auraient créé. Mais en matière de routes départementales et de routes vicinales, le législateur a prévu le cas où deux routes se rencontreraient, et il a tout fait pour en faciliter la jonction. Cette loi qui commande si justement toutes les questions de communication, dans les pays civilisés, serait donc condamnée par la circulaire.

Nous ne pouvons l'admettre.

Quant à la troisième condition, nous la regardons comme une

dérogation à la pratique jusqu'à présent suivie par toutes les Compagnies de chemins de fer. Toutes nos grandes lignes ont pu émettre des masses indéfinies d'obligations, et cela est si vrai, que sur un capital dépensé de plus de 10 milliards, nos Compagnies ne comptent qu'un capital de 1,500 millions de capital actions, et toutes les réalisations de capitaux accomplies depuis dix ans par nos grandes Compagnies qui constituent notre premier réseau ne représentent absolument que des obligations.

Comment donc imposer des conditions plus rigoureuses à des Compagnies moins importantes, et comment surtout, avec ces nouvelles exigences, organiser ces Compagnies sans subvention et sans garantie d'intérêt? Rien de plus illogique et de plus contraire à l'intérêt de l'Etat et à la pratique bien entendue des questions de chemins de fer.

La circulaire ne résiste donc pas à la discussion, et la critique sommaire que nous venons d'en faire s'aggrave encore d'une considération plus sérieuse et que nous recommandons à l'attention de l'administration centrale. Cette circulaire se trouve, en effet, en contradiction formelle avec la loi de 1865 sur les chemins de fer d'intérêt local et avec la loi du 10 août 1870 qui n'a fait qu'étendre et développer la première.

En thèse générale, les circulaires et les arrêtés ne sont que l'application de la loi, et, dans le cas présent, nous aurions compris une circulaire explicative des points encore obscurs de la loi de 1865. Mais entre une explication et une contradiction, il y a un tel écart, que nous ne pouvons nous empêcher de dire : Si la loi est jugée mauvaise par le ministère des travaux publics, que le ministère présente un nouveau projet avec de nouvelles règles ; mais jusque-là la loi reste debout, et son application ne peut être arrêtée par une circulaire.

La question va, d'ailleurs, se présenter devant les Chambres. Les nombreuses concessions soumises à l'examen des bureaux exigent une solution immédiate dans l'intérêt du pays, et nous espérons qu'en présence des revendications pressantes des conseils généraux, la Chambre saura faire justice des résistances de l'administration et maintenir dans leur intégrité les prérogatives votées par la loi de 1865 en faveur des départements.

Cette loi de 1865 est bonne à conserver et à observer, parce qu'elle est, en fin de compte, un stimulant pour l'achèvement de notre réseau. Mais il ne faut pas se faire illusion sur les dispositions de l'administration à l'égard des nouvelles lignes qui seront créées. La circulaire que nous venons de citer montre bien quel est le courant des vues administratives. Il est clair que l'Etat veut faire rentrer, les unes après les autres, les nouvelles lignes secondaires qui seront constituées, et dans un pays où l'Etat exerce en matière de travaux publics l'omnipotence que nous sommes habitués à subir, on peut s'attendre à voir les six grandes Compagnies hériter de toutes les entreprises rivales qui ont été montées contre lui.

C'est, en effet, le spectacle auquel nous assistons en ce moment, et nous arrivons ainsi à l'examen des six grandes Compagnies.

LES SIX GRANDES COMPAGNIES

Au nom de la liberté des affaires qui est aujourd'hui un principe universellement appliqué et hors de toute contestation, au nom des populations qui étaient jalouses et fières de pouvoir compter sur des Compagnies indépendantes pour achever les lignes secondaires de chemins de fer dont elles avaient besoin, enfin, au nom de la concurrence que chacun désirait pour arriver à l'abaissement des tarifs, nous devons constater que le pays souhaitait ardemment qu'on organisât sur toute la surface du territoire des Compagnies capables de lutter contre le monopole des grandes Compagnies.

C'était là un système praticable qui avait ses avantages et qui pouvait profiter au pays. Mais il n'était pas dans les vues du gouvernement, ainsi que nous l'avons vu plus haut, et devant la suprématie de l'Etat, toutes les Compagnies indépendantes qu'on a essayé d'organiser pour constituer une septième grande Compagnie n'ont fait que renouveler l'histoire du pot de terre et du pot de fer.

Trois tentatives sérieuses ont été organisées pour arriver à cette création rivale d'autres grandes Compagnies, et nous venons de les voir échouer l'une après l'autre. Ces trois tentatives ont été essayées par la Compagnie des Charentes, par le comité des chemins de fer de Calais à Marseille et par le réseau Philippart. Ces trois entreprises ont à coup sûr lutté jusqu'au bout avec une persévérante énergie, et leurs efforts sont venus échouer contre la toute-puissance des six grandes Compagnies qui restent aujourd'hui maîtresses du terrain, et qui engloberont tour à tour les lignes secondaires qui s'établiront en France.

La question des chemins de fer se simplifie donc, et voilà l'un des termes du problème écarté, et nous n'avons plus à nous préoccuper de l'organisation de nouvelles grandes Compagnies. Respect aux six grandes exploitations déjà existantes, et guerre à celles qui essaient de marcher de pair avec elles;

voilà le mot d'ordre dans un pays qui ne plaisante pas avec l'omnipotence de l'Etat, et les Compagnies nées et à naître doivent se le tenir pour dit.

Notre grand réseau doit donc être considéré et respecté comme le tronc indéracinable auquel doivent venir se rattacher, comme autant de rameaux divers, les autres Compagnies indépendantes. L'avantage de ce système est de sauvegarder, dans son assiette actuelle, l'immense propriété de nos chemins de fer, dont l'Etat est toujours nu propriétaire, et de conserver ainsi, pour l'extinction de notre dette, une réserve précieuse qui atteindra la valeur de près de vingt milliards, quand nous aurons construit le dernier kilomètre de notre réseau.

Il y a donc un sérieux argument à faire valoir en faveur du maintien de nos six grandes Compagnies, et l'exécution du réseau des chemins de fer d'intérêt local peut s'en ressentir efficacement et se compléter plus vite dans ces conditions. Et en effet, c'est encore notre premier réseau qui, par ses ressources, par son crédit, par son matériel d'exploitation, peut donner les moyens les plus puissants de terminer le grand œuvre. Avec le concours des départements, des communes, de l'Etat et des actionnaires, nous pouvons aller vite en besogne. *Viribus unitis*, cette devise d'un grand empire, doit devenir celle de la grande industrie dont nous venons d'esquisser la situation présente.

Reste pourtant à faire une observation importante. Il faut que la construction de ce dernier réseau soit rémunératrice, comme la construction du premier, et pour cela il y a nécessité à ne pas entreprendre ces lignes d'un intérêt tout local, avec les charges et les conditions onéreuses de nos grandes artères Cette considération nous amène à présenter nos dernières observations sur ce dernier réseau.

LES CHEMINS DE FER D'INTÉRÊT LOCAL

On comprend avec quelle légitime ardeur les vœux des conseils municipaux, des conseils d'arrondissement et des conseils généraux se multiplient auprès des pouvoirs publics. Les projets s'alignent de manière à former un dénombrement homérique, et au train dont vont les choses, nous pouvons dire que c'est un ensemble de 20,000 kilomètres que nous avons à construire pour donner satisfaction aux villes, aux régions et aux intérêts jusqu'à présent sacrifiés.

Vingt mille kilomètres! C'est bientôt dit. Mais il nous est impossible de ne pas nous arrêter devant l'immense campagne qui s'ouvre devant nous. Il ne suffit pas de reconnaître l'utilité générale des projets qui sont présentés, il faut encore que toute nouvelle ligne inaugurée soit une source de production et de richesse, aussi bien pour le pays qui se rattache à notre réseau général que pour les capitaux qui ont créé le nouveau chemin.

Or, à ce sujet, nous devons dire que les résultats présentés par notre deuxième réseau, et surtout les résultats donnés par les lignes secondaires, depuis quelques années, provoquent chez tous les esprits sérieux les plus graves méditations et commandent impérieusement de prendre, au sujet des chemins de fer d'intérêt local, une résolution radicale, si l'on ne veut pas que ces lignes soient pour l'épargne et pour le pays le point de départ d'une longue suite d'opérations désastreuses. Qu'on en juge!

Nous n'avons pas besoin de recourir aux tableaux des recettes des chemins de fer et d'accumuler chiffres sur chiffres pour démontrer qu'au fur et à mesure que nous avançons dans l'exécution de nos chemins de fer nous suivons, sur la cote des recettes, une gamme de plus en plus descendante. Ainsi, le deuxième réseau est sensiblement inférieur au premier; les lignes secondaires sont inférieures au deuxième réseau, et enfin les chemins de fer d'intérêt local sont eux-mêmes inférieurs aux lignes secondaires.

Cette diminution de recettes n'a rien qui doive étonner. Elle est dans l'ordre logique des choses, et cette succession de voies ferrées ne peut aller qu'en décroissant au point de vue des recettes, puisque, en fin de compte, on peut dire, en thèse générale, que ces voies ferrées vont de la capitale aux chefs-lieux de départements, aux chefs-lieux d'arrondissements, aux chefs-lieux de cantons et enfin aux communes. D'après le système établi par la charte de 1842, on va du grand aux infiniment petits, et nous touchons précisément à la période de ce grand travail où nous n'aurons plus devant nous que des lignes d'intérêt local.

Les chemins de cette dernière catégorie sont déjà en assez grand nombre pour que nous sachions à quoi nous en tenir sur leur compte. Neuf fois sur dix, non-seulement le capital-actions n'a pas de dividende, mais le capital-obligations n'a pas de revenu; les coupons restent impayés, et le chemin ne produit même pas le chiffre de recettes nécessaires au paiement de ses frais d'exploitation.

Pourquoi?

Pour une raison bien simple et qui surgit immédiatement à l'esprit de tout observateur désintéressé : c'est que les chemins de fer d'intérêt local s'ouvrant dans un milieu moins important, les recettes ne produisent que peu de chose, tandis que les frais d'exploitation, en dépit de certaines économies, restent approximativement les mêmes, parce que les Compagnies de ces entreprises inférieures continuent à recourir à la vapeur, avec double voie et le coût dispendieux du premier réseau. Sur ce point, en effet, il importe de le reconnaître, nous assistons, sur tous les points du territoire, au spectacle perpétuel de la grenouille qui veut se faire plus grosse que le bœuf. Toute région traversée par un chemin de fer fait le possible et l'impossible pour l'avoir au grand complet, pour ne pas rester dans des conditions inférieures à celles de la région voisine, et nous nous trouvons ainsi lancés dans la voie que nous signalons, et qui conduit à la ruine les Sociétés de chemins de fer d'intérêt local.

Qu'importe? dira-t-on, puisque les petites lignes sont appelées à être absorbées successivement par les six grandes Compagnies qui restent seules maîtresses du terrain, et dans lesquelles nous voyons entrer peu à peu les entreprises des lignes secondaires.

Nous voyons, en effet, que toutes les tentatives qui se sont produites pour créer une septième grande Compagnie ont tour à tour échoué, soit devant les résistances de l'administration, soit devant la suprématie des six grandes Compagnies, intéressées à conserver pleine et entière la situation qui leur est acquise. Le triple échec de la Compagnie des Charentes, du réseau Philippart et du comité fondé pour ouvrir une autre grande ligne de Calais à Marseille, que nous avons cité plus haut, ne laisse sur ce point aucun doute.

Est-ce donc un motif pour grever nos six grandes Compagnies d'une longue suite d'opérations improductives et ruineuses? Nos six grandes Compagnies sont aujourd'hui florissantes. Elles représentent déjà une valeur qui peut être considérée comme une portion notable de notre patrimoine national, et comme une garantie du remboursement de notre dette publique, qui dépasse aujourd'hui 20 milliards.

On ne saurait donc trop ménager un patrimoine si précieux, et nous n'hésitons pas à dire qu'en chargeant ces Compagnies, jusqu'à présent prospères, de 20,000 kilomètres de chemins de fer improductifs, on va faire peser sur elles un fardeau sous lequel leur situation financière ne peut manquer de fléchir. Nous avons là, devant nous, plusieurs milliards à dépenser, et au lieu de les dépenser, sans aucune chance de revenu pour le capital engagé, nous pourrions arriver à un résultat tout opposé, c'est-à-dire dépenser moins et donner au capital le revenu auquel il a droit.

Peut-on recourir à l'Etat? Nous ferons tout d'abord remarquer que si la dépense doit être improductive et le capital perdu, l'Etat doit être aussi bien sauvegardé que le public. Faire perdre de l'argent à l'Etat c'est en faire perdre à tout le monde.

Et d'ailleurs, l'Etat, c'est bientôt dit; mais en dehors des questions que la loi doit régler, nous ne voyons pas sur quelle intervention gouvernementale nous pouvons raisonnablement compter. Notre situation financière est chargée outre mesure. L'impôt est arrivé à sa limite extrême, et la matière imposable ressemble à une campagne sur laquelle une trombe a passé. Notre dette publique, la plus lourde de tous les Etats de l'Europe, nous commande elle-même de fermer notre Grand-Livre, et devant une situation qui plie sous le fardeau, il est certain que c'est plutôt par des réductions que par des augmentations de crédit qu'il faut toucher au budget.

En allant même au fond des choses, on s'aperçoit que dans ce budget, qui approche de trois milliards, le ministère des travaux publics est sans contredit le département le plus engagé pour l'avenir. D'après les dernières évaluations relevées par M. Christophle, les divers engagements pris par l'Etat, en matière de travaux publics, s'élèvent aujourd'hui à 1,007,778,978 francs. *Plus d'un milliard!*

Les crédits concernant les chemins de fer représentent plus des deux tiers de cette somme. Pour se libérer, l'Etat aura recours à des annuités échelonnées sur une période de 84 ans, jusqu'en 1960. Cette annuité, qui sera de 14,593,096 fr. en 1877, atteindra son maximum en 1886, où elle sera de 24,448,078 fr.; elle ira ensuite en décroissant, à mesure que l'on approchera de l'année 1960.

En présence de pareilles charges, on comprend aisément que le gouvernement éprouve l'impérieux besoin de s'abstenir, autant que possible, de toute obligation nouvelle, et au lieu de s'engager directement dans l'opération relative à l'amélioration de notre navigation fluviale, il préfère demander le concours des départements, villes et chambres de commerce intéressés, pour obtenir les 692 millions indispensables à la réalisation de ce vaste projet.

L'initiative de l'Etat ne peut donc être invoquée, et tout ce que nous pouvons demander à son intervention, c'est que le ministère des travaux publics, par une pression directe, active, incessante, obtienne des six grandes Compagnies de chemins de fer la rapide exécution des lignes secondaires.

Il y a donc autre chose à faire. C'est dans la construction même des chemins de fer d'intérêt local qu'il faut chercher le remède au mal que nous signalons. Il nous faut absolument prendre une ligne de démarcation entre les lignes qui peuvent être rémunératrices par le système actuel et celles qui ne peuvent aboutir qu'à des pertes inévitables. Cette ligne de démarcation une fois bien posée par l'administration qui a tous les moyens d'arriver à ce classement, il nous faut avoir le courage de prendre à l'égard des chemins de fer d'intérêt local une mesure radicale, devenue absolument nécessaire.

Aux grandes lignes rémunératrices, la vapeur avec les deux voies et tout l'outillage des Compagnies existantes. Mais aux chemins d'intérêt local, il ne faut accorder que le chemin de fer économique, avec une seule voie et des frais d'exploitation réduits, ou le chemin de fer américain, avec traction par les chevaux.

Là se trouve le salut, et nous n'avons pas d'autre voie à suivre, ni d'autre règle à appliquer. L'alternative est pressante, et M. le ministre des travaux publics, qui paraît grandement se soucier de l'achèvement de notre réseau, doit prendre à ce sujet une résolution énergique. La circulaire que nous avons rappelée, et qui n'a été rédigée que pour mettre obstacle précisément aux prétentions des chemins de fer d'intérêt local, ne vise que le classement des lignes et ne se préoccupe en rien de l'exécution, qui représente un intérêt tout aussi recommandable, puisque du système établi dépend la ruine ou la prospérité de l'entreprise. Or le système, nous le répétons hautement, doit être établi d'après les règles les plus sévères de la plus stricte économie. Il est illogique, disons le mot, il est insensé de recourir au système des grandes lignes pour le transport d'un petit nombre de voyageurs et pour un trafic insignifiant. Et la mesure à prendre est d'autant plus nécessaire, d'autant plus urgente qu'il s'agit, en définitive, d'une dépense ou plutôt d'une perte de plusieurs milliards.

A ce sujet il y aurait donc à poser une première ligne de démarcation entre les lignes qui peuvent être rémunératrices par le système actuel, et celles qui ne peuvent aboutir qu'à des pertes inévitables. Il faut dès aujourd'hui avoir le courage de mettre un obstacle infranchissable à l'exécution de ces voies par le système coûteux des chemins de fer à vapeur. Leur appliquer ce système, c'est tout simplement organiser la ruine.

Répétons ici la seule règle à suivre : Aux grandes lignes rémunératrices, la vapeur ; aux chemins de fer d'intérêt local, le chemin de fer économique à une seule voie ou le chemin de fer américain. La question vaut la peine qu'on y réfléchisse. Il s'agit là, en réalité, de la grandeur ou de la décadence de notre grande industrie des chemins de fer.

CHEMINS DE FER FRANÇAIS

Abordons le compte rendu des résultats obtenus pendant le dernier exercice par les Compagnies de chemins de fer.

Nous divisons naturellement ce chapitre en deux parties, que nous consacrons : la première aux chemins de fer français, et la seconde aux chemins de fer étrangers.

La question des recettes des chemins de fer français n'a jamais été plus intéressante qu'aujourd'hui, et, pour donner aux porteurs de titres tous les renseignements dont ils ont besoin pour apprécier la valeur exacte de leurs actions et de leurs obligations, nous entrons dans l'analyse des rapports présentés aux assemblées générales par les conseils d'administration.

Ces renseignements sont absolument nécessaires pour comparer les recettes de l'ancien réseau, du nouveau réseau et des nouvelles lignes secondaires dont la construction incombe à nos six grandes Compagnies.

Nos lecteurs observeront que cette comparaison entre les deux réseaux est invariablement favorable à l'ancien, et que le nouveau réseau est loin de représenter pour les Compagnies des recettes de nature à augmenter le revenu.

Quant aux lignes secondaires, ordinairement désignées sous le nom de chemins de fer d'intérêt local, elles aboutissent toutes à un résultat, toujours le même, qui se traduit non-seulement par l'impossibilité de payer le coupon des obligataires, mais souvent même par l'impossibilité de faire face aux frais d'exploitation.

On comprend l'importance d'une telle situation au point de vue du revenu de l'actionnaire et de l'obligataire des chemins de fer, et les porteurs de titres doivent avec raison se préoccuper des éventualités que l'avenir peut présenter.

Nous venons de voir qu'il nous reste vingt mille kilomètres de chemins de fer d'intérêt local à construire. Or, si l'on n'adopte pas un système économique, et si ces vingt mille kilomètres doivent être exécutés par les six grandes Compagnies, quelle sera l'influence sur le revenu des chemins de ces opérations, qui se traduisent invariablement par des aggravations de charges? C'est, à l'heure qu'il est, la question mère pour les porteurs de titres des chemins de fer français, et tel est le motif grave qui nous fait entrer à ce sujet dans des développements plus détaillés.

Quant aux chemins de fer étrangers, nous n'avons qu'un mot à dire à nos lecteurs. Les chemins de fer autrichiens, les chemins de fer italiens et les chemins de fer espagnols ont fait perdre tant d'argent à l'épargne française, que nous n'avons qu'un conseil à présenter ici aux capitalistes : c'est d'opérer autant que possible des arbitrages qui reportent sur nos bonnes valeurs françaises l'argent qu'ils ont fourni à l'étranger pour construire des chemins sans jamais en retirer le revenu promis.

Chemin de fer du Nord

Commençons par nous rendre compte de l'extension du réseau d'un exercice à l'autre. Les actionnaires de la Compagnie du chemin de fer du Nord se sont réunis, le 7 février, en assemblée générale extraordinaire, sous la présidence de M. le baron Alphonse de Rothschild, pour délibérer sur les diverses propositions suivantes :

1° Ratification d'une convention passée avec M. le ministre des travaux publics pour la concession à la Compagnie d'une ligne de Douai à la frontière belge par Orchies;

2° Ratification d'une convention ayant pour objet la concession en commun, aux Compagnies de l'Est, du Nord, d'Orléans et de Paris à Lyon et à la Méditerranée, d'un chemin de fer de grande ceinture autour de Paris ;

3° Ratification d'une convention passée avec M. le ministre des travaux publics pour la concession à la Compagnie des lignes d'Amiens à la vallée de l'Ourcq, d'Abbeville à Eu et au Tréport, et pour la modification des réseaux et des stipulations financières;

4° Approbation de traités relatifs à la reprise par la Compagnie du Nord de l'exploitation d'un certain nombre de lignes des Compagnies du Nord-Est, de Lille à Valenciennes et de Lille à Béthune et à Bully-Grenay;

5° Ouverture des crédits afférents aux dépenses nécessitées par ces divers traités;

6° Nomination de deux membres de la commission de vérification des comptes de l'exercice 1874, en remplacement de deux membres décédés.

Dès que le bureau est constitué, M. Griolet, l'un des administrateurs, a donné lecture du rapport du conseil d'administration. Cet intéressant document a successivement passé en revue tous les points se rattachant aux divers traités soumis à l'approbation de l'assemblée.

Pour ce qui regarde les trois premières conventions passées avec l'Etat, et relatives l'une au chemin de fer de Douai à Orchies et à la frontière belge vers Tournai, l'autre à la construction du chemin de fer de grande ceinture autour de Paris, et la dernière au chemin de fer d'Amiens à la vallée de l'Ourcq et d'Abbeville au Tréport, le conseil a très-bien montré les avantages qui en doivent résulter pour la Compagnie, aussi bien que pour le public. Nous mentionnons, en passant, que la troisième convention supprime le troisième réseau, dont l'existence compliquait inutilement les comptes de premier établissement, et le fait rentrer dans l'ancien.

En ce qui touche les arrangements avec la Compagnie du Nord-Est et celle de Lille à Valenciennes, le conseil d'administration a très-bien fait ressortir les motifs qu'il a eus de les conclure, dans la situation où se trouvaient ces Compagnies. Il ne s'est pas dissimulé que, dans les premières années, la redevance payée par la Compagnie du Nord pourra être inférieure à la recette kilométrique des chemins qu'elle se charge d'exploiter ; mais ce sacrifice momentané n'est rien auprès des pertes que lui aurait inévitablement imposées une guerre de tarifs. Aujourd'hui, d'ailleurs, la Compagnie du Nord, affranchie des embarras d'une concurrence préjudiciable à tout le monde, ne pourra que voir sa prospérité s'accroître par le développement de son trafic.

Disons qu'en reprenant les lignes du Nord-Est, la Compagnie du Nord a dégagé les départements du Nord, du Pas-de-Calais et de l'Aisne de la garantie à laquelle ils étaient engagés.

Après la lecture du rapport, M. le baron Alphonse de Rothschild, dans une courte et substantielle allocution, a recommandé aux actionnaires l'adoption de conventions qui, a-t-il dit, marquent une ère nouvelle pour la Compagnie.

Aucun membre de l'assemblée n'ayant demandé la parole, les diverses questions à l'ordre du jour ont été mises aux voix et adoptées à l'unanimité.

L'assemblée a ensuite procédé à la nomination de deux membres de la commission de vérification des comptes de l'exercice 1874, en remplacement de MM. Huet et Boucherot, décédés. Elle a élu MM. Fontaine de Resberg, sous-directeur au ministère de l'instruction publique, et Louvet, membre de l'Assemblée nationale, ancien président du tribunal de commerce de la Seine.

L'assemblée générale ordinaire a eu lieu plus tard, le 29 avril, sous la présidence de M. A. de Rothschild, président du conseil d'administration. Elle avait pour objet de statuer sur les comptes de l'exercice 1875 et sur diverses propositions accessoires qui en étaient la conséquence, l'assemblée extraordinaire du 7 février dernier ayant déjà approuvé les conventions et traités conclus dans le courant de l'année passée.

Le rapport du conseil d'administration expose d'abord la situation des comptes de premier établissement, ainsi que l'état des principaux travaux exécutés en 1875. Il fait ensuite connaître les résultats de l'exploitation. En voici les principaux chiffres :

Ancien réseau	1,150	kilomètres.
Nouveau réseau....................	380	—
Ligne d'Amiens à Rouen...........	131	—
Total......	1,661	kilomètres.

En faisant entrer en ligne de compte le solde des bénéfices du chemin de fer de ceinture, qui a été de 364,407 fr., on constate que l'ancien réseau a produit, en 1875, une recette brute de 110,570,000 fr., en augmentation de 4,124,000 fr. sur 1874 ; le nouveau réseau, 10 millions 276,000 fr., en augmentation de 726,000 fr.; la ligne d'Amiens à Rouen, 4,035,000 fr., avec un excédant de 49,000 fr. sur 1874. D'une année à l'autre, la recette brute des réseaux réunis s'est ainsi élevée, en chiffres ronds, de 119,982,000 à 124,881,000 fr., soit une augmentation de 4,899,000 fr. ou de 4 08 0/0.

Il convient de remarquer que le chiffre des transports de combustibles, en 1875, bien qu'il ait atteint 22,348,000 fr., présentant un excédant de 1,269,000 fr. sur 1874, est resté au-dessous de celui de 1873, qui avait été de 24,330,000 fr.

Cette infériorité, dit le rapport, doit être attribuée, pour la plus grande partie, aux effets de la loi du 21 mars 1874, qui a établi un impôt de 5 0/0 sur le prix des transports à petite vitesse par chemin de fer. Cet impôt constitue un véritable droit protecteur au profit des entreprises de transport autres que les chemins de fer, et notamment des canaux de navigation. De plus, la Compagnie du Nord est peut-être la seule qui ait à lutter en Europe, à peu près sur tout son parcours, contre la concurrence des canaux exploités par l'Etat. Il semble donc qu'elle soit particulièrement fondée à réclamer la suppression ou la réforme d'un impôt qui favorise cette concurrence, au détriment du Trésor lui-même, car chaque tonne qui lui est enlevée par la navigation échappe à l'impôt.

Déduction faite des produits du chemin de fer de ceinture, la recette brute de l'ancien réseau a été de 110,205,676 fr. 31 ; la dépense correspondante, de 53,192,198 fr. 23. Le revenu net, par conséquent, ressort à 57,013,478 fr. 08.

Le rapport de la dépense à la recette est de 48 10 au lieu de 47 82. Cela tient aux dépenses extraordinaires que la Compagnie a faites pour le renouvellement des voies et le remplacement des rails en fer par des rails en acier, dépenses qui atteignent 2,159,978 fr. 27.

Pour le nouveau réseau, les recettes brutes ont été de 10,275,893 fr. 86 c., et les dépenses de 6,325,174 fr. 04. D'où un produit net de 3,950,719 fr. 82. Les charges des emprunts afférents à ce réseau étant de 6,503,873 fr. 73, il y a une insuffisance de 2,553,156 fr. 91, inférieure de 869,668 fr. 81 à celle de 1874.

Rapport de la dépense à la recette, 61 55 0/0, au lieu de 65 26 0/0 en 1874.

Sur la ligne d'Amiens à Rouen, les recettes ont été de 4,034,657 fr. 80 c., et les dépenses de 2,601,534 fr. 76. Le produit net ressort à 1,433,123 fr. 04; mais il faut défalquer de ce produit la part revenant à la Compagnie de l'Ouest, 477,707 fr. 68, et en second lieu faire face aux dépenses spéciales, 52,692 fr. 77, et aux charges des emprunts, 2,322,130 fr. 60. Il en résulte une insuffisance de 1,419,408 fr. 01, inférieure seulement de 26,587 fr. 39 à celle de 1874.

Rapport de la dépense à la recette, 65 78 0/0, au lieu de 69 01 en 1874.

Enfin, la ligne d'intérêt local de Doullens à Bougremaison, 9 kilomètres, exploitée provisoirement pour le compte du Nord par la Compagnie de Frévent à Gamaches, a donné une recette brute de 12,120 fr. 32, alors que la dépense d'exploitation a été de 46,525 fr. 76 c., et que les charges d'intérêts applicables à cette ligne sont de 97,697 fr. 30; d'où une insuffisance de 132,102 fr. 80.

Quant aux lignes Nord-Belges, leur recette a été, en 1875, de 11,970,586 fr. 73, en excédant de 412,683 fr. 28 ou de 3 55 0/0 sur 1874. La dépense correspondante a été de 6,600,533 fr. 09, en diminution de 33,083 fr. 84 sur l'année précédente. Le produit net est ainsi de 5,370,053 fr. 64. Les prélèvements à opérer étant, pour les charges d'intérêts, de 4,592,668 fr. 50, et pour la réserve statutaire de 38,879 fr. 25, il reste un bénéfice de 738,515 fr. 89.

D'après ces résultats, le compte du dividende de 1875 s'établit ainsi :

Le produit net de l'ancien réseau, y compris le produit net du chemin de ceinture, est de 57,377,885 fr. 32.

A déduire :

Intérêts et amortissement des emprunts de l'ancien réseau	17.951.170 65
Insuffisance du nouveau réseau	2.553.156 91
Insuffisance d'Amiens à Rouen	1.419.408 01
Insuffisance sur le chemin de fer d'intérêt local de Frévent à Bougremaison	132.102 80
Intérêts et amortissement des actions	8.492.552 »
Total	30.548.390 37
Reste	26.829.494 95
A ajouter :	
Produit des lignes Nord-Belges	738.515 80
Reliquat de 1874	18.043 63
Ensemble	27.586.054 47

Le conseil a proposé de retrancher encore de ce total une somme de 900,000 fr. destinée à être reportée à l'exercice 1876, à titre de provision, pour les dépenses de substitution de rails en acier aux rails en fer sur les voies les plus fréquentées, ainsi que 321,056 fr. 88

montant du solde des dépenses occasionnées par la guerre; ce qui laisse en définitive un produit net disponible de 26,364,997 fr. 59, et permet de distribuer un dividende de 50 fr. aux 525,000 actions de la Compagnie, avec un reliquat de 114,997 fr. 59 à reporter à l'exercice suivant.

Chaque action non amortie perçoit ainsi, pour l'exercice, en y comprenant les intérêts statutaires de 16 fr., un revenu total de 66 fr.

Après la lecture de ce rapport, l'assemblée a successivement voté les diverses résolutions inscrites à l'ordre du jour. Elle a approuvé le rapport de la commission des comptes de 1874, et le rapport du conseil d'administration sur les comptes de 1875, fixant le revenu de l'exercice à 66 fr. par action.

Elle a voté l'ouverture de deux crédits, d'ensemble 23 millions 669,609 fr. 83, pour régularisation de dépenses de premier établissement faites sur les lignes en exploitation de l'ancien et du nouveau réseau, pendant l'exercice 1875. Enfin, elle a approuvé un nouveau règlement relatif à la retraite des employés de la Compagnie, et donné l'autorisation de porter de 150,000 à 200,000 fr. l'allocation annuelle pour le conseil d'administration.

C'est là, sans contredit, un exercice favorable, et les actionnaires n'ont qu'à se féliciter du résultat. Mais nous ne pouvons nous dispenser d'ajouter ici deux observations dont les porteurs de titres doivent tenir compte.

La première est relative à l'argument que le rapport met en avant pour justifier l'acquisition des lignes secondaires du Nord-Est. On voit que la Compagnie du Nord préfère annoncer un sacrifice à ses actionnaires, plutôt que de courir le risque d'une concurrence pour les tarifs. Cet aveu est bon à retenir au point de vue de l'intérêt général, qui doit pourtant pouvoir compter sur un abaissement du prix des transports.

La seconde est relative aux chiffres de l'exploitation du nouveau réseau et des lignes secondaires. Ils justifient pleinement les considérations générales que nous avons exposées en tête de ce chapitre.

Le rapport ne dit absolument rien du percement du tunnel de la Manche; mais chacun sait que les ingénieurs de la Compagnie s'occupent activement des sondages que nécessite l'étude des terrains qui doivent être traversés par le tunnel. Ce travail préliminaire est presque entièrement terminé, et les prévisions des géologues paraissent pleinement confirmées sur tous les points. On peut désormais considérer comme possible et probable l'exécution d'une ligne qui est appelée à doubler et tripler les communications entre la France et l'Angleterre.

Chemins de fer de Paris-Lyon-Méditerranée

On sait que la Compagnie Parie-Lyon-Méditerranée est, avec le Nord, la seule parmi nos grandes Compagnies de chemin de fer qui ne fasse pas appel à la garantie de l'Etat, parce qu'elle parvient à couvrir l'intégralité des déficits de son nouveau réseau avec les excédants réalisés sur le produit net de l'ancien.

L'exercice de 1875 a été particulièrement favorable à la Compagnie de Paris-Lyon-Méditerranée.

L'ancien réseau, exploité sur la même étendue qu'en 1874, soit 3,821 kilomètres, a, défalcation faite de l'impôt sur les transports en grande vitesse, qui a été de 19,634,149 fr. produit en 1875, une recette brute de 263,849,452 fr., supérieure de 2 millions 676,556 fr. à celle de l'exercice précédent.

Cette augmentation porte, c'est vrai, uniquement sur les transports à grande vitesse qui ont subi une réduction de 1 million 659,290 fr.

Après les défalcations faites des dépenses d'ordre, les frais d'exploitation ont été en même temps de 98,929,040 fr. en diminution de 6,783,105 fr.

Ainsi le rapport de la dépense à la recette d'exploitation qui avait été, en 1874, de 39 50 0/0, est descendu, en 1875, à 37 50 0/0, et le produit net s'est élevé, d'un exercice à l'autre, de 155,510,751 fr. à 164,920,412 fr, soit une augmentation de 9,409,661 fr.

C'est grâce aux améliorations apportées dans les divers services de l'exploitation que l'on a obtenu, en 1875, la proportion existante entre les dépenses et les recettes, et le conseil espère qu'il pourra, à moins de circonstances imprévues, sinon la diminuer, au moins la maintenir à l'avenir.

Constatons que, pour l'exercice 1875, la consommation des combustibles livrés aux machines, ayant encore compris des fournitures résultant des traités passés en 1872 et 1873, le prix de revient du charbon n'a pas baissé dans les proportions que pourrait faire supposer la diminution du prix des houilles. Les effets de cette diminution ne se feront sentir sérieusement qu'en 1876.

Mentionnons de même que les dépenses de réfection et de renouvellement des voies de l'ancien réseau, qui, en 1875, se sont élevées à 12,390,794 fr., ont été intégralement portées au compte d'exploitation, tandis que, l'année précédente, on avait imputé, sur les mêmes dépenses de réfection, montant à 12,487,833 fr., 2 millions de francs au compte de la réserve extraordinaire.

Après déduction faite du montant des annuités des subventions encaissées qui est de 1,510,175 fr., le total des charges afférentes à l'ancien réseau s'élève, pour 1875, à 89,058,515 fr en accroissement de 2,080,753 pour 1874, par suite des dépenses complémentaires faites pendant 1874 sur les lignes de l'ancien réseau, dépenses portées au débit du compte d'exploitation. en 1875, comme ayant profité à la totalité de cet exercice.

Quant au nouveau réseau dont la longueur totale, exploitée en 1875, s'est accrue de 77 kilomètres, ce qui donne un total de 1,117 kilomètres, son produit brut a été, déduction faite de l'impôt sur la grande vitesse et des dépenses d'ordre, de 17 millions 371,803 fr., contre 14,313,864 fr., en 1874.

La dépense correspondante a été de 12,000,194 fr. contre 12,066,476 fr. en 1874.

On a donc eu pour produit net, en 1875, la somme de 5 millions 371,609 fr., soit, défalcation faite des dépenses de réfections des voies portées au compte d'exploitation, 4,193,863 fr.

Le rapport de la dépense à la recette brute a été de 69 08 0/0, au lieu de 84 40 0/0 en 1874.

En regard de ce revenu net de 4,193,863 fr., le service des emprunts appliqués au nouveau réseau représente, pour 1875, une charge de 21,936,936 fr. Il y a donc une insuffisance de produit de 17,743,073 fr. qui doit être couverte par l'ancien réseau.

Voici, en effet, comment s'établit la liquidation finale de l'exercice de 1875 :

Produit net de l'exploitation de l'ancien réseau....		164.920.410 »
Placement de fonds et domaine privé............		1.962.798 »
Chemin de ceinture............................		521.057 »
Ensemble........		167.404.265 »
Dépenses de réfection et renouvellement des voies.		12.390.794 »
Net effectif.......		155.013.471 »
A déduire :		
Charge de l'ancien réseau	89.058.515	
Déficit du nouveau.................	17.743.073	106.801.588 »
Produit net disponible......		48.211.883 »
Sur ce produit net, pour éteindre complétement le compte des dommages soufferts par la Compagnie pendant la guerre de 1870-71, et le compte transformation des essieux, le conseil a prélevé une somme de 3,132,752 fr., ce qui l'a fait descendre à...........		45.079.131 »
A ajouter reliquat de 1874......................		1.178.300 »
Somme définitive à répartir..		46.257.431 »
dont voici l'emploi :		
Dividende de 55 fr. sur 800,000 actions...........		44,000,000 »
Report à nouveau..............................		2.257.431 »

Un à-compte de 20 fr. ayant été payé en novembre dernier, le solde complémentaire de 35 fr. sera mis en payement à partir du 29 avril.

Chemin de fer d'Orléans

Les actionnaires de la Compagnie du chemin de fer d'Orléans se sont réunis le 28 mars, en assemblée générale ordinaire et extraordinaire, sous la présidence de M. de Harn. Le but de l'assemblée ordinaire était le compte rendu des résultats de l'exercice 1875; l'assemblée extraordinaire devait statuer sur les conventions relatives au chemin de fer de grande ceinture.

Le long et intéressant rapport dont il a été donné lecture à l'assemblée, comme tous les documents du même genre, contient de nombreux et importants détails sur tout ce qui se rattache aux divers services de cette grande entreprise.

Voici le résumé des comptes qui ont été présentés à l'assemblée, des chiffres, d'après lesquels a été établi le dividende de 1875 :

Le produit net réservé par les conventions s'élève à	51.578.627 44
Il faut y ajouter le produit net des établissements d'Aubin et des propriétés privées........................	1.148.286 54
Total.......... ..	52.726.913 98
Répartition :	
Charges d'emprunt de l'ancien réseau............	11.457.654 03
A déduire :	
Annuités reçues de l'Etat, afférentes aux subventions du réseau breton de la ligne de Châteaulin à Landerneau..	1.285.048 66
Reste............	10.172.605 37
Service des emprunts du nouveau réseau à la charge de l'ancien..	6.276.379 07
Amortissement des actions.........................	638.690 »
Reste appartenant aux actionnaires................	35.639.239 54
Total égal.........	52.726.913 98

Sur la somme de 35,639,239 fr. 54 c. il a été prélevé, au 1er octobre 1875, une somme de 20 fr. par action, soit...	12,000,000 »
Solde de 36 fr. par action à payer le 1er avril......	21,600,000 »
Réserve extraordinaire..............................	2.039.239 54
Somme égale.......	35.639.239 54

Le dividende total est ainsi, comme les années précédentes, de 56 fr. par action.

Un léger débat s'est engagé sur un seul point après la lecture du rapport; un actionnaire a cru devoir insister pour la distribution de la réserve de cette année. Mais l'assemblée a approuvé à l'unanimité, moins une voix, les comptes de répartition, tels qu'ils lui étaient présentés, édifiée qu'elle était sur les motifs développés du rapport et qui militent en faveur de la constitution d'une forte réserve.

MM. Fourtou et Lemercier ont été nommés administrateurs en remplacement de MM. Monicault et de Richemont, décédés; MM. Benoist d'Azy, Thoinnet de la Turmelière et de la Panouze, administrateurs sortants ont été réélus.

L'assemblée a approuvé, à titre d'assemblée extraordinaire, les conventions relatives au chemin de fer de grande ceinture, et la participation de la Compagnie d'Orléans dans le syndicat pour l'exécution de ce chemin.

Chemins de fer de l'Ouest

La Compagnie de l'Ouest est parmi nos grandes Compagnies de chemin de fer une de celles qui fait le plus large appel à la garantie stipulée par les conventions avec l'Etat. C'est grâce à cette garantie que la Compagnie de l'Ouest a pu se charger de la construction successive de maintes lignes de chemin de fer, qui sans cela eussent absorbé le revenu net des bonnes lignes, à un tel point que la distribution d'aucun dividende aux actionnaires n'eût été possible, et auraient même laissé les Compagnies en déficit.

On ne peut s'étonner, en se rendant bien compte de l'état des choses, de la situation vraiment précaire où se trouvent aujourd'hui beaucoup de petites Compagnies.

En effet, déduction faite des détaxes et des impôts sur les transports, le nouveau réseau a donné, pour l'exercice 1875, un produit brut de 32,654,322 fr. 78 c. Ses dépenses d'exploitation ont été de 22,952,914 fr. 78 c., tant ordinaires qu'extraordinaires. Par conséquent, le revenu net ressort à 9 millions 701,407 fr. 76 c.; or, les charges d'emprunt afférentes au nouveau réseau, en regard de ce revenu, atteignent la somme de 35,304,213 fr. 51 c.

Ce réseau a donc eu un excédant de charge de 25 millions 602,805 fr. 75 c. qui n'a pu être comblé qu'au moyen des ressources suivantes :

Excédant du revenu réservé à l'ancien réseau.....	1.442.846 58
Prélèvement sur ce même revenu réservé.........	5.813.150 35
Versement de l'Etat en vertu de sa garantie........	18.366.808 82
Somme égale.......	25.602.805 75

L'Etat a donc dû avancer à l'Ouest, pour 1875, une somme de 18,366,808 fr. 82 c. Comme pour cet exercice la somme distribuée aux actionnaires n'a été que de 10,777,215 fr., y compris l'annuité d'amortissement; l'on voit que sans la garantie de l'Etat, non-seulement les actionnaires n'auraient rien pu recevoir, mais la Compagnie aurait encore eu un déficit de 7 millions 599,593 fr. 82 c. sur le rendement de son exploitation en 1875.

L'ancien réseau de l'Ouest, qui se compose des meilleures lignes de la Compagnie, a été par cela même mieux partagé. Le produit brut, défalcation faite des détaxes et des impôts sur le transport, a été de 68,853,545 fr. 28 c. ou de 68,926,119 fr. 28 c., y compris 72,574 fr. de recettes d'ordre. La dépense d'exploitation ordinaire et extraordinaire a été de 35,748,025 fr. 70 c.; son produit net, par conséquent, ressort à 53,448,093 fr.

S'il n'avait fallu compter qu'avec l'ancien réseau, les charges d'emprunt qui lui sont propres n'étant que de 15,400,000 fr., le solde, soit 18,048,093 fr. divisés entre 300,000 actions, eût donné un dividende de 60 fr. par titre.

Mais ce solde de 18,048,093 fr. 58 a dû pourvoir, conformément aux conventions : 1° aux charges d'emprunt du nouveau réseau au delà des 4 65 0/0 garantis par l'Etat, charges s'élevant à 5,813,150 fr. 35; 2° à l'amortissement du fond social, qui exige une annuité de 391,000 fr., ce qui a réduit le solde disponible à 11,843,943 fr. 23. D'un autre côté, la part même des actionnaires étant, par le fait des conventions, limitée au chiffre de 10,421,096 fr. 55, le surplus du produit net réalisé sur l'ancien réseau, soit 1,422,846 fr. 58, a fait encore retour au nouveau pour alléger d'autant la garantie de l'Etat.

Finalement, le revenu des actionnaires de l'Ouest, en 1875, a consisté dans 10,421,096 fr. 65, et dont voici l'emploi :

Intérêt à 3 1/2 0/0, soit 17 fr. 50 par action, déduction faite aux actions amorties....................	5.136.215 »
Dividende de 17 fr. 50 par action amortie ou non amortie..	5.250.000 »
Reporté à la réserve..............	34.881 65
Somme égale......	10.421.096 65

Pour être sûrs du maintien de leur dividende, il suffit aux actionnaires que le produit net effectif de l'ancien réseau ne descende pas au-dessous du revenu réservé, et l'on a vu qu'en 1875 ce produit net avait dépassé de 1,422,846 fr. 58 le montant du revenu réservé. C'est aujourd'hui le Trésor public qui est, bien plus que les actionnaires, intéressé au développement du trafic, puisque au delà de ce revenu réservé, tout l'excédant doit être déversé sur le nouveau réseau pour venir en déduction de la garantie de l'Etat. Donc, tout ce qui peut nuire à ce trafic ne peut que porter préjudice au Trésor. C'est pourquoi l'on comprend que, sans de graves motifs, l'Etat ne pourra autoriser la création de lignes concurrentes.

Le double mécanisme du revenu réservé et de la garantie de l'Etat permet cependant aux grandes Compagnies d'entreprendre l'exécution de nouveaux chemins de fer dont l'utilité a été bien reconnue, et de cette manière elles éloignent le moment où toutes les lignes secondaires se suffisant à elles-mêmes, et l'Etat étant complétement remboursé de ses avances, elles pourront distribuer à leurs actionnaires un dividende supérieur à celui d'aujourd'hui; elles conservent, néanmoins, tout en donnant satisfaction aux vœux légitimes des populations, intacte leur position acquise.

C'est ainsi que la Compagnie de l'Ouest a été amenée à ajouter à son nouveau réseau une étendue de 330 kilomètres comprenant un ensemble de lignes. La dépense de ces lignes, qui font l'objet de la loi du 31 décembre 1875, est évaluée à 105 millions. Mais comme les subventions se montent à 30 millions, la dépense à la charge de la Compagnie se trouve réduite à 75 millions.

Les mêmes conditions que celui du capital des autres lignes du nouveau réseau régleront le service d'intérêt et l'amortissement de ce capital de 75 millions. L'Etat garantira 4 65 0/0, et la différence entre les 4 65 0/0 garantis et le taux réel des emprunts effectués par les Compagnies sera prélevé sur le revenu réservé à l'ancien réseau. Mais on a dû naturellement, pour assurer le maintien du dividende actuel, augmenter de cette différence le montant du revenu réservé, et par conséquent diminuer de la même somme l'excédant destiné à être reporté au nouveau réseau, en déduction de la garantie de l'Etat. Il est donc, comme on le voit, de l'intérêt du Trésor, qui est vraiment devenu l'associé des grandes Compagnies de chemins de fer, que leurs recettes prennent le plus d'extension possible.

Chemins de fer de l'Est

L'assemblée générale des actionnaires de la Compagnie des chemins de fer de l'Est s'est réunie le 29 avril, sous la présidence de M. Henry Davillier, président du conseil d'administration. Elle était réunie à titre ordinaire, pour délibérer sur les comptes de 1875, et à titre extraordinaire pour statuer sur les six points suivants mis à l'ordre du jour :

1° Traités en date des 13 mars 1873 et 21 mai 1874, relatifs à la ligne de Pont-Maugis à Raucourt et à Mauzon, passés le premier entre la Compagnie de l'Est et le département des Ardennes, le second entre la Compagnie de l'Est et MM. Lehon et Oller, concessionnaires de la ligne de Lérouville à Sedan ;

2° Convention en date du 18 novembre 1873 par laquelle la Compagnie Lyon-Méditerranée, d'Orléans et du Nord, pour la construction et l'exploitation d'un chemin de fer de grande ceinture autour de Paris ;

3° Convention en date du 18 novembre 1875, par laquelle la Compagnie Lyon-Méditerranée, concessionnaire du chemin de fer de Dijon à Langres, rétrocède à la Compagnie de l'Est la partie de cette ligne comprise entre Is-sur-Tille et Chalindrey ;

4° Convention en date du 22 novembre 1875, ayant pour objet de subroger la Compagnie de l'Est aux droits et aux charges des concessionnaires de la ligne de Velize à Mirecourt;

5° Convention relative à la concession d'un certain nombre de lignes nouvelles, passée entre l'Etat et la Compagnie de l'Est, et approuvée par l'Assemblée nationale le 31 décembre 1875 ;

6° Emission d'obligations de l'Est à 3 0/0.

Le rapport du conseil d'administration est entré dans des développements du plus grand intérêt sur toutes les questions soumises à la ratification de l'assemblée. Contentons-nous de mentionner les résultats généraux de l'exploitation pendant l'année 1875.

Bien que l'accroissement du développement kilométrique soit en 1875 presque tout à fait insignifiant, 2.256 kilomètres au lieu de 2.242, il y a eu une notable augmentation de recettes sur l'ancien ainsi que sur le nouveau réseau.

Les produits proprement dits de l'ancien réseau se sont élevés, en 1875 à 40.826.145 fr. 75 en augmentation de 1.754.301 fr. 53 sur 1874 et ceux du nouveau réseau à 53.415.818 fr. 12 en augmentation de 2.474.172 fr. 85.

Le produit kilométrique moyen des deux réseaux moins l'impôt, ressort, pour 1875, à 41.922 fr. 58 en excédant de 1.755 fr. 92 sur celui de 1874.

Les dépenses ordinaires de l'exploitation en 1875, ont été pour l'ancien réseau de 17.587.760 fr., et pour le nouveau de 31.346.944 fr. Déduction faite de l'impôt, le rapport des dépenses aux recettes est pour l'ancien réseau de 44 70 0/0, et pour le nouveau de 58 15 0/0.

Il y a lieu, pour la liquidation de l'exercice de 1875, de faire rentrer en ligne de compte diverses recettes accessoires et les dépenses extraordinaires. Cette liquidation s'établit de la manière suivante :

Produits bruts de toute nature de l'ancien réseau y compris la ligne de Vincennes..........................	41.826.072 70
Dépenses d'exploitation, de réfection des voies, de grosses réparations du matériel, etc..............	22.363.259 69
Recette nette.........................	19.462.813 01
A ajouter :	
Annuité de 20.500.000 fr. servie par l'État conformément à la convention annexée à la loi du 17 juin 1873, part de l'ancien réseau..................	16.219.034 97
Produit net.................. ..	35.681.847 98
Le montant du revenu réservé étant pour l'exercice 1875 de................................	29.256.645 11
L'excédant du produit à déverser sur le nouveau réseau est de....................................	6.425.202 87
Recettes brutes des lignes du nouveau réseau exploitées dans toute leur étendue antérieurement au 1er janvier 1875..................................	53.908.521 75
Dépenses, correspondances, d'exploitation, de réfection des voies, de grosses réparations du matériel roulant, etc.. .	35.496.448 50
Recette nette.......................... .	18.412.073 01
A ajouter :	
Excédant du produit net déversé par l'ancien réseau..	6.425.202 87
Part du nouveau réseau dans l'annuité de 20.500.000 fr. servie par l'Etat......................	2.092.816 29
Produit net..........................	26.930.092 17
Le montant total de la garantie par l'Etat pour l'exercice 1875 étant de	34.925.622 77
La somme à avancer par l'Etat pour parfaire sa garantie est de	7.995.530 60

Le trésor avait dû payer de ce dernier chef en 1874, la somme de 12.140.511 fr. 33 ; c'est donc pour lui un dégrèvement de charge de 4.144.980 fr. 73.

Quant au revenu réservé qui est, on vient de le voir, de 29.256.645 fr. 11, il est destiné à pourvoir tout d'abord aux charges suivantes :

Intérêt et amortissement afférents à l'ancien réseau.	1.767.520 70
Différence entre le montant de la garantie et le taux réel des emprunts applicables au nouveau réseau..	7.476.472 69
Amortissement des actions..............................	609.500 »
Total..................................	9.853.493 49

Cette somme étant retranchée du revenu réservé, il res 19.403.751 fr. 72, dont la répartition a lieu comme suit :

Premier à-compte de 20 francs par action payé en novembre dernier..................................	11.363.480 »
Dividende complémentaire de 13 fr. par action payable depuis le 1er mai..................................	7.592.000 »
Solde à reporter..................	447 671 12
Ensemble.................	19.403.151 72

L'assemblée a ratifié les diverses conventions qui lui étaient soumises ; elle a approuvé les comptes de l'exercice 1875 et réélu MM. le général Noizet, Weguelin, Touchard, Edmond de Rothschild et Alphonse de Rothschild, administrateurs sortants, a autorisé l'émission d'obligations de l'Est 3 0/0, jusqu'à concurrence d'une somme totale de 300 millions jugée nécessaire à l'achèvement des travaux sur les deux réseaux de la Compagnie.

Chemin de fer du Midi et Canal latéral à la Garonne

Il est impossible de ne pas reconnaître la robuste organisation et la puissance financière de nos six grandes Compagnies. Mais que d'anomalies pourtant à relever dans l'ensemble de cette création qui se présente à nous en apparence avec des conditions identiques.

Ainsi, pendant que la Compagnie du Nord est condamnée à lutter contre nos canaux du Nord exploités par l'Etat, la Compagnie du Midi est parvenue à joindre à son exploitation celle du canal du Midi, et à diminuer ainsi à son profit l'élément de concurrence sérieuse que son réseau pouvait trouver à côté de lui.

Résumons, d'après le rapport du Conseil d'administration présenté à l'assemblée générale des actionnaires, le 15 mai 1875, les actes et les chiffres que nous apporte le dernier exercice.

Les travaux et l'exploitation ont suivi un cours régulier. En ce qui touche la construction, le total des lignes exploitées en 1874 s'est accru de 85 kilomètres, par suite de l'ouverture des sections du Bousquet-d'Orb à Milhau, et de Tournemine à Ste-Affrique. La longueur totale du réseau exploité est ainsi portée aujourd'hui à 2,032 kilomètres. Mais la section de Bousquet-d'Orb à Milhau ne doit entrer en garantie qu'après l'achèvement de la ligne entière entre Paulhan et Rodez. D'autre part, l'embranchement de Tournemine à Sainte-Affrique, ainsi que la ligne de Lourdes à Pierrefitte et de

Montréjeau à Luchon ne commenceront à participer à la garantie qu'en 1875, de telle sorte que le développement total de l'ancien et du nouveau réseau exploité sous le régime de la garantie, s'est maintenu, comme en 1873, au chiffre de 1,886 kilomètres.

Une réflexion. Nous sommes, on le sait, les défenseurs résolus de nos grandes Compagnies et nous ne voudrions rien dire, ni rien faire qui pût porter atteinte à la solidité de cette propriété nationale qui représente déjà une valeur de onze milliards et qui doit faire retour à l'Etat. Mais en voyant la Compagnie du Midi rester ainsi stationnaire, sans pouvoir ajouter un kilomètre à son exploitation régulière, nous nous demandons, devant ce piétinement sur place, comment se fera la construction des 20,000 kilomètres de chemins de fer d'intérêt local qui nous restent à construire?

L'exploitation de ce réseau, y compris les canaux, a produit une recette brute de 73,427,884 fr. 74, non compris l'impôt sur les transports de la petite vitesse, établi depuis le mois de mars 1874.

Les comptes d'ordre à déduire étant de..........	7.712.895 09
La recette nette est de........................	65.714.989 65
La dépense d'exploitation est de................	32.110.249 09
Le produit net ressort à........................	33.604.740 56

Ces résultats ont permis au Conseil d'administration de fixer à 40 fr. par action le dividende afférent à l'exercice 1874.

Un mot sur les particularités intéressantes qui sont relatives à l'ancien et au nouveau réseau.

Le compte général des dépenses imputables au premier établissement de l'ancien réseau s'élevait au 31 décembre dernier, défalcation faite de la subvention de l'Etat, à la somme de 320,027,365 fr. 39 pour une longueur de 798 kilomètres.

La recette brute présente sur celle de l'exercice 1873 une augmentation de 651,317 fr. Elle ressort à 63,685 fr. par kilomètre et excède de 816 fr. la recette kilométrique de l'exercice précédent.

L'exploitation du nouveau réseau comprend, comme en 1873, une étendue de 1,088 kilomètres.

La recette brute est de........................ non compris l'impôt sur les transports de la petite vitesse qui s'est élevé à 287,842 fr. 67	20.603.857 10
Le produit brut était en 1873 de................	20.780.443 25
Soit une diminution de........................	176.386 15

La comparaison de la recette par kilomètre entre les deux exercices 1873 et 1874, s'établit comme suit :

Recette kilométrique en 1874....................	18.937 »
— — en 1873....................	19.100 »
Diminution.................	163 »

Passons aux lignes exploitées au compte de premier établissement. Ces lignes ont produit une recette brute de 685,226 fr. 35, soit par kilomètre et par an 8,061 fr. Ce sont les lignes de Latour à Milhau, de Paulhans à Rouzan, et de Port-Vendres à Banyuls.

Les chiffres de l'exploitation des canaux ne sont guère satisfaisants. Ils ont, comme les chemins de fer, considérablement souffert des inondations. La navigation a été interrompue en été et en automne. Les dommages causés par l'irruption des eaux ont été très-onéreux pour la Compagnie.

La recette des canaux pour 1875, année de chômage pour les deux canaux, s'est élevée à	1.769.142 98
La recette était en 1874 de	2.000.945 32
La diminution est de	231.802 34

L'Etat aura à verser pour parfaire la garantie afférente à l'exercice 1875, 4,571,516 fr. 93. On voit que l'exploitation des canaux est loin d'être florissante.

L'assemblée approuve à l'unanimité les comptes de l'exercice 1875 et la fixation du dividende à 40 fr. Elle approuve également la convention du 14 décembre 1875 et autorise les emprunts nécessaires à l'exécution de cette convention.

A l'unanimité également, elle réélit MM. Edouard Mallet et Henry Pereire, administrateurs sortants.

Le tirage des actions et des obligations à rembourser, à partir du 1er juillet 1875, a eu lieu le 24 avril 1876, au siége de la Société.

La Compagnie des Charentes

C'est le testament de la Compagnie des Charentes que nous donnons cette année dans ce *Manuel*. Il n'en sera plus question. La Compagnie a vécu, après avoir lutté pendant plus de douze années contre la Compagnie d'Orléans et avoir vainement tenté contre elle de donner un démenti à la fable du pot de terre et du pot de fer.

Comme toujours, c'est le pot de fer qui l'a emporté. La Compagnie des Charentes, après avoir essayé d'obtenir la concession de nouvelles lignes pour accroître son réseau et doubler ainsi les forces de la concurrence qu'elle soutenait, est arrivée au terme de sa campagne sans avoir pu asseoir solidement les bases du septième réseau qu'elle voulait créer.

C'est un grand intérêt qui, à partir de cette année, va se

fondre dans la grande Compagnie d'Orléans. La lutte n'étant plus possible, ainsi que l'a reconnu dans une lettre attristée, M. Anatole Le Mercier, la Compagnie des Charentes a dû traiter avec la Compagnie d'Orléans qui attendait depuis longtemps le moment psychologique, et aujourd'hui la fusion est faite.

Comme les intérêts représentés par la Compagnie des Charentes sont considérables et que les actionnaires et les obligataires peuvent avoir besoin de consulter les actes et les antécédents du passé, nous consignons ici, dans un résumé rapide, les faits qui peuvent être utiles aux intéressés.

A l'époque de sa création, en 1863, la Compagnie des Charentes avait été fondée uniquement pour construire un réseau comprenant les lignes de Napoléon-Vendée à la Rochelle, Rochefort à Saintes, Saintes à Coutras, Saintes à Angoulême, dont la longueur totale était fixée à 280 kilomètres. Le coût d'établissement ne devait pas dépasser 64 millions de fr., y compris 20,495,000 fr. de subvention. Elle se constitue donc au capital social de 25 millions, se réservant de réaliser le surplus en obligations. Dans le prospectus d'émission des actions, on n'avait pas craint d'annoncer un revenu d'au moins 18 0/0.

On sait ce qui est arrivé.

La Compagnie a mis plus de douze ans pour exécuter ce premier réseau, concédé en juillet 1862 et qui s'étend au moment de sa fusion avec l'Orléans sur une longueur de 325 kilomètres.

Voici les dates auxquelles les sections qui font partie du réseau ont été successivement ouvertes :

Rochefort à Saintes	44 kil...	15 avril 1867
Saintes à Cognac	27 —	31 mai 1867
Cognac à Angoulême	51 —	22 octobre 1867
Beilans à Pons	15 —	26 mars 1869
Pons à Jonzac	19 —	31 janvier 1870
Jonzac à Montendre	21 —	6 novembre 1871
La Roche-sur-Yon à La Rochelle..	104 —	27 mai 1872
Montendre à Saint-Mariem	17 —	16 octobre 1876
Saint-Mariem à Coutras	27 —	19 octobre 1874
Total...........	325 kil.	

Quel a été le coût de ces kilomètres ? Il est impossible de le savoir, parce que la Compagnie ne l'indique pas dans ses comptes rendus annuels et qu'elle le confond avec celui d'autres lignes dont elle a obtenu la concession en 1868.

Ces lignes, auxquelles a été affectée une nouvelle subvention annuelle de 25,100,000 fr., sont les suivantes :

Angoulême à Limoges (Concession éventuelle de 1862).	124 kil.
Noutron à Quercy	35 —
Taillebourg à Saint-Jean-d'Angely	16 —
La Rochelle à Rochefort	28 —
Saint-Mariem à Blaye	24 —
Tonnay-Charente à Marennes	35 —
Saint-Jean-d'Angely à Niort	44 —
Libourne à Marcenais	19 —
Niort à Ruffec	70 —
Total	395 kil.

Sur ces 395 derniers kilomètres, 173 ont été ouverts à l'exploitation, savoir :

Saint-Mariem	16 octobre 1873
La Rochelle à Rochefort	29 décembre 1873
Angoulême à Limoges	26 avril 1875

Il reste par conséquent 222 kilomètres à terminer.

Si l'on prend en bloc les dépenses d'établissement de la Compagnie, jusqu'au 31 décembre 1874, on constate qu'à cette date, déduction faite des subventions reçues montant à 24,627,000 fr., ces dépenses s'élevaient à 110 millions de francs.

Ce qui avait nécessité une émission d'obligations pour 54,444,000 fr., et de bons pour 15,727,000 fr.

Mentionnons qu'à la même date, sur les 50,000 actions de capital, il n'y en avait en circulation que 41,000 qui, libérées de 500 fr. avaient, défalcation faite des versements en retard, produit une somme de 18,962,000. Les 9,000 actions restantes provenant de MM. Guilhou, et libérées seulement de 250 fr., se trouvaient dans le portefeuille de la Compagnie.

Les statuts de 1862 disaient expressément, article 43, que pendant l'exécution des travaux, et jusqu'à l'achèvement des lignes concédées, il serait annuellement payé aux actionnaires sur les sommes versées par eux, un intérêt de 5 0/0 à prélever sur le capital, en cas d'insuffisance des produits de l'exploitation.

Les lignes visées par ces statuts, y compris même celle d'Angoulême à Limoges, concédée d'abord à titre éventuel, puis à titre définitif, se trouvaient achevées à la fin d'avril 1875. Par conséquent, à partir de cette époque, la Compagnie eût dû cesser de rien prendre sur son capital pour payer 5 0/0 aux actionnaires. Elle n'en a pas moins continué jusqu'ici, contrairement aux termes de ses statuts et de la loi, de servir à ses actions un intérêt que ne fournit pas l'exploitation, ce qui a contribué naturellement à accroitre le chiffre de son compte d'établissement.

En admettant que la Compagnie veuille désormais ne plus distribuer aucun dividende fictif, on calcule que, pour terminer son réseau actuel, elle aura encore à emprunter une somme de 63 millions; si bien que le service de ses obligations émises ou à émettre lui imposera finalement, en raison de leur taux d'émission, une charge annuelle de 7 millions, en nombre rond.

Ce n'est pas tout. Le service des 74,420 Bons à court terme qu'elle a créés en 1873, et représentés comme garantie par la subvention de 16,900,000 fr. qui lui restait alors à recevoir, exigera jusqu'au dernier remboursement un débours total de plus de 27 millions et demi.

La Compagnie ne devant recevoir du chef de la subvention dont le dernier terme expire en 1880, qu'une somme de 16 millions 900,000 fr., il y a lieu de se demander à quel compte elle imputera la différence de plus de 10 millions et demi.

Est-ce à son compte d'établissement ou à son compte d'exploitation? Où sera la garantie des Bons restant à payer, de 1881 à 1887?

Quoi qu'il en soit, pour le moment, ne faisons, si l'on veut, entrer en ligne de compte que la charge annuelle des obligations évaluée à 7 millions. Cette charge correspond pour 720 kilomètres à une dépense kilométrique moyenne de 9,722 fr.

Quelles sont et quelles seront les recettes de la Compagnie des Charentes? Les statuts de cette Compagnie stipulent, article 44, que, « après la mise en exploitation des lignes de Napoléon-Vendée à La Rochelle, de Rochefort à Saintes, de Saintes à Coutras et de Saintes à Angoulême, le compte des recettes et dépenses sera arrêté et soumis chaque année à l'assemblée générale. » Contrairement à cette clause, la Compagnie a cessé de donner l'état de ses recettes par lignes, depuis 1873.

Nous ne nous occuperons donc que des résultats généraux.

Le produit brut kilométrique des Charentes a été, en 1874, de 12,044 fr., et, en 1875, de 12,616 fr. On ne saurait estimer à moins de 7,500 à 8,000 fr. la dépense kilométrique correspondante, de sorte que dans l'état actuel, le produit net kilométrique de la Compagnie atteint tout au plus 5,000 fr. pour une charge d'obligations qui n'est pas inférieure à 9,720 fr., c'est-à-dire qu'elle perd, sur les 498 kilomètres présentement exploités, plus de 2 millions et demi par an.

Jusqu'à quel point l'ouverture de six à sept tronçons restant à construire, sur une longueur totale de 222 kilomètres, améliorerait-elle cette situation ? Et dans quel délai enfin la Compagnie des Charentes parviendra-t-elle à réaliser la recette brute kilométrique qui lui est indispensable pour faire face à ses seules charges d'obligations ? C'est ce qu'il est difficile de préciser ; mais, dans tous les cas, il est à craindre que, d'ici là, réduite à ses seules forces, elle ne se voie aux prises avec des difficultés insurmontables.

Il n'est pas étonnant, dès lors, que la Compagnie se tourne du côté de l'Etat, qu'elle invoque son concours financier, et que, pour justifier sa demande, elle sollicite une extension de réseau qui dépasse singulièrement son programme de 1862. Mais ce qu'il y a d'extraordinaire, c'est que cette même Compagnie qui, pour son propre salut, aspire à fortifier et à grandir le monopole dont elle jouit, ne fasse entendre que des récriminations contre ce qu'elle appelle le monopole de la Compagnie d'Orléans ; ce qu'il y a surtout d'insolite, c'est qu'elle s'applique à intéresser les populations à son sort et à provoquer même une certaine agitation dans les départements qu'elle traverse en leur faisant espérer des satisfactions qu'elle est impuissante à leur donner.

Ajoutons qu'il est établi que les tarifs actuels de la Compagnie des Charentes ont toujours été supérieurs à ceux de la Compagnie d'Orléans. C'est donc plutôt celle-ci qui procure au commerce des facilités dont parle sans cesse celle-là. Croyait-on servir sérieusement les intérêts du public en établissant ainsi, entre les Charentes et l'Orléans, un antagonisme de mauvais aloi ? Cet antagonisme et cette concurrence pour se disputer un trafic qui ne saurait suffire à alimenter deux Compagnies rivales, ne peut tourner qu'au préjudice de chacune d'elles, jusqu'à ce que la plus faible finisse par céder devant la force des choses, et par s'entendre avec la plus forte pour relever ses prix au-dessus même du chiffre qu'a comporté une exploitation unique. C'est la vieille histoire des diligences d'autrefois.

Etant donnée cette situation, aboutissant à une guerre de tarifs préjudiciables à l'intérêt public, il était impossible de prolonger plus longtemps une lutte qui avait épuisé les forces des Charentes. C'est dans ces circonstances critiques que la Compagnie d'Orléans a proposé une convention par laquelle elle se substituerait aux actionnaires des Charentes, en leur donnant pour chaque action une obligation et un dixième d'obligation d'Orléans.

Cet arrangement procure aux actionnaires des Charentes un

revenu certain de 16 fr. 50, alors que dans l'état présent des choses ils sont menacés de ne rien toucher de longtemps. De plus, au point de vue de l'intérêt général du pays, on peut être certain que la construction des lignes à terminer demandera moins de temps.

C'est au milieu de ces péripéties agitées qu'a eu lieu l'assemblée générale de la Compagnie des Charentes.

L'assemblée a été tumultueuse parce que la réunion était partagée entre deux courants : l'un composé de ceux qui conservaient dans l'intérêt de la Compagnie des Charentes leurs visées ambitieuses d'autrefois et la gloriole de constituer un septième grand réseau; l'autre composé des porteurs de titres plus sages qui comprenaient que leur intérêt bien entendu leur commande de traiter avec l'Orléans pour ne pas courir le risque de perdre tout leur capital.

Après un échange d'explications opposées, c'est le parti de la transaction qui l'a emporté et l'assemblée a voté sa fusion avec l'Orléans à des conditions déterminées par une convention soumise à l'approbation de l'assemblée.

L'exposé que nous venons de faire de la situation financière de la Compagnie démontre surabondamment qu'il n'y avait, pour la Compagnie des Charentes, que ce parti à prendre. L'Etat, le public, les actionnaires, les obligataires y trouveront leur compte.

Nous consignons ici, comme document utile à consulter pour les intéressés, le traité passé entre les deux Compagnies.

Art. 1er. — La Compagnie des Charentes cède à la Compagnie d'Orléans, qui accepte, l'intégralité de son actif social et notamment des lignes qui constituent son réseau avec les droits et avantages, obligations et charges qui résultent de ces concessions.

Lignes en exploitation

1° De La Roche-sur-Yon à La Rochelle;
2° De Rochefort à Saintes;
3° De Saintes à Coutras;
4° De Saintes à Angoulême;
5° D'Angoulême à Limoges;
6° De Blayes à la ligne de Saintes à Coutras;
7° De La Rochelle à Rochefort;
8° De Bordeaux à La Sauve;

Lignes en construction ou à construire

9° De Nontron à la ligne d'Angoulême à Limoges;
10° De Libourne à Marcenais;
11° De Taillebourg à Saint-Jean-d'Angely;
12° De Saint-Jean-d'Angely à Niort;
13° De Tonnay-Charente à Marcennes et au Chapus;
14° De Niort à Ruffec;
15° De Confolans à Excideuil.

Art. 2. — L'entrée en jouissance de la Compagnie d'Orléans est fixée rétroactivement au 1er janvier 1876.

Les recettes et les dépenses de la Compagnie des Charentes sont à son compte depuis cette date, par conséquent la Compagnie d'Orléans se trouve substituée, audit jour, à celle des Charentes pour ses recettes et pour ses dépenses. La Compagnie des Charentes n'a plus que la responsabilité de ses rapports avec ses actionnaires et ses obligataires, et avec les obligataires de la Compagnie de la Sauve.

La Compagnie d'Orléans devient, par conséquent, propriétaire de l'encaisse du mobilier, des voies, gares, stations, ateliers, matériel, outillage, approvisionnements, terrains, domaine et solde des subventions à encaisser.

Art. 3. — C'est le bilan arrêté au 31 décembre 1875 qui sert de base à la présente cession.

Art. 4. — La cession est faite moyennant un paiement de 16 millions 968,980 fr., sous la déduction de 3,269,279 fr. qui représente la soulte de 10 fr. 83 par obligation dont profitera la Compagnie des Charentes en échangeant ses 301,962 obligations contre celles que lui remettra la Compagnie d'Orléans.

Cette soulte est demandée aux obligataires des Charentes qui recevront des obligations d'Orléans, ayant un amortissement plus court de 22 ans. La Compagnie d'Orléans devra s'être libérée avant le 1er février 1877.

La Compagnie d'Orléans remettra à la Compagnie des Charentes 370,245 obligations d'Orléans, jouissant du 1er janvier 1877, dans les dix-huit mois de la date de la loi approbative du présent contrat.

La Compagnie d'Orléans, si elle use de cette dernière facilité pour tout ou partie, devra verser aux mains de la Compagnie des Charentes les intérêts afférents aux titres dont la remise aura été différée à raison de 7 fr. 50 par semestre, sans déduction des droits et impôts.

Art. 5. — La Compagnie d'Orléans s'oblige à payer toutes les dettes existantes à ce jour, à supporter toutes les dépenses de construction et d'exploitation depuis le 1er janvier 1875, à exécuter tous les marchés et traités en cours, et notamment la convention existante avec les Compagnies de Barbezieux à Châteauneuf, à payer 25 fr. par chaque action des Charentes en circulation, dont 12 fr. 50 le 1er août 1876, et 12 fr. 50 le 1er février 1877, ainsi que les intérêts des titres d'emprunt des Charentes et de la Compagnie de la Sauve, échéant en 1876.

Art. 6. — Jusqu'à la livraison, l'exploitation des Charentes continuera à avoir lieu par son conseil d'administration, mais pour le compte de la Compagnie d'Orléans, sans que le conseil des Charentes puisse faire aucune commande nouvelle.

Art. 7. — Si les traités n'étaient pas ratifiés par le pouvoir public, ils deviendraient nuls, et la Compagnie des Charentes aurait à rembourser à celle d'Orléans les sommes avancées par cette dernière.

Art. 8. — Après ratification, les valeurs, les écritures et mobilier des Charentes seront remis à la Compagnie d'Orléans.

Art. 9. — La Compagnie des Charentes s'interdit toute émission d'obligations ou bons.

Art. 10. — Par le présent traité, la Compagnie des Charentes rentre en liquidation.

Art. 11. — Les employés actuels de la Compagnie des Charentes seront conservés ou indemnisés.

Art. 12. — La Compagnie d'Orléans stipule que la présente acquisition est soumise à son classement par les pouvoirs publics, dans son nouveau réseau, aux conditions ordinaires, c'est-à-dire à la garantie de 4 fr. 65, des sommes qu'elle aura payées avec une augmentation proportionnelle de la réserve de l'ancien réseau.

Par conséquent, la présente convention ne sera définitive qu'après qu'elle aura été ratifiée par les actionnaires de la Compagnie d'Orléans et par ceux de la Compagnie des Charentes, et qu'après que les pouvoirs publics auront ratifié et les traités de rachat des lignes de la Vendée et des Charentes, et les traités de concession de lignes nouvelles concédées à la Compagnie d'Orléans.

Chemin de fer de grande ceinture autour de Paris

Depuis quelques années, l'établissement d'un nouveau chemin de fer autour de Paris, à l'extérieur des fortifications, a été l'objet de beaucoup d'études et de nombreuses discussions. La dernière guerre a donné encore plus de gravité et un grand caractère d'urgence à cette question intéressante à plus d'un point de vue. En effet, des avantages considérables seraient retirés de l'exécution de ce projet. D'une part, des communications plus faciles et plus complètes seraient établies par ce chemin projeté entre les grands réseaux qui aboutissent à la capitale, en dégageant les gares principales, ainsi que le chemin de ceinture intérieur, de tout ce qui n'est pas spécial aux approvisionnements et aux expéditions de Paris; d'autre part, en cas de siége, il fournirait le moyen de pourvoir à toutes les exigences de la défense, en facilitant les concentrations des forces sur les points les plus menacés.

Le Conseil général de Seine-et-Oise, dans l'intérêt des localités nombreuses qui seraient desservies par ce réseau, avait entrepris de le concéder sous le régime créé par la loi de 1865. Mais le gouvernement, conformément aux avis préalables émis par le Conseil des ponts et chaussées et par le Conseil d'Etat, a jugé que le chemin de grande ceinture de Paris remplissait toutes les conditions d'une ligne d'intérêt général, et qu'il ne pouvait être convenablement construit et exploité que par les grandes Compagnies dont les réseaux desservent cette ville, et qui sont en possession de toutes les gares avec lesquelles la ligne circulaire sera mise en relation.

La question a été tranchée par la loi du 4 août 1875, qui déclare d'utilité publique l'établissement d'un chemin de fer partant de la gare des Matelots, sur le chemin de fer de l'Ouest à

Versailles, passant par ou près Saint-Germain-en-Laye, Poissy, Argenteuil, Epinay-sur-Seine, Stains, Dugny, Bobigny, Noisy-le-Sec, Nogent-sur-Marne, La Varenne-Saint-Hilaire, Valenton, Villeneuve-Saint-Georges, Palaiseau, Bièvre, et regagnant la ligne de l'Ouest à la gare des Chantiers; avec raccordements sur les grandes lignes actuelles, rayonnant de Paris, et y compris une ligne complémentaire d'Epinay-sur-Seine à la gare de Noisy-le-Sec, sur la ligne de l'Est, passant par les gares de triage de la plaine Saint-Denis et de Pantin. Le tracé de la partie comprise entre Villeneuve-Saint-Georges et Palaiseau reste indéterminé et sera fixé par une loi ultérieure.

L'article 2 de la loi actuelle approuve la convention provisoire passée entre le ministre des travaux publics et les Compagnies du Nord, de l'Est, d'Orléans, de Paris à Lyon et à la Méditerranée, réunies en syndicat pour la confection du chemin de fer de grande ceinture et de son raccordement avec les lignes principales actuelles qui rayonnent de Paris.

Cet ensemble formera autour de la capitale une ligne courbe d'environ 140 kilomètres de longueur, se composant de huit sections actuellement exploitées sur les réseaux de l'Ouest, du Nord, de l'Est, de Paris à Lyon, d'Orléans, d'une longueur ensemble de 50 kilomètres et de neuf sections à construire de 90 kilomètres.

Le syndicat, constitué en Compagnie particulière, sera administré par un Conseil comprenant deux administrateurs de chacune des quatre Compagnies; il pourvoira à toutes les dépenses de construction, réglera les conditions de l'exploitation, centralisera toute les recettes et partagera ensuite les charges et les produits entre les Compagnies syndiquées.

La Compagnie de l'Ouest a cru qu'il était de son intérêt de ne pas faire partie de ce syndicat; mais l'article 8 de la convention précitée lui conserve le droit d'y entrer dans le délai d'un an, à dater de la loi, aux conditions stipulées entre les autres Compagnies.

Dans ce cas, le capital nécessaire à la construction et à l'exploitation du chemin de fer de grande ceinture, capital évalué à 50,000,000 de francs, y compris le matériel roulant, serait partagé en cinq parts, au lieu de quatre. Chaque Compagnie aura ainsi à supporter une dépense de 10,000,000 de francs ou de 12,500,000, selon que la Compagnie de l'Ouest fera ou nom partie du syndicat.

L'incertitude qui existe encore sur la partie du tracé comprise entre Villeneuve-Saint-Georges et Palaiseau ne peut accroître les frais de premier établissement de plus de 2 millions.

Le chemin de grande ceinture doit être exécuté dans un délai de trois ans. Il sera soumis au cahier des charges ordinaire des Compagnies syndiquées, et ses recettes et dépenses entreront dans le compte de l'ancien réseau.

L'évaluation des produits du nouveau chemin de fer de grande ceinture serait difficile à établir ; mais on a le droit d'espérer que cette ligne, qui traverse un pays riche et peuplé, et des agglomérations nombreuses et importantes, et qui desservira la presque totalité du trafic qui s'échange entre les deux grands réseaux ne sera pas une exploitation onéreuse. A la vérité, une partie de ces produits sera enlevée au chemin de fer de ceinture intérieur ; mais, d'un autre côté, ce dernier, dont les voies sont aujourd'hui très-chargées, ainsi dégagé de tout le trafic extérieur à Paris, pourra être plus complétement et plus utilement appliqué au service des voyageurs, qui est susceptible de recevoir un grand développement.

Ainsi donc, la concession en elle-même était acceptable pour les Compagnies ; mais, en outre, il y avait, pour leur accorder la concession de cette ligne, et les Compagnies avaient pour l'accepter, des motifs péremptoires ; car cette ligne, entre des mains étrangères, perdrait toute son utilité en ce qui concerne les intérêts des Compagnies entre elles. Elle cessait, dans ces conditions, de satisfaire à l'un des principaux buts en vue desquels elle est établie.

Chemin de fer du Nord-Est

Nous assistons en ce moment à un mouvement de concentration et de fusion qui rappelle les opérations au moyen desquelles on est arrivé à constituer les six grandes Compagnies.

La Compagnie des Charentes vient de capituler devant la Compagnie d'Orléans. Avant elle, les Compagnies qui formaient le réseau appelé dans le monde des affaires le réseau Philippart, avaient elles-mêmes traité avec la Compagnie du Nord, qui exploite ces lignes depuis le 1er janvier.

Le réseau du Nord se compose de 300 kilomètres, représentés par les lignes suivantes :

1° Gravelines à Watten	19.376	mètres.
2° Boulogne à Saint-Omer	54.800	—
3° Lille à Comines	15.800	—
4° Tourcoing à Menin	12.200	—
5° Bergnette à Armentières	34.000	—
6° Somain à Tourcoing	45.000	—
7° Calais à Dunkerque	38.200	—
8° Saint-Omer à Bergnette	20.800	—
9° Erquelines à Anor	42.400	—
10° Chauny à Anisy	18.400	—
Total	300.976	mètres.

La Compagnie a, en outre, obtenu la concession d'un embranchement de Trélong à Fourmier, d'une longueur de 5 kilomètres.

On sait que les conditions dans lesquelles le réseau du Nord-Est a été concédé à la Compagnie, portant que l'intérêt du capital dépensé pour la construction pour l'ensemble de ses ligne, à concurrence de 150,000 fr. par kilomètre, est garanti à raison de 5 0/0, moitié par l'Etat et moitié par les départements du Nord, du Pas-de-Calais et de l'Aisne.

Ajoutons que les Rapports de la Banque Franco-Hollandaise ont affirmé que le coût du kilomètre ne dépasserait pas 130,000 fr. Dans ce cas, la Compagnie devrait se trouver dans une situation florissante, et le compte rendu de l'Assemblée générale que nous résumons ici ne traduit pourtant qu'une situation précaire.

Voici le résumé de cette importante réunion :

Les actionnaires de la Compagnie des chemins de fer du Nord-Est se sont réunis en assemblée générale le 6 juin, sous la présidence de M. le comte de Melun, président du Conseil d'administration.

La Compagnie s'étant trouvée dans des embarras financiers, par suite de la situation de ses banquiers, il ne lui a pas été permis de pousser très-activement les travaux de l'entreprise, pendant la campagne de 1875.

Une somme de 3,116,670 fr. 90 seulement a été consacrée à ces travaux, au cours du dernier exercice, ce qui a porté à 23,779,183 fr. 28 le total des dépenses d'établissement faites au 31 décembre 1875.

Depuis lors, la situation de la Compagnie a été dégagée par l'autorisation d'émettre 1,200 obligations, dont le produit de 3 millions 850,000 fr. était destiné : 1° A compléter les ressources sociales pour un chiffre de 2,100,000 fr.; et 2° à combler les insuffisances du trafic des premiers frais d'exploitation pour 1,250,000 fr. Sur les 12,000 obligations créés, 4,775 ont été déja vendues en bourse; 7,225 restent à négocier.

Sur les 300 kilomètres composant le réseau de la Compagnie du Nord-Est, 176 kilomètres sont ou vont être mis en exploitation, 63 kilomètres seront terminés en 1877, et les 61 kilomètres restant ne seront terminés qu'en 1880, date convenue.

La Compagnie du Nord possède depuis le 1er janvier, l'exploitation des lignes du Nord-Est qui étaient exploitées l'an dernier par la Compagnie de Lille à Valenciennes. Un décret du 20 mai 1876, a régularisé cette situation créée par le traité du 17 décembre 1875. En conformité de son traité la Compagnie du Nord verse mensuellement, les redevances auxquelles a droit la Compagnie du Nord-Est.

La Compagnie est créancière de la Banque Franco-Hollandaise d'une somme de six millions à peu près.

C'est à la reconstitution du capital dû par cette banque, qu'a été affectée la somme de 1,000 fr. par kilomètre à prélever sur la redevance kilométrique, payée par la Compagnie du Nord pour l'exploitation des lignes qui lui ont été concédées par le traité du 31 décembre.

C'est aujourd'hui le chemin du Nord qui englobe dans son réseau la ligne du Nord-Est.

Chemin de Lille à Valenciennes

La Compagnie de Lille à Valenciennes a été également cédée à la Compagnie du Nord par le traité du 31 décembre.

D'après les conditions de ce traité, les actions de Lille à Valenciennes sont assurées, à partir de la construction des lignes du réseau, d'un revenu d'environ 12 fr. jusqu'en 1880, de 15 fr. jusqu'en 1886, de 20 fr. jusqu'en 1890 et de 27 fr. à partir de 1892 jusqu'à la fin des concessions.

Le réseau de la Compagnie de Lille à Valenciennes comprend : 604 kilomètres qui lui ont été concédés directement ; 116 kilomètres par voie de reprise, et 423 kilomètres concédés à des tiers, mais dont l'exploitation appartient à la Compagnie. C'est donc un ensemble de 1,143 kilomètres, dans lesquels se trouvent comprises les lignes du Nord-Est.

Une assemblée générale extraordinaire des actionnaires a été tenue le 30 décembre pour approuver la convention, et en procédant au vote par voie d'appel nominal, le Conseil d'administration a obtenu l'approbation unanime de l'Assemblée.

Chemin de fer de Lille à Béthune et à Bully-Grenay

Les actionnaires de la Compagnie du chemin de fer de Lille à Béthune et à Bully-Grenay, réunis en assemblée générale le 28 janvier, ont approuvé à l'unanimité le traité général d'exploitation signé avec la Compagnie du Nord. Cette approbation n'a, en quelque sorte, été donnée que pour la forme. Car la Compagnie de Lille à Béthune n'est point intervenue au traité en question. Ce n'est pas la Compagnie du Nord qui est engagée envers elle, mais bien la Compagnie de Lille à Valenciennes.

Il est survenu, en effet, entre les deux Compagnies de Lille à Béthune et de Lille à Valenciennes, un contrat ratifié par l'assemblée du 28 janvier, et dont les bases sont les suivantes :

1° Cession par la Compagnie de Lille à Béthune à la Compagnie de Lille à Valenciennes de son entier réseau ;

2° Echange, par la Compagnie de Lille à Valenciennes, des actions de Lille à Béthune, contre des obligations de la Compagnie du Nord, à raison de trois obligations pour deux actions ;

3° Paiement par la Compagnie de Lille à Valenciennes à la Compagnie de Lille à Béthune, d'une annuité destinée au service des obligations de cette dernière Compagnie.

En possession de ce contrat, la Compagnie de Lille à Valenciennes a cédé à son tour l'exploitation, non-seulement de son propre réseau, mais aussi de celui de Lille à Béthune à la Compagnie du Nord. En vertu de ces conventions, la Compagnie du Nord ne connaît que la Compagnie de Lille à Valenciennes et elle n'est donc tenue qu'aux engagements qu'elle a pris avec cette dernière compagnie. Le Lille à Béthune n'est donc créancier que du chemin de Lille à Valenciennes.

Compagnie de la Vendée

Le traité intervenu entre la Compagnie de la Vendée et celle d'Orléans, et que les actionnaires de la Vendée, dans leur dernière assemblée générale, ont adopté à l'unanimité, porte que la Compagnie d'Orléans s'engage à reprendre au prix de 125,000 fr. l'un, les 360 kilomètres de lignes construites entre

Tours aux Sables-d'Olonne, et Poitiers à Saumur, soit pour la somme totale de 45,000,000 de francs.

Le paiement de cette somme devra avoir lieu dans les trois mois, après ratification par les Chambres, plus un intérêt à 5 0/0 l'an, calculé depuis le 1er janvier 1876 jusqu'au jour du paiement.

Le matériel roulant est racheté à dire d'expert, mais le paiement devra s'effectuer dans les conditions ci-dessus, en prenant pour base le prix coûtant, moins une retenue de 10 0/0 en attendant le dire des experts.

La Compagnie de la Vendée reste chargée de la construction de la ligne de Tours-Montluçon, 260 kilomètres, et de Bressuire-Poitiers, 90 kilomètres, soit 350 kilomètres à construire.

La Compagnie d'Orléans paiera les lignes susdites, à raison de 125,000 fr. par kilomètre, dont les quatre cinquièmes au fur et à mesure de l'avancement des travaux, et le cinquième restant, six mois après la réception des lignes.

Les subventions à payer par l'Etat et les départements resteront la propriété de la Compagnie de la Vendée.

En suite de cette convention, afin d'absorber par voie de fusion la Compagnie Bressuire-Poitiers, le Conseil a été autorisé par l'assemblée à augmenter le capital social, de même qu'elle a autorisé le Conseil racheter aux prix de 350 fr. l'une, les 4,000 actions formant le capital de la Société de Saumur-Poitiers.

Chemin d'Orléans à Rouen

Ce ne sont pas seulement les chemins de fer de la Vendée, que la Banque Franco-Hollandaise a cédés à la Compagnie d'Orléans.

Par quatre traités, la Compagnie d'Orléans a racheté les lignes de la Vendée, de Bressuire-Poitiers, de Saint-Nazaire au Croisic, et partie de celles d'Orléans-Rouen au sud de Chartres.

Les conditions que nous venons de faire connaître pour le rachat de la Compagnie de la Vendée donnent les bases des conventions arrêtées pour les autres compagnies. Mais nous n'insistons pas sur ces arrangements parce qu'au moment où nous consignons ces données, l'opinion se demande si le traité sera exécuté ou rompu. La Compagnie d'Orléans montre, paraît-il, une grande résistance à poursuivre la solution de cette affaire.

Attendons le dénouement qui ne peut manquer de se produire devant les Chambres appelées à donner leur approbation au traité.

Chemin de fer du Médoc

Ce n'est à dater que du mois d'août 1875 que la Compagnie du Médoc a eu sa ligne entière en exploitation. La moyenne du parcours exploité pour 1873 est de 96 kilomètres.

Les résultats de l'exercice de 1875, dont il a été rendu compte à l'assemblée du 10 juin, font ressortir pour les recettes un chiffre brut de 1,151,167 fr. 65, déduction faite des impôts de 974,939 fr. 97, ce qui donne une recette kilométrique de 10,,148 fr. 43, un peu supérieure à celle de 1874, qui avait été de 10,032 fr. 40.

Les dépenses d'exploitation ont été de 589,089 fr. 70, soit 6,132 fr, par kilomètre. Dans ce total de dépenses figurent deux sommes, l'une de 60,000 fr., l'autre de 6,205 fr. 60, qui ne doivent pas se reproduire les années suivantes.

La période des dividendes n'est pas encore ouverte pour les actionnaires. Mais voilà un réseau terminé; un compte d'établissement à peu près clos. On peut espérer que le développement normal du trafic, joint à certaines économies apportées dans le régime de l'exploitation, modifiera heureusement cet état de choses.

Chemin de fer de la Seurre

Les actionnaires de la Compagnie du chemin de fer de la Seurre ont tenu le 29 juillet, à Royan, une assemblée générale ordinaire et extraordinaire.

Comme assemblée ordinaire la réunion avait à discuter sur le rapport et les comptes arrêtés au 30 avril dernier, à ratifier la nomination d'un administrateur, puis à nommer les commissaires chargés de la vérification des comptes pour la partie encore à courir de l'exercice 1876 (du 1er mai au 31 décembre). Comme assemblée extraordinaire elle avait à donner au Conseil les pouvoirs nécessaires pour se procurer les ressources dont la Compagnie a besoin, à approuver quelques modifications au traité d'exploitation passé avec une entreprise particulière, ainsi que les modifications au traité passé avec la Compagnie des Charentes pour l'usage commun de la gare de Pons.

Voici quelles ont été les résolutions adoptées par les actionnaires :

1° L'assemblée approuve le rapport et les comptes arrêtés au 30 avril, présentés par le conseil, et constate qu'en raison des résultats de l'exploitation et de la situation financière de la Compagnie il ne peut être payé aux actions pour le coupon de juillet aucune somme, soit à titre d'intérêt, soit à titre de dividende;

2° L'assemblée ratifie la nomination proposée par le conseil de M. le comte de la Grandière, comme administrateur, en remplacement de M. Dufaure démissionnaire;

3° L'assemblée réélit MM. Gaston Barbet et Bargeaud, commissaires chargés de la vérification des comptes pour la période du 1er mai au 31 décembre 1876 ;

4° L'assemblée donne plein pouvoir au conseil pour se procurer les ressources nécessaires pour faire face aux besoins de la Compagnie, jusqu'à concurrence de 300,000 fr.

5° L'assemblée approuve la modification proposée au traité d'exploitation passé avec une entreprise particulière ;

6° L'Assemblée approuve la modification au traité passé avec la Compagnie des Charentes pour l'usage commun de la gare de Pons.

Chemin de fer de Vitré à Fougères

Le président du conseil d'administration s'est appliqué, dans l'assemblée générale des actionnaires du chemin de fer de Vitré à Fougères, qui a eu lieu le 24 mai, à faire ressortir le bon marché relatif du coût d'établissement de la ligne de Fougères par rapport au prix de revient de beaucoup de nos grandes lignes. Malheureusement, en dépit de ce bon marché, les charges sont encore trop élevées, eu égard aux recettes, qui ne permettent de distribuer aucun dividende aux actionnaires.

Le rapport présenté aux actionnaires constate que les recettes brutes pour l'exercice 1875 ont été de 492,535 fr. 02, soit 6,080 fr. 67 par kilomètre. Le montant même des impôts a réduit ces recettes à 442,458 fr., soit 5,462 fr. 14 par kilomètre.

Les frais d'exploitation ont atteint 314,799 fr. 33 ou 3,886 fr. 41 par kilomètre.

Il est ainsi resté un produit net de 127,658 fr. 67, soit par kilomètre 1,576 fr. 03., qui a été absorbé par les obligations.

Dans cette situation, la Compagnie de Vitré à Fougères a la ressource qu'ont, en pareil cas, toutes les petites compagnies.

C'est de chercher à augmenter le réseau dont elle avait paru se contenter, à l'origine. Aussi, ne doit-on pas s'étonner qu'elle sollicite la concession du chemin de fer de Chateaubriant à Vitré et à Rennes.

Chemin de fer de Picardie et Flandres

Le 1er mai dernier a eu lieu l'assemblée des actionnaires. Le rapport du conseil fait connaitre que les travaux de construction sont presque terminés dans l'Oise et dans la Somme, et qu'on pousse activement ceux qui sont entrepris dans le département du Nord.

Les produits de l'exploitation ont bénéficié d'une notable progression à la suite de l'ouverture de la section aboutissant à Saint-Just.

Le rendement kilométrique a été de 7,398 fr. 72. Les produits de la grande vitesse ont été de 322,846 fr. 35, et ceux de la petite vitesse de 323,442 fr. 50.

Au 31 décembre 1875, le compte d'établissement s'élevait à 18,203,848 fr. 73.

En ce qui concerne les subventions, la Compagnie n'a touché qu'un à-compte de 21,708 fr. 50, dans le département de l'Oise.

L'assemblée a approuvé les comptes de l'exercice de 1875.

Chemins de fer de Seine-et-Marne

La Compagnie des chemins de fer de Seine-et-Marne n'a pas payé le coupon échu au mois de juillet dernier, sur ses obligations. Cette suspension de paiement est une des conséquences de la mise en liquidation de la Banque nationale de crédit chargée du service financier de la Compagnie.

La Société des chemins de fer de Seine-et-Marne a été fondée principalement en vue d'exploiter une ligne allant de Lagary à Villeneuve-le-Comte (12 kilom.) avec prolongement de 7 kilomètres sur Montcerf. Les administrateurs se trouvaient avoir déposé dans la caisse de la Banque nationale de crédit une somme importante destinée à fare face aux paiements des travaux dus à l'entrepreneur, au fur et à mesure de leur exécution, lorsque cet établissement financier fut obligé de se mettre en liquidation.

La liquidation ayant cessé ses remises à la Compagnie aussi bien qu'à l'entrepreneur, lequel s'est dès lors refusé à continuer les travaux, des procès ont été engagés entre la Compagnie, l'entrepreneur et le liquidateur. Ces procès sont actuellement pendants devant le tribunal de commerce de la Seine

---

Chemin de fer de Lyon (Croix-Rousse) à Sathonay
(EN FAILLITE)

La liquidation de cette faillite est terminée, et les créanciers sont convoqués pour entendre le compte rendu du syndic. Voici le résumé de ce document :

La faillite a été déclarée, il y a onze ans, le 19 janvier 1865. Un premier compte de gestion a été établi le 17 mars 1873 ; trois répartitions, s'élevant ensemble à 85 0/0, avaient été distribuées dans les derniers mois de 1872 aux 977 créanciers chirographaires, admis jusqu'à cette époque pour un passif total de 3,304,756 fr. 70 c.

L'actif restant à liquider à ladite époque du 17 mars 1873 se composait :

Excédant libre, à la Caisse des consignations, du 17 mars 1873	95.307 31
Solde de l'excédant des recettes du sequestre administratif, après le versement de 100,000 fr., du 14 mars 1873, évalué	50.000 »
Montant des sommes dues à la masse par la Compagnie concessionnaire du prolongement sur Baure, pour règlement et solde des péages, et de tous dommages, à raison de non-exécution des travaux de rétablissement de la gare de Sathonay et de ses abords jusqu'au 31 décembre 1872, à fixer par justice	mémoire.
Parcelles en dehors de la voie, évaluée	20.000 »
Total, sauf mémoire	165.307 31

Le sequestre administratif avait précédemment remis à la faillite, le 14 mars 1873, la somme de 100,000 francs, qui était entrée dans les recettes du premier compte rendu du syndic ; le compte complet et final a été établi en septembre 1873 ; il a été arrêté d'accord et soldé par un versement de 79,137 fr. 60 c., qui figurent en recette au crédit de la faillite.

Mais ce compte laissait en litige un solde important des péages et accessoires dû par la Compagnie des Dombes, à raison du passage de ses trains sur la ligne de Sathonay jusqu'à

Lyon (Croix-Rousse), depuis le 1er septembre 1866 jusqu'au 31 décembre 1872.

A la suite d'un procès, la Compagnie des Dombes, qui avait déjà payé la provision de 125,000 francs, a payé à la faillite, pour solder 121,073 fr. 15 c., soit en tout 246,073 fr. 15 c.

Enfin, la faillite a réalisé une somme de 5,000 fr. sur les droits qu'elle avait sur les parcelles situées des deux côtés de la voie, en-dehors de la concession.

En résumé, d'après le rapport du syndic, le total des recettes est de 446.330 58

Le total des dépenses est de............... ... 113.056 18

Soit...... .... 333.274 40

L'excédant libre, produisant aux profits des créanciers, sur un passif de 3,322,755 fr. 73 c., dû à 997 créanciers chirographaires, un quatrième et un dernier dividende de 10 fr. 03 0/0.

Les créanciers ont déjà reçu 85 0/0 dans les trois premières répartitions ; la faillite aura donc produit pour eux, avec cette quatrième et dernière répartition, un dividende total de 95 fr. 03 0/0.

Chemins de fer d'intérêt local

Nous terminons cette revue des chemins de fer par un tableau des chemins de fer d'intérêt local, qui aura pour nos lecteurs un double avantage : en premier lieu, celui de montrer, par une statistique, la situation présente des chemins de fer d'intérêt local en France, et, en second lieu, celui de prouver, par l'expérience, la justesse des observations que nous avons présentées en tête de ce chapitre. Comment ne pas comprendre la nécessité, l'urgence de recourir à un système de locomotion plus économique, puisque avec le système actuel, les chemins de fer d'intérêt local ne font pas leurs frais d'exploitation ?

Il existe en ce moment, en France, près de 2,000 kilomètres de chemins de fer d'intérêt local en exploitation. Sur ce nombre, l'administration n'a pu communiquer au *Journal officiel* du 25 juillet que des renseignements relatifs à 383 kilomètres, et encore ces renseignements sont-ils fort incomplets.

Les 383 kilomètres dont il s'agit comprennent :

Archiel à Bapaume	7 kil.
Saint-Quentin à Guise	40 —
Réseau de l'Eure, comprenant les chemins de Pont-de-l'Arche à Gisors, d'Evreux à Elbeuf, de Dreux à Acquigny, de Montfort à Pont-Audemer	226 —
Nizan à Saint-Symphorien	18 —
Bordeaux à la Sauve	27 —
Alençon à Condé	65 —

Voici les résultats d'exploitation, tels qu'ils sont fournis par le *Journal officiel*, pour le premier trimestre de 1876 et 1875 :

	1er TRIMESTRE DE 1876	
	Recettes brutes par kilom.	Recettes nettes par kilom.
Achiel à Bapaume	4.344	2.301
Saint-Quentin à Guise	2.660	1.160
Réseau de l'Eure	»	»
Nizan à Saint-Symphorien	1.466	643
Bordeaux à la Sauve	»	»
Alençon à Condé	1.081	072

	1er TRIMESTRE DE 1875	
	Recettes brutes par kilom.	Recettes nettes par kilom.
Achiel à Bapaume	4.005	2.096
Saint-Quentin à Guise	2.147	676
Réseau de l'Eure	1.256	»
Nizan à Saint-Symphorien	979	135
Bordeaux à la Sauve	»	»
Alençon à Condé	»	»

Chemins de fer de l'Est algérien

La Compagnie des chemins de fer de l'Est algérien, qui s'est constituée par acte du 5 février 1876, a pour objet la construction d'un chemin de fer de Constantine à Sétif, d'une longueur de 154 kilomètres, avec prolongement éventuel sur Batna.

L'exposé des motifs relatifs à la concession de ces lignes en fait ainsi ressortir l'utilité :

« La Kabylie, actuellement pacifiée après avoir été un foyer actif d'insurrection, constitue, par la richesse et la variété des produits du sol, par l'esprit industrieux des habitants, un grand centre commercial où la population française a réussi à s'implanter, et qui est appelé à développer les transactions entre la colonie et la métropole.

» La large zone qui sépare cette région du désert est elle-même d'une remarquable fertilité en céréales. Le chemin projeté formera, avec celui de Philippeville à Constantine, une ceinture autour de la Kabylie, et aura pour résultat d'assurer d'une manière plus efficace la sécurité du pays, en même temps qu'il servira à faire valoir ses ressources par la commodité et la rapidité des transports. Il constituera, en outre, entre Constantine et El-Querrah, l'amorce d'une ligne qui s'impose par des intérêts de premier ordre entre la première de ces villes et Batna. »

Le rapport, fait au nom de la commission des chemins de fer chargée du projet de loi, n'est pas moins explicite :

« L'établissement d'un chemin de fer destiné à relier les lignes de Constantine et de Sétif, lisons-nous dans ce document, est d'une utilité qui ne peut faire question pour l'Algérie. Cette œuvre est d'un intérêt général, et une semblable création répond à de trop nombreux et de trop pressants besoins pour ne pas enlever votre suffrage unanime. »

Vu la nature du sol, la pose de la voie ne doit rencontrer aucune difficulté, ne nécessitera aucuns travaux d'art. Les devis officiels, faits en dehors de la Compagnie, portent à 18 millions, 538,000 francs les dépenses de construction de Constantine à Sétif. La Compagnie a admis un coût moyen kilométrique de 130,000 francs, ce qui représente, en nombre rond, un capital de 20 millions, qu'on est en droit, par conséquent, de considérer comme maximum.

Ce capital comprend 10 millions en actions et 10 millions en obligations. Quelle sera sa rémunération ?

Elle est d'abord assurée par la loi du 15 décembre 1875, laquelle garantit au chemin de fer de Constantine à Sétif, durant toute la concession, à partir de la mise en exploitation, un revenu net annuel de 7,350 fr. par kilomètre, soit, pour 154 kilomètres, une somme annuelle de 1,191,900 fr.

Si l'on admet que le service d'intérêt et d'amortissement des obligations, ainsi garanties par l'Etat, exige une annuité de 5.91 0/0, soit en tout 591,000 francs, il resterait encore aux actions, du seul fait de la garantie gouvernementale, une somme de 600,000 francs, représentant un intérêt de 6 0/0 par an.

Mais le revenu net de 7,350 fr. par kilomètre ne saurait-il

être dépassé? Ce revenu net, d'après l'exposé des motifs, correspond à une recette brute kilométrique de 16,333 fr., avec 55 0/0 de frais d'exploitation.

Or, le rapport officiel de la commission d'enquête évalue le trafic probable de la Compagnie à 22,500 fr. par kilomètre. Si l'on défalque non pas 55 mais 60 0/0 pour les frais d'exploitation, on aurait un rendement net de 9,000 fr. par kilomètre, soit, pour 154 kilomètres, un total de 1,386,000 fr. Si l'on déduit 591,000 fr. pour le service des obligations, il reste 795,000 francs pour les actions, soit 39 fr. 75 par titre, ou, autrement dit, un revenu de 7 95 0/0.

Constatons que les excédants des recettes nettes, provenant de la ligne de Constantine à Sétif, au delà de 9,000 fr. par kilomètre, doivent être déversés, aux termes de l'article 7 de la convention conclue avec l'État, sur la ligne éventuelle de Batna.

Mais lorsque la ligne de Bâtna produira un revenu net kilométrique de 7,350 fr., ce déversoir cessera de s'appliquer; jusqu'à ce moment, on peut considérer la Compagnie de l'Est algérien comme limitée à un revenu net de 9,000 fr. par kilomètre.

Voilà donc les résultats que l'on obtient en s'en tenant aux données fournies par l'administration.

La Compagnie des chemins de fer de l'Est algérien, confiante dans la bonté de son entreprise, s'occupe de former sérieusement son fonds social, avant de créer des obligations. Elle a fait une émission de 18,000 de ses actions, sur les 20,000 dont se compose son capital.

Chemin de fer d'Orléans à Châlons

Cette Compagnie se trouve malheureusement dans les mêmes conditions précaires que l'année dernière. Elle a pourtant ajouté à son réseau d'exploitation de nouvelles sections représentant 74 kilomètres; mais que dire d'un chemin qui produit 902,452 fr., quand il en dépense 1,235,735?

Comme le réseau du Nord, de l'Est, d'Orléans à Rouen, des Charentes et de la Vendée, le chemin de fer d'Orléans est appelé à disparaître, et à se fondre dans les grandes Compagnies. Ce n'est pourtant pas l'argent qui lui a manqué. Le chemin de fer d'Orléans est placé sous le haut patronage de la Société des dépôts et comptes courants. Mais il y a dans la constitution des chemins de fer secondaires, une cause d'impuissance irrémédiable. Ils n'ont ni assez de trafic, ni assez de voyageurs. Comment arriver dès lors à produire un revenu rémunérateur?

Ajoutons qu'à cette cause de faiblesse vient se joindre pour l'Orléans-Châlons un prix de revient que nous croyons très-élevé; car la Compagnie est sur ce point d'un laconisme qui fait supposer des mécomptes dans le chiffre du coût pour le premier établissement de la voie.

La Compagnie a pourtant poussé à la hausse de ses obligations qui obtiennent à la Bourse une cote favorable. Mais la hausse d'un titre ne fait pas sa valeur. C'est le revenu qui est la pierre de touche, et la Compagnie d'Orléans à Châlons n'est pas en situation d'assurer la sécurité du paiement de ses coupons.

Les voies et moyens auxquels on a recours dans ces entreprises pour essayer d'arriver à un produit supérieur, tournant habituellement contre elles, on se dit qu'en développant le réseau, on arrivera à développer le trafic, et on ajoute lignes sur lignes au réseau primitif. Le résultat est presque partout le même. On gonfle outre mesure le compte des frais de premier établissement, et les recettes restent à peu près les mêmes.

C'est là, nous devons le dire, une situation difficile, pénible, aiguë, à laquelle il faut sérieusement penser; car le pays arriverait à l'impossibilité de trouver les capitaux nécessaires pour l'achèvement du réseau.

Chemin de fer et bassin houiller du Var

Nous renvoyons nos lecteurs, pour les renseignements généraux de cette Compagnie, à notre *Manuel* de l'année dernière.

Rien n'est changé depuis un an dans l'organisation et dans l'ensemble des services de la Société. Mais la Compagnie présente aujourd'hui une cause sérieuse d'amélioration qui passe inaperçue pour le public, et qui ne peut manquer prochainement de changer du tout en tout les conditions d'exploitation du bassin houiller du Var.

Nous voulons parler de la construction du chemin de fer appelé à donner aux houillères du Var le débouché qui leur manquait jusqu'à présent. La construction de cette ligne qui doit aller du carreau de la mine à la gare et au port de Fréjus, ouvrira à l'exploitation des houillères du Var, le marché qui lui faisait défaut. Or, la Compagnie touche à l'achèvement de cette voie qui sera pour le département et les populations, comme pour le charbonnage, un véritable bienfait. Tous les travaux seront terminés en 1877, et les houillères du Var deviendront alors une affaire de premier ordre.

On sait, en effet, que plus on descend vers le Midi plus les gisements houillers se font rares, et cette rareté d'exploitations houillères donne à celle du Var un grand prix.

Les travaux de la mine se poursuivent naturellement avec la même activité que le chemin de fer, et dans le courant de l'année prochaine, la Compagnie sera en mesure de livrer 300 tonnes par jour. A 10 fr. la tonne, seulement, — et nous donnons le prix minime que l'on peut mettre en avant, — c'est une recette brute de 3,000 fr. par jour que la Compagnie encaissera.

Mais l'exploitation des houillères du Var est placée dans des conditions si heureuses, et la vente de ses charbons est si bien assurée d'avance, que la Compagnie sera obligée de donner à ses opérations plus d'extension.

Il importe, en effet, de remarquer que le département du Var demande à construire une nouvelle voie ferrée dans l'intérieur du département. Le nouveau chemin à construire, partant de Nice (Alpes-Maritimes), et remontant au Nord, desservirait Cagnes, Rochefort, Le Bar, Grasse, Cabris, Callian, Montauroux, Fayence, Seillans, Bargemont, Claviers, Callas, avec une gare à égale distance de ces trois dernières localités, puis Figanières et Draguignan. Il se dirigerait ensuite sur Lorgues, Carces, le Val, Brignoles; atteindrait Aix (Bouches-du-Rhône), en passant par Tourves, Saint-Maximin, Pourcieux, Pourrières, Peybonbier et Trets. Finalement, la ligne correspondrait avec les chemins de fer des Alpes, ou venant se souder à la grande ligne de Paris-Lyon-Méditerranée, en deçà du tunnel de la Nerthe, reconnu dès maintenant comme insuffisant pour le passage et le transport des voyageurs et des marchandises.

Le chemin, dont le conseil général a adopté à l'unanimité la création, révélerait en quelque sorte le département du Var à lui-même. Le chemin de fer du littoral ne fait que l'effleurer sans ouvrir à ses ressources industrielles les voies rapides. On peut donc compter sur la construction de cette ligne.

On comprend que la Compagnie du chemin de fer et du bassin houiller du Var ne peut que gagner à la construction de cette nouvelle ligne sur laquelle le chemin de fer d'exploitation viendra tomber perpendiculairement. Ce sera là, pour les houillères du Var, un large et fructueux marché.

Ajoutons que la Compagnie se trouve dans des conditions financières excellentes. Elle n'a réalisé qu'une partie des 75,000 obligations qu'elle a été autorisée à émettre. Tous ses services sont assurés, et la Compagnie, dont le siége social est oujours Louis-le-Grand, 3, paie régulièrement ses coupons.

En terminant les chemins de fer français, nous devons avertir que nous passerons naturellement sous silence les Compagnie qui ne nous offrent aucune information nouvelle. Nos lecteurs trouveront dans notre *Manuel* de l'année dernière, les renseignements généraux que nous avons consignés.

Terminons en donnant une statistique générale de nos chemins.

STATISTIQUE DES CHEMINS DE FER FRANÇAIS

Il résulte des documents publiés par le *Journal officiel* que, du 1er juillet 1875 au 30 juin 1876, on a ouvert à l'exploitation 726 nouveaux kilomètres, savoir :

Ancien réseau

Nord	82	kilomètres.
Est	14	—
Lyon	122	—
	218	kilomètres.

Nouveau réseau

Nord	92	kilomètres.
Orléans	106	—
Lyon	53	—
Midi	5	—
	256	kilomètres.

Compagnies diverses

Nord-Est	15	kilomètres.
Orléans à Châlons	74	—
Lille à Valenciennes, et Lérouville à Sedan	73	—
Dombes et Sud-Est	75	—
Médoc	7	—
Bondy à Aulnay	8	—
	252	kilomètres.

L'on a eu, comme on le voit, une campagne bien employée. Si l'on ajoute les 726 kilomètres aux lignes précédemment ouvertes, on trouve qu'au 30 juin 1876, nous avions, chez nous, en exploitation un total de 20,111 kilomètres, se répartissant comme suit :

Ancien réseau	9.490
Nouveau réseau	8.578
Réseau spécial	143
Compagnies diverses	1.900
Ensemble	20.111

La recette totale du premier semestre s'est élevée à 401 millions 748,840 fr., en augmentation de 2,202,121 fr. sur celle de la période correspondante de 1875. Cette augmentation n'est due qu'au trafic du nouveau réseau et des Compagnies diverses; car l'ancien réseau accuse une diminution de 1 million 141,073 fr.

Si l'on examine séparément les Compagnies, on constate, pour l'ancien réseau, les résultats suivants :

Le Nord, avec une augmentation brute de 403,270 fr., a une diminution kilométrique de 3 52 0/0. Le Lyon a une diminution brute de 4,567,538 fr., et kilométrique de 5 03 0/0. Le Midi perd 502,575 fr., soit 2 22 0/0. Par contre, les autres Compagnies présentent les excédants suivants : Est, 976,519 fr., soit 2 38 0/0; l'Ouest, 1,268,809 fr., soit 4 06 0/0; l'Orléans, 1,271,649 fr. ou 2 65 0/0.

Le revenu moyen kilométrique de l'ancien réseau est descendu de 32,881 à 32,315; il a donc fléchi de 1 72 0/0.

Sur le nouveau réseau, le Nord gagne 134,731 fr.; l'Orléans, 70,805; mais ce bénéfice brut correspond à un déficit kilométrique de 12 73 0/0 et 4 40 0/0. Le Lyon perd tout à la fois 32,642 fr. et 2 08 0/0. L'Est gagne 329,627, soit 1 29 0/0; l'Ouest, 357,970 fr., soit 2 37 0/0, et le Midi, 288,961 fr. ou 2 25 0/0.

Au résumé, la moyenne du rendement kilométrique sur le nouveau réseau a baissé de 10,150 à 10,027 fr.; elle a faibli de 1 21 0/0.

Pour le réseau secondaire, son produit kilométrique moyen, qui est en soi des plus médiocres, s'est amélioré de 3 57 0/0; il s'est élevé de 5,149 fr. à 5,333 fr.

Les impôts sur les transports ont suivi la marche des recettes effectives.

La grande vitesse a produit 31,355,490 fr., en augmentation de 316,094 fr.; et la petite vitesse, 10,995,329 fr., en excédant de 4,439 fr. sur l'année dernière.

CHAPITRE XIV

VALEURS DIVERSES FRANCAISES

Société immobilière

Le compte rendu annuel de la liquidation annuelle de cette grande ruine n'avait qu'un intérêt, celui de savoir ce que vaut l'obligation de l'Immobilière. La réserve qu'observent les liquidateurs au sujet de la valeur de l'actif ne permet pas au public d'apprécier ce titre.

Comme le prix véritable des immeubles est pourtant la question que les intéressés désirent le plus connaître, le Crédit mobilier a cru devoir faire les calculs nécessaires pour établir le prix de cette obligation, et voici quels sont les résultats des évaluations faites par lui.

On obtient pour l'actif, tant à Paris qu'à Marseille, un total général de 145,507;000 francs.

Quant au passif de la Compagnie, grâce aux remboursements opérés, il ne s'élève plus qu'à 217,028,050 francs, savoir :

Créances privilégiées

Crédit foncier (Compte emprunts et aunuités arriérées)	53.357.090
Sous-Comptoir des Entrepreneurs, Marseille	6.853.000
Obligations 6 0/0 (capital et coupons échus)	11.579,000
Créance Tellenne	465.000
Ville de Marseille, domaines, etc	6.033.000
	78.288.000

Créances chirographaires

Crédit mobilier, avec intérêts	56.125.000
Obligations 3 0/0, avec coupons et amortissement	81.274.000
Divers	1.341.070
	138.740.000
Soit, pour les deux natures de créances	217.828.000

Si de l'actif évalué plus haut à 145,507,000 francs, on retranche le passif privilégié, soit 78,288,000 francs, il reste une somme de 67,219,000 francs, laquelle, partagée entre le passif chirographaire, qui est de 138,740,000 fr., représente un dividende d'environ 48 1/2 0/0.

Or, l'on sait que l'obligation 3 0/0 est admise au passif pour la somme de 354 francs sur le pied de 48 1/2 0/0, et elle aurait à recevoir, en capital, 171 fr. 69.

Tel est le dernier mot d'une affaire que le Crédit mobilier présentait à l'épargne comme une entreprise qui devait être le modèle de la spéculation française.

Compagnie des allumettes chimiques

A l'heure où nous écrivons ces lignes, on peut dire que la discussion relative à la Compagnie des Allumettes s'allume plus vive que jamais. On connaît l'histoire de cet impôt qui aura coûté cher à tout le monde, à l'Etat qui a payé 30 millions pour l'expropriation des anciens fabricants, au public qui a payé plus cher le produit d'un prétendu monopole qui n'a jamais existé, et à la Compagnie qui se voit menacée de perdre entièrement son capital si le Gouvernement ne vient pas modifier le contrat léonin qu'il a signé avec elle.

Nous disons contrat léonin parce qu'il est un chiffre qui domine toute cette affaire ; c'est le chiffre qui a servi de base pour l'évaluation du commerce des allumettes en France. L'Etat a posé une statistique de vente assurant le débit de 40 milliards d'allumettes, et la Compagnie, en faisant le possible et l'impossible, n'a guère pu dépasser 20 milliards. Est-ce là ce que l'on peut appeler, suivant le vieil aphorisme français, *un marché loyal et marchand?*

Non, sans doute, et c'est précisément parce que l'équité commandait de revenir sur une convention ruineuse pour la Compagnie contractante, que M. Léon Say avait proposé un nouveau traité faisant désormais payer à la Compagnie une redevance proportionnelle au chiffre des ventes réalisées. Quoi de plus sensé et de plus juste ?

C'est pourtant cet arrangement nouveau que M. Tirard a repoussé au nom de la Commission du budget, et la Chambre, après une courte discussion, a voté pour l'adoption des conclusions de la Commission.

La porte reste sans doute ouverte pour une combinaison nouvelle ; mais nous estimons que M. Say, ministre des finances, qui a fait preuve de dispositions conciliantes, devrait se hâter d'arriver à une solution. Il y a en effet urgence, et l'Etat qui a groupé des capitaux importants sur l'énonciation de données inexactes, doit avoir égard à la situation de ces fonds, aujourd'hui irrémédiablement compromis. Tout le monde, dans cette triste affaire, l'Etat, le public, la Compagnie, se trouve dans une impasse. A l'Etat qui nous y a mis de nous en faire sortir au plus vite.

Compagnie générale des Eaux

La Compagnie générale des Eaux a tenu, le 22 avril, son assemblée annuelle.

L'exposé des comptes de l'exercice 1875, soumis par le conseil d'administration, constate un accroissement dans les produits de la Compagnie. Ces produits ont été : pour Paris et la banlieue de 3,448,766 fr, 25 ; pour Lyon, de 1,336,845 fr. 06 ; pour Nantes, de 250,801 fr. 74, et pour Nice, de 223,103.

Si l'on ajoute les recettes diverses, le montant total des produits de l'exploitation s'élève à	5.335.339 07
Les dépenses ayant été de	3.129.388 46
Les bénéfices ressortent à	2.205.950 61
dont la répartition a eu lieu de la manière suivante :	
Remboursement des actions	31.000 »
Intérêt de la réserve statutaire	60.000 »
Dotation du fonds de reconstitution	60.000 »
Complément de la réserve statutaire	22.491 51
Dividende à raison de 50 fr. par action	2.032.459 10
Total égal	2.205.950 61

L'assemblée a approuvé les comptes et voté la fixation du dividende à 50 francs par action.

Elle a également approuvé le traité de distribution d'eau passé par la Compagnie avec la ville d'Hyères. Elle a renouvelé les pouvoirs donnés en 1869 au conseil d'administration pour traiter, avec la ville de Nice et l'Etat, de la concession du canal de la Vésubie, avec autorisation d'accepter une réduction du chiffre de la subvention de l'Etat et de l'annuité de la ville précédemment fixés.

MM. Chaperon et comte Foy ont été élus administrateurs en remplacement de MM. le duc de Montebello et le baron de Richemont, décédés.

MM. E. Blount, J. Stern et Reille, administrateurs sortants, ont été réélus.

Les membres de la commission de 1875 chargés de la vérification des comptes : MM. F.-R. Duval, A. Gérard, ont été réélus. M. Langlois a été nommé commissaire, en remplacement de M. Chaperon, élu administrateur.

Le travail d'échange des anciens titres en nouveaux est à peu près terminé. Il ne reste plus que 545 actions à échanger.

Quant aux 10,000 obligations nouvellement créées par la décision du 14 décembre 1874, 8,000 sont émises au prix de 423 fr. 13 c., et les deux autres mille sont en réserve, pour faire face aux besoins futurs de la Société.

Compagnie générale des Marchés

Les recettes brutes des douze marchés qu'exploite la Compagnie se sont élevées, en 1875, à 801,897 fr. 75, en diminution de 9,717 fr. 90 sur celles de 1874. Les dépenses correspondantes ont été de 310,582 fr. 29, en diminution de 1,590 fr. 02. De sorte que le produit net de 1875, qui ressort à 491,315 fr. 46, présente une différence, en moins, de 8,127 fr. 80, par rapport à 1874.

Le nombre des locations n'a pas subi de variation sensible, durant tout le cours de l'année. Sur 2,587 boutiques, la Compagnie en avait 1,572 d'occupées au 31 décembre. Les 1,015 boutiques vacantes représentent une valeur locative de 600,000 fr. par an.

Au produit net de 491,315 fr. 46, il faut ajouter le produit des placements de fonds, 48,793 fr. 38, et le reliquat de 1874, soit 40,072 fr. 16; ce qui donne un total de 580,181 fr. Si l'on en déduit 47,675 fr. pour l'amortissement des actions, il reste 532,506 fr.

Le conseil d'administration a proposé à l'assemblée générale du 27 avril de répartir 500,000 francs sur 25 fr. par action, et de reporter le solde 32,506 francs à l'exercice 1876.

L'assemblée ayant approuvé cette répartition, et une première distribution de 12 fr. 50 par action ayant été faite le 1er janvier dernier, le solde de 12 fr. 50 a été mis en paiement le 1er juillet.

Ont été nommés commissaires pour l'exercice 1876, MM. John Fol et Eugène Puerari. MM. Abel Laurent et Louis Roget ont été réélus administrateurs.

Société des Glacières de Paris

La Société des Glacières de Paris a tenu son assemblée générale le 18 mars. Les actionnaires ont approuvé les comptes de l'exercice 1875, tels que le conseil d'administration les a présentés, notamment le rachat de 56 actions, ce qui ramène à 3,144 le nombre des titres en circulation.

L'assemblée a ensuite fixé le dividende de 1875 à 30 fr., sur lesquels 10 francs ont déjà été touchés le 1er novembre dernier, et 20 fr. seront payés le 1er mai prochain.

MM. Ristelhueber et Bompart ont été réélus administrateurs pour trois ans; M. Michelet a été maintenu commissaire pour l'exercice 1876.

Il convient de constater que cette entreprise, après des débuts très-difficiles, est parvenue, grâce à la nouvelle direction, à donner des résultats inespérés.

Compagnie des Lits militaires

L'assemblée générale a eu lieu le 14 septembre.

Le décès de M. Charles Laffitte a été une cause de temps d'arrêt dans les négociations poursuivies avec le ministère de la guerre. Mais M. Grimoult, ancien président du tribunal de commerce, a été appelé à la présidence du conseil, et les démarches auprès du ministère sont plus activement poursuivies que jamais.

Le bilan de la Société au 31 décembre 1875 donne à l'actif de la Compagnie un capital de 31,544,454 fr. 50. Toutefois, les résultats de l'exercice ne permettent pas de distribuer un dividende et le rapport, à ce sujet, se borne à constater que la valeur du matériel s'est accrue de 1 million 543,000 francs. Malheureusement pour la Compagnie des Lits militaires, les perspectives sont toujours brillantes, mais les réalités ne sont jamais satisfaisantes.

Société de Travaux publics et de construction

Les comptes présentés par le conseil d'administration à l'assemblée générale du 16 février font ressortir, pour l'exercice 1875, un bénéfice de 471,179 fr. 68, légèrement inférieur à celui de 1874, qui avait été de 497,117 fr. 68.

La répartition de cette somme de 471,170 fr. 68 a eu lieu comme suit :

A la réserve	23.558 98
Intérêt et dividende aux actions à raison de fr. 45.72 1/2 environ par action, impôt à déduire	274.325 70
Amortissement du capital	136.080 »
Allocations diverses	37.215 »
Total égal	471.179 68

L'assemblée a approuvé les comptes de l'exercice et voté la répartition du dividende proposé, soit 45 fr. 72 par action, impôt à déduire. Elle a, en outre, réélu les membres du conseil d'administration, dont le mandat était expiré. Le conseil aujourd'hui se compose de MM. H. Blondel, M. Aubry, F. Barrot, G. de Bussière, A. Donon, J. Gautier, E. Gautier, Gros-Hartmann, J. Levasseur, A. de la Martelière, H. Poisson, A. de la Rochefoucauld, C. de Saulcy et P. Target.

Les censeurs sortants, MM. L. Foacier, G. Fourchault et Eugène Saunier, ont également été réélus.

Compagnie de la Tonnellerie mécanique

Nous avons donné, l'année dernière, les renseignements généraux relatifs à cette nouvelle affaire, qui réalise un progrès depuis longtemps attendu dans l'industrie vinicole, si considérable en France.

Cette Société constituée au capital de deux millions de francs, divisé en 4,000 actions d'apport de 500 fr.; a émis 6,000 obligations remboursables à 250 fr. Ces obligations rapportent 15 fr. nets qui sont payables : le 1er janvier 7 fr. 50 et le 1er juillet 7 fr. 50 à la Banque générale de Crédit, rue Lafayette, 7.

L'entreprise est en plein rapport et consacre ses produits et ses ressources au développement de ses opérations dans les grands centres vinicoles. Elle a maintenant trois usines : l'une à Cette, l'autre à Charvieux (Isère), la troisième à Libourne.

L'affaire, comme on le voit, suit son cours régulier. Le *Moniteur de la Banque et de la Bourse* tient les intéressés au courant des opérations de la Société.

Union métallurgique de France

Cette affaire intéresse un grand nombre de porteurs de titres, qui tiennent à connaître l'état de cette malheureuse entreprise. C'est donc à titre d'information que nous consignons ici la lettre que le syndic de la faillite a adressée aux créanciers de la faillite :

La faillite de la Société dite de l'Union métallurgique de France est retardée par quatre procès.

Le premier est relatif à un transport d'un million de francs fait à cette Société par M. Larivière. Ce procès perdu pour partie en première instance, a été gagné devant la Cour, par arrêt rendu le 4 août 1876.

Je devrai, par suite, toucher, sinon la totalité de la somme transportée, au moins une très-forte partie.

Le deuxième a pour objet la question de savoir si les porteurs des vingt mille obligations placées par M. de Bardies à tout prix, deux ans après la formation de la Société, doivent être admises au passif de la faillite pour 290 fr. par obligation, de même que ceux qui ont souscrit à l'émission et payé cette somme de 290 fr.

Ce procès est pendant devant la Cour, il sera jugé aussitôt après les vacances, c'est-à-dire vers novembre ou décembre.

Le troisième a pour objet la nullité de deux transports d'ensemble 126,000 fr. consentis par l'administrateur délégué au profit de deux créanciers.

Le tribunal de 1re instance a, sur ma demande, annulé ces deux transports.

Les bénéficiaires ont interjeté appel.

Le quatrième concerne la mine de Versillac-Chambonnet; il a peu d'intérêt, cette mine ayant une valeur minime. Ce procès sera prochainement juré et la mine sera vendue, j'espère, dans le courant du mois de novembre.

Le deuxième procès dont j'ai parlé mettant en question une partie du passif, il ne m'est pas possible de vous dire quelle sera l'importance du dividende que vous aurez à recevoir; mais vous pouvez certainement compter qu'un premier dividende vous sera distribué, au plus tard vers le mois de février ou de mars 1877, bien qu'à cette époque les opérations de la faillite ne puissent être terminées.

Agréez, Monsieur, l'assurance de ma parfaite considération.

BEAUGÉ.

Docks et Entrepôts de Marseille

L'assemblée générale annuelle des actionnaires de la Compagnie des docks et entrepôts de Marseille s'est tenue, le 24 avril, sous la présidence de M. Rey de Foresta, vice-président du conseil d'administration.

Les recettes de l'exploitation, pendant l'exercice écoulé, sont restées un peu au-dessous de celles de l'année précédente, contrairement aux espérances qu'avaient fait concevoir les résultats acquis durant les premiers mois de 1875. Mais les derniers mois ont été beaucoup moins favorisés, et finalement les produits bruts de l'exploitation ont été, en 1875, de 6,743,843 fr. 35, en diminution de 181,987 fr. 96 sur ceux de 1874.

En regard de ces produits, les dépenses d'exploitation figurent pour la somme de 4,102,337 fr. 16, en diminution de 12,546 fr. 07 sur celles de 1874.

Le produit net de l'exploitation, en 1875, donne un total de 2,745,878 fr. 08.

Ce produit, déduction faite des charges sociales, est réduit au total de 2.104.825 fr. 55, dont la répartition a lieu comme suit :

Fonds de réserve....................................	58.253 19
Dividende de 25 fr. aux 77,741 actions de capital...	1.943.525 »
Solde à reporter....................................	103 047 36
Somme égale......	2.104.825 55

Un à-compte de 10 fr. sur le dividende ayant été payé le 1er novembre, le solde complémentaire de 15 fr. a été payé à partir du 1er mai prochain, sous déduction des impôts sur le revenu et de transmission.

Cette répartition porte la réserve statutaire à 313,061 fr. 64.

Tels sont les résultats financiers obtenus par la Compagnie, dans l'état actuel de ses concessions.

Mais on n'ignore pas que la Compagnie s'est vue enfin accorder, par un décret du 6 juillet 1875, les améliorations qu'elle sollicitait, depuis plus de dix ans, auprès du gouvernement. Aux termes des conventions conclues avec l'Etat, les terrains compris dans les concessions de la Compagnie seront augmentés de 26,913 mètres, et comprendront une superficie de 208,000 mètres. Les surfaces d'embarquement seront accrues dans une notable proportion, en même temps que seront construits sur les parties nivelées de nouveaux magasins destinés à recevoir les marchandises.

L'ensemble des travaux à exécuter exigera une somme d'environ 6 millions, sur lesquels 2,601,000 fr. sont à la charge de l'Etat. Le surplus, réparti sur plusieurs exercices, sera fourni par la Compagnie, qui, en tout état de cause, pourra y faire face, en réalisant les 15,000 obligations qui lui restent en portefeuille, sur les 20,000 obligations de la seconde série, dont une précédente assemblée a autorisé l'émission.

En ce qui concerne les anciennes réclamations faites par la Compagnie auprès de l'Etat, et pour le règlement desquelles une commission spéciale a été instituée, le conseil a fait connaître que cette commission, dont les travaux se sont trouvés arrêtés par la mort de son président, s'est complétée, cette année, par la nomination de M. Lefort, comme président, et par l'adjonction de plusieurs autres membres, et il espère qu'une solution ne sera plus longtemps à attendre.

Après avoir approuvé les comptes de l'exercice 1875 et la fixation du dividende à 25 fr., l'assemblée a réélu administrateurs MM. Jules Deville, Charles Mallet et Alexandre Simons. Elle a nommé MM. Auguste Gavet, Marc Lévy-Crémieu et marquis de Vernon-Bonneuil, membres de la commission de vérification des comptes de l'exercice 1876.

. . . .

Compagnie des Aciéries et Forges de Firminy

L'assemblée générale des actionnaires de cette Compagnie a eu lieu le 21 octobre.

Les bénéfices de la fabrication se sont élevés à....... y compris une reprise de 43,216 fr. sur le compte de prévision.	684.038
Suivant l'usage, il a été opéré de très-larges amortissements, d'une importance de..............................	550.961
laissant un bénéfice net disponible de..........	133.077
Après déduction de 5 0/0, soit..........................	6.653
pour la réserve statutaire, il reste........................	126.424
Le conseil propose de prélever sur la réserve extraordinaire..	121.076
pour élever à..	247.500
la somme à distribuer, et dont la répartition aurait lieu comme suit :	
Dividende de 35 fr. par action..........................	210.000
Directeurs et administrateurs........	37.500
Somme égale.....	247.500

Un à-compte de 17 fr. 50 sera mis en paiement le 30 octobre courant, et le solde de pareille somme sera distribué le 30 avril 1877.

La Compagnie aborde l'exercice 1876-77 avec des réserves s'élevant à 412,576 fr; un compte de prévisions diverses de 420,536 fr. Elle a presque achevé l'amortissement d'un haut-fourneau de 1,200,000 fr., qui ne figure plus que pour une valeur de 250,000 fr., et l'emprunt est presque totalement remboursé.

Toutes les propositions du conseil d'administration ont été votées par l'assemblée.

Forges et Aciéries d'Alfortville

Le rapport lu à l'assemblée générale du 1er mai constate, pour l'exercice 1875, une perte de 93,113 fr. La crise industrielle, qui sévit encore, est, d'après le conseil, la seule cause de ce fâcheux résultat. Elle a amené, lors de l'inventaire, une dépréciation importante sur les matières en approvisionnement. Le conseil estime, toutefois, que la situation doit prochainement s'améliorer.

L'assemblée a approuvé les comptes et réélu M. Marsillion, administrateur sortant, et M. Diot, commissaire.

Société des Forges et Fonderies de Terre-Noire

Il résulte du rapport qui a été présenté par le conseil d'administration à l'assemblée du 31 mai dernier, que le chiffre des bénéfices nets pour l'exercice 1875 ne s'est élevé qu'à 1 million 465,070 fr., tandis que pour l'exercice 1874 ce chiffre était de 2,903,000 fr.

Cette diminution d'environ 50 0/0 dans les bénéfices d'un exercice à l'autre est le résultat du ralentissement général des affaires métallurgiques, et elle a dû entraîner naturellement une réduction correspondante du chiffre du dividende, lequel a été fixé à 20 fr. par action, au lieu de 40 fr. en 1874.

La répartition de ce dividende emploiera 600,000 fr. pour les 30,000 parts qui représentent le fonds social; il restera donc 865,070 fr., qui seront appliqués, suivant l'usage de la Compagnie, au compte d'amortissement des immeubles.

Compagnie des Fonderies, Forges et Aciéries de Saint-Etienne

L'assemblée générale des actionnaires de cette Société a été tenue le 24 octobre. Les résultats présentés par le conseil d'administration pour l'exercice clos le 30 juin 1876, peuvent se résumer dans les chiffres suivants :

Le total des ventes s'est élevé, comme l'année dernière, à 7,600,000 fr. en chiffres ronds ; les bénéfices nets réalisés n'ont été que de 244,203 fr. 57, au lieu de 421,967 fr. 03 dans l'exercice précédent. Cette diminution des bénéfices résulte, d'une part, de la crise qui affecte l'industrie métallurgique en général, et, d'autre part, d'un accident d'ordre purement industriel, qui a exigé des réfections d'outillages qui ont été amorties directement avant toute répartition.

En ajoutant au bénéfice net de l'exercice qui a été, comme nous venons de le dire, de	244.203 57
le reliquat de l'année dernière	7.640 50
on obtient un total disponible de	251.844 07
qui a été réparti comme suit :	
25 fr. de dividende aux actions	200.000 »
et le solde de	51,844 07
distribué aux différents comptes de réserves et d'amortissement qui s'élèvent ensemble après cette répartition à	710.585 92

Le capital immobilisé reste fixé au chiffre statutaire de 3 millions, et le fonds de roulement passe du chiffre de 1,630,000 à celui de 1,700,000 fr.

Il ressort de ces données que cette affaire suit une marche régulièrement progressive, et on peut prévoir des résultats plus satisfaisants dans l'avenir, si l'amélioration signalée déjà dans l'industrie sidérurgique s'accentue et s'affermit.

Comptoir Naud et Cie

Les actionnaires de cette Société se sont réunis en assemblée générale ordinaire, le 2 mars, sous la présidence de M. le comte A. Lemercier, président du conseil de surveillance.

Le rapport lu par M. Naud, gérant, constate que les résultats de 1875 ne sont pas inférieurs à ceux de l'exercice précédent, tant au point de vue des ventes d'immeubles que des bénéfices à répartir. La situation générale de la Société s'est même améliorée, et le chemin de fer projeté du pont de l'Alma aux Moulineaux est appelé à donner une plus-value importante aux propriétés qu'elle possède.

Le compte de profits et pertes fait ressortir pour 1875 un ensemble de bénéfices bruts de 356,327 fr.

Les dépenses et charges ont été de 155,881 fr.

Ce qui laisse un bénéfice net de 210,446 fr.

Le gérant a proposé de fixer la répartition de l'exercice à 3 fr. 70, somme égale au revenu de l'année dernière.

A l'unanimité, l'assemblée a approuvé le rapport de la gérance, ainsi que le bilan au 31 décembre, dont elle a donné décharge; elle a fixé à 3 fr. 70 la répartition de l'exercice 1875. réélu MM. Hamelin, Malpas-Duché et Heudier, membres du conseil de surveillance, et voté des remerciements au gérant, M. Naud.

Caisse Lécuyer et Cie

Les résultats de l'exercice écoulé, soumis à l'assemblée générale du 26 février, ont, déduction faite, donné un bénéfice de 1,136,180 fr. 90, dont la répartition a eu lieu comme suit :

Intérêts aux actions	584.350	»
Dividende à partir de 14 fr. 15 par action	330.742	10
15 0/0 à la réserve	82.685	52
25 0/0 à la gérance	137.809	18
Report à nouveau	602	10
Total égal	1.136.188	90

Caisse générale des chemins de fer

Une nouvelle assemblée des actionnaires de cette Société, en liquidation, s'est réunie le 11 mars. Le bilan social dont il a été donné lecture se résume par 263,500 fr. à l'actif, et 883,000 fr. au passif. Quant au projet de reconstitution, qui consiste dans la création d'une Société nouvelle au capital de 200,000 fr. divisé en 2,000 actions de 100 fr. chacune, le président a déclaré que plus de 5,000 actions ayant adhéré à la création de cette nouvelle Société, elle se trouvait définitivement constituée. Il sera procédé à la répartition du solde de la liquidation aux actionnaires non adhérents. L'assemblée a donné décharge pleine et entière à M. Millanvoye, au sujet des adjudications prononcées à son profit les 22 février et 22 avril 1875, de tout l'actif social de la caisse des chemins de fer en liquidation, à la charge d'en réaliser l'apport dans la Société nouvelle, en conformité des résolutions prises par l'asemblée du 29 novembre.

Le Crédit mobilier

Nous l'avons dit au commencement de ce Guide, le Crédit mobilier n'est plus qu'une épave. Nous aurions tenu à garder le silence, après le compte rendu que nous lui avons consacré au chapitre des établissements de crédit.

Mais, au moment où nous terminons ce livre d'informations, il se passe au Crédit mobilier des choses si étranges, et les porteurs de titres, qui ont intérêt à connaître tout ce qui est relatif à cette Société, sont si nombreux, que nous sommes obligés de lui consacrer une note supplémentaire.

Voici ce qui s'est passé :

A la suite de révélations graves, des actionnaires ont intenté aux administrateurs un procès en responsabilité, qui se plaide en ce moment devant le tribunal de commerce. Mais ce n'est pas tout. Les faits accumulés dans les plaidoiries des avocats des actionnaires poursuivants, ont fait connaître des opérations tellement irrégulières, qu'une plainte au parquet a été immédiatement déposée.

C'est à la suite de ces plaintes que, le 14 novembre, M. Lambquin, commissaire aux délégations judiciaires, et M. Magnin, expert en écritures, ont fait, pendant deux heures, dans les bureaux du Crédit mobilier, des recherches qui ont été suivies de l'enlèvement d'une partie des livres de la comptabilité. De là, MM. Lambquin et Magnin se sont rendus au domicile de l'un des membres du conseil d'administration, où ils ont également procédé à une longue et minutieuse perquisition.

Tels sont les faits annoncés, et l'on ajoute que les administrateurs auraient été invités à ne pas quitter la capitale. Il serait bien temps, en vérité, de fermer les portes d'un établissement qui n'a plus d'affaires qu'avec le Palais de Justice, et de procéder à la liquidation d'une Société dont les actionnaires ne représentent plus que la gent taillable et corvéable à merci d'autrefois.

Pour que la Société soit arrivée à cette extrémité, il a fallu que la Justice eût connaissance d'opérations d'une gravité exceptionnelle.

Mentionnons quelques-uns des faits que nous relevons dans les plaidoiries des avocats plaidant au tribunal de commerce contre le Crédit mobilier.

Les actionnaires poursuivants demandent, tout d'abord, comment l'actif de la Société, que l'on évaluait à 76 millions, le jour du départ de M. Philippart, se trouve subitement réduit entre les mains de M. Erlanger.

Qu'est devenue la différence représentant l'écart de ces deux bilans ?

Les actionnaires se disent d'autant mieux fondé à s'en prendre aux administrateurs, qu'on trouve dans leur gestion des opérations comme celle-ci :

M. Erlanger prête 5 millions au Crédit mobilier à bref délai, et, pour cette opération, le président du conseil d'administration se fait allouer 6 0/0 d'intérêt et tout un ensemble d'avantages et de commission montant à 2,300,000 francs, chiffres ronds.

C'est un prêt à 50 0/0 et à bref délai. A ce compte-là, on comprend qu'un actif puisse fondre comme la neige au soleil.

N'allons pas plus loin, nous donnerions trop de place à des scandales inavouables.

Placé sous le coup de ces poursuites et de ces procès, le Crédit mobilier a répondu par un mémoire justificatif, qu'il distribue à ses actionnaires. L'argumentation de ce mémoire est singulière. On ne conteste qu'un des faits mis en avant, mais on s'efforce de rejeter la responsabilité de tout ce qui s'est passé sur M. Philippart, qui probablement répondra de son côté. On voit que nous ne sommes pas au bout.

Le mémoire justificatif a une étrange façon de plaider en faveur des administrateurs du Crédit mobilier. Il révèle des faits qui retombent en plein sur ceux qui ont conduit les affaires de la Société. Que dire, par exemple, de cette opération ?

M. d'Erlanger, possesseur, à titre personnel, de 14,500 actions de dividende du Nord-Est, les a vendues au Crédit mobilier sur le pied de 300 francs l'une, et, peu de jours après, en qualité de président du conseil du Mobilier, il rétrocède ces mêmes 14,000 titres à M. Philippart, sur le pied de 150 fr., soit avec 50 0/0 de perte. Le mémoire reconnait que la perte a été subie par le Mobilier; il ne prouve pas que le profit soit revenu à M. Philippart plutôt qu'à M. d'Erlanger.

Parmi les griefs généraux relevés contre M. Philippart, nous signalons le reproche qu'on lui adresse d'avoir continué à disposer des ressources des Lille à Béthune, des Lille à Valenciennes, du Nord-Est, de l'Orléans à Rouen, quoique les titres de ces Compagnies ne fussent plus entre ses mains, et d'en avoir vendu le matériel ou surhypothéqué le fonds, pour subvenir aux besoins de ses autres Sociétés. Cette partie du mémoire est fort developpée, et appuyée d'une longue correspondance échangée avec M. le ministre des travaux publics, qui se défend, du reste, de toute immixtion dans ces affaires.

Quelle histoire que celle de cette administration et de cette Société, dont l'actif nous apparaît comme une proie que chacun se dispute avidement.

En présence de tels actes, nous n'avons plus qu'un mot à dire. Laissons faire la justice. Elle saura faire la lumière et faire retomber la responsabilité sur qui de droit.

Compagnie des Mines de Béthune

L'assemblée générale des actionnaires de cette Compagnie a eu lieu le 25 septembre dernier.

Le rapport du conseil d'administration fait connaître l'immense développement que les emprunts votés par les précédentes assemblées ont permis de donner aux travaux extraordinaires, tant au jour qu'au fond des mines. La dépense faite ne s'est pas élevée à moins de 4,039,503 fr. 65 c., sans comprendre dans ce chiffre celle relative à la reprise du chemin de fer de Bully-Grenay à Violaines, et des embranchements houillers de la Compagnie, qui a été acquittée au moyen d'une partie des actions du chemin de fer de Lille à Béthune, possédées en portefeuille.

La dépense considérable, mais inévitable, faite durant l'exercice 1875-1876, est le complément et la conséquence des dépenses plus importantes encore effectuées depuis quatre années, en vue de conquérir, pour la Compagnie des mines de

Béthune, la place que lui assigne l'étendue de sa riche concession. Le rachat de ses lignes naturelles de transport est, pour elle, une excellente opération, non-seulement au point de vue de la facilité que cela lui donne pour multiplier au besoin ses transports, mais également à ce point de vue, qu'elle retire déjà, comme placement, un intérêt très-rémunérateur de l'argent qu'elle y a employé.

Par l'acte qui a investi la Compagnie de la jouissance du chemin de Bully à Violaines, jusqu'à l'expiration de la concession, et de la propriété pleine et entière des embranchements des fosses, ainsi que du cinquième du matériel roulant qui appartenait au Lille-Valenciennes, celle-ci s'est obligée à remettre, à la Compagnie de Lille-Valenciennes, 1,600 des actions de Lille à Béthune existant en portefeuille, et à payer une rente annuelle de 87,000 francs. Un matériel supplémentaire, fourni par Lille à Valenciennes, a élevé à 2,122 le nombre des actions aliénées de Lille à Béthune, lesquelles peuvent être considérées comme le prix de la propriété des embranchements houillers et du matériel, la rente de 87,000 francs représentant spécialement le loyer de la ligne de Bully-Grenay à Violaines.

Envisagée au point de vue du placement, cette opération de rachat, qui coûtera à la Compagnie, avec les dernières dépenses à effectuer, 1,376,007 francs, est, comme nous le disions plus haut, une bonne opération. Les résultats constatés par l'exploitation, depuis la prise de possession jusqu'au 30 juin 1876, justifient, de la manière la plus complète, cette appréciation. Pour une période de 141 jours, dit le rapport à cet égard, le bénéfice, tous intérêts du capital engagé prélevés, amortissement et rente à la Compagnie du Nord payés, s'élève à 32,384 fr. 22 c., ce qui établit, pour l'année entière, un bénéfice net de 83,831 fr. 37 c., et constitue un placement à plus de 10 0/0.

Le compte de profits et pertes de l'exercice, clos le 30 juin dernier, comprend la réserve statutaire pour 300,000 francs; les bénéfices réalisés sur le placement des actions, 3 millions 223,766 fr. 66 c.; les bénéfices à réaliser sur les parts à la souche, 2,933,333 fr. 34 c.; la réserve extraordinaire, 1 million 959,068 fr. 11 c., et les bénéfices de l'exercice écoulé, 1 million 519,391 fr. 93 c. Total : 8,935,560 fr. 4 c., réduit au chiffre de 8,680,511 fr. 79 c., par 255,048 fr. 25 c. d'amortissements opérés pour 1875-1876.

Les bénéfices du dernier exercice, un peu inférieurs à ceux des années précédentes, ramènent le dividende à 75 francs par part, dont 35 francs payables à partir du 15 novembre, et 40 francs au 15 mai 1877.

L'assemblée a approuvé les comptes qui lui étaient présentés, et a fixé le dividende à 75 francs par action.

Filature de lin d'Amiens

La réunion des actionnaires de cette Société, qui a eu lieu le 9 août, avait, en dehors de l'examen ordinaire des comptes de l'exercice écoulé, à procéder à la nomination d'un directeur, en remplacement de M. Martelet, décédé.

Le dernier exercice social finit au 30 juin 1876. Il accuse un bénéfice net de 25,556 fr. 91, auquel il convient d'ajouter : 1° le solde restant libre de 1874-1875, 1,104 fr. 13, et 2° les intérêts produits par la réserve, 21,289 fr. 33, ce qui donne un total de 47,957 fr. 40.

Il a été déduit de cette somme, pour l'amortissement annuel obligatoire affecté au rachat des quinze parts d'intérêt éventuel Maberly, qui n'ont rien produit cette année, 12,750 fr., et il a été affecté 3,000 fr. à la caisse de secours pour les ouvriers. Il restait donc net à répartir 32,200 fr. 40, qui ont été reportés au compte de l'année en cours.

La Société a, on le voit, subi le contre-coup de la crise qui frappe actuellement toute l'industrie linière, crise qui résulte principalement d'un excès de production, auquel il faut ajouter la très-mauvaise récolte du lin en France et en Russie, laquelle a amené une hausse rapide sur le cours des matières, sans qu'on ait jamais pu atteindre, pour la marchandise fabriquée, l'équivalent de cette augmentation excessive. La consommation toujours croissante des tissus de coton a encore augmenté, d'autre part, le malaise de l'industrie du lin.

Après avoir approuvé le rapport et les comptes présentés, l'assemblée a réélu pour trois ans M. Germain Thibaut comme administrateur, et pour cinq ans M. Cornély, comme membre du conseil extraordinaire; elle a ensuite nommé directeur M. Abel Debauge, en remplacement de M. Martelet, décédé.

Société des Terrains de Trouville

Le rapport lu à l'assemblée générale du 9 juin constate que, depuis l'année dernière, il a été vendu divers lots de terrain, formant ensemble une étendue de 7,883 mètres, pour une somme de 34,680 fr., savoir : 300 mètres à 7 fr.; 3,240 mètres à 3 fr.; 2,775 mètres à 6 fr., et 1,568 mètres à 5 fr.

Le compte d'exploitation s'établit ainsi :

Part de la Société dans les recettes de l'hôtel des Roches-Noires	75.407 63
Produit des autres immeubles	18.277 05
Petites locations	2.931 »
Indemnité payée par la Compagnie d'assurances générales	1.320 45
Total	97.936 13

Si l'on déduit de cette somme le chiffre des dépenses, il reste comme bénéfice net 84,038 fr. 69.

De ce bénéfice net il convient de retrancher les frais généraux, soit 47,393 fr. 50.

Ce qui laisse comme recette nette définitive de l'exercice : 36,645 fr. 19.

Il y a lieu de prélever sur cette recette nette 15,012 fr. pour éteindre des dépenses relatives aux routes et amortir le mobilier.

Le conseil a proposé d'affecter le reliquat disponible à une répartition de 5 fr. par action, à titre d'amortissement.

L'assemblée a approuvé les comptes et *voté la distribution, à partir du 1er juillet, de 5 fr. par action à titre d'amortissement.*

Halles et Marchés de Naples

Encore une affaire qui nous apprendra à ne pas aller tenter la fortune à l'étranger, sans avoir de sérieuses garanties.

La municipalité napolitaine vient de reprendre pour la somme de 5,000,000 lires la concession des abattoirs et halles, constructions faites et le terrain de la Marinella, le tout payable en 38 ans par annuités de 320,000 fr. La municipalité rembourse également les 177,900 fr. qui appartiennent à la Société, et qu'elle détenait dans ses caisses.

Les obligations de la Compagnie comprennent 42,000 obligations émises à 285 fr., soit 11,970,000 fr. et 42,000 bons à 100 fr., en tout 16 millions. Les obligataires et porteurs de bons recevront ainsi pendant 38 ans une somme de 2 0/0 de leur capital de souscription.

Quant aux actionnaires, ils n'auront rien. Voilà comment on traite à l'étranger les actionnaires français. Enfin l'expérience est-elle faite et la leçon profitera-t-elle ?

Forges et aciéries de la marine et des chemins de fer

L'assemblée générale des actionnaires de cette Société a eu lieu le 30 octobre.

Les comptes présentés, arrêtés au 30 juin 1876, accusent un bénéfice net de 617,407 fr. 79 pour les usines, contre 429,844 fr. 68, chiffre de l'exercice 1874-1875.

Sur ce bénéfice, il a d'abord été prélevé, pour amortissement de travaux neufs, 303,575 fr. 08 et pour le fonds de réserve 15,691 fr. 60, en tout 319,266 fr. 68. Après ces prélèvements, il est resté 298,141 fr. 11 qui, augmentés du reliquat de l'année dernière, ont porté à 313,612 fr. 49 le total disponible distribuable.

La répartition de ces 313,612 fr. 49 avait été proposée comme devant avoir lieu de la manière suivante :

10 francs par action	fr.	260.000 »
10 p. c. au conseil d'administration		28.888 89
Allocations diverses		10.111 11
Report à 1876-1877		14.612 49
Somme égale	fr.	313.612 49

Mais plusieurs actionnaires ayant émis l'opinion qu'il ne fût fait aucune distribution, et que la totalité des bénéfices fût reportée à l'exercice suivant, cette proposition a prévalu, et l'assemblée a voté une résolution conforme.

Par suite de ce vote, la somme de 268,902 fr. représentant le solde des travaux neufs restant à amortir sur 1875-1876 se trouve comblée par celle de 313,612 fr. qui est reportée à nouveau, et il reste, après cet amortissement, une avance de 44,710 fr.

Le conseil d'administration a fait connaître à l'assemblée qu'il y avait encore à dépenser un million environ en travaux neufs destinés à compléter l'outillage.

Le fonds de roulement représente environ 7,800,000 fr., soit 300 fr. par action.

La réserve est de 428,000 fr.

Compagnie générale des carrières de pierres lithographiques

Complétons ici la notice que nous avons consacrée plus haut à cette intéressante entreprise.

La constitution de cette Société, créée par acte du 16 février 1874, introduit en France une industrie importante et lucrative qui n'y existait pas encore.

L'exploitation des pierres lithographiques ne se pratiquait guère jusqu'à présent qu'en Allemagne (Bavière), où elle existait en quelque sorte à l'état de monopole. Ce commerce avait un chiffre d'opérations montant à 6 millions par an.

Mais l'exploitation des pierres lithographiques doit prendre à l'avenir un développement plus grand, par suite des opérations d'une industrie nouvelle, la chromolithographie, qui ouvre à ces applications industrielles un champ considérable.

L'exploitation des carrières de pierres lithographiques de France vient donc répondre, dans les conditions les plus favorables, aux besoins croissants de cette grande industrie. Les carrières de la Bavière sont d'ailleurs à peu près épuisées, tandis que les carrières de France, à peine ouvertes, peuvent, avec leurs produits de qualité supérieure, répondre pour un temps indéfini à toutes les demandes de la consommation.

C'est cette entreprise qui fait l'objet des opérations de la Société générale des carrières de pierres lithographiques. Les débuts ont été très-difficiles. Il a fallu lutter contre le courant des demandes depuis longtemps établi en faveur de la Bavière, prouver que les produits français étaient de qualité égale, sinon supérieure à celle des pierres allemandes, organiser le travail de l'exploitation, se créer une clientèle et la conserver par l'excellence des produits qu'on lui livre. Toute industrie nouvelle dans un pays est obligée de lutter contre ces préjugés et cette routine du commerce déjà établi.

Ce préjugé a disparu complétement aujourd'hui. La Compagnie, sûre de la qualité irréprochable de ses produits, a pu livrer des pierres d'une pureté irréprochable, recherchées par les artistes, et la vente, depuis la création de la Compagnie, a plus que décuplé.

Or, quand on songe que les bénéfices de ces opérations industrielles ne sont pas pas moindres de 5 0/0 et que le mètre cube de pierres lithographiques, dont le prix de revient est de 500 fr., se vend couramment 1,200 fr. en France et 2,500 fr. en Amérique; on peut juger à quel degré de prospérité atteindra la Compagnie si la progression de ses opérations continue, comme tous les faits donnent lieu de l'espérer. Et, en effet, non-seulement le développement de la vente atteste que les pierres lithographiques de France sont de plus en plus estimées, mais l'Exposition de Philadelphie vient, par un témoignage public, de prouver la supériorité de ces produits. Les pierres exposées par la Compagnie des pierres lithographiques de France ont obtenu, comme récompense, la médaille d'argent grand module, victoire pacifique et définitive qui fait justice du vieux préjugé toujours porté à préférer la pierre allemande.

La supériorité des produits français une fois reconnue, et reconnue par le jury d'une grande Exposition universelle, on peut compter sur un développement de commerce considérable, et avec les conditions rémunératrices que nous avons établies, le succès et la prospérité de l'entreprise, dans un avenir très-prochain, peuvent être regardés comme assurés.

Le siége social de la Compagnie est rue Rossini, n° 3.

Le capital social est de trois millions de francs, divisé en 6,000 actions d'apport.

Sur les 8,000 obligations que la Compagnie est autorisée à émettre, 6,000 ont été émises. L'intérêt annuel de ces obligations se paie en deux coupons de 7 fr. 50 chacun, le 1er avril et le 1er octobre de chaque année.

Compagnie des Carrières de l'Oise

Cette Société est constituée au capital de un million, réalisé par 2,000 actions de 500 fr.

Elle possède sur les bords de l'Oise, à une faible distance de Pontoise, de vastes carrières exploitées soit à ciel ouvert, soit par des galeries d'exploitation bien aménagées.

Un chemin de fer souterrain, dont la construction est très avancée, conduit les pierres à quai sur l'Oise, d'où elles sont transportées aux conditions les plus économiques vers les divers centres de consommation, et notamment vers le Nord de la France.

Le chemin de fer de grande ceinture traverse les carrières de la Compagnie et augmente la facilité de ses débouchés.

La Compagnie s'est rendue récemment acquéreur des carrières de l'Ile-Adam, mises en adjudication par l'Etat. Elle possède ainsi toutes les natures de pierres utilisées dans le bâtiment, depuis le banc royal de premier choix jusqu'au moellon ordinaire.

La Compagnie, ayant à sa disposition un fonds de roulement important, vient aussi d'acquérir de vastes terrains situés sur l'avenue d'Eylau, à Paris. Ces terrains, obtenus dans des conditions de bon marché exceptionnelles, promettent de laisser une large plus-value quand ils seront remis en vente.

Cette Compagnie a donc devant elle des perspectives favorables et des chances de bénéfices qui ne peuvent manquer de se réaliser par la campagne de travaux publics que la ville de Paris vient d'inaugurer avec tant d'entrain.

FIN DE LA PREMIÈRE PARTIE

DEUXIÈME PARTIE

CHAPITRE PREMIER

FONDS PUBLICS ÉTRANGERS

OBSERVATIONS GÉNÉRALES

Les fonds publics étrangers nous ouvrent le chapitre le plus douloureux de l'histoire financière de notre temps. Obéissant à l'impulsion des Sociétés de crédit qui n'ont vu, dans les emprunts étrangers, que de fortes commissions de banque à encaisser, pendant que le public prendrait les titres émis par elles, nos capitaux, petits et grands, se sont engouffrés aveuglément dans ce précipice des émissions étrangères, à la porte desquelles l'épargne peut écrire aujourd'hui ce que Dante a écrit à la porte de l'enfer : « Laissez ici toute espérance ! »

On peut faire le tour du cercle parcouru par cette spéculation inconsidérée, et partout on arrive aux mêmes résultats, nous voulons dire aux mêmes mécomptes.

La Turquie fait banqueroute avec un aplomb imperturbable, et ne se soucie pas plus des réclamations de ses créanciers que des plaintes de ses populations chrétiennes.

L'Égypte ne demanderait pas mieux que d'imiter son impérial maître et d'échapper aux engagements qu'elle a contractés.

L'Espagne, qui nous doit deux milliards rien que pour sa rente, propose, avec un sans-gêne déconcertant, un règlement qui paraît être une moquerie ajoutée à l'exploitation de notre argent.

Les fonds tunisiens, qui ne représentent qu'un débris du naufrage de nos malheureuses épargnes, viennent encore cette année de déconcerter les porteurs de titres en leur faisant craindre une nouvelle suspension de paiement.

Le Pérou, qui ne tient aucun de ses engagements, ne songe qu'à en contracter d'autres où il oublie le paiement du coupon de ses obligations anciennes pour ne songer qu'à la redevance qu'elle exigera de ses nouveaux prêteurs.

Le Honduras n'a rien payé depuis 1873, et les obligataires n'ont plus devant eux qu'un gouvernement insolvable et des procès en responsabilité contre des banquiers en déconfiture.

Haïti enfin semble venir clôturer la liste, pour bien montrer sans doute que tous ces gouvernements ont toute honte bue, que ces exemples ne sont pour eux que des encouragements à continuer.

L'expérience a duré longtemps. La leçon a été rude. Elle nous a coûté au moins cinq milliards. Ne serait-ce pas assez pour nous ramener à nos valeurs françaises?

L'épargne a méconnu la principale règle de l'économie, qui commande de ne pas compromettre le capital pour courir après un revenu chimérique. Ce n'est pas le gros revenu, c'est avant tout la sécurité du capital qu'il faut avoir en vue, si l'on ne veut pas encourir le risque de perdre à la fois le revenu et le capital.

Que de fois nous avons entendu dire : — « Ah ! si nous avions su ! » Il ne fallait qu'un peu de clairvoyance pour s'apercevoir que les fonds d'Etat à 15 0/0 ne sont pas praticables, et qu'un tel revenu n'est qu'une amorce pour faire venir des millions qu'on a bien l'intention de ne pas rembourser.

Mais enfin aujourd'hui la lumière est faite. L'expérience est pleinement acquise, et nous espérons bien que les capitaux n'iront plus chercher à l'étranger des placements aventureux, quand ils ont des placements de tout repos sur notre marché français.

AUTRICHE

Nous avons énuméré, l'année dernière, sept types différents de titres compris dans la dette publique autrichienne.

Ces types nombreux proviennent des emprunts suivants :

1° Emprunt de juillet 1852 ;

2° Emprunt de septembre 1852 ;

3° Emprunt de mars 1854 ;

4° Emprunt du 15 mars 1860 ;

5° Emprunt du 17 novembre 1863 ;

6° Emprunt de 1863.

Cette multiplicité d'obligations, payables à des époques différentes et à des intérêts divers, soit en or, soit en papier, mettait la trésorerie autrichienne aux prises avec les difficultés d'une comptabilité des plus dispendieuses et des plus compliquées.

L'Autriche a vu qu'il y avait avantage à convertir tous ces titres en une rente perpétuelle, dont les arrérages se paieraient à des époques déterminées ; le guichet de la trésorerie autrichienne ne serait pas ainsi toujours ouvert pour payer les coupons des obligations émises.

La conversion a donc eu lieu, et la mesure excellente en elle-même a été favorablement accueillie par les porteurs de titres. Elle n'est pas encore terminée, mais elle suit son cours régulier.

Le dernier relevé officiel concernant l'unification de la dette publique de l'Autriche, constate qu'au 30 septembre dernier il restait encore à convertir une somme totale de 3,274,874 florins, se répartissant de la manière suivante :

Titres à intérêts payables en papier	fl.	2,714,447
Titres à intérêts en argent		560,427

C'est là, nous le répétons, une mesure excellente et qui donne à l'administration des finances autrichiennes l'ordre et le caractère d'unité qui lui manquait. Mais il importe de bien faire remarquer que cette conversion, tout en unifiant la dette publique de l'empire, n'ajoute aucune force nouvelle aux ressources du passé. La situation financière reste toujours difficile et très-embarrassée. Le budget autrichien qu'un ministre des finances appelait le déficit en permanence est loin d'être en équilibre, et cette année encore le gouvernement a présenté un projet de loi qui a été voté et qui autorise le ministre des finances à faire l'émission d'un emprunt de 49 millions de florins. Les titres de rente porteront intérêt à 4 0/0, payables en or. Cet emprunt sera employé à la construction de nouveaux chemins de fer, aussi bien qu'à combler le déficit.

La crise que nous traversons depuis un an n'a pas permis à l'Autriche de réaliser encore cet emprunt. Mais comme les nécessités du Trésor sont toujours pressantes, le ministre des finances a obtenu facilement une avance de 25 millions de florins sur cet emprunt, en titres de rente décrété récemment. Cette opération a été conclue avec un consortium composé de la Société autrichienne de crédit, des maisons de Rothschild et Wodianer, de la Banque anglo-autrichienne, de la Société viennoise de banque, du Crédit foncier d'Autriche et de la Banque Schiff.

Il faut bien le reconnaître, la situation très-lourde des finances autrichiennes empêche les titres de la rente autrichienne d'obtenir sur le marché un cours élevé, et rien ne nous annonce encore l'arrivée de la hausse.

Les valeurs autrichiennes, comme la Rente, comme le Crédit de l'empire, n'obtiennent également qu'une confiance limitée sur le marché. Les Sociétés financières ont bien essayé de réagir contre cette réserve du public. Elles ont poussé les affaires et déchaîné sur le marché de Vienne une spéculation effrénée. On sait quel en a été le résultat. Il y a quinze mois, le marché autrichien fut en proie à une crise qui amena la suspension de paiement de plus de 200 banques et agences financières. Le marché s'en ressent encore, et de telles secousses ne sont pas faites pour inspirer confiance.

ÉGYPTE

Comme placement dans les valeurs étrangères, il faut convenir que l'Egypte présentait à l'épargne un mirage que n'offrait pas la Turquie. L'Egypte avait le canal de Suez et elle savait faire admirablement valoir les travaux industriels qu'elle accomplissait au moyen des millions que la France et l'Angleterre lui envoyaient avec une confiance imperturbable. Il serait injuste, en effet, de méconnaître les améliorations réalisées par l'Egypte. Les chemins de fer, les défrichements, la fondation d'établissements industriels, la culture du coton, tout cela faisait dire que l'Egypte était le seul pays de l'Orient où l'Occident pouvait retrouver son image.

L'Egypte a donc grandi, et depuis vingt ans le revenu du pays a doublé. Les ressources du gouvernement ne sont donc pas niables et le capital qui a été prêté au khédive pouvait être regardé comme un prêt reposant sur des garanties solides. Les porteurs de titres de France et d'Angleterre sont excusables jusqu'à un certain point d'avoir montré une grande confiance. Toutefois, cette série d'emprunts faits par l'Egypte se poursuivait à des intervalles si réguliers, et grevait tellement les finances du pays qu'il était facile de voir, depuis longtemps, que l'administration financière de l'Egypte s'habituerait à considérer les capitaux de la France et de l'Angleterre comme une ressource à laquelle le khédive pourrait recourir indéfiniment. Les financiers de l'Egypte appréciaient les emprunts à la façon des économiste du 18e siècle, disant avec un aplomb imperturbable, que plus un pays empruntait, plus il devenait riche. L'Egypte devait apprendre à quels cruels mécomptes conduit l'application de cette théorie.

Après l'emprunt de 1873, si difficilement placé, il était visible que l'Egypte était très embarrassée et ne pouvait plus faire face aux échéances de ses coupons. Les signes de malaise devenaient de jour en jour plus apparents. Les banquiers du Caire et d'Alexandrie étaient en butte à d'incessantes demandes et pour des sommes peu importantes. On se mit en Egypte à parler de réformes, indice encore plus manifeste. Les souverains orientaux ne parlent de réformes que lorsqu'ils ne savent plus comment se tirer d'affaire.

Les difficultés sont allées s'accumulant au point que le vice-roi a dû songer à se défaire des valeurs qu'il pouvait posséder. C'est ainsi qu'il a cédé au gouvernement anglais, pour 100 millions, ses titres du canal. Mais ces 100 millions ont disparu comme une goutte d'eau, dans le gouffre des nécessités créées par une dette hors de proportion avec les ressources du pays. Ces ressources, en effet, permettront à la rigueur de faire face aux obligations contractées par le gouvernement ; mais à la condition de substituer l'ordre au gaspillage, et l'économie au système de dépenses à outrance qui est de mise en Egypte, comme dans tous les pays orientaux.

Mis au pied du mur et dans l'impossibilité d'aller plus loin, le vice-roi, comme un malade réduit à toute extrémité, eut recours aux consultations des docteurs en finance, et il fit venir d'éminents financiers à sa cour, MM. Cave, Villet, Scialoja, de Blignières, Goschen et Joubert. Il est clair aujourd'hui par la conduite qu'il a tenue, par les procès qu'il a soutenus pour sauver la Daïra de toute obligation, par les lenteurs qu'il a mises à prendre un parti, par le partage qu'il a fait de ses biens entre ses enfants, il est clair, disons-nous, que le khédive n'a voulu que trouver les moyens de payer le moins possible. Mais les rapports des financiers appelés au Caire ont tourné contre lui, et il lui a fallu s'exécuter.

Le rapport qui a fait le plus de bruit est incontestablement celui de M. Cave, qui concluait au paiement intégral de la dette, dans des conditions déterminées et bien précisées par lui.

Le rapport de M. Cave aboutit, en effet, à cette conclusion que l'Egypte peut rembourser sa dette à deux conditions : c'est, d'une part l'établissement d'un contrôle efficace, et, d'autre part, la conversion de toute la dette égyptienne, tant consolidée que flottante, en une dette unique, dont le taux ne dépasserait pas 7 0/0, et à laquelle seraient appliqués tous les gages donnés aux emprunts antérieurs.

Cette conversion opérée constituerait, selon M. Cave, un

capital total de 1,875,000,000 francs. L'annuité à payer, pour rembourser cette somme en 50 ans, avec intérêt à 7 0/0, serait de 119,045,425 fr., déduction faite de 16,045,425 fr., qui seraient mis à la charge du domaine privé du khédive.

Les dépenses permanentes de l'Etat égyptien, en dehors de cette dette, sont évaluées par M. Cave à 100 millions.

C'est donc à une charge annuelle de 219,045,425 fr. qu'aurait à pourvoir le trésor égyptien, en admettant la conversion entièrement opérée sur les bases indiquées par l'envoyé du gouvernement anglais.

Celui-ci calcule que le revenu net annuel du Trésor, de 1876 à 1885, pourra être de 228,950,000 fr. De sorte que, dans cette hypothèse, pendant les dix années à courir, le budget égyptien se solderait par un excédant de recettes, de 9,904,575 fr.

Après ces dix années, c'est-à-dire en 1886 et les années suivantes, les anticipations sur l'impôt foncier ayant cessé, le revenu du Trésor égyptien, toutes choses fonctionnant comme le suppose M. Cave, redescendrait à 211,825,000 fr.; de sorte que, au lieu d'avoir un excédant de recettes, le budget présenterait alors un déficit de 7,220,425 fr., mais ce déficit, d'après M. Cave, pourrait être comblé au moyen de certaines réserves opérées, de 1876 à 1885, sur les rentrées anticipées de la taxe foncière.

Ces conclusions, nous devons le dire, ont été successivement adoptées par MM. Villet et Scialoja, et le khédive a dû s'exécuter. C'est alors qu'à la date du 7 mai, il a publié le décret d'unification des dettes égyptiennes.

Voici ce décret :

Nous, khédive d'Egypte, considérant que les emprunts contractés en 1862, 1864, 1868, 1873, 1865, 1867 et 1870, par le gouvernement et la Daïra Sanïeh, s'élevaïent originairement à la somme de 65,497,660 liv. st., laquelle se trouve aujourd'hui réduite à 54,793,150 liv. st., par l'effet de titres amortis jusqu'à ce jour;

Considérant qu'à cette dette, contractée par des emprunts avec amortissement, vient s'ajouter la dette flottante, contractée, tant par le gouvernement que par la Daïra, pour combler le déficit résultant du défaut d'exécution intégrale du contrat relatif à l'emprunt 1873, non compris la prévision contenue dans ledit contrat, article 19, pour l'achèvement des travaux publics, déjà en cours d'exécution, ainsi que pour faire face aux dépenses occasionnées par des cas de force majeure et par des calamités publiques;

Considérant que cette dette a été, en grande partie, contractée par voie d'opérations de crédit qui, s'étant imposées au gouvernement en temps de crise ou en d'autres circonstances exceptionnelles et urgentes, ont été conclues à des taux onéreux pour le Trésor de l'Etat;

Considérant que, pour rendre possible au Trésor et à la Daïra

Sanieh de satisfaire ces différentes dettes, et pour mieux assurer dans l'avenir les intérêts des créanciers moyennant une mesure conforme aux exigences communes, il a été reconnu opportun et utile d'unifier toutes ces dettes en constituant une dette générale, portant intérêt à 7 0/0 et remboursable en soixante-cinq ans;

Considérant que, vu le taux d'émission des divers emprunts avec amortissement, les titres relatifs à ces emprunts, venant à être unifiés au pair de leur valeur nominale, profitent d'une bonification dont il est juste d'étendre le bénéfice au porteur des obligations de la dette flottante de l'Etat et de la Daïra Sanieh, dans une proportion qui établisse, autant que possible, l'égalité entre tous les créanciers; qu'il est équitable aussi d'accorder aux porteurs de titres des emprunts de 1864, 1865 et 1867, dont les dernières échéances sont prochaines, une compensation au prolongement, plus sensible pour eux, du délai d'amortissement;

Considérant que l'annuité nécessaire au service de la dette générale unifiée, s'élevant à 91 millions de liv. st., sera de 6,443,000 liv. st., mais que, pour déterminer la charge qui grèvera effectivement le budget ordinaire de l'Etat, il faut en déduire la somme de 684,411 liv. st., contribution de la Daïra Sanieh; proportionnelle à l'importance de ses dettes unifiées avec celles de l'Etat; qu'ainsi l'annuité à la charge de l'Etat est de 5,759,489 liv. st.;

Considérant que l'unification et la consolidation des dettes de l'Etat en une seule dette générale rendent inopportune la continuation du payement de la Moukabalah, par laquelle le gouvernement se proposait de recourir à l'extinction de la dette flottante, moyennant l'anticipation de six annuités de l'impôt foncier;

Considérant que, par l'effet de cette anticipation, un des plus importants revenus de l'Etat se trouverait, après quelques années, considérablement réduit, tandis que, dans l'intérêt du gouvernement et des créanciers de l'Etat, ce qu'il faut, c'est que le revenu du Trésor soit assuré de manière à satisfaire aux intérêts et à l'amortissement de la dette publique, ainsi qu'aux dépenses budgétaires;

Considérant que, par ces motifs, notre conseil privé nous a proposé, et nous avons approuvé, d'arrêter l'opération de la Moukabalah, en accordant, à ceux qui ont fait des anticipations, les droits et priviléges qui leur auraient été définitivement acquis sur la propriété, seulement après payement intégral de la Moukabalah, et en prenant des mesures équitables, soit pour la restitution de ces anticipations, soit par une réduction proportionnelle d'impôts, ce qui aura pour résultat d'éviter une réduction considérable dans un des principaux revenus de l'Etat;

Considérant, d'ailleurs, que, pour la garantie des créanciers, il était nécessaire de créer une caisse spéciale chargée de recevoir le montant des revenus affectés à la dette, et d'en faire le service, notre conseil privé entendu, avons décrété et décrétons :

Article premier. — Toutes les dettes de l'Etat et celles de la Daïra Sanieh, résultant des emprunts contractés en 1862, 1864, 1868, 1873, 1865, 1867 et 1870, la dette flottante de l'Etat et la dette flottante de la Daïra Sanieh, comprenant les bons du Trésor et tous autres titres ou obligations, sont unifiées en une dette générale, dont les titres porteront 7 0/0 d'intérêt sur le capital nominal, et seront amortissables en soixante-cinq ans, par tirages semestriels.

L'unification est faite au pair du taux nominal des titres des anciens emprunts, pour les emprunts 1862, 1868, 1870 et 1873. Les titres de la dette générale seront délivrés, à 95 0/0 de leur capital nominal. aux porteurs des titres des emprunts 7 0/0 1864, 1865, et 9 0/0 1867 (pour ce dernier emprunt, la différence du taux de l'intérêt sera capitalisée en titres, au profit des porteurs); à 70 0/0 de leur capital nominal, aux porteurs des titres des dettes flottantes de l'Etat et de Daïra Sanieh, sous forme de bons du Trésor et autres titres ou obligations qui les constituent.

Par l'effet de cette opération, la dette générale unifiée sera de 91,000,000 de livres sterling, en valeur nominale, jouissance du 1er janvier 1876.

Art. 2. — La dette emprunt et la dette flottante de la Daïra Sanieh s'unifiant avec celle de l'État sous les mêmes restrictions et garanties, la Daïra Sanieh est tenue de verser annuellement, à la caisse de la dette publique, la somme de 684,411 livres sterling, représentant sa part proportionnelle dans l'annuité totale nécessaire au service de la dette, pour intérêts et amortissement.

Art. 3. — Les revenus affectés spécialement au service de la dette générale, sont : Moudirieh de Garbieh, 1,201,523 liv. st.; Moudirieh de Menoufieh, 714,107 liv. st. ; Moudirieh de Behera, 424,312 liv. st.; Moudirieh de Siout, 732,179 liv. st.; octrois du Caire, 345,389 liv. st.; octroi d'Alexandrie, 173,837 liv. st.; douanes d'Alexandrie, Suez, Damiette, Rosette, Port-Saïd et El Arieh, 659,777 liv. st.; chemins de fer, 990,806 liv. st.; droits des tabacs, 264,015 liv. st.; revenus du sel, 200,000 liv. st.; fermage de Materieh, 60,000 liv. st. ; revenus des écluses et droits de navigation sur le Nil jusqu'à Wady Halfa, 30,000 liv. st.; pont de Kasr et Nil, 15,000 liv. st. Total, 5 millions 790,845 liv. st.

Contribution de la Daïra, qui sera payée au fur et à mesure de ses rentrées, 684,411 liv. st.

Total général des revenus affectés, 6,475,256 liv. st.

Art. 4. — Les titres de la dette générale unifiée seront de 20, 100, 500 et 1,000 liv. st., avec coupons payables semestriellement.

Le tirage des titres pour l'amortissement semestriel sera fait par les commissaires directeurs de la caisse de la dette publique. Ces titres seront délivrés en échange des titres des anciens emprunts et des titres de la dette flottante, aux conditions prescrites dans l'article premier du présent décret.

Art. 5. — Un groupe composé de maisons de banque et d'établissements financiers, s'est chargé par contrat de l'unification de la dette. Des commissaires spéciaux du gouvernement seront nommés par nous pour surveiller l'exécution régulière de ces opérations.

Art. 6. — Pour le service de la dette unifiée, est créée une caisse spéciale, dont les statuts sont arrêtés par notre précédent décret, qui doit être considéré comme complément du présent décret.

Fait au Caire, le 7 mai 1876.

Signé : ISMAÏL.

Ce décret est accompagné d'une ordonnance ainsi conçue :

Nous, khédive d'Egypte, voulant prendre des mesures définitives et opportunes pour obtenir l'unification des diverses dettes de l'Etat et de celles de la Daïra Sanieh, ainsi que de la réduction de charges excessives résultant de ces dettes, voulant donner un témoignage solennel de notre ferme intention d'assurer toutes garanties aux intérêts engagés, avons résolu d'instituer une caisse spéciale, chargée du service régulier de la dette publique, et de nommer à sa direction des commissaires étrangers, lesquels seront, sur notre demande, indiqués par les gouvernements respectifs, comme fonctionnaires aptes à remplir le poste auquel ils seront nommés par nous en qualité de fonctionnaires égyptiens, dans les conditions suivantes. Notre conseil privé entendu, avons décrété et décrétons :

Article premier. — Il est institué une caisse de la dette publique, chargée de recevoir les fonds nécessaires au service des intérêts et de l'amortissement de la dette, et de les destiner exclusivement à cet objet.

Art. 2. — Les fonctionnaires, les caisses locales ou les administrations spéciales qui, après avoir recouvré, reçu ou concentré les revenus spécialement affectés au payement de la dette, sont ou seront, à l'avenir, chargés de les verser au Trésor central ou de les tenir à la disposition des ordonnateurs des dépenses de l'Etat, sont, par l'effet du présent décret, obligés d'en faire le versement pour compte du Trésor de l'Etat à la caisse spéciale de la dette publique, qui sera, à cet égard, considérée comme une caisse spéciale du Trésor. Ces fonctionnaires, caisses et administrations ne pourront être valablement déchargés que par les quittances qui leur seront délivrées par ladite caisse de la dette publique. Tout autre ordre ou quittance sera sans effet.

Ces mêmes fonctionnaires, caisses ou administrations, enverront mensuellement, au ministre des finances, un tableau contenant les recettes ou recouvrements faits par eux directement, ou versés par les percepteurs des revenus spécialement affectés à la dette, et les versements faits à la caisse spéciale de la dette publique. Le ministre des finances communiquera ces tableaux à la direction de la caisse.

La caisse de la dette publique recevra de la Daïra Sanieh la somme intégrale nécessaire au service des intérêts et de l'amortissement du montant de ses dettes unifiées; elle recevra également les fonds de l'annuité due au gouvernement anglais, et représentant l'intérêt sur les actions du canal de Suez.

Art. 3. — Si les versements des revenus affectés à la dette sont insuffisants pour payer le semestre, la caisse spéciale de la dette publique demandera au Trésor, par le moyen du ministre des finances, la somme nécessaire pour compléter le payement de la semestrialité, et le Trésor devra lui verser cette somme quinze jours avant l'échéance. Si les fonds en caisse laissent un excédant sur le payement des intérêts et de l'amortissement, la caisse spéciale de la dette publique versera cet excédant, à la fin de chaque année, à la caisse générale du Trésor; la caisse de la dette publique présentera ses comptes, qui seront examinés et jugés comme de droit.

Art. 4. — Les actions qu'au nom et dans l'intérêt des créanciers, en grande partie étrangers, la caisse, et pour elle ses directeurs, croiront avoir à exercer contre l'administration financière, représentée par le ministre des finances, pour ce qui concerne la tutelle des garanties de la dette que nous avons confiée à la direction de ladite caisse, seront portées, dans les termes de leur juridiction, devant les nouveaux tribunaux qui, suivant l'accord établi avec les puissances, ont été institués en Égypte.

Art. 5. — Les commissaires désignés comme il est dit plus haut, auront la direction de la caisse publique. Ils seront nommés par nous pour cinq ans, et siégeront au Caire; leurs fonctions pourront être continuées à l'expiration des cinq ans, et, en cas de décès ou de démission de l'un d'eux, la nomination nouvelle sera faite par nous dans la forme des nominations primitives. Ils pourront confier à l'un d'eux les fonctions de président, lequel en donnera avis au ministre des finances.

Art. 6. — Les frais de change, d'assurance et de transport d'espèces à l'étranger, ainsi que la commission pour payement des coupons, seront à la charge du gouvernement. Les directeurs de la caisse prendront les accords préalables avec le ministre des finances, pour toutes ces opérations; mais le ministre décidera si l'expédition des sommes doit être faite en groupe ou par lettres de change.

Art. 7. — La caisse ne pourra employer aucun fonds, soit ou non disponible, en opérations de crédit, commerce, industrie ou autre.

Art. 8. — Le gouvernement ne pourra, sans l'avis conforme des commissaires qui dirigent la caisse de la dette publique, pris à la majorité, porter, dans aucun des impôts spécialement affectés à la dette, des modifications qui pourraient avoir pour résultat une diminution de la rente de cet impôt. Toutefois, le gouvernement pourra affermer un ou plusieurs de ces impôts, pourvu que le contrat de fermage assure un revenu au moins égal à celui déjà existant, et conclure des traités de commerce portant modifications aux droits de douane.

Art. 9. — Le gouvernement s'engage à n'émettre aucun bon du Trésor, ni aucun nouveau titre, et à ne contracter aucun autre emprunt, de quelque nature que ce soit. Ce même engagement est pris au nom de la Daïra Sanieh. Cependant, si par des motifs d'urgence nationale, le gouvernement se trouvait dans la nécessité de recourir au crédit, il pourrait le faire dans la limite du strict besoin, et sans porter atteinte à l'affectation des revenus destinés à la caisse de la dette publique, ni aucune diversion à leur versement et à leur destination. Ces emprunts, tout exceptionnels qu'ils sont, ne pourront être contractés qu'après l'avis conforme des commissaires-directeurs de la caisse.

Art. 10. — Afin que les dispositions du précédent article ne créent pas d'obstacle à la marche de l'administration, le gouvernement pourra établir un compte courant auprès d'une banque, pour faciliter ses payements, moyennant anticipation à régler sur les recettes de l'année. Le solde actif ou passif en sera réglé à la fin de chaque année. Le découvert de ce compte courant, pendant l'année, ne pourra jamais dépasser 50,000,000 de francs.

Fait au Caire, le 2 mai 1876.

Signé : ISMAÏL.

Ce décret fut suivi, le 24, d'un autre décret nommant les commissaires-directeurs de la caisse de la dette. Voici ce décret :

Nous, khédive d'Égypte,

Vu notre décret en date du 2 mai 1876, relatif à l'institution de la caisse publique,

Avons décrété et décrétons :

Sont nommés commissaires-directeurs près la caisse de la dette ublique : MM. de Kremer, de Blignières et Baravelli.

La caisse de la dette publique commencera à fonctionner le 10 juin 1876.

Fait au Caire le 24 mai 1876.

Signé : ISMAÏL.

Quant aux conditions à remplir pour échanger les titres, une circulaire du ministre des finances d'Égypte les a formulées. Voici les principales :

L'échange des titres s'effectuera dans les conditions suivantes :

1° Pour les emprunts 7 0/0 1872, 1850 et 1873, l'échange se fera au pair, c'est-à-dire que les titres anciens seront échangés contre des titres nouveaux d'égale valeur nominale.

2° Pour les emprunts 7 0/0 1874, 1865, et 9 0/0 1867, l'échange se fera à 95 0/0, c'est-à-dire que pour 95 titres anciens on recevra 100 titres nouveaux, chacun de valeur nominale égale à celle de chacun des 95 titres anciens. Les porteurs de l'emprunt 9 0/0 1867 recevront en outre, en titres nouveaux, la différence de 2 0/0 des intérêts, différence qui sera capitalisée à leur profit, de façon que dans les mêmes conditions que pour les porteurs des autres titres, il leur sera donné l'équivalent exact de leurs titres actuels.

3° Pour les dettes flottantes, l'échange se fera à 80 0/0, c'est-à-dire que pour 80 titres de 500 fr. chacun des dettes flottantes, on recevra 100 titres nouveaux d'une valeur nominale de 500 fr. chacun. Toutefois, les titres de la dette unifiée étant délivrés jouissance du 15 juillet 1876, les porteurs des titres des dettes flottantes dont l'échéance est antérieure au 15 juillet 1876 recevront, en addition du montant de leurs titres, en nouveaux titres à 80 0/0, l'intérêt au taux de 7 0/0 l'an, sur le montant de leurs titres desdites dettes flottantes, calculé de l'échéance à la date du 15 juillet 1876, tandis que les porteurs des titres des dettes flottantes dont l'échéance est postérieure au 15 juillet 1876, subiront un escompte au taux de 7 0/0 l'an sur le montant de leurs titres desdites dettes flottantes, calculé du 15 juillet 1876 à la date de l'échéance.

Il ne sera délivré aucune coupure de titres de la dette unifiée pour les fractions inférieures à 500 fr. ou de 20 liv. sterl.; les soultes qui seront dues pour obtenir un titre de 500 fr. ou 20 liv. sterl. devront être payées en espèces, à 80 0/0 du nominal.

Toutefois, il pourra être délivré des récépissés provisoires pour les fractions, et plusieurs fractions pourront être réunies pour obtenir la délivrance d'un seul titre.

Tous les titres, soit des anciens emprunts, soit des dettes flottantes, présentés à l'échange, seront vérifiés par un représentant du gouvernement égyptien. Ces anciens titres seront annulés lors de leur présentation.

Lorsque les titres, soit des anciens emprunts, soit des dettes flottantes, seront présentés à l'échange, si les nouveaux titres ne sont point encore en état d'être délivrés, il devra être remis aux porteurs des récépissés provisoires constatant le dépôt et contenant l'indication des titres déposés et toutes autres d'usage.

La remise des titres de la dette unifiée sera valablement effectuée aux porteurs, soit des anciens titres, soit des récépissés provisoires qui auraient été délivrés en échange des titres déposés.

Les opérations d'échange de titres seront faites sans frais pour les porteurs, qui devront toutefois se présenter aux endroits qui seront indiqués pour l'échange des titres ; ces opérations commenceront le 31 mai 1876. Un avis ultérieur indiquera l'époque de leur clôture.

Toutes les opérations concernant l'unification de la dette publique d'Égypte seront effectuées par le Comptoir d'escompte de Paris et de ses agences ; elles seront centralisées à Paris, au siége de cet établissement, qui pourra désigner des correspondants pour l'échange des titres partout où il le jugera convenable.

Les tirages auront lieu les 15 avril et 15 octobre de chaque année; le premier tirage aura lieu le 15 octobre 1876.

Le remboursement des titres sortis aux tirages s'effectuera en même temps que le paiement du coupon qui suivra le tirage, soit le 15 janvier 1877, pour les titres sortis au tirage du 15 octobre 1876.

Les coupons seront payés et les titres sortis au tirage seront remboursés en or, sans retenue d'aucune espèce, au Caire, à Paris et à Londres, la livre sterling au change fixe de 25 fr.

Les titres de la dette unifiée étant délivrés valeur du 15 juillet 1876, tous les coupons des anciens titres arrivant à échéance avant cette date seront payés en or, à leur échéance et sur leur présentation ; quant aux fractions de coupons des anciens titres, acquises aux porteurs au 15 juillet 1876, elles seront payées en or au moment de l'échange de ces anciens titres contre les titres de la dette unifiée.

Par ordre de Son Altesse le khédive.

Fait au Caire, le 25 mai 1876.

Le ministre des finances d'Égypte,
Signé : ISMAÏL-SADDIK.

Tel est l'acte solennel auquel se rattache désormais le remboursement de la dette égyptienne.

Nous passons sur tous les incidents qui se sont produits pendant six mois pour constater que les conditions de ce décret ont été légèrement modifiées par MM. Goschen et Joubert. Ces modifications ont pour objet la réduction de 15 0/0 sur la majoration des titres, et certaines satisfactions accordées au khédive au sujet de la Daïra.

Les actes officiels concernant ces modifications ne sont pas encore publiés. Mais on peut compter que le khédive, poussé dans ses derniers retranchements, acceptera et fera exécuter ces conditions dernières.

Le khédive paiera et nous rentrerons dans le milliard que nous avons témérairement engagé en Égypte.

L'intérêt est la mesure des actions, et le vice-roi trouvant qu'il y a intérêt pour lui à payer, finira par remplir ses engagements.

Nous complétons les renseignements nécessaires à l'appréciation des valeurs égyptiennes par l'exposé des modifications que MM. Goschen et Joubert ont eu le mérite de faire accepter par le khédive. On peut regarder désormais le règlement de la dette égyptienne comme définitivement arrêté.

Ce résultat fait le plus grand honneur aux négociateurs. Il n'était pas facile de triompher des répugnances du khédive, de soumettre son administration à un contrôle européen. Nous reproduisons les documents ci-après, qui permettront d'apprécier l'étendue des commissions que le vice-roi d'Egypte s'est décidé à faire, donnant ainsi un bon exemple à son suzerain de Constantinople :

RÉSULTATS DES PROPOSITIONS SUR LE BUDGET DE 1877

Revenus .... liv.		11.242.460
Moins le produit de la Moukabala appliqué à l'amortissement des emprunts cours........................		1.689.213
Total..........		9.553.247
Dépenses ordinaires................ liv.	4.000.000	
Intérêts 7 0/0 sur 59,000,000................	4.130.000	
Amortissement............................	47.720	
Intérêts des obligations du chemin de fer 5 0/0 sur 17 millions de livres..............	850.000	
Amortissement.....	34.745	9.063.465
Excédant............		489.782

DETTE UNIFIÉE

La majoration de 25 0/0 accordée par le décret du 7 mai 1876 aux porteurs de la dette flottante sera réduite à 10 0/0.

L'effet financier de ces mesures sera le suivant :

La majoration portée dans le tableau d'unification à.. liv.		6.204.327
sera réduite de :		
1° La majoration entière sur les livres 2,906,151 de la dette flottante de la Daïra, à........... liv.	726.537	
2° La majoration sur les petits emprunts, à..	306.796	
Liv.......	1.033,333	
Ce qui réduit la majoration accordée aux dettes flottantes de la Daïra sur Mallieh à liv. 5,170,993.		
3° 15 0/0 ou 3/5 particulièrement sur cette somme.................................. liv.	3.102.597	4.135.930
à la somme de... liv.		2.068.397
La dette unifiée de.. liv.		91.000.000
se trouvera donc réduite par ces divers retraits comme suit :		
Montant de la dette consolidée de la Daïra.	5.909.280	
Montant de la dette flottante de la Daïra.	2.906.151	
Montant des emprunts cours...............	4.392 616	
Titres annulés par suite de la création des obligations privilégiées du chemin de fer..	15.000.000	
Diverses majorations......	4.135.930	32.343.977
Liv.......		58.656.023

Soit en chiffres ronds, liv. 59,000,000.

Cette dette de liv. 59,000,000 sera dotée d'une annuité de liv. 4 millions 181,450 représentant l'amortissement en soixante-cinq ans, et l'intérêt à 7 0/0 sur le capital.

Pour les 91 millions, l'annuité à 7 0/0 était de liv. 6,443,600

ATTRIBUTIONS DES CONTROLEURS GÉNÉRAUX.

Les buts principaux que nous cherchons à atteindre par la nomination de deux contrôleurs généraux sont les suivants :

1° La rentrée régulière des revenus de l'État, tant ceux qui sont affectés au service de la dette que ceux qui restent à la disposition du gouvernement; ils sont liés d'une manière si intime qu'on ne peut pas scinder leur administration;

2° L'application incontestable de ces revenus auxquels ils ont été destinés, soit par décrets les affectant aux créanciers, soit par les budgets;

3° L'établissement des garanties pour assurer que les dépenses soient ramenées aux chiffres que les recettes ne permettent pas de dépasser sans rompre l'équilibre du budget;

4° Tout en voulant trouver ces garanties, nous désirons éviter toute ingérence dans l'administration proprement dite.

Nous proposons donc que les fonctions d'un des contrôleurs, qui serait nommé contrôleur général des recettes, soient :

1° La perception de tous les revenus de l'État;

2° Pour rendre efficace son action à cet égard, il semble indispensable de lui donner le droit de nommer et de révoquer tous les agents de perception;

3° Il devra veiller à ce que ces agents ne recouvrent que les impôts autorisés;

4° Tous les rôles des contributions ne devront donc être mis en recouvrement qu'après avoir été revêtus de son visa. Il devra veiller à ce que les produits en nature, formant partie des revenus, soient réalisés du mieux des intérêts du Trésor.

Les fonctions spéciales de l'autre contrôleur qui serait nommé contrôleur général de la comptabilité et de la dette publique seront :

1° De veiller à la fidèle exécution de tous les règlements qui touchent aux dettes de l'Etat (en dehors des attributions appartenant à la commission de la dette);

2° De contrôler la comptabilité générale du Trésor;

3° Les ministres ou chefs d'administration resteraient chargés d'ordonner toutes les dépenses; mais les mandats (ou assignations) qu'ils délivreraient, ne pourraient être payés par les comptables qu'autant qu'ils seraient revêtus du visa du contrôleur général.

Le contrôleur n'aurait pas à apprécier l'utilité des dépenses faites par le gouvernement, et il ne pourrait refuser son visa qu'autant que les mandats émis dépasseraient les crédits ouverts, ou ne permettraient pas de subvenir aux dépenses prévues pour la période de l'exercice budgétaire restant à courir.

Mais les fonctions de contrôleurs généraux ne pourraient pas être limitées à ces devoirs spéciaux. Ayant la mission de contrôler, l'un, quant aux recettes, l'autre, quant au service de la dette et aux dépenses, ils doivent prendre part à la préparation du budget; mais comme il ne conviendrait pas d'attribuer à des fonctionnaires chargés de contrôle général le droit d'empiéter sur les attributions des ministres, ceux-ci resteront seuls juges de la nécessité d'affecter les crédits à telle ou telle nature de dépenses. Le budget devra donc être proposé par le ministre des finances, qui centraliserait toutes les demandes de crédit faites par les chefs des diverses administrations. Le budget ainsi préparé serait soumis à un comité composé du ministre des finances et des deux contrôleurs généraux.

Ce comité devrait aussi approuver tous les marchés ayant pour conséquence un engagement pécuniaire dont l'importance dépasserait le douzième des crédits annuels ou qui s'appliqueraient à plusieurs années.

Les règlements généraux, en matière de comptabilité publique, devraient être arrêtés de concert avec le ministre des finances et en deux contrôleurs généraux.

NOMINATION ET DÉSIGNATION DES CONTROLEURS GÉNÉRAUX

Le contrôleur général des recettes serait Anglais; le contrôleur général de la comptabilité de la dette serait Français.

Les deux contrôleurs généraux seront nommés par le vice-roi, sur la désignation des gouvernements anglais et français, ou des gouverneurs de la Banque d'Angleterre et de France.

Ils devront être nommés pour cinq ans; en cas de démission ou de mort, leurs remplaçants seront nommés et désignés de la même manière.

Les deux contrôleurs généraux auront le même rang et le même traitement.

L'autorité des contrôleurs généraux ne relèveront que de Son Altesse le khédive.

Ils ne seront placés sous aucune autre autorité, quelle qu'elle soit.

Caire, 31 octobre 1876.

COMMISSION DE LA DETTE

1° La commission de la dette doit être permanente jusqu'à l'entier amortissement de la dette.

2° Les commissaires auront le droit d'envoyer les fonds qu'ils auront encaissés directement à la Banque d'Angleterre ou à la Banque de France.

Ils auront les pouvoirs nécessaires pour faire ces envois.

3° On prendra des mesures pour adjoindre à la commission un représentant des intérêts anglais.

4° Les marchandises ou denrées données pour le paiement des impôts dans les moudiriehs devront être directement consignés dans des magasins spécialement destinés à cet objet, aux commissaires de la dette, qui auront seuls le droit de les aliéner sans l'intervention du ministre des finances.

5° Les membres de la commission de la dette ne pourront accepter d'autres fonctions dans l'administration de l'Egypte.

6° La commission devra rester entièrement indépendante, et ses actes ne pourront être placés sous l'autorité et la juridiction d'aucun autre conseil ou comité.

CHEMINS DE FER

1° Les chemins de fer seront sous une administration spéciale entièrement indépendante et qui ne relèvera que de Son Altesse;

Elle sera composée de trois administrateurs, dont deux seront Anglais et un Français; ces administrateurs seront nommés par le vice-roi. Un des deux administrateurs anglais sera désigné, soit par le gouvernement anglais, soit par le vice-roi des Indes;

L'administrateur français sera désigné par le gouvernement français;

En cas de démission ou de mort, leurs remplaçants seront désignés de la même manière.

2° Cette administration étant formée pour donner toutes garanties aux porteurs des obligations privilégiées spécialement créées, devra rester en vigueur jusqu'à ce que ces obligations aient été amorties ou remboursées.

3° Les administrateurs auront le droit de nommer et de révoquer tous les employés des chemins de fer.

4° Ils auront seuls le droit, d'accord avec Son Altesse, de faire des modifications aux tarifs et règlements en vigueur.

5° Ils seront chargés de faire les contrats d'achats de matériel roulant et fixe, et de marchandises nécessaires à l'exploitation;

Ils statueront sur la nécessité des réparations du matériel de la voie.

6° Il devra être pourvu aux dépenses extraordinaires qui auront été décidées d'accord avec Son Altesse par les ressources générales du budget.

7° Toutes les recettes, au fur et à mesure des encaissements, sauf ce qui est nécessaire pour les dépenses ordinaires de l'exploitation, devront être versées à la caisse de la commission de la dette à laquelle elles sont affectées.

8° Il sera créé des obligations privilégiées ayant une hypothèque spéciale sur les chemins de fer pour une somme de 15 millions de liv. st., portant un intérêt de 5 0/0, avec amortissement en soixante ans.

9° L'annuité nécessaire s'élevant à 782,837 liv. st., formera une première charge sur les revenus des chemins de fer.

10° La commission de la dette ouvrira un compte spécial pour le service de ces obligations.

11° Elle devra envoyer les fonds qui lui seront versés par l'administration des chemins de fer aux Banques d'Angleterre et de France également, à un compte spécial pour le service de l'emprunt privilégié sur les chemins de fer.

12° Au cas où les versements faits par l'administration des chemins de fer seraient insuffisants pour le service de cette dette, la commission de la dette devra pourvoir à ce service en prélevant, comme une première charge, le montant nécessaire sur les ressources générales qui lui sont affectées.

Caire, le 31 octobre 1876.

ESPAGNE

Nous avons énuméré, l'année dernière, les titres de la dette espagnole qui se négocient sur notre marché.

Cette année, en présence du règlement qu'une loi des Cortès vient d'établir pour le paiement des intérêts de cette dette, nous sommes forcés de nous arrêter à cette loi qui devient le point de départ d'une situation nouvelle.

Si nous avions à caractériser cette loi de finance, nous dirions que c'est la banqueroute de l'Espagne légalisée.

Entrons dans le vif des faits en exposant purement et simplement les résolutions contenues dans cette loi du 26 juillet dernier.

Cette banqueroute, prévue dès le mois de février 1873, reçut un commencement d'exécution en janvier 1874, par le fait du décret en vertu duquel les coupons de rente échus les 30 juin et 31 décembre 1873, et le 30 juin 1874, furent payés en papier; mais elle s'est trouvée depuis complétée et réglée définitivement par la loi du 21 juillet 1876.

Cette loi a disposé, en premier lieu, que le montant nominal des 5 coupons échus et à échoir, depuis le 31 décembre 1874 jusqu'au 31 décembre 1876, sur les Rentes 3 0/0 extérieure et intérieure, ainsi que les titres 6 0/0 (actions des routes, travaux publics et obligations de l'Etat pour chemins de fer), serait payé également en papier, c'est-à-dire au moyen de titres rapportant 2 0/0 d'intérêt annuel, jouissance du 1er janvier 1877, et amortissables à 50 0/0 de leur valeur nominale, dans une période de 15 ans, savoir :

1877	2 0/0
1878	3 0/0
1879	4 0/0
1880	5 0/0
1881	6 0/0
1882	6 0/0
1883	7 0/0
1884	7 0/0
1885	8 0/0
1886	8 0/0
1887	8 0/0
1888	8 0/0
1889	9 0/0
1890	9 0/0
1891	10 0/0
Total...	100 0/0

La capitalisation des 5 coupons échus, du 31 décembre 1874 au 31 décembre 1876, a constitué un capital nominal de 310,465,642 fr. en Rente 3 0/0 extérieure, et de 360,963,340 fr en Rente 3 0/0 intérieure, soit, en tout, de 671,428,982 fr. Ce qui exige, d'une part, pour le service d'intérêt à 2 0/0, une somme de 13,428,579 fr., et, d'autre part, pour l'amortissement de 2 0/0, en 1877, sur le pied de 50 0/0 de la valeur nominale, une somme de 6,714,289 fr., soit, en tout, 20,142,868 fr., dont la moitié, soit 10,071,434 fr., incombera seule à l'exercice en cours, allant du 1er juillet 1876 au 30 juin 1877.

En second lieu, la même loi du 21 juillet 1876 a décidé que, à partir du 1er janvier 1877 jusqu'au 1er janvier 1882, les intérêts de la Rente 3 0/0 extérieure et intérieure et ceux des Dettes 6 0/0 seraient réduits au tiers de leur montant nominal, les intérêts ainsi réduits devant être payés semestriellement, les 1er janvier et 1er juillet de chaque année, à l'exception du premier coupon échéant le 30 juin 1877, dont la moitié sera payée, par anticipation, le 1er janvier 1877, et l'autre moitié, le 30 juin 1877.

A partir du 1er janvier 1882, les intérêts annuels des rentes 3 0/0 extérieure et intérieure seront portés à 1 1/4 0/0, et ceux des dettes 6 0/0, à 2 1/2 0/0, le gouvernement promettant, d'ailleurs, d'ouvrir, à ce moment, des négociations avec ses créanciers, en vue d'établir une nouvelle loi de progression qui puisse conduire au payement de l'intégralité des intérêts

Les titres, dont les intérêts sont réduits au tiers, à compter du 1er janvier 1877, représentent un capital nominal de 10,299,405,600 fr., dont 4,383,760,700 fr. en rente extérieure, et 5,915,644,900 fr., en rente intérieure. L'intérêt nominal de cette dette ressortait à 333,793,920 fr.; il n'est plus, réduit au tiers, que de 111,264,640 fr., mais, comme on vient de le voir, le premier coupon semestriel n'échéant que le 30 juin 1877, l'exercice 1876-1877 n'aura à supporter, de ce chef, qu'une charge d'intérêts montant à 55,632,320 fr.

Ce ne sont pas là les seuls éléments dont se compose la dette publique de l'Espagne.

Nous aurions dix chapitres arriérés à mettre à la suite de ces arrérages. Si nous récapitulons les charges de la dette consolidée actuelle, nous trouvons qu'elles s'élèvent à la somme totale de 215,962,508 fr.

Et pour y faire face, l'Espagne présente un budget toujours en déficit. Expliquons-nous. Le gouvernement fait bien voter par les Cortès un budget qui est en équilibre. Mais la réalité ne tarde pas à montrer le vide de cette illusoire accumulation de chiffres.

La vérité est que l'Espagne ne paie pas, que sa dette représente un gouffre insondable, et que son insolvabilité de longue date la met en état de banqueroute effective.

Faisons pourtant une réserve et une distinction. L'Espagne, très habile dans l'art de trouver de l'argent, fait une distinction entre sa dette consolidée et sa dette flottante, et en donnant des garanties toutes spéciales à certaines maisons de banque, elle parvient encore à se faire prêter des sommes importantes.

C'est ainsi que l'Espagne a pu traiter plusieurs fois avec la Banque de Paris et des Pays-Bas, et c'est ainsi qu'en vertu d'un décret du 7 août, elle a contracté un emprunt considérable avec la maison Rothschild.

C'est la Banque d'Espagne qui, conformément aux dispositions de la loi du 3 juin 1876, a été chargée d'émettre de nouveaux billets hypothécaires pour la somme de 580 millions de francs, dont 330 millions sont réservés à l'Espagne, et 250 millions à l'étranger.

Ces billets sont de 500 piécettes pour l'Espagne, et de 500 fr. pour l'étranger. Ils jouissent d'un intérêt de 6 0/0, payable par trimestre, et doivent être amortis en douze ans, et par trimestre, à partir de 1876.

La loi du 3 juin 1876 porte, qu'à cet amortissement sont annuellement consacrés, d'une part, 70 millions de piécettes à prélever sur les revenus des douanes, et, d'autre part, 15,900,000 piécettes, à prendre sur le 20 0/0 de la vente des biens communaux. Le décret publié dans la *Gazette* du 7 août ne fait pas mention des 15 millions 900,000 piécettes provenant de la vente des biens communaux.

Le taux d'émission des billets hypothécaires a été fixé à 85 0/0, soit 425 francs par billet, jouissance du 1er octobre 1876.

Les billets hypothécaires de l'émission Extérieure, pour la somme de 250 millions de francs, n'ont pu être souscrits que par cinquante à la fois, et la souscription a dû être appuyée par un versement de 20 0/0 de la somme souscrite. Mais la maison de Rothschild de Paris s'est chargée de recevoir les demandes et de les faire parvenir à la Banque d'Espagne.

On voit que les créanciers de la dette flottante sont traités bien autrement que ceux de la dette consolidée.

En présence du sans-gêne avec lequel le gouvernement espagnol traite nos malheureux capitalistes, une réunion de porteurs français de rentes espagnoles s'est tenue, le 12 mai, au Grand-Hôtel, pour nommer des délégués chargés de les représenter auprès du gouvernement de l'Espagne.

L'assemblée a élu délégués MM. Girod, Goguel, Badel, Rodier et Victor-Saint-Paul, et leur a donné pleins pouvoirs en les autorisant à s'adjoindre d'autres personnes.

Ces délégués ont remis au gouvernement espagnol et aux Cortès la protestation suivante :

Les soussignés, se référant au procès-verbal ci-annexé de l'assemblée des porteurs français de titres de Rente espagnole, en date du 12 mai courant, lequel procès-verbal constate la délégation qu'ils ont reçue et acceptée de ces porteurs, à l'effet de défendre leurs intérêts auprès du gouvernement espagnol;

Considérant comme le premier devoir qui découle de leur mandat de protester contre les mesures contenues dans le projet de loi soumis aux Cortès par Son Excellence M. le ministre des finances, don Pedro Salaverria;

Les porteurs français, détenteurs presque tous de titres de rente Extérieure, privés de tout intérêt depuis un temps très-long, n'ayant pu profiter d'aucun des avantages qui ont été réservés aux coupons de la Dette intérieure, ne peuvent se résigner à un ensemble de mesures qui aurait pour conséquence, en retardant indéfiniment la reprise du paiement d'une partie des arrérages, de maintenir la dépréciation ruineuse de leurs titres.

Un grand Etat ne peut contraindre ses créanciers à des conditions aussi dures.

On a vu, de nos jours, des nations aussi cruellement éprouvées que l'Espagne, s'imposer les sacrifices les plus onéreux pour faire honneur à leurs engagements.

Les Etats-Unis, après la guerre de sécession; l'Italie, après la reconstitution de son indépendance; l'Autriche, après la perte de la Vénétie et de la Lombardie; la France, après la guerre de 1870 et les calamités de la Commune, ont fait de patriotiques efforts pour sauvegarder les intérêts de leurs créanciers, et c'est à ces efforts couronnés de succès qu'elles ont dû le maintien de leur crédit et de leur influence dans le concert des nations.

Si les créanciers du Gouvernement espagnol se trouvaient en présence d'un pays impuissant à se créer des ressources, d'un peuple épuisé, d'un sol infécond, ils subiraient alors des concessions irrémédiables; mais tel n'est pas le cas de l'Espagne.

L'Espagne, sous un règne sage et prudent, est appelée à jouir à bref délai d'une grande prospérité, et dans ces conditions, c'est à elle à montrer qu'elle est résolue à faire honneur à ses engagements, pour conserver son crédit et sa considération dans le monde.

L'Espagne a reçu la protestation sans sourciller. Son crédit est perdu, ses titres de rente sont avilis et il ne reste plus à nos malheureux bailleurs de fonds que l'amer regret d'avoir eu confiance dans un gouvernement sans vergogne qui ne tient aucun compte de ses engagements.

Ville de Madrid

En Espagne, le gouvernement donne à la ville de Madrid un exemple que celle-ci s'est empressée de suivre. La municipalité madrilène a suspendu le paiement des obligations de la ville de Madrid 1868, dont le placement avait été fait par la maison Erlanger et Ce, et pour régler cette question, elle vient de décider la conversion des obligations de cet emprunt 1868 contre celles de 1861, dans la proportion de cinq obligations contre une.

Voici le texte du décret publié par la ville de Madrid relativement à cette conversion :

1° Les obligations de l'emprunt de la ville de Madrid 1868, dont le placement a été fait par la maison Erlanger et Ce, se convertiront en une nouvelle émission d'obligations de l'emprunt de 80 millions de réaux, dont la valeur nominale est de 1,000 réaux chacune, avec intérêt annuel de 6 0/0 et 1 0/0 d'amortissement, avec les autres conditions dudit emprunt ;

2° Pour chaque groupe de cinq obligations 1868, avec le coupon à échéance du 1er janvier 1877, il sera remis une obligation 1861 ;

3° Ces nouvelles obligations porteront la date du 1er janvier 1876, et de la même date partiront l'intérêt et l'amortissement correspondants ;

4° Le montant des primes de remboursement qu'auraient obtenues ces obligations dans les tirages faits jusqu'à ce jour, se payera au moyen de la quantité d'obligations de la nouvelle émission suffisant à couvrir le montant de ces primes en remboursement ;

5° Les porteurs des obligations de l'emprunt Erlanger qui n'accepteraient pas la conversion proposée auront à attendre le résultat du procès intenté par cette maison à la municipalité ;

6° Les reçus donnés pour les coupons arriérés de l'emprunt 1868 s'amortiront en consignant, dans chaque budget que l'on fera à l'avenir, 1,000,000 de réaux destinés à l'amortissement par soumission desdits reçus, sans préjudice de pouvoir augmenter ladite somme suivant que les finances municipales le permettent.

Les porteurs de l'emprunt de 1868 qui désirent effectuer la conversion des obligations qu'ils possèdent en la nouvelle émission d'obligations 1861 voudront bien faire, à la secrétairerie de l'excellentissime municipalité, une déclaration dans laquelle ils donneront, avec toute clarté, leur domicile, le total des obligations qu'ils possèdent et les numéros de celles-ci.

L'emprunt en lequel celui de décembre 1868 doit se convertir a été émis par la ville de Madrid en 1861, et autorisé par décret royal du 20 août de la même année. Il était de 80 millions de réaux, en obligations municipales au porteur, de 1,000 réaux chacune, portant intérêt à 6 0/0 l'an, avec 1 0/0 d'amortissement comme minimum.

La municipalité de Madrid inscrit dans tous ses budgets un crédit de 5,600,000 réaux pour le paiement des intérêts et de l'amortissement dudit emprunt.

De même, elle inscrira à l'avenir dans son budget l'allocation correspondant à l'intérêt et à l'amortissement des obligations converties.

L'amortissement des obligations, à leur valeur nominale, se fera annuellement par tirage.

La ville de Madrid avait-elle le droit de déchirer seule un contrat signé par elle ? On ne le demande même pas en Espagne et l'on tranche souverainement toutes les questions.

Quant aux malheureux porteurs de titres, il ne leur reste qu'un parti à prendre, celui d'accepter purement et simplement la conversion, puisque la ville de Madrid déclare qu'elle continuera à payer le coupon des obligations de 1861. Ils auront ainsi l'avantage de changer un papier mort contre un titre vivant.

ETATS-UNIS DE L'AMÉRIQUE DU NORD

La dette publique des Etats-Unis de l'Amérique du Nord est divisée en neuf types différents que nous avons fait connaître dans notre *Manuel* de l'année dernière. En voici les titres :

6 0/0 1862-82 ;	6 0/0 1868-88 ;
6 0/0 1864-84 ;	5 0/0 10-40 ;
6 0/0 1865-85 ;	6 0/0 1881 ;
6 0/0 1865-85 ;	5 0/0 Dette consolidée.
6 0/0 1867-87 ;	

Cette multiplicité de titres est certainement une difficulté pour la trésorerie américaine et une cause d'éloignement pour le capitaliste qui aime les situations claires et les titres faciles à reconnaître et à apprécier. Le capitaliste se perd au milieu de toutes ces coupures, et refuse de s'y intéresser. Le crédit de la dette américaine grandirait si la dette était unifiée et représentée par un seul titre.

Mais la valeur de la dette publique américaine est bien appréciée et bien reconnue sur tous les marchés européens. Le crédit de ces titres s'appuie sur la résolution formellement arrêtée par les Etats-Unis de procéder avant tout au remboursement de la dette.

Quant à la difficulté résultant de la multiplicité des titres, elle est bien reconnue par le gouvernement des Etats-Unis qui procède à la transformation de sa dette par la conversion de ses titres. Mais c'est là une opération immense et qui ne sera terminée qu'au bout de plusieurs années. Voici les dernières mesures prises en vue de cette concession.

La loi du 14 juillet 1870 autorisait, en vue du rachat de la dette portant intérêt à 6 0/0, les émissions suivantes :

1° 500 millions de dollars 5 0/0 dits consolidés 10-40, c'est-à-dire remboursables dans un délai de dix à quarante ans (cette émission a été entièrement négociée) ;

2° 300 millions à 4 1/2 0/0 dits consolidés 15-30, c'est-à-dire remboursables dans un délai de quinze à trente ans ;

3° 700 millions à 4 0/0 dits consolidés 20-40, c'est-à-dire remboursables dans un délai de vingt à quarante ans.

M. Bristow, secrétaire du Trésor, a demandé au Congrès :

1° L'autorisation d'élever de 300 à 500 millions de dollars le montant des bonds 4 1/2 0/0, dont la loi du 14 juillet 1870 a ordonné la création pour la conversion de la dette 6 0/0 ;

2° Le pouvoir de porter à une durée de 30 ans au moins, pour tous les bonds qui seraient émis à partir de 1876, la période qui devra s'écouler avant qu'ils puissent être appelés au remboursement.

Cette proposition a reçu du Congrès un accueil favorable, et il y a lieu de croire qu'elle aboutira très-prochainement à un bill conforme à la demande du secrétaire de la trésorerie.

La transformation incessante de cette dette immense des Etats-Unis par le remboursement et par la conversion nécessite un exposé général qui montre le point de départ et le point d'arrivée de cette opération financière, unique au monde.

Nous résumons donc ici, aussi succinctement que possible, les faits principaux qui se rattachent à l'histoire financière des Etats-Unis.

Le principal de la dette publique des Etats-Unis, qui ne s'élevait le 1er juillet 1860, soit dix mois environ avant le commencement de la guerre civile, qu'à la somme ronde de 64,842,000 dollars, s'est accrue, depuis cette époque, dans des proportions énormes, à cause des dépenses extraordinaires causées par cette guerre.

Principal de la dette publique du 1er juillet 1875.	2.232.284.531 95
Intérêts dus non payés et intérêts échus à cette date	38.647.556 19
Total de la dette	2.270.932.088 14
A déduire sommes en caisse	142.246.361 82
Total net de la dette au 1er juillet 1875	2.128.988.726 32

Le dollar valant 5 fr. 10 c., le total net ci-dessus représente la somme ronde de 11,856,312,400 fr.

Pour avoir une idée des sacrifices immenses que les Etats du Nord ont dû s'imposer pour mener à bonne fin la guerre gigantesque entreprise en 1861 contre les Etats rebelles, et pour suivre l'augmentation de la dette publique pendant cette guerre, ainsi que sa réduction progressive depuis la conclusion de la paix, il suffit de jeter les yeux sur le tableau suivant, qui donne en chiffres ronds le principal de cette dette, depuis 1860 jusqu'en 1875 :

Principal de la dette publique des Etats-Unis au 1er juillet de chacune des années suivantes

1er juillet	1860	64.842.000
—	1861	90.580.000
—	1862	524.176.000
—	1863	1.119.722.000
—	1864	1.815.784.000
—	1865	2.680.647.000
—	1866	2.773.236.000
—	1867	2.678.126.000
—	1868	2.611.687.000
—	1869	2.588.452.000
—	1870	2.480.672.000
—	1871	2.353.211.000
—	1872	2.353.251.000
—	1873	2.234.482.000
—	1874	2.251.690.000
—	1875	2.232.284.000

En comparant le montant du principal de la dette publique du 1er juillet 1875 à celui du 1er juillet 1866, c'est-à-dire à l'époque du paiement des primes élevées dues aux volontaires à l'expiration de la guerre, on trouvera que le principal de la dette s'est réduit, en neuf ans, de près de 541 millions de dollars.

Le ministre des finances publie d'ailleurs tous les mois la situation de la dette américaine. D'après le dernier état public, le montant de cette dette s'établissait comme suit à la date du 1er octobre 1876 :

Dette dont les intérêts sont payables :		
En monnaie ... Dollars		1.697.320.100 »
En papier		14.000.000 »
Dette dont les intérêts ont cessé		2.738.530 26
Dette sans intérêts		462.707.788 12
		2.176.776.418 38
Intérêts augmentés et non payés		27.126.227 37
Total, capital et intérêts		2.203.902.648 75
Argent au Trésor :		
En monnaie	64.591.124 43	
En traites	12.524.945 5	
Dépôts spéciaux	34.520.000 »	111.636 069 96
Total de la monnaie au Trésor au 1er octobre		2.092.266.575 79
Total au 1er septembre		2.095.181.941 14
Diminution pendant le mois de septembre		2.915.365 35

La diminution de la dette pendant les trois mois de l'année fiscale, qui commençait le 1er juillet, était de 7,172,769 dollars.

De cet exposé général découlent des conséquences que nous devons mentionner. Le principe du remboursement de la Dette établi par les Etats est de nature à donner aux titres de la Rente américaine une valeur de plus en plus grande, et cette résolution, il faut le reconnaître, contraste avec les banqueroutes que nous voyons déclarer par tant de gouvernements. Le respect des engagements, la bonne foi et l'honneur se retrouvent chez le peuple qui avait à supporter la dette publique la plus lourde.

HAÏTI

Nous avons donné, l'année dernière, les conditions de l'emprunt d'Haïti de 196,906 obligations, offertes au public à 430 fr.

Cet emprunt avait pour but : 1° d'unifier la dette haïtienne; 2° de rembourser la dette de 1825; 3° de racheter ou convertir l'emprunt contracté en mars, par l'intermédiaire de MM. Marcuard, André et Cᵒ, et du Crédit industriel.

Aucun de ces engagements n'a été tenu.

A peine les fonds étaient-ils encaissés, qu'une révolution renversait le gouvernement établi, et que l'insurrection mettait à la tête de la République le général Boisrond-Canal.

L'inquiétude s'empara aussitôt du marché, et les porteurs de titres se demandèrent si le nouveau gouvernement reconnaîtrait la Dette, et paierait les coupons des obligations.

La réponse ne se fit pas attendre. La nouvelle Chambre des députés et le président Boisrond-Canal, violant, avec un sans-gêne incroyable, le contrat signé par le gouvernement, ont refusé de reconnaître l'emprunt, de faire face au paiement des coupons, et la Chambre des députés s'empressait de voter toutes les mesures qui annulaient les engagements contractés.

Le *Moniteur officiel d'Haïti* a publié, le 2 septembre, la loi du 9 août, qui suspend le paiement des dettes du gouvernement haïtien. Il n'y a donc plus à mettre en doute l'existence de cette loi.

Voici le texte de l'article 1er :

Est et demeure suspendu tout payement direct ou indirect des dettes généralement quelconques, contractées par le gouvernement du général Domingue, et dont les principales sont : emprunt à l'étranger, bons du Trésor, ordonnances de dépenses, feuilles d'appointements, de solde, de ration, de pension et de location.

Il s'agit, comme on le voit, d'une mesure générale applicable à toutes les dettes, et comportant, non pas une répudiation des dettes; mais seulement une suspension de paiement, décrétée en vue d'une enquête sur la gestion financière du gouvernement du général Domingue.

Toutefois, on ne saurait méconnaître la gravité d'une telle mesure, et, pour l'honneur du gouvernement d'Haïti, comme dans l'intérêt de ses créanciers, il est fort à désirer qu'elle ne soit pas un moyen détourné d'arriver à faire banqueroute.

Ce n'est pas tout. La question est trop importante pour que nous ne mettions pas sous les yeux des intéressés tous les renseignements qui peuvent les édifier sur leur situation.

La Chambre des députés, à la date du 18 septembre, avait formulé un projet de décret, aux termes duquel elle investissait une commission d'enquête du droit exclusif de rechercher les fraudes auxquelles ont donné naissance les opérations financières contractées à Paris par le gouvernement déchu.

Ce projet de décret stipulait, dans son article 6, que « toutes transactions, tous règlements ou opérations généralement quelconques sur l'affaire qualifiée : *Emprunts d'Haïti à l'étranger*, faite avant que l'Assemblée nationale ait examiné cette question, ou en dehors de son autorité, et sans autorisation spéciale de sa part, seraient formellement interdits et nuls de plein droit. »

Le Président de la République vit dans ces stipulations « *un acte injurieux pour l'exécutif.* » Dans un message adressé à la Chambre à la réception du projet de décret susmentionné, M. Boisrond-Canal s'est plaint de voir que la Chambre appréhendait qu'il ne fût pas aussi expert qu'elle-même à traiter cette question de l'emprunt étranger, et il s'empresse de *revendiquer* des prérogatives qui, à son sens, lui étaient contestées par un décret *entaché d'inconstitutionnalité.*

La Chambre, après avoir pris connaissance du message présidentiel, y répondit par l'envoi de l'acte suivant :

Proposition du Président de l'Assemblée nationale, unanimement votée par ladite Assemblée.

Je propose à l'Assemblée nationale de déclarer :

1° Qu'elle maintient, *purement et simplement*, dans toute sa teneur, son décret du 18 septembre dernier, relatif à la commission de l'emprunt que l'Assemblée a déjà nommée;

2° Qu'elle repousse, *à priori*, sans les admettre en considération, les diverses objections faites à ce décret par le pouvoir exécutif, et cela, pour des motifs d'une haute et saine dignité.

Je me range à la proposition faite d'écrire un message au Président d'Haïti, pour lui expliquer le sens du vote de l'Assemblée et les motifs qui y ont donné lieu.

Fait au Palais de l'Assemblée nationale, le 26 septembre 1876, an 73e de l'Indépendance.

(Appuyé :) D. Dupiton, G. Antoine Victor, Ferd. Duvivier, G. St-Germain, Mars, St.-M. Dupuy, Pre. Ethéart, D. Lamour.

Pour copie conforme :

Le chef de bureau des archives de la Chambre des Représentants,

Lebon jeune.

La conclusion à tirer des faits que nous venons de raconter sommairement est que, là-bas, à Port-au-Prince, chacun voudrait être chargé de *traiter* avec les banquiers émetteurs des emprunts 1875.

Ces actes indignes du nouveau gouvernement d'Haïti retombaient, bien entendu, sur les autres obligations de la République. Le paiment de l'indemnité de Saint-Domingue n'a pas eu lieu, et le gouvernement s'est contenté de faire distribuer une somme de 1,600,000 fr., qui était déposée à la Caisse des dépôts et consignations, à valoir sur la dixième annuité, et pour intérêts en retard.

Tel est l'état de la question. Mais on peut compter que le gouvernement ne laissera pas la république d'Haïti se moquer, avant tant d'impudence, des capitalistes français qui ont eu le tort d'avoir confiance en elle. Il est arrivé plus d'une fois au gouvernement d'Haïti de s'exécuter quand il voyait une frégate s'embosser pour bombarder Port-au-Prince. Cet argument, nous le craignons, est le seul qui puisse être compris du gouvernement d'Haïti.

HONDURAS (Amérique centrale)

L'emprunt que la république du Honduras a émis en France en 1869 se compose de 207,000 obligations au porteur, émises à 225 fr., remboursables à 300, en 17 annuités.

Le service de cette dette s'est fait régulièrement jusqu'en mars 1873. Mais, depuis cette époque, les obligataires n'ont rien reçu, et les malheureux créanciers n'ont plus d'autre recours que des procès en revendication, qui ne présentent guère de chances aux intéressés de rentrer dans leurs fonds.

Une pétition adressée à la Chambre des députés, en vue d'amener le gouvernement à intervenir auprès de la république du Honduras, a été renvoyée à une commission dont le rapporteur propose l'ordre du jour.

Un procès intenté contre M. Victor Herran, ministre de la

république du Honduras à Paris, a été perdu, à cause des immunités dont jouissent les ambassadeurs. Mais le même procès, intenté contre M. Pelletier, vice-consul du Honduras, a été gagné, les immunités diplomatiques ne couvrant pas les vice-consuls.

D'autres poursuites sont également intentées contre les maisons de banque qui ont émis l'emprunt. Mais à quel résultat aboutiront ces procès et ces démarches? L'emprunt du Honduras ne sera plus, nous le craignons, qu'un souvenir de plus à ajouter à tous ceux qui ont cruellement appris à l'épargne à ne jamais s'intéresser aux emprunts étrangers.

ITALIE

Nous avons donné, l'année dernière, l'énumération de tous les emprunts et de toutes les obligations du gouvernement italien.

Le cours régulateur de toutes ces obligations est le 5 0/0, qui est l'une des valeurs recherchées du marché de Paris.

Les prix du 5 0/0 italien ont été vivement disputés depuis quelque temps. Mais la confiance du marché lui reste acquise, et les demandes du comptant se multiplient, dès que la baisse fait des progrès sensibles.

La situation financière de l'Italie s'est grandement améliorée. Le budget se trouve à peu près en équilibre, et, aux termes du bilan *di definitiva provisione*, le budget italien de l'exercice courant s'établit ainsi qu'il suit :

Recettes....................	1.315.132.190
Dépenses....................	1.320.368.060
Découvert..........	5.235.870

Pendant le premier semestre 1876, les recettes du Trésor se sont élevées à 613,920,000 francs, contre 599 millions en 1875 ; les dépenses ont été de 628,729,000 fr., au lieu de 479,386,000 fr. en 1876.

Il est vrai que M. Depretis, le chef du ministère actuel, en discutant cet équilibre, a déclaré que ce n'était encore pour lui qu'un équilibre fictif, et nous sommes de cet avis, parce que le rachat des chemins de fer va faire peser, sur le budget de l'Italie, des charges énormes, dont il faut bien tenir compte. Nous avons résumé à l'article consacré au chemin de fer des Lombards, le montant de ces charges pour le rachat de ce seul réseau. Mais la sage administration qui a produit les améliorations antérieures saura bien en réaliser d'autres encore. et l'on peut compter, dans un avenir prochain, sur un équilibre sérieux et durable.

L'administration générale de la dette publique du royaume d'Italie vient de publier la situation de cette dette, à la date du 1er janvier 1876. Les inscriptions au Grand-Livre, qui ne figuraient, au 1er janvier 1874, que pour 350,586,486 lires, montent, au 1er janvier 1876, à 361,589,083 lires, et ce, non comprises des inscriptions à régulariser, pour une somme de 575,430 lires.

A ces rentes, viennent s'ajouter une inscription, au nom du Saint-Siége, de 3,225,000 lires, des rentes diverses s'élevant à 46,472,272 lires, des annuités montant à 4,170,565 lires.

Pour l'ensemble des rentes, fonds d'amortissement et charges d'obligations, il est inscrit, au budget de 1876, un crédit de 489,910,356 lires.

Nous devons une mention à la mesure de l'*Affidavit*, dont on avait annoncé la suppression ; mais on sait, aujourd'hui, que cette suppression ne porte que sur les coupons de la valeur de 5 à 100 francs de rente.

Au sujet de l'échange des titres pontificaux contre les titres italiens, nous devons dire, d'après une communication officielle que les titres spéciaux de la dette pontificale ont été conservés. Mais le consolidé romain est échangé obligatoirement contre le consolidé italien, d'après la loi de 1871, dont le terme est échu dès le mois de mai 1872. Toutefois, on continue l'échange des titres, mais on ne paie plus les coupons échus des anciens titres.

En résumé, la rente italienne, qui rapporte au cours actuel plus de 6 0/0, est un des bons titres de notre marché, et, pour justifier notre appréciation, nous devons rappeler que le budget de l'Italie a commencé avec un déficit de 400 millions, et qu'il est aujourd'hui à peu près au pair. Un tel progrès en dit plus que tous les commentaires.

PÉROU

Une situation inextricable.

Le Pérou, on le sait, a contracté deux emprunts, l'un de 11,920,000 liv. st., l'autre de 36,800,000 liv. st., et le gouvernement péruvien, comme tant d'autres, se met en état de banqueroute effective et ne paie plus.

Mais comme le Pérou possède un produit, le guano, qui a une grande valeur, on s'efforce, depuis la cessation du paiement du coupon, d'arriver à une nouvelle combinaison qui permette de donner satisfaction aux intéressés.

Trois intérêts sont en présence : le Pérou, les créanciers anglais et les créanciers français.

Le Pérou ne tient compte que de ses nécessités financières, et veut à tout prix avoir une redevance annuelle sur l'exploitation du guano, sans se rappeler que ce guano demeure déjà la garantie des deux emprunts contractés.

Les créanciers anglais acceptent cette condition, pourvu que l'exploitation du guano se fasse par des maisons anglaises.

Les Français, ne consultant que les traités et leurs droits, protestent contre toute combinaison qui ne tiendra pas compte du paiement des coupons.

Un premier traité, conclu entre la Société Générale et le représentant du Pérou, a été rompu par le Pérou lui-même, qui ne le trouvait pas assez avantageux pour lui. Tant il est vrai que le Pérou ne cherche qu'à prendre sans payer !

Après ce premier échec, des négociations ont été entamées à Londres par le général Prado, le futur président de la république du Pérou et la maison de banque Raphaël et fils, de Londres, et un traité a été conclu. Ce traité, fait au mépris de tous les droits des créanciers, concède à la maison Raphaël et fils, de Londres, 1,900,000 tonnes de guano, en stipulant que, sur le montant des ventes, 700,000 liv. st. seront annuellement remises, non pas aux créanciers, mais au gouvernement péruvien qui les gardera pour lui. Il les gardera si bien que, dès à présent, il fait entrer dans ses prévisions le non-paiement des cinq coupons semestriels, du 1er janvier 1876 au 1er juillet 1878. Ces cinq coupons seront capitalisés avec intérêt à 5 0/0, payables seulement à partir du 1er janvier 1879. Ce n'est pas tout. On oblige les porteurs de l'emprunt 6 0/0, qui a été placé en France, à le convertir en 5 0/0, sauf à ne leur payer que 3 0/0 si le gouvernement le juge convenable. Tel est le traité d'unification et de règlement de la Dette péruvienne, que le comité des Bondholders n'a pas craint d'approuver. Les porteurs français ne sauraient sans doute donner leur adhésion à un arrangement aussi léonin. Mais devant qui et contre qui peuvent-ils avoir recours ?

Voici le texte du traité dont nous parlons :

Conversion des titres

Un arrangement satisfaisant impliquant nécessairement un traitement commun pour les emprunts 1870 et 1872, les porteurs de titres

1870 (6 0/0) sont invités à les convertir en titres 5 0/0, à un taux proportionné à l'intérêt qui leur est promis.

Cette conversion doit être faite avant le 1er janvier 1877, de façon à comprendre le coupon payable à cette date.

Après cette date, les titres 6 0/0 ne seront reconnus qu'au point de vue de la conversion. Les titres 5 0/0 déposés en ce moment à la Banque d'Angleterre seront appliqués à cette conversion ; une émission de titres supplémentaires sera faite par le gouvernement, s'il y a lieu.

Consolidation de coupons

Les coupons de tous les titres 5 0/0, du 1er janvier 1876 au 1er juillet 1878 inclusivement, seront capitalisés, et les porteurs recevront des titres portant intérêt à 5 0/0, et dont le premier coupon sera à échéance du 1er janvier 1879.

Paiement de l'intérêt au et après le 1er janvier 1879. L'agent du gouvernement en Europe, et, conjointement, les trustees des porteurs de titres, appliqueront le 1er janvier et le 1er juillet de chaque année, à dater du 1er janvier 1879, tous les fonds qui seront disponibles, en exécution du contrat (c'est-à-dire déduction faite des dépenses prévues dans ce contrat), appliqueront ces fonds ainsi que suit :

1° Au paiement de l'arriéré et au service courant de l'Emprunt péruvien 1869, mais sans y comprendre l'intérêt de l'arriéré ;

2° Au paiement de l'intérêt des coupons des titres 5 0/0 arrivant à échéance à ces dates, intérêt à raison de 3 0/0 emportant pleine décharge ;

3° A l'amortissement au moyen de rachats sur le marché.

Des trustees

Les premiers trustees des porteurs de titres (au nombre de deux) seront nommés par le comité des porteurs.

Toute vacance se produisant soit par mort, démission ou autrement, sera comblée au moyen de nomination d'un trustee par le gouverneur de la Banque d'Angleterre.

Les trustees recevront un traitement annuel de 400 livres chacun, à dater du 1er juillet 1876, bien que leurs fonctions commencent immédiatement.

Les frais de conversion, d'émission et de consolidation, ainsi que toutes dépenses autres régulièrement faites, seront imputés sur les premiers fonds disponibles, étant entendu que ces dépenses ne seront régulières que si elles ont été faites du consentement de l'agent du gouvernement et de celui des trustees.

L'agent du gouvernement et les trustees ne recevront pas de commission soit pour la conversion, soit pour tout service rentrant dans leurs attributions.

Les trustees ne sont responsables personnellement en aucune façon, si ce n'est pour négligence coupable ou conduite en contradiction avec leurs devoirs.

Déclaration générale

Le gouvernement péruvien confirme tous les droits hypothécaires existant en faveur de titres.

A ce traité les porteurs de titres français ont répondu par

une énergique protestation, et voici le texte de cette protestation fortement motivée :

Le comité français des porteurs de titres péruviens déclare ne pouvoir pas adhérer au contrat conclu, le 7 juin 1876, entre le général Prado d'une part, et MM. Raphaël and sons, Candamo et Heeren d'autre part, ni à l'accord intervenu, le 10 juin 1876, entre le général Prado susnommé et sir Ch. Russel, président du comité anglais, pour approuver le contrat susdit et en régler le mode d'exécution dans ses conséquences vis-à-vis des « Bondholders. »

Le comité français proteste donc contre ce contrat et cet accord, appuyant sa protestation sur les deux principales considérations suivantes :

1° *Par rapport au contrat de guano :*

Le comité français, qui a protesté contre le contrat passé, le 31 mars dernier, entre M. de la Riva-Aguero et la Société générale de Paris, pour le motif que ledit contrat accordait une redevance au gouvernement du Pérou, sans rien garantir aux porteurs de bons, ni les appeler au moins à participer aux bénéfices de l'exploitation réservés aux seuls consignataires, ne peut pas, sans manquer manifestement au mandat qui lui a été confié, adhérer au contrat signé par MM. Raphaël et consorts, attendu que ce dernier contrat, qui concède la même redevance au gouvernement du Pérou, ne garantit rien aux porteurs de bons et ne les fait pas participer davantage aux bénéfices de l'exploitation, réservés aux seuls consignataires.

2° *En ce qui touche l'accord du comité anglais* :

Le comité français ne peut pas accepter que l'on oblige les porteurs de bons péruviens 6 0/0 à échanger leurs titres contre du 5 0/0, attendu que ce serait faire perdre aux porteurs du 6 0/0 un droit de priorité, dûment reconnu et stipulé dans le prospectus de l'emprunt 6 0/0 1870, et dont ils peuvent se faire un titre régulier pour toutes les revendications ultérieures qu'il leur conviendra d'exercer et que les circonstances justifient.

Il proteste en outre contre toute réduction de l'intérêt de la dette.

En vertu d'une ordonnance qui les y a autorisés, divers porteurs de titres péruviens, et en particulier de titres 6 0/0, ont formé opposition, aux mains des NOUVEAUX consignataires du guano, *pour sûreté, paiement et conservation de toutes sommes devant leur revenir*, à raison de leurs titres et aux termes mêmes de leurs contrats d'emprunts.

Pour compléter cet exposé, nous devons dire que le traité Raphaël qui a été renvoyé au Congrès péruvien, a reçu son approbation ; mais il convient de remarquer que le vote qui a eu lieu à ce sujet a été rendu dans des circonstances toutes particulières.

Au début de la séance, il y avait, paraît-il, environ 90 députés présents, et, au moment du vote, il n'y en avait plus que 74, c'est-à-dire juste le chiffre nécessaire pour qu'il y ait vote. Ce sont ces 74 députés qui ont voté le traité susmentionné Les députés qui ont déserté le vote seraient des amis de certaine agence financière du Pérou.

Le projet de loi relatif à cette approbation a été aussitôt transmis au Sénat, qui l'a renvoyé à sa commission des finances. Cette commission a conclu à l'adoption. Son rapport a été lu à la séance du 6 octobre; mais le Sénat, se rendant à la demande de l'un de ses membres, M. Calderon, en a ajourné la discussion « jusqu'au jour où le pouvoir exécutif fera connaître si tous les » porteurs de bonds ont accepté ou non le règlement susvisé » (*hasta que el Ejecutivo informe sobre si todos los tenedores de* » *nuestros bonos han aceptado o no dicho arreglo*). »

Les conditions de la conversion de la dette que les porteurs anglais ont estimé de leur intérêt d'accepter, ne sauraient donc être imposées aux porteurs français, le Sénat lui-même le reconnaît. En tous les cas, les porteurs de titres doivent encore, nous le craignons bien, attendre longtemps. Si nous en croyons les dernières correspondances, la situation du Pérou ne laisserait pas que d'inspirer les plus vives appréhensions. Pierola a levé dans le Sud l'étendard de la révolte. Une loi votée par les Chambres, le 7 octobre, a suspendu les garanties constitutionnelles. Une autre, votée le 11, a autorisé le gouvernement à élever le contingent des troupes et à se procurer, à concurrence de 4 millions de soleils (20,000,000 de fr.), les fonds dont il aura besoin pour pacifier le pays.

Que sortira-t-il de cette mêlée d'intérêts contraires? Nul ne peut le savoir. Attendons les événements.

PORTUGAL

Le Portugal, dont la dette a été établie dans le *Manuel* de l'année dernière, a contracté cette année un emprunt dont nous donnons les conditions.

Emprunt 1876, 5 0/0, d'après la loi du 1er avril 1876.

L'opération a été réalisée par une émission de 15,320 obligations de 500 fr., ou 90,000 reis, ou 20 livres, ou 240 florins des Pays-Bas.

L'intérêt annuel est de 25 fr.

Le paiement des coupons et des titres à rembourser aura lieu les 1er avril et 1er octobre. A Lisbonne, à Londres et Amsterdam.

Le remboursement se fera au pair en 85 ans.

Le prix d'émission est de 417 fr. 50, payables comme suit :

50 fr. en souscrivant ;
67 fr. 50 à la répartition ;
150 fr. du 1er au 10 janvier ;
150 fr. du 1er au 10 mai.

Total.. 417 fr.

Le Portugal se trouve actuellement dans une situation régulière. Ses arrérages sont exactement payés, et son budget est en équilibre. Mais c'est dans les fonds Portugais que nous avons englouti naguère une partie de notre épargne en faisant l'emprunt Don Miguel, dont les souscripteurs n'ont jamais été remboursés. A propos de cet emprunt, nous ne pouvons que répéter les conseils que nous avons toujours donnés. Pourquoi nos capitalistes vont-ils courir à l'étranger après des titres affectés de tant de risques, quand ils ont à leur portée tant de titres représentant des placements de tout repos ?

RUSSIE

La crise orientale et les menaces de guerre donnent un intérêt tout particulier aux fonds russes. Nous les avons énumérés dans le *Manuel* de l'année dernière. Nous nous contentons par conséquent, cette année, d'en rappeler les différents types, en accompagnant cette notice des réflexions que nous inspirent les fluctuations des valeurs de la Russie.

Les fonds Russes inscrits à la cote officielle de France sont au nombre de six :

1° Emprunt 4 1/2, 1850 ;
2° Emprunt 5 0/0, 1862 ;
3° Emprunt 4 0/0, 1867 ;
4° Emprunt 4 0/0, 1869 ;
5° Emprunt 5 0/0, 1870 ;
6° Emprunt 4 1/2, 1875.

Les emprunts 1850, 1867, 1869 ne sont cotés qu'au comptant.

Les autres (1862, 1870, 1875) ont la faveur des cotes du comptant et du terme.

Les affaires d'Orient ont imprimé de fortes secousses à la cote des fonds russes, qui sont aujourd'hui l'une des valeurs les plus discutées de notre marché. Les capitalistes s'étonnent de voir baisser dans des proportions si fortes, un titre qu'une certaine presse a l'habitude de présenter comme un titre de premier ordre et comme un placement de tout repos. C'est assurément là une illusion qu'il importe de dissiper, dans l'intérêt de notre épargne si cruellement déçue par les mirages des fonds publics étrangers.

La stabilité d'un titre de rente dépend de la stabilité des finances du pays qui l'émet, et la situation financière de la Russie est incontestablement l'une des plus mal assises des Etats européens. Jusqu'à présent le gouvernement de l'empereur Alexandre a été sage et bien intentionné. L'émancipation des serfs et la construction des chemins de fer russes sont deux actes qui honorent un règne. Mais l'esprit de sagesse du souverain ne change en rien l'absolutisme des institutions russes qui laissent les finances sans contrôle et qui font ressembler le budget de la Russie à ces livres que l'on arrangeait autrefois chez nous *ad usum Delphini*.

Dès que le contrôle n'existe pas, le budget d'un pays est ce que le souverain veut qu'il soit. Le budget russe a toujours étalé des chiffres qui témoignaient d'une situation prospère. Mais c'est le cas de dire que ce budget n'était en réalité qu'une façade à la Potemkin. Or, l'argent et le crédit sont deux forces contre lesquelles toutes les habiletés de la politique sont impuissantes. Le fonds des choses finit par apparaître et de cruels mécomptes viennent alors frapper l'épargne, toujours trompée par les apparences.

C'est le prix du titre de rente qui vient immédiatement trahir les embarras de ces situations boiteuses, et l'énorme baisse du 5 0/0 russe est venue montrer combien étaient trompeuses ces prospérités qui poussent, dès le premier jour, la Russie à la triste ressource d'un emprunt forcé.

Il importe donc de mettre en pleine lumière une situation qu'on a trop fait miroiter aux yeux de l'épargne, et c'est pour montrer la vérité vraie et donner aux intéressés un des principaux éléments d'appréciation que nous allons rappeler le chiffre de la Dette publique de la Russie.

La Dette extérieure et la Dette intérieure représentent, pour l'ensemble de la Dette publique de la Russie, un total approximatif de dix milliards, et nos lecteurs trouveront à notre correspondance anglaise d'utiles renseignements sur les emprunts contractés par le gouvernement russe. Ce chiffre est en apparence loin d'être exagéré, si l'on tient compte de la population et du territoire de l'empire. Mais les ressources de ce colosse, toujours disposé à se vanter de sa taille, sont encore à l'état latent et nous ne touchons pas encore au jour de leur exploitation. Dans l'état présent des choses, il est certain que la Dette publique est excessive et hors de proportion avec les ressources de l'empire. L'Angleterre avec ses dix-huit milliards, la France avec ses vingt milliards de dette, ont comparativement une charge moins lourde, parce que dans ces deux pays de l'Occident le revenu public atteint un chiffre qui permet de faire face au paiement régulier de toutes les obligations de l'Etat.

Au milieu de l'effondrement général des fonds publics et des valeurs, nous sommes heureux de pouvoir faire remarquer que la Rente française représente, en définitive, le titre qui résiste le mieux, et qui, au point de vue de la sécurité et du revenu, offre le plus d'avantages. L'intérêt se montre donc d'accord avec le patriotisme pour commander à l'épargne de s'écarter absolument des fonds étrangers pour donner toute préférence à nos rentes et à nos valeurs de premier ordre.

TUNISIE

Après une première interruption de paiement, on pouvait croire que le gouvernement de Tunis tiendrait les engagements pris par lui en vertu de l'arrangement arrêté entre lui et les représentants de France, d'Angleterre et d'Italie.

On en est aujourd'hui à se demander si ce dernier engagement sera tenu, car la commission de finances qui doit publier le bilan de la situation financière de Tunis a mis un long retard à le faire, et a provoqué ainsi une forte baisse sur des titres si faciles à impressionner.

Voici la lettre explicative de la commission de finances. Cette lettre est accompagnée du bilan qui doit rassurer les porteurs de titres sur le paiement de leurs coupons :

Dans le traité du 23 mars 1870, corollaire de la convention du 5 juillet 1869, il est dit :

« Il sera fait au gouvernement sur les fonds existants dans la caisse du conseil d'administration pour cette première année une avance *d'un million* de francs au maximum, remboursables sans intérêts dans un délai de six mois au plus. Dans l'avenir, une avance de même somme pourra être faite dans les mêmes conditions que ci-dessus, mais seulement dans le cas de nécessité urgente, constatée par le comité exécutif. »

On sait que les principales ressources du gouvernement tunisien résident dans les produits du sol.

Depuis sa création, à l'exception des deux exercices 1873 et 1875, qui n'ont pas donné cependant une récolte complète, l'administration n'a jamais eu le bonheur de pouvoir payer entièrement le coupon avec le produit des revenus concédés, et elle a dû recourir au gouvernement qui, pendant les trois premiers exercices, a dû subvenir pour une somme totale de 7,321,250 piastres.

L'excédant des deux derniers exercices 1873-74, 1874-75 lui permit de racheter et d'enlever de la circulation 2,400 obligations de la dette tunisienne, soit fr. 1,200,000 nominaux.

D'après le traité du 23 mars, elle aurait dû les amortir en les annulant; mais la commission financière réfléchit (et l'événement n'a que trop justifié ses prudentes prévisions) qu'une série de mauvaises récoltes pouvait mettre le gouvernement dans la nécessité incontestable d'user de la faculté que lui accordait le paragraphe du traité, que nous avons cité plus haut.

Pour parer à cette éventualité, et pour assurer de plus en plus le paiement du coupon, la commission financière décida, à l'unanimité, en février 1874, que, jusqu'à concurrence de 12 millions de francs effectifs, les titres cachetés seraient conservés, pour s'en servir en cas de besoin.

Les récoltes ont manqué pendant deux années consécutives; les ressources du gouvernement s'en sont ressenties; il a eu besoin d'user de la faculté que lui accordait le traité du 23 mars; il a eu recours à la caisse de l'administration des revenus concédés; et celle-ci a été heureuse de pouvoir venir au secours du Trésor public, sans bourse délier, et par le simple prêt de ses obligations que le gouvernement s'est engagé à lui restituer telles qu'il les a reçues.

Le bilan publié à la suite donne, pour le paiement des coupons, la somme nécessaire. Le total des sommes encaissées pour le paiement des coupons du 1er janvier et du 1er juillet 1876, est de 10,625,000 fr., et la somme encaissée pour le paiement des coupons arriérés est de 864,018 fr. 43.

Espérons qu'après une telle alerte, la commission des finances tunisiennes voudra bien prendre ses précautions pour épargner de telles commotions au marché. Quand les gouvernements font leurs émissions, ils sont tout miel, tout rose, tout prêts à répondre au dernier souscripteur. Quand les fonds sont encaissés, plus personne; et quand ils sont à bout, la banqueroute!... Cette année aura été pour l'épargne française un enseignement qu'elle ne pourra pas oublier.

TURQUIE

En octobre 1875, une dépêche émanée du gouvernement ottoman assurait que, contrairement aux bruits malveillants répandus depuis quelques jours, la Sublime Porte remplirait toujours les engagements qu'elle avait contractés vis-à-vis de ses créanciers.

Le 7 octobre suivant, une dépêche apprenait aux porteurs de titres qu'ils ne recevraient plus que la moitié de leurs coupons, ainsi que du remboursement; que les 50 0/0 de coupons et d'amortissement non payés seraient réglés au moyen de titres nouveaux à 5 0/0 amortissables au bout de cinq ans, si la situation le permettait.

On examina alors l'état de la Dette turque et le budget ottoman, et plusieurs personnes conclurent que ce nouvel engagement, quelque réduit qu'il fût, ne serait pas tenu.

A cette époque, la Dette de la Turquie se composait ainsi qu'il suit :

Dette consolidée

1° Emprunt de 1854, contracté près de la maison Dent-Palmer, de Londres, en 6 0/0 au taux de 80; le capital nominal était de 75 millions, le produit effectif de 60. L'amortissement devait durer jusqu'en 1889; au 1er janvier 1875, il n'était dû que 50 millions environ. Les charges de cet emprunt comprenaient 3,110,000 fr. pour les intérêts et 2,140,000 fr. pour l'amortissement. La garantie était le tribut de l'Egypte.

2° Emprunt de 1855, contracté près de la maison Rothschild, de Paris, en 4 0/0, à 102 1/2. Capital nominal, 125 millions; produit réel, 125 millions. L'amortissement devait durer jusqu'en 1900; au 1er janvier 1875, il n'était redû que 97 millions environ. Les charges de cet emprunt comprenaient 4 millions pour les intérêts et 2,250,000 fr. pour l'amortissement. Il était garanti par la France et l'Angleterre.

Les deux garants se sont exécutés, et le service de cet emprunt n'a pas éprouvé d'interruption.

3° Emprunt de 1858, contracté près de la maison Dent-Palmer, de Londres, de 6 0/0 au taux de 76. Capital nominal, 125 millions; produit effectif, 95. L'amortissement devait durer jusqu'en 1893; au 1er janvier 1875, il n'était plus dû que 93 millions. Les charges de cet emprunt comprenaient 5,755,000 fr. pour les intérêts et 2,995,000 fr. pour l'amortissement. Garantie : les douanes de Constantinople.

4° Emprunt de 1860, contracté près de la Caisse générale des chemins de fer (J. Mirès et Ce), en obligations 6 0/0 au taux de 53 1/4. Il avait été placé 101,860 obligations remboursables à 500 fr. et rapportant 30 fr., au prix de 266 fr. 25. Capital nominal, 50,900,000 fr.; capital effectif, 27,400,000. L'amortissement devait finir en 1896 ; au 1er janvier 1875, il n'était plus dû que 41,900,000 fr. Les charges de cet emprunt comprenaient 2 millions 616,000 fr. pour les intérêts, et 1 million pour l'amortissement. Garanties : douanes et dîmes diverses.

5° Emprunt de 1862 (solde du précédent) contracté près de la maison Ch. Devaux et Ce, de Londres, en obligations 6 0/0 au taux de 68. L'émission se composait de 400,000 obligations de 500 fr., à 340, rapportant 30 fr. Capital nominal, 200 millions; capital effectif, 136. L'amortissement devait finir en 1886 ; au

1er janvier 1875, il ne restait plus dû que 131 millions. Les charges de cet emprunt comprenaient 8,220,000 fr. pour les intérêts, et 7,780,000 fr. pour l'amortissement. Garanties : recettes du tabac, du sel, du timbre et des licences.

6° et 7° Emprunts de 1863 et 1864, contractés près de la Banque impériale ottomane à Paris et à Londres, en obligations 6 0/0. Il en fut émis en 1863, 300,000, au prix de 360 fr., et en 1864, 100,000, au prix de 340, toutes rapportant 30 fr. par an. Le capital nominal de la première émission était de 150 millions, et le capital effectif de 108; pour la seconde, le capital nominal était de 50 millions, et le produit effectif de 34. L'amortissement devait finir en 1887; au 1er janvier 1875, il n'était plus redû sur les deux séries que 135 millions 1/2 environ. Les charges de cet emprunt comprenaient 8,450,000 fr. pour les intérêts, et 7,500,000 fr. pour l'amortissement. Garanties : diverses contributions indirectes.

8° Dette générale. Création en 1865 de 40,000,000 medjidiés d'or de Rente 5 0/0 turque, négociés sur la place de Paris par l'entremise de plusieurs maisons, Erlanger, Dautrevaux, et enfin par la Société générale, au taux de 50. Le capital nominal était de 909 millions, le capital effectif de 454; la charge annuelle est de 44,100,000 fr. pour les intérêts.

A la création, il fut dit que cette dette devait être amortie en 1902; jusqu'ici le fonctionnement de l'amortissement a été tel, qu'au 1er janvier 1875, il n'était plus redû que 875 millions environ. Garantie : revenu général de l'Empire.

9° Emprunt 1865, contracté près de la Banque ottomane à Paris et à Londres, en obligations 6 0/0 au taux de 66. L'émission se composait de 300 obligations de 500 fr. à 330, rapportant 30 fr. par an. Capital nominal, 150 millions; capital effectif, 99 millions. L'amortissement devait finir en 1887; au 1er janvier 1875, il n'était plus redû que 107 millions. Les charges de cet emprunt comprenaient 6,707,500 fr. pour les intérêts et 5,962,500 fr. pour l'amortissement. Garanties : taxes sur les moutons de Roumélie, les produits des mines de cuivre de Tokat et diverses dîmes de Syrie.

10° Emprunt 1868, contracté près de la Société générale en bons du Trésor, remboursables jusqu'en 1873. Cet emprunt a été remboursé. Taux, 83; intérêts, 6; capital nominal, 150 millions; produit effectif, 124.

11° Emprunt 1869, contracté par l'intermédiaire du Comptoir d'escompte de Paris, en obligations 6 0/0 au taux de 54. L'émission comportait 1,111,111 obligations de 500 fr. au prix de 270, rapportant 30 fr. par an. Capital nominal, 555 millions 1/2, effectif, 300. L'amortissement devait finir en 1903 ; il ne restait plus à rembourser au 1er janvier 1875 que 523 millions. Les charges de cet emprunt comprenaient 31,775,000 fr. pour les intérêts et 7,387,500 fr. pour l'amortissement. Garanties : recettes diverses.

12° Emprunt 1870. Premier des lots russes, 792 millions, ayant produit 356 millions ; était redû au 1er janvier 1875, 781 millions. Nous ne pouvons pas donner plus de détails au sujet de ces titres dont la négociation est interdite à la Bourse de Paris.

13° Emprunt de 1871, contracté près de la maison Dent-Palmer et Co à Londres et Constantinople, en 6 0/0 à 68. Capital nominal, 142 millions 1/2 ; effectf, 97 millions. L'amortissement devait finir en 1905 ; il était redû au 1er janvier 1875, 139 millions. Les charges de cet emprunt comprenaient 8,373,000 fr. pour les intérêts et 801,250 fr. pour le capital. Garantie : l'accroissement du tribut de l'Egypte.

14° Emprunt de 1872, contracté près du Crédit général ottoman et de la Banque austro-ottomane de Vienne, en 9 0/0 à 98 1/2. Bons du Trésor pour un capital nominal de 278 millions 1/4 et pour un capital effectif de 274 millions. Cet emprunt n'intéresse pas le marché français.

15° Emprunt de 1873, contracté près de la Banque ottomane et du Crédit mobilier, en obligations 6 0/0 à 58. Le capital nominal s'élevait à 694 millions qui produisirent théoriquement 406 millions, car ces obligations ne furent placées qu'en partie à l'émission, et le surplus subit diverses vicissitudes qui ne permet pas de savoir à quel cours elles ont été placées. Nous retrouvons ce solde englobé dans l'opération suivante.

16° Emprunt de 1874-1875, contracté près de la Banque ottomane, Paris et Londres, en 5 0/0 à 43 1/2 0/0. Capital nominal 1 milliard ; produit effectif présumé, 455 millions.

Les mesures du Divan étaient accompagnées d'un décret qui réglait le nouveau mode de paiement des intérêts et de l'amortissement ; mais que représentait ce décret en face de l'insolvabilité absolue de l'Empire et d'une insurrection grandissante ? Loin de se calmer, en effet, l'insurrection de l'Herzégovine s'était étendue jusqu'à la Bosnie et menaçait d'envahir, comme elle le fit plus tard, des populations limitrophes, les Bulgares, par exemple. Toutefois, le coupon de janvier 1876 fut payé sur la dette générale et sur les obligations de 1860, 1863 et 1865. Mais ce paiement ne calma pas les inquiétudes excitées par la banqueroute et les appréciations auxquelles elle donnait lieu. On prédisait hautement que le coupon des obligations de 1869 et 1873, échéant en avril, ne serait pas payé. Alors intervint (13-25 février) une lettre du ministre des finances à la direction de la Banque ottomane, dont voici le texte :

Copie d'une lettre adressée le 13-25 *février* 1876 *par Son Excellence le ministre des finances à la direction générale de la Banque impériale ottomane.*

Un Bouyourouldi viziriel m'ordonne de vous informer qu'un iradé impérial ordonne la publication immédiate du tableau que le Trésor a dressé des revenus que le gouvernement impérial a affectés au paiement (de la moitié payé en effectif) des coupons de la dette publique de l'exercice 1292 (1876). Ces revenus, que le gouvernement impérial a affectés au paiement desdits coupons, devront y être intégralement appliqués, et ils ne pourront, sous aucun motif ni sous aucun prétexte, être distraits de leur destination.

Ainsi que vous le verrez par l'examen dudit tableau, dont je vous transmets ci-après une copie, la provision des coupons des emprunts 1854, 1855 et 1871, et partie de la provision de l'emprunt 1858 (s'élevant ensemble à ltq 761,460 et 47 piastres), sont garantis par le tribut d'Egypte. Cet argent sera, comme par le passé, payé directement à la Banque d'Angleterre par le gouvernement du khédive. Il devra être appliqué à la provision des coupons desdits emprunts conformément au résumé de compte qui a été transmis récemment à l'ambassade impériale à Londres par l'entremise du ministère des affaires étrangères, et qui se trouve à la première page dudit tableau.

Ainsi que l'indiquent la troisième et la quatrième pages du tableau, la provision des autres emprunts extérieurs, de Dette générale, des Bons du Trésor et des obligations du chemin de fer de Roumélie, s'élevant à ltq 7 millions (y compris les ltq 525,176 de ressources complémentaires) est garantie par liv. st. 3,900,000 de recettes de douanes, par liv. st. 1,302,600 de taxe des moutons de villayets et liv. st. 1,798,400 de dimes de quelques villayets d'Anatolie et de Roumélie.

De même que la Sublime Porte vous a dernièrement garanti le versement à la Banque impériale ottomane de recettes de douane, il a été décidé qu'au fur et à mesure des encaissements de la taxe des moutons et des dimes, ces revenus seront intégralement versés aux succursales de la Banque impériale ottomane, et au siége de cette institution à Constantinople, sans pouvoir être appliquées à aucun autre paiement. Des lettres adressées aux gouverneurs généraux des villayets et contenant les instructions voulues, ainsi que des délégations officielles, vont prochainement vous être remises.

Vous conviendrez, messieurs, que les revenus qui viennent d'être effectués sont, de tous les revenus de l'Etat, ceux qui sont les plus sûrs et les plus faciles à recouvrer. Le gouvernement impérial, dont les intentions et les constants efforts ont toujours eu pour objectif la conservation de son crédit financier, ayant la ferme intention de le consolider encore davantage, il n'est pas permis de supposer que les affectations susmentionnées puissent recevoir un autre emploi, et un iradé impérial ordonne qu'elles devront être intégralement appliquées suivant les bases qui ont été établies.

Le gouvernement impérial ne doute pas un seul instant des efforts que la Banque impériale ottomane consacrera au succès des combinaisons financières qu'il poursuit, mais pour donner un témoignage évident de la sincérité de ses intentions, et pour offrir une garantie de plus à l'opinion publique, un iradé impérial ordonne l'institution d'une commission de quatre banquiers et capitalistes notables, nommés par le gouverneur impérial, et qui auront, à l'arrivée des membres des syndicats qui seront nommés par Londres et Paris, à conférer avec ceux-ci et à contrôler dès maintenant l'emploi des affectations mentionnées dans le tableau.

Ainsi que cela a été déjà fait les années précédentes, au commencement de chaque mois, il sera dressé un état constatant les encaissements des revenus indiqués dans ledit tableau, qui auront été effectués à partir du 1er-13 mars 1876, ainsi que le montant de ces revenus payés pour provisions des emprunts en numéraires et en effets en portefeuille. Cet état sera certifié conforme aux écritures et publié par voie de la presse.

Le Trésor ayant décidé de publier ledit tableau, qui a été dressé conformément aux dispositions de l'iradé de S. M. I. le Sultan en date du 6 octobre 1875, veuillez, de votre côté aussi, faire publier dans les journaux ce tableau de la présente lettre, et en transmettre des copies à vos comités de Londres et de Paris.

Quant aux 855,302 liv. st. et 93 piastres de l'échéance du 1er avril 1876, n. s., des coupons des emprunts 1869 et 1873 qui se trouvent inscrites au budget du présent exercice, elles doivent être payées du produit des dîmes de l'exercice 1291 (1875), qui s'élèvent à 2,500,000 liv. st., dont le recouvrement n'a pas encore été effectué.

Je m'empresse de vous informer que j'ai donné des instructions à cet égard aux gouverneurs généraux des villayets.

Je saisis, etc.

Ceux qui croyaient encore aux protestations de la Turquie et aux combinaisons entre le Trésor et la Banque ottomane ne devaient pas tarder à éprouver une nouvelle déception. Le 2 avril, la dépêche suivante partait de Constantinople :

Un tableau dressé par le ministère impérial des finances, communiqué en copie à la Banque impériale ottomane et publié dernièrement en vertu d'un iradé de S. M. I. le sultan, indiquait les annuités de la dette publique ottomane et les revenus y affectés pendant l'exercice de l'hégire 1292.

Ainsi qu'il résulte de l'appendice de ce tableau, la partie du service payable en espèces, des emprunts de 1869 et de 1873, échéant le 1er avril courant, soit 859,000 et tant de livres, devra être remboursé au moyen des arriérés actuellement en voie de réalisation des revenus de l'année 1291, qui s'élèvent à 2 millions de livres. De même, les annuités et les primes des obligations des chemins de fer de Roumélie échéant à la même date et montant à 267,000 et tant de livres, devront être prélevées, suivant ledit tableau, sur les contributions directes et autres revenus de l'empire, de l'année courante.

Par suite de circonstances locales de force majeure et de dépréciation des produits agricoles, l'encaissement des arriérés en question a dû naturellement subir des retards. En outre, le système suivi dans la gestion des finances de l'empire ne saurait permettre qu'en attendant ces encaissements, on ait recours à des emprunts onéreux et, bien que les fonds nécessaires au service des obligations des chemins de fer soient déjà réalisés, cependant le terme de l'envoi de ces fonds en Europe est déjà expiré.

En conséquence, il a été décidé que le paiement de la partie en espèces du service des emprunts de 1869 et de 1873, ainsi que des obligations des chemins de fer de Roumélie, sera différé jusqu'au 1er juillet prochain. En attendant, le gouvernement impérial avise au moyen d'arriver, pour le service de la dette publique ottomane, à une combinaison sérieuse offrant toutes garanties voulues pour sauvegarder d'une manière permanente les intérêts des détenteurs.

Le public doit être, en même temps, certain que la partie payable en espèces du service semestriel échu le 1er avril courant sera dans tous les cas immanquablement remboursée au 1er juillet prochain avec les intérêts en retard calculés au taux de 6 0/0 l'an.

Quelques jours après éclatait la révolution provoquée par les softas de Constantinople, et Abd-ul-Aziz était remplacé par Mourad V.

Un comité de porteurs de titres français de la Dette ottomane s'était constitué à Paris, par les soins de la Banque ottomane; il avait pour président M. Bourrée, ancien ambassadeur à Constantinople. Ce comité, en présence d'une révolution de palais, dut attendre, mais aussitôt qu'il lui fut possible d'agir, il adressa un nouvel appel aux porteurs de titres, dans une note-manifeste qui nous paraît utile à l'histoire de la banqueroute turque.

Paris, le 15 mai 1876.

Les porteurs de valeurs ottomanes n'auront sans doute pas oublié que le Comité d'études, ayant reçu d'environ 3,000 créanciers le mandat de les représenter, s'était constitué Comité de défense.

Dans notre dernière note, après avoir publié un examen réfléchi du projet auquel l'approbation unanime des créanciers anglais avait donné une sérieuse importance, nous avions exposé les raisons pour lesquelles il ne nous avait pas paru possible d'adhérer au système de M. Hamond, et nous les avions fait connaître au grand-vizir. On sait que M. Hamond n'en avait pas moins exécuté le voyage de Constantinople, sans s'être laissé arrêter par cette réflexion que la Porte ne pouvait accepter des seuls créanciers anglais *malgré la protestation du Comité français*, des offres par lesquelles on disposait d'une propriété commune et indivise.

La principale critique que nous adressions au projet adopté par les meetings portait moins, on se le rappelle, sur la réduction de 2 milliards consentie spontanément au profit de la Turquie que sur ce qu'elle était *offerte à titre purement gratuit*, et sans qu'il y eût trace de compensation stipulée au profit des créanciers, en sécurités ou autrement, en retour du sacrifice qu'ils s'imposaient.

Il est permis de supposer que tant de libéralité préparait une tâche difficile à des négociateurs moins prodigues, néanmoins la phase pendant laquelle il avait été question des projets de M. Hamond aura eu son avantage. Elle a fait entrevoir au gouvernement du sultan ce qu'il devait désirer, pendant que les motifs donnés à notre refus l'avaient éclairé sur ce qu'il fallait nous offrir pour rendre possible, entre la Porte et ses créanciers, un arrangement à l'amiable qui assurerait à celle-ci la réduction considérable dont on lui avait donné l'espoir et en même temps le relèvement du crédit de la Turquie, relèvement évidemment impossible si elle ne contractait des obligations assez étroites pour qu'il fût démontré aux yeux de tous que la Porte, après les avoir souscrites, ne pourrait s'y dérober.

Dans l'iradé du 6 octobre, il n'y avait rien de pareil. La facilité avec laquelle on avait disposé des garanties accordées aux créanciers de la Turquie, par vingt contrats, autorisait à conclure qu'on n'agirait pas autrement dans l'avenir. L'iradé avait d'ailleurs rendu manifeste l'imprévoyance de ce gouvernement qui promettait, sans sourciller, des émissions de papier dont le montant, après quelques années, devait représenter des milliards, et cela en pleine banqueroute, sans même qu'il eût l'indication la plus vague des ressources avec lesquelles on prétendait faire face à ces charges nouvelles. Enfin rien n'était prévu, rien n'était organisé.

Edicté sous le poids d'embarras écrasants, qu'on se proposait d'alléger, l'iradé n'avait pas même aidé la Turquie à respirer dans un moment d'angoisse, car, presque immédiatement, le paiement des coupons était retardé, puis arrêté. Le grand-vizir, héritier d'une situation qui n'était d'ailleurs pas son œuvre, n'avait pas eu avant d'agir la faculté, le temps ou le courage de sonder, quand il prétendait le combler, tous les recoins de l'abîme qu'avaient creusé pendant vingt ans des causes diverses, et la réduction de la dette, au lieu de faciliter au Trésor le service des intérêts de ce qu'on aurait voulu respecter, avait rendu la situation pire.

Postérieurement au 6 octobre, la lumière paraît s'être faite dans l'esprit de Mahmoud-Pacha, car nous l'avons trouvé convaincu que, un coup de force avait pu supprimer la moitié des intérêts de la dette, il fallait pour relever le crédit ottoman qu'un ensemble de mesures sages fût concerté avec les créanciers de la Turquie ; nous avons été autorisés à l'inférer des propositions qui ont été envoyées à Paris et à Londres par le grand-vizir, quoique le porteur n'eût pas d'attache officielle.

L'exposé des concessions qui étaient acceptables pour la Turquie dans l'espèce de concordat auquel elle conviait ses créanciers, et de celles que les créanciers eux-mêmes pouvaient consentir ou provoquer, fera comprendre quelles négociations les délégués français et anglais sont allés poursuivre à Constantinople sur l'invitation discrète du grand-vizir.

Nous l'avons démontré dans nos notes précédentes : les garanties données par des syndicats, quelle qu'en dût être l'organisation, étaient chimériques. Ce qu'il nous importait, *c'était d'obtenir pour les créanciers la perception directe des impôts qui sont leur gage, car le gage ne donne une sécurité que lorsque, des mains du débiteur, il a passé entre celles du créancier*. Obtenir la perception des Douanes, Salines, Tabacs, etc., pour en faire la répartition entre les intéressés, tel devait donc être notre objectif. La concession requise de la Porte était considérable, on ne saurait se le dissimuler, car il devait s'ensuivre la mise hors de toute atteinte, même dans les moments les plus critiques, d'un certain nombre d'impôts que devrait administrer le personnel indépendant d'une *Société fermière* fonctionnant d'ailleurs sous l'égide des autorités ottomanes, que la prévoyance prescrivait d'intéresser elles-mêmes à cette organisation par une participation du Trésor au partage de toute augmentation du rendement des impôts, cette augmentation étant elle-même tenue pour assurée. Nous n'avons pu imaginer, confessons-le, un arrangement plus satisfaisant pour les créanciers. Ajoutons qu'en dehors de ce système, rien ne vaudrait, car rien ne donnerait de sécurité.

Il importe que l'on sache bien se rendre compte de ce qu'ont pu coûter à la susceptibilité de la Porte les sacrifices que, d'autre part, nous avons amplement compensés par les concessions que nous prescrivait le sentiment de la situation.

La Porte demandait à n'être débitrice que de ce qu'elle a reçu : elle y arrive par la réduction des emprunts aux prix d'émission. Elle nous demande implicitement ainsi l'abandon du taux d'intérêt légal en Orient et notre adhésion au taux d'intérêt usité en Europe. C'est une sorte de réduction raisonnée substituée à la réduction violente et sans entente préalable avec les créanciers qu'avait imposée l'iradé.

La Porte désire de plus l'unification de la dette nouvelle, et, pour le paiement des intérêts, l'adoption de quatre époques trimestrielles correspondant à la rentrée des impôts les plus productifs. Ce vœu a grandement sa raison d'être, car, sous le régime passé, la multiplicité des échéances, sans concordance avec les recettes, était une source d'embarras incessants pour le Trésor impérial obligé d'emprunter à des *taux usuraires* pour faire face à ses obligations. Cette préoccupation, chacun le sait à Constantinople, s'imposait sans intermittence au ministre des finances.

La réduction de la Dette aux prix d'émission et son unification ainsi que l'acceptation du taux d'intérêt européen, rappelons-le encore, *avaient été offertes par les meetings anglais, à titre gratuit*. Nous étions par suite disposés à agir comme eux, mais en rendant ces concessions fécondes, et nous avions entretenu l'espoir qu'en en faisant la base de la négociation à laquelle le grand-vizir avait convoqué les délégués anglais et français, nous n'aurions rien à sacrifier sur les 50 0/0 en or promis par l'iradé (161 millions). Mais à Constantinople de pénibles mécomptes attendaient M. le vicomte du Manoir et sir Ph. Rose.

En effet, à l'arrivée, ils croyaient n'avoir à constater qu'une dette flottante de 300 millions de francs; pendant le cours des négociations elle devait par les aveux successifs des ministres turcs s'élever à 701 millions. Aussi le grand-vizir signifiait-il à nos délégués, dès la première entrevue, que, vu l'état des finances, le gouvernement du sultan, dans l'impossibilité de payer annuellement les 161 millions en or promis par l'iradé, était contraint de réduire cette somme à 146 millions, c'est-à-dire d'environ 15 millions de francs, en ne laissant pas ignorer que *si cette nécessité n'était pas subie par les créanciers comme point de départ des mesures préparées par la Porte, toute négociation serait superflue et sans objet.*

On ne s'étonnera pas que le Comité français, en présence de cet aveu formel d'impuissance à remplir même les obligations de l'iradé ait trouvé son mandat trop lourd et songé à le déposer.

En s'en exonérant, il écartait de lui le fardeau d'une ingrate responsabilité; mais s'il abandonnait les créances françaises à leur insécurité absolue, qu'arriverait-il d'elles dans un avenir prochain, lorsque déjà seulement après cinq mois écoulés depuis le 6 octobre, 14 ou 15 millions d'intérêts étaient perdus *en dépit des prétendues sécurités promises par l'iradé?* — Nous nous sommes décidés à ne pas délaisser les négociations : quels qu'en dussent être les déboires. Il convenait d'en voir le résultat final; toutefois, nous avons dû manifester la volonté de faire établir, d'une manière officielle, *que le gouvernement turc avait imposé aux délégués, comme condition absolue de toute négociation, cette nouvelle perte de* 15 *millions.* Il nous importait, en effet, d'établir que ce sacrifice n'était pas de ceux que nous avions considérés comme *fournissant matière à transaction* et dont nous avions reconnu, dès le principe, en séance de comité, l'évidente nécessité.

La somme promise aux porteurs de titres par l'iradé se subdivisait en 131 millions affectés au service des intérêts, et 30 millions à l'amortissement : même quand nous croyions que cette somme nous était conservée intégralement, le bon sens prescrivait de suspendre l'amortissement et d'augmenter ainsi le chiffre des intérêts, car l'amortissement ne nous paraissait pas devoir fonctionner, après que les intérêts primitifs avaient été réduits de 50 0/0; quand le grand-vizir retira 15 millions, nous pensâmes qu'il n'y avait rien à changer à ce raisonnement, et que les 15 millions respectés étaient *à fortiori* consacrés à l'augmentation des intérêts. Le Comité trouvait dans cet arrangement, si la réduction se faisait à 6 0/0, comme la chose était décidée en principe, la possibilité de faire aux créanciers des revenus plus considérables que ceux qui leur avaient été promis par l'iradé sous le régime duquel l'amortissement était maintenu. Nous verrons plus loin comment ces espérances devaient être encore en partie déçues.

Pendant tout le mois de mars, le grand-vizir, qui s'était montré résolu à concéder l'organisation d'une société fermière administrant les impôts, etc., en discuta les statuts avec les délégués très-complétement.

Par la réduction au taux d'émission, la dette primitive était descendue de 4 milliards 900 millions à 2 milliards 450 millions. Les titres à créer pour faire face à la dette flottante la faisaient remonter à 3 milliards 125 millions. Quant à cette dette flottante, nous sommes obligés de confesser qu'il nous a été de toute impossibilité d'en avoir le détail. L'unification se faisait d'ailleurs à 6 0/0; on était ainsi d'accord sur tous les points, lorsqu'à la fin de mars dernier, nous reçumes l'information que le grand-vizir, revenant sur ce qui semblait décidé, ne proposait plus qu'une banque hypothécaire dont l'objet ne s'expliquait pas plus par son titre que par les commentaires qui nous étaient transmis, et qui, nous écrivait-on, était le dernier mot des concessions de la Porte, dont toutes les exigences étaient d'ailleurs maintenues.

Le Comité répondit à cette déclaration par l'instruction à M. du Manoir de considérer sa mission comme terminée, quoique les délégués anglais eussent cru devoir accepter, et de rallier Paris, après avoir pris congé du grand-vizir.

L'éclat de cette rupture regrettable, mais qui ne devait nous laisser aucune hésitation, car il n'y avait plus de sécurités données, mit en évidence les dissentiments intérieurs qui existaient dans le ministère turc, et décida le grand-vizir à se séparer des collègues qui lui faisaient obstacle. Namyk Pacha, président du conseil d'État, et dont le nom est attaché au souvenir des massacres de Djeddah, et quelques jours après, le ministre des finances, étaient remplacés.

En conséquence, M. du Manoir resta à Constantinople, et les conférences recommencèrent; bientôt le grand-vizir nous fit offrir une

Société fermière à laquelle on ne concédait guère que la moitié des impôts affectés. Nous répondîmes par un nouveau refus. Enfin l'élaboration du contrat primitif fut reprise, ainsi que l'étude de l'unification de la dette, et on tomba d'accord sur les parties essentielles de l'entente.

Nous avions eu à cœur que l'unification se fît sur des calculs inflexibles, et en vertu d'un principe qui, une fois que la justice en aurait été reconnue, eût été appliqué sans préoccupation du sort fait aux groupes heureux ou moins bien traités. Le grand-vizir se montrait disposé au contraire à favoriser certaines valeurs en en sacrifiant d'autres, et nous n'avons pas toujours réussi à faire triompher le principe d'impartialité qui nous animait. C'est ainsi que la valeur connue sous le nom de Turc nouveau ne recevra que 25 0/0, parce qu'on a considéré à la Porte les titres émis en janvier dernier en représentation du demi-intérêt servi en papier, d'après l'iradé, comme obligeant faiblement le gouvernement turc, déjà décidé à supprimer les émissions ultérieures, tandis qu'étant inspirés d'un raisonnement contraire, des possesseurs de valeurs anciennes avaient échangé celles-ci contre du Turc nouveau, dans la conviction plausible que ces papiers, représentant un emprunt forcé fait à 5 0/0, aurait des droits spéciaux au respect du gouvernement du sultan.

Dans les questions de ce genre, le Comité a subi la loi du plus fort, et *notre délégué a répudié formellement la responsabilité de décisions auxquelles, sans appui officiel et sans autre force que celle qu'il trouvait dans sa propre argumentation, il n'avait à opposer finalement que des menaces de rupture qui devaient être réservées pour les cas les plus graves et quand il y avait péril de spoliation générale.*

Dans le cours de la semaine qui précéda la clôture des négociations, le grand-vizir exprima la volonté que les lots fussent tenus en dehors de l'unification, leur sort devant être déterminé par une décision spéciale embrassant un ensemble de mesures relatives aux chemins de fer de la Turquie d'Europe.

Les choses en étaient là le 29 avril dernier, lorsque le grand-vizir, à la veille de signer, à la dernière heure, fit savoir aux délégués réunis et aux représentants de MM. Dent, Palmer et Ce, de Londres, dont la maison avait émis les emprunts de 1854, 1858 et 1871, qu'un examen plus approfondi des ressources de la Porte et la pénurie du Trésor mettaient le Divan dans la nécessité de reconnaître et de déclarer que, sans désavouer le principe de l'intérêt de la dette 6 0/0, *il ne lui était pas possible de donner plus de* 5 0/0 *pendant les cinq premières années.*

Notre devoir est de mentionner ici que toutes les informations de Constantinople établissent que l'extrême délabrement des finances, l'état de misère général, les arriérés dont sont grevés tous les services publics expliquaient trop ce langage. Néanmoins, pour le Comité, il y avait là une dernière épreuve tellement lourde, qu'il songea à se dissoudre. Cette proposition n'eut pas la majorité dans le Conseil, parce que la correspondance des délégués donnait à penser que, si nous nous retirions en refusant notre adhésion, le grand-vizir *qui n'aurait plus eu son concordat passerait outre à la réduction de la dette unifiée et à celle des intérêts, sans concéder la Société fermière.*

En présence des considérations complexes qui s'imposaient à nous, il fut décidé que le Comité adresserait au grand-vizir la dépêche télégraphique qui suit et qui porte la date du 5 mai :

« Altesse, nous eussions compris une réduction frappant les coupons pendant la durée de l'insurrection, mais le Comité ne peut accepter, pour une période si longue, cette perte ajoutée à tant d'autres déjà subies par des créanciers dont il défend si péniblement les intérêts depuis cinq mois. Il ne le pourrait que *comme contraint par force majeure* et que si vous me répondiez télégraphiquement que l'état du *Trésor obligeant Votre Altesse à nous imposer cette exigence, notre acceptation est la condition absolue de l'obtention des sécurités donnée par la Société fermière.*

» Nous exprimons un dernier vœu, d'une importance extrême, en demandant à Votre Altesse de transmettre officiellement aux ambassades, dont les nationaux sont intéressés, les actes souscrits par la Porte et les délégués. Cette formalité est, aux yeux de tous, nécessaire pour que les titres nouveaux trouvent crédit en Europe. »

Quelques heures après nous recevions, par *l'intermédiaire de l'ambassade de Turquie,* la réponse du grand-vizir dont voici le texte :

« Reçu télégramme 5 mai. La réduction à 5 0/0 pendant cinq ans des intérêts de la dette convertie est motivée par l'état et les exigences impérieuses actuelles du Trésor impérial. Elle est également condition essentielle des sécurités résultant de l'établissement de la Société fermière. »

En conséquence de cette constatation du cas de force majeure, M. le vicomte du Manoir a reçu l'instruction d'adhérer, comme sur des instructions de Londres ses collègues anglais l'avaient déjà fait après une inutile résistance.

Les signatures devaient être données mardi, 9 mai courant, à midi.

Un télégramme daté du 12 mai à cinq heures du soir, a annoncé au Comité qu'au moment de signer Mahmoud-Pacha avait été remplacé par Mehemet-Ruchdi-Pacha.

Quelle sera l'influence de ce changement de ministère sur les arrangements financiers qui n'attendaient plus que la signature du grand-vizir ? Nous l'ignorons.

Le président du comité français :

P. Bourée,

Ancien ambassadeur de France à Constantinople.

Le tableau ci-dessous aidera les porteurs de titres à se rendre compte de ce qu'ils acquerront en sécurités par les travaux du comité, si le nouveau ministère ottoman accepte ce qu'avait préparé le cabinet précédent, et aussi à comprendre ce qu'ils perdraient s'il en est autrement.

Ce même tableau met en évidence ce que coûterait aux créanciers, pendant cinq ans, la réduction de leurs intérêts à 5 0/0.

TABLEAU DES VALEURS ATTEINTES PAR L'IRADE

Désignation des Emprunts	Intérêts en or d'après l'Iradé (1)	Intérêts d'après la conversion à 6 0/0	Différence	Intérêts pendant les 5 premières années à 5 0/0	Différence
1854	15 »	30 »	» »	25 »	» »
1858	15 »	20 64	+ 5 64	16 78	+ 1 78
1860	15 »	16 84	+ 1 84	14 04	— 0 96
1862	15 »	18 47	+ 3 47	15 41	+ 0 41
1863	15 »	19 28	+ 4 38	16 07	+ 1 07
1868	15 »	17 92 1/2	+ 2 92 1/2	14 95	— 0 05
1869	15 »	16 57	+ 1 57	13 83	— 1 17
1871	15 »	19 83	+ 4 82	16 52	+ 1 52
1873	15 »	16 02	+ 1 02	13 35	— 1 65
5 0/0	2 50	2 60	+ 0 10	2 15	— 0 35
Chemins ottomans (2)	» »	» »	» »	» »	» »

Les porteurs de titres s'étaient-ils empressés de répondre à l'appel du comité à la tête duquel se trouvait M. Bourée, et celui-ci avait-il agi avec énergie pour défendre ses commettants? On peut suivre pendant une certaine période les négociations entamées entre le comité français, le comité anglais, la maison Dent Palmer; les ministres de France et d'Angleterre avaient déjà déclaré que l'emprunt de 1855 n'était pas sujet à la réduction de 50 0/0 ; MM. Dent Palmer réclamaient l'intégralité du tribut égyptien, gage des emprunts auxquels ils avaient attaché leur nom. D'autres revendications se produisaient en Autriche.

Voici quel fut le résultat final.

Le 12 juin, le grand-vizir Ruchdi-Pacha a écrit à M. le vi-

(1) Si la Porte avait respecté l'iradé, il aurait fallu ajouter à chacun des chiffres de cette colonne l'intérêt en or du papier se montan à 0,75 par an pour chacun des emprunts 6 0/0 et 0,12 1/2 pour la dette générale.

(2) Ces Chemins ne figurent pas sur ce tableau, la Porte s'étant réservé de les faire entrer dans une loi spéciale relative aux chemins de fer.

comte du Manoir et à MM. Ph. Rose et Stamforth la lettre suivante :

Le gouvernement impérial a porté toute son attention sur les projets d'unification de la Dette publique et la création d'une *Société fermière* à laquelle serait confié le recouvrement d'une partie des impôts.

Après un examen approfondi et consciencieux des bases sur lesquelles repose cette double combinaison, la Sublime-Porte a reconnu qu'*elle n'atteindrait pas le but que l'on s'était proposé, aussi bien au point de vue des détenteurs de fonds ottomans* qu'à celui du gouvernement ottoman ; *qu'enfin, sa réalisation présenterait de graves difficultés et présenterait même des inconvénients* PRÉJUDICIABLES A TOUS LES INTÉRÊTS.

En portant cette résolution de la Sublime-Porte à votre connaissance, pour répondre à votre lettre du 16 mai, je m'empresse de vous déclarer que le gouvernement impérial apprécie à toute leur valeur les efforts que les comités que vous représentez et vous-mêmes, messieurs, avez faits dans l'intérêt des finances ottomanes aussi bien que dans l'intérêt des porteurs de fonds ottomans, et qu'il regrette vivement de n'avoir pu en utiliser les résultats.

Je vous prie, messieurs, de vouloir bien, à votre retour à Londres et à Paris, affirmer hautement à vos commettants que le gouvernement impérial considère les intérêts de l'Etat comme inséparables de ceux de ses créanciers, et qu'il vouera tous ses soins à la solution des questions financières qui s'imposent à sa sollicitude.

Agréez, messieurs, l'assurance de ma considération très-distinguée.

RUCHDI.

Pour copie conforme :

Le président du Comité,

P. BOURÉE,

Ancien ambassadeur de France à Constantinople.

Le dernier document officiel montre assez qu'il n'est pas question de reprendre le paiement régulier des coupons. En effet, pour fournir aux dépenses de la guerre que lui ont déclarée à la fois la Serbie et le Monténégro, le Trésor ottoman a décidé une émission de papier-monnaie, d'après le décret suivant :

1. Le gouvernement a organisé l'émission de papier-monnaie, pour une somme de 300 millions de piastres, soit 3 millions de livres turques ou 69,000,000 fr.

L'émission a lieu à partir du 1/13 août. Le papier-monnaie a cours forcé et circulera au même taux que le métallique dans toutes les provinces de l'empire, excepté Yemen, le Hedjaz et Tripoli de Barbarie.

Tout paiement découlant d'un contrat entre le gouvernement et des particuliers ou entre des particuliers, conclu avant la promulgation de la loi, sera effectué en la monnaie indiquée dans le contrat.

2. Le gouvernement a jugé que 200 millions de piastres suffisent pour le moment à faire face aux besoins actuels de l'Etat. Les autres 100 millions de piastres seront gardés en réserve et ne seront livrés

à la circulation que dans le cas d'un besoin absolu du Trésor. Le gouvernement, dans ce cas, préviendra le public un mois à l'avance par un avis officiel.

3. Ce papier sera émis en coupures de 100, 50, 20, 10 et 5 piastres. Le mode d'impression, les couleurs de ces coupures et tout ce qui concerne la confection du papier, sera déterminé par un règlement spécial.

4. Le papier-monnaie sera émis par le ministre des finances, suivant les besoins, dans la limite fixée par l'article 1er et sous le contrôle de la Banque ottomane. De même que le ministère des finances, la Banque aura un sceau spécial qui indiquera aussi le numéro du papier-monnaie. Les coupures qui ne seront pas revêtues de ces sceaux seront considérées comme nulles et non avenues.

5. Le papier-monnaie sera reçu au taux d'émission dans toutes les caisses du gouvernement pour le paiement des taxes et des impôts. La douane et les télégraphes font exception.

6. Un capital d'amortissement est constitué. Ce capital est composé des mines d'Héraclée (mer Noire) et de celles de chrome (ne figurant pas dans le budget) et de quelques autres immeubles portant revenus et qui figurent dans le budget. Ces mines et ces immeubles seront exploités directement, ou seront donnés à ferme. Le revenu sera remis à la Banque. En cas de vente, le produit sera également remis à la Banque.

7. A partir du 1/13 mars 1877, le revenu de ces mines et de ces immeubles sera remis par le malieh, à la fin de chaque trimestre, à la Banque ottomane qui, au moyen de cette somme, retirera de la circulation des coupures pour une somme égale. Ces coupures seront annulées par la Banque au moyen d'un timbre spécial et, ainsi annulées, seront remises au ministère des finances. La somme du papier qui sera retirée de cette manière de la circulation sera portée à la connaissance du public, par un avis officiel, inséré dans les journaux.

8. En dehors des revenus fixés par l'amortissement, le gouvernement garantit cet amortissement par les revenus généraux de l'Etat.

On voit qu'en matière de garanties, le langage est toujours le même. Tout est garanti; mais la garantie, comme l'engagement, reste absolument nulle.

En un mot, la Turquie, à l'état de banqueroute, en est au papier-monnaie, et ses titres ne sont plus que des billets de loterie. C'est le fond du gouffre.

CHAPITRE II

ÉTABLISSEMENTS DE CREDIT

A L'ÉTRANGER

Crédit foncier d'Autriche

L assemblée générale des actionnaires du Crédit foncier d'Autriche a eu lieu à Vienne, le 10 avril, et d'après le rapport présenté la Société serait en voie d'améliorations sérieuses. On sait, en effet, que la crise financière qui a si cruellement frappé le marché de Vienne, avait également porté atteinte à la situation du Crédit foncier d'Autriche. L'ébranlement avait été assez profond pour que les membres du conseil d'administration se fussent entendus pour verser dans les caisses de la Société une somme de 2,056,720 florins.

Il y eut donc un moment difficile à traverser. Mais le Crédit foncier d'Autriche paraît avoir triomphé de ces embarras avec une assez grande facilité. Sur la somme versée par les membres du conseil d'administration, il a été remboursé 706,729 florins sur les bénéfices de l'exercice 1875. Le solde de 1,350,000 florins sera remboursé à partir de 1876 par les produits annuels successifs, à prélever seulement après que les actionnaires auront touché 5 0/0 d'intérêt, de sorte que le Crédit foncier n'est tenu au remboursement et au paiement de l'avance faite par les administrateurs, qu'autant qu'un bénéfice net le permettra.

En résumé, la liquidation des affaires litigieuses remontant à 1873 présente encore des difficultés. Mais le conseil d'administration espère en triompher, et quant au développement actuel des opérations sociales, on peut en juger par les chiffres présentés par le rapport.

Le montant total des prêts consentis a été de 64,029,079 florins, soit un accroissement de 1,005,840 florins sur l'exercice 1874. Les affaires en prêts communaux ont pris une sérieuse extension et le conseil estime que cette branche est susceptible d'un grand développement. Le montant total des prêts est de 126,301,684 florins.

La Société a présentement en circulation 125,912,000 obligations; 2,449,900 sont dans le portefeuille de l'établissement, et 635,940 sorties au tirage ne sont pas encore présentées au remboursement

Le compte des affaires de Banque ne présentent pas de résultat satisfaisant. Le conseil d'administration s'en prend à la situation toujours critique du marché de Vienne. Hélas! le conseil d'administration devrait s'apercevoir que les opérations de Banque de toutes les institutions de Crédit foncier arrivent invariablement au même résultat. Pourquoi ne pas supprimer ce chapitre d'opérations qui fait dévier la Société de la ligne droite de ses statuts et qui ne sert qu'à lui susciter pour le moins des difficultés sérieuses?

Les bénéfices, en fin de compte, se sont élevés à 726,752 florins, sur lesquels 706,729 doivent être prélevés et appliqués à l'amortissement du fonds de garantie. Le solde, soit 20,045 florins, a été porté au compte de profits et pertes pour 1867.

L'assemblée a donné son approbation aux comptes et à la répartition des bénéfices. MM. Otto Chotek, Louis Haber, Alexandre Wamberg et Charles Mallet, administrateurs sortants ont été réélus, et M. Auton Wilner, censeur également sortant, a été réélu.

Compagnie foncière italienne

L'assemblée générale des actionnaires de la Société foncière italienne qui a eu lieu le 4 mai, à Rome, a été accompagnée des scènes tumultueuses que provoque habituellement la chute des Sociétés en désarroi. Le président du conseil d'administration, l'honorable sénateur Finochietti, n'assistait pas à la réunion. Le capitaine a cru devoir abandonner son navire à la tempête des récriminations intéressées des actionnaires mécontents.

Constatons d'abord que le mécontentement des actionnaires a trouvé d'amples motifs pour se manifester. Non-seulement les rapports présentés étaient obscurs et dénués d'explications; mais les membres du conseil d'administration présents refusaient de communiquer tous renseignements sur les pertes énormes qui représentent à peu près l'anéantissement du capital social. On comprend que, devant un tel sans-gêne, les actionnaires n'aient pas épargné les critiques et les récriminations.

La discussion des principaux chapitres du bilan a été très-orageuse. Un actionnaire, précisant les accusations de l'assemblée, a signalé au conseil d'administration les irrégularités suivantes :

1o Dans le bilan de 1872, les dépenses faites pour le placement de l'émission ne figurent pas. Ces dépenses qui ont bien été faites en 1872 ne figurent que dans le bilan de 1873.

2° Dans le rapport de la gestion de 1872, il est annoncé que le capital est souscrit, lorsque l'année suivante il est dit que 8,000 actions restent à placer.

3° En deux années 1873-74, il a été racheté au pair 26,500 actions lorsque d'après les ventes faites et suivant les statuts, il ne devait y avoir de retirées au pair que 19,200 actions. L'actionnaire insiste pour avoir des éclaircissements sur ce point. Il critique ensuite la vente des biens faite en 1874, en disant que l'administration a cédé des maisons et des villas à des conditions dérisoires pour retirer du marché des actions à peu près sans valeur.

Des économies ont été promises par la Société, et le conseil d'administration paie un droit de circulation pour les actions, sur le pied d'un capital de 20 millions, tandis qu'il n'est nominalement que de 10.

Au sujet des opérations foncières exécutées par le conseil d'administration, un actionnaire demande comment il se fait que les opérations sociales ne laissent qu'un si petit bénéfice. Ainsi les terrains et immeubles de la Société y figurent au bilan pour 3,500,000 lires ne rapportant que 63,000 lires, soit un peu moins de 2 0/0. Comment peut-on, dans de semblables conditions, attribuer 6 0/0 aux actions?

Un autre actionnaire fait remarquer que l'actif de la Société n'est pas sérieux; car les prix assignés aux immeubles sont irréalisables, et ces terrains baisseront de 45 0/0 au moment de leur réalisation.

On voit que la Société touche à la ruine, et après ces explications une partie des actionnaires, devant le refus du conseil d'administration de répondre aux questions posées, quitte bruyamment la réunion.

Les membres présents approuvent les comptes et donnent quittance au conseil d'administration. Mais un groupe d'actionnaires a introduit auprès du tribunal une demande de liquidation fondée sur cette considération que la moitié du capital social est perdue.

La Société foncière italienne a commis la faute de la plupar des établissements de Crédit foncier en Europe. Elle a fait de la spéculation financière au lieu de se consacrer exclusivement à des opérations de Crédit foncier qui ne sont pas brillantes, mais qui sont sûres. On voit ce qui en est résulté.

Crédit mobilier italien

La Société générale de Crédit mobilier italien a tenu le 15 février, à Florence, l'assemblée générale de ses actionnaires.

Le rapport du conseil d'administration a édifié l'assemblée sur les résultats de l'exercice 1875. Pendant cet exercice, les opérations d'achat et vente de titres ont été, il est vrai, fort restreintes, mais les opérations de banque proprement dites ont dépassé en étendue celles de l'exercice précédent.

Les bénéfices de l'exercice 1875, après payement des intérêts sur le capital versé des actions, à raison de 6 0/0 l'an, ont laissé une somme disponible de lir. 2,157,613 66, dont la répartition a eu lieu comme suit :

A la réserve ordinaire..........................lir.	212.175 98
Aux fondateurs..................................	152.766 71
Au conseil d'administration......................	140.545 37
Dividende de 16 lires à chacune des 100,000 actions	1.600.000 »
Report à nouveau..................................	52.125 60
Total égal.........lir.	2.157.613 66

L'assemblée, après avoir approuvé les comptes sociaux, a voté la distribution du dividende de 16 lires par action, lequel ajouté aux 6 0/0 d'intérêts payés sur le capital versé, porte à 40 lires le revenu total attribué à chacune des actions de la Société pour l'exercice 1875.

Banque centrale du Crédit foncier de Russie

L'assemblée générale des actionnaires de la Banque centrale du Crédit foncier de Russie a adopté à l'unanimité toutes les propositions du conseil d'administration.

Outre 300,000 roubles argent pris sur les bénéfices de 1875, qui ont été reportés aux comptes de l'exercice 1876, on a mis à la réserve statutaire 139,000 roubles, et à la réserve extraordinaire 60,000 roubles.

Les réserves statutaire et extraordinaire s'élèvent ainsi à 600,000 roubles, en dehors des 300,000 roubles reportés à l'exercice 1876.

Le dividende supplémentaire a été fixé à 7 roubles 65 kopeks par action.

Banque de Belgique

Le sinistre de la Banque de Belgique a été l'une des grandes émotions financières de cette année. La fuite de M. T'Kint, son arrestation, la constatation du passif, ont tour à tour impressionné le public, qui finit par se demander quel souci les directeurs des grandes Sociétés financières ont de l'argent des actionnaires.

Une assemblée générale extraordinaire des actionnaires de la Banque de Belgique a eu lieu le 4 juillet à Bruxelles. L'ordre du jour portait :

1° Communication du rapport des commissaires ;

2° Modification éventuelle des statuts ;

3° Nomination du gouverneur, des directeurs et des commissaires.

D'après le rapport du commissaire, les pertes de la Banque se résumeraient comme suit :

Détournements.........	17.528.208 fr.
Comptes inexacts.......	6.234.112
Prévisions..............	1.337.831
Total......	25.100.151 fr.

ce qui, déduction faite des réserves de toutes sortes, ramène à 15 millions la perte sur le capital social.

La modification des statuts n'a pu être discutée, l'assemblée n'étant pas en nombre pour délibérer valablement.

Après un débat orageux, l'assemblée a accepté la démission de l'ancien conseil d'administration et celle des commissaires ; elle a nommé administrateurs MM. Dumonceau de Bergendael, Sabatier, Gendebien et Tercelin-Monjot.

MM. Louis Leclerc, Oury, Marson, Meynne et Vandooren ont été élus commissaires.

Jusqu'à ce que la nouvelle administration ait convoqué une nouvelle assemblée pour statuer sur les questions réservées, le poste de gouverneur restera momentanément vacant.

CHAPITRE III

CHEMINS DE FER ETRANGERS

Chemins de fer portugais

D'après le rapport présenté à la dernière assemblée générale tenue à Lisbonne sous la présidence du gouvernement civil, le produit brut a été, en 1874, de 8,905,743 fr. 74, soit une diminution de 293,425 fr. 80 sur le rendement exceptionnel de 1873. En même temps, la dépense d'exploitation, qui avait été en 1873 de 3,208,815 fr. 72, s'est élevée en 1874 à 3,589,404 fr. 14 c., en augmentation de 380,588 fr. 42; d'où, en définitive, un revenu net de 5,316,339 fr. 60, présentant une réduction de 674,014 fr. 22, par rapport à celui de 1873.

L'intérêt spécial de la réunion du 30 décembre a consisté dans les communications faites par le conseil d'administration, touchant les dernières mesures adoptées pour l'achèvement de la ligne du Nord, et pour le règlement des coupons arriérés sur les obligations de la Compagnie.

Pour ce qui regarde la section de la ligne du Nord, qui aurait dû être terminée il y a longtemps, voici ce qui a été décidé par la convention intervenue le 8 mars 1875 entre le gouvernement portugais et la Compagnie :

Le projet de ladite section, approuvé le 8 novembre 1869, est remplacé par un nouveau, qui réduit la distance entre la station de Las Devezas et la station *terminus* de Porto; — les ouvrages d'art doivent être construits pour une voie seulement; — l'Etat est dégagé du paiement de la subvention correspondante aux kilomètres restant à construire et des expropriations qu'il devait faire aux termes du contrat du 2 mars 1866; — la Compagnie est dégagée de l'obligation d'établir l'embranchement de Valladorès; — elle se désiste de toutes ses réclamations, à l'exception de celles qui auraient pour objet l'interprétation et l'exécution du cahier des charges; — les travaux de la section devront être en activité dans le délai de six mois, achevés et livrés à la circulation dans celui de deux ans et demi, à dater de la signature de la convention, sous peine de la perte d'un dépôt de garantie fixé à 1,250,000 fr., du retrait de l'exemption de l'impôt de transit sur la petite vitesse, qui a été accordée à la Compagnie, et de la restitution du montant dudit impôt pendant le temps qu'aura duré ladite exemption.

D'un autre côté, par suite d'accords antérieurs avec l'entrepreneur général, celui-ci a été dégagé de l'obligation d'achever la section dont il s'agit, sous la condition d'abandonner à la Compagnie les terrains et travaux entre la station de Las Devezas et la rive gauche du Douro, ainsi que la moitié du dépôt de 555,000 fr., laissé par lui aux mains du gouvernement comme garantie de l'achèvement du réseau. C'est la Compagnie qui s'est chargée de l'exécution des travaux d'achèvement de la ligne du Nord.

Ces travaux sont aujourd'hui en pleine activité. L'ouvrage principal, le pont sur le Douro, a été adjugé à MM. Eiffel et Ce, qui doivent le livrer avant le 10 juillet 1877. De sorte que le conseil exprime l'espérance que la ligne du Nord sera cette fois terminée dans les délais prévus.

Le règlement des coupons arriérés a pu se faire, grâce à un arrangement signé le 31 juillet dernier avec le Crédit industriel et commercial.

Aux termes de cet arrangement, le Crédit industriel s'est engagé à avancer à la Compagnie une somme de 14 millions, destinée à payer les huit coupons arriérés des obligations des Chemins portugais, aux époques suivantes :

Deux coupons, représentant environ 4 millions de francs, le 30 septembre 1875;

Deux coupons, représentant environ 4 millions de francs, le 31 décembre 1875;

Deux coupons, représentant environ 4 millions de francs, le 31 mars 1876;

Deux coupons, représentant environ 4 millions de francs, le 30 juin 1876.

Il est entendu que la Compagnie a à couvrir le Crédit industriel, avant le 30 juin 1876, de l'excédant que celui-ci aura payé au delà des 14 millions, montant de son prêt.

La durée maximum du prêt de chaque somme avancée est de deux ans, à partir de l'époque de chaque versement.

Comme garantie envers le Crédit industriel, la Compagnie : 1° lui remet en nantissement le solde des obligations non émises sur les 330,000 autorisées; 2° lui délègue ses droits sur l'impôt de transit (petite vitesse), dont la cession lui est faite par le gouvernement portugais; 3° versera successivement dans ses caisses l'excédant des recettes disponibles, après paiement des frais d'exploitation et des sommes nécessaires à la construction de la cinquième section de la ligne du Nord.

L'intérêt des avances du Crédit industriel et commercial sera réglé à raison de 6 0/0 l'an.

Une commission de banque semestrielle de 1/4 0/0 lui est en outre accordée.

Enfin et en dehors des remboursements faits sur les recettes disponibles de l'exploitation, le Crédit industriel se couvrira de ses avances au moyen de la vente des obligations, étant stipulé que la moitié de l'excédant du prix de cette vente, au-dessus d'un cours déterminé par le contrat, sera prélevée à son profit.

On ne saurait méconnaître les avantages qui ressortent d'un pareil traité, pour la Société du Crédit industriel aussi bien que pour les obligations des Chemins de fer portugais.

Il importe maintenant que le trafic de ces chemins progresse suffisamment pour mettre la Compagnie à même, tout en remboursant les avances du Crédit industriel, d'opérer sur ses obligations le service régulier des coupons en cours, et de distribuer un dividende à ses actionnaires.

Voici quelles ont été les résolutions de l'assemblée générale du 30 décembre :

I. — Le rapport et les comptes de 1874 sont approuvés.

II. — L'assemblée générale approuve, en tant que de besoin : 1° la résiliation du contrat avec M. le marquis de Salamanca, entrepreneur général, relativement à l'achèvement de la cinquième section de la ligne du Nord ; 2° l'accord avec le gouvernement, au sujet de l'achèvement de la cinquième section de la ligne du Nord, et du règlement des réclamations qui étaient pendantes entre le gouvernement et la Compagnie ; 3° l'emprunt au Crédit industriel et commercial des sommes nécessaires au paiement des huit coupons arriérés d'obligations.

III. — L'assemblée renouvelle au conseil l'autorisation de faire usage des pouvoirs mentionnés aux articles 26, 42 et 52 des statuts, et, notamment, aux termes du paragraphe (*g*) de l'article 26, d'adresser au gouvernement toutes demandes de prolongements de chemins de fer, d'embranchements ou de concessions nouvelles, sauf autorisation préalable ou ratification postérieure de l'assemblée générale.

IV. — L'assemblée réélit administrateurs : MM. L. de Cuadra, J. de la Bouillerie, Fortunato Chamiço et Francisco d'Olveira Chamiço.

V. — La nomination comme administrateurs de MM. Miguel Ozorio Cabral, de Castro, Carlos Ferreira dos Santos Silva,

Antonio Pereira de Carvalho, faite par le conseil, conformément à l'article 25 des statuts, est approuvée.

Chemin de fer de Madrid à Saragosse

Cette Compagnie a eu, comme bien d'autres, ses jours d'épreuves; toutefois, grâce à la puissante protection financière qui ne lui a jamais fait défaut, elle en est sortie à son honneur. Elle n'a point eu à recourir à la faillite déguisée, qui a été le sort de tant d'autres Compagnies de chemins de fer espagnols. Elle n'a pas cessé un seul instant de faire le service régulier de ses obligations. Elle n'a imposé de sacrifices qu'à ses actionnaires qui, pendant plusieurs années, n'ont perçu ni dividende, ni intérêt, et qui, aujourd'hui, sont peut-être à la veille de recueillir les bénéfices d'une situation singulièrement améliorée.

Le réseau de Madrid-Saragosse est complétement terminé et exploité, depuis neuf ans, sur sa longueur totale de 1,428 kilomètres.

Il se compose des lignes suivantes :

Madrid à Alicante et embranchement de Tolède	481 kil.
Madrid à Saragosse	341 —
Alcazar à Ciudad-Real	115 —
Albacerte à Carthagène	247 —
Manganarès à Cordoue	244 —
Ensemble	1,428 kil.

Les dépenses du compte d'établissement, dont le chiffre n'a pas sensiblement varié depuis 1867, s'élevaient, au 31 décembre 1874, à la somme totale de 437,206,819 fr.

L'acquisition de la ligne de Cordoue à Séville, d'une longueu de 131 kilomètres, a modifié quelque peu cet état de choses. Aux termes du traité du 24 juillet 1875, la Compagnie de Madrid-Saragosse prend à sa charge le service des 49,426 obligations du Cordoue-Séville. De plus, elle a dû créer 38,000 actions et 34,000 obligations nouvelles, pour être remises aux anciens actionnaires du Cordoue, en échange de leurs actions. De sorte que le nombre de ses actions a été élevé de 240,000 à 278,000. Finalement elle est autorisée, pour faire face à tous ses besoins, et notamment pour couvrir les dépenses d'acquisition et d'exploitation des mines de la Réunion, à porter le nombre total de ses obligations à 1,050,000.

Nous supposons toutes ces obligations émises ; leur service

d'intérêt et d'amortissement exigera une annuité de 16,850,000 francs en nombre rond. Le service des obligations Cordoue-Séville demande 750,000 fr. Nous ajoutons 600,000 fr. pour frais de change, commission, etc. C'est donc, au total, une charge annuelle de 18,200,000 fr. qui doit incomber à la Compagnie avant toute distribution de dividende.

Voyons maintenant ses produits.

Depuis 1869, les recettes de la Compagnie ont toujours été progresssant. Voici la marche qu'elles ont suivie à partir de cette époque :

1869	26,350,000 fr.
1870	26,983,000
1871	28,418,000
1872	29,674,000
1873	34,982,000
1874	36,290,000
1875	38,900,000

Cette progression ne semble pas devoir s'arrêter là, si l'on en juge par les résultats de 1876. En admettant seulement une augmentation de 5 0/0 sur les produits de l'année 1875, les recettes de Madrid-Saragosse s'élèveraient pour 1876 à 40,845,000 francs.

Pour le Cordoue-Séville, le développement de ses recettes depuis une dizaine d'années, s'est également poursuivi d'une façon continue, et les derniers résultats publiés donnent lieu de croire que le rendement de 1876 ne restera pas au-dessous de 3,500,000 fr.

L'on serait donc, pour les deux réseaux réunis, en présence d'une recette brute d'un peu plus de 44 millions.

Il faut déduire les dépenses d'exploitation.

Le rapport de ces dépenses aux recettes est descendu, en 1874, pour le Madrid-Saragosse, à 39 0/0; il a été pour le Cordoue-Séville de 42 0/0. Bien que la fusion des deux réseaux soit de nature à permettre certaines économies, nous admettrons pour ces dépenses une proportion moyenne de 40 0/0; ce qui, pour une recette brute de 44 millions, ferait ressortir un revenu net de 26,400,000 fr.

Nous avons évalué plus haut les charges totales à 18,200,000 francs.

Il resterait conséquemment un produit net de 8,200,000 fr., dont la répartition entre les 270,000 actions existantes de Madrid-Saragosse donnerait un dividende de 26 fr. par action.

Nous n'avons rien dit de la subvention annuelle de 616,000 francs, payée par l'Etat au Cordoue-Séville, parce que cette subvention doit cesser en 1879; jusqu'à cette époque cependant elle viendra accroître le dividende de plus de 2 fr.

Telle est aujourd'hui, dans son ensemble, la situation de la Compagnie de Madrid-Saragosse, et cette situation est l'une des meilleures parmi tous les Chemins espagnols.

Passons au compte rendu de l'exercice.

L'assemblée générale s'est tenue le 20 mai à Madrid. Les résultats de l'exercice 1875, dont il a été rendu compte à cette réunion sont, on peut le dire, les plus satifaisants qui aient été obtenus depuis l'origine de la Société.

Les produits bruts qui, en 1874, étaient de 36,406,579 fr. 26, se sont élevés en 1875 à 38,949,386 fr. 19, en augmentation de 2,542,806 fr. 93.

Les dépenses de l'exploitation, y compris les frais complémentaires et le renouvellement de la voie, ont été, en 1875, de 14,057,746 fr. 61; et, en 1874, de 13,951,802 fr. 76, soit seulement 105,943 fr. 85 d'augmentation de dépenses, pour un excédant de 2,542,806 fr. 93 sur les produits bruts.

C'est ainsi que la proportion des dépenses aux recettes, qui avait été en 1874 de 38 32 0/0, n'est plus en 1875 que de 36 09 0/0, avec une diminution de 2 23 0/0. Les charges de l'exploitation, en 1875, ont été de 17,333,533 fr. 17, quand elles n'étaient, en 1874, que de 16,491,986 fr. 91.

La différence, 891,546 fr. 26, tient en grande partie aux pertes de change qui, plus fortes que l'année précédente, se sont appliquées à des sommes plus considérables remises aux banquiers. Les produits nets, déduction faite des dépenses et des charges de l'exploitation, ont été en 1875 de 7,508,106 fr. 40, en augmentation de 1,545,316 fr. 81 sur 1874. C'est sur ces produits nets que l'assemblée a autorisé le prélèvement de 5 millions 838,000 fr., représentant les 5 fr. payés en janvier et les 16 fr. à payer en juillet aux actions de la Compagnie. Voici quelles ont été les résolutions adoptées par l'assemblée : 1° le rapport et les comptes y annexés sont approuvés ; 2° l'assemblée générale approuve la répartition de 5 fr. par action, effectuée depuis le 1er janvier de l'année courante, et fixe à 16 fr. par action celle qui se fera à partir du 1er juillet prochain, comme complément de l'exercice 1875 ; 3° l'assemblée générale approuve dans toutes ses parties l'usage qu'a fait le conseil des autorisations votées par l'assemblée générale extraordinaire du 5 octobre dernier, relatives à la fusion de la ligne de Cordoue à Séville et à l'acquisition des mines de la Réunion ; elle confère tous pouvoirs au conseil pour disposer, en temps opportun, sous la forme qu'il jugera convenable, des 16,000 obligations restantes de la onzième série, destinées au but indiqué ci-dessus; 4° l'assemblée générale autorise aussi le conseil à disposer de la manière la plus convenable des 11,164 obligations en portefeuille pour couvrir, au fur et à mesure des nécessités, les dépenses applicables à l'établissement; 5° l'assemblée générale approuve l'application de 500 de ces obligations avec le coupon courant, comme donation à la caisse de prévoyance; 6° l'assemblée générale réélit membres du conseil: MM. Blount, Ulloa et Bauer, et pourvoit à deux places vacantes en nommant MM. le général Edouard Fernandez de San Roman et Venancio Gonzalez.

Chemin de fer de Saragosse à Pampelune et Barcelone

Le réseau de la Compagnie de Saragosse-Pampelune-Barcelone est en complète exploitation, il a une étendue de 623 kilomètres.

Au 31 décembre 1874, ce réseau avait coûté 202,385,022 fr.

La Compagnie avait fait face à cette dépense au moyen des ressources suivantes :

Produit réel de 158,865 actions en circulation........	73.007.645
Produit des obligations..................................	89.034.056
Subvention et fonds de secours..........................	43.307.242
Ensemble...............	205.348.943
Les dépenses n'étant que de..........................	202.385.022
la Compagnie avait un excédant de ressources de	2.963.921
A ajouter : solde des comptes divers.................	4.253.067
Ensemble de l'excédant..	7.216.988

En contre-partie de cette somme, la Compagnie possédait :

Encaisse et portefeuille................................	4.253.862
Approvisionnements......................................	2.963.126
Total égal...............	7.216.988

La convention du 5 mars 1870, conclue avec les porteurs d'obligations et devenue exécutoire, en vertu d'un arrêt de la cour de cassation de Madrid, en date des 26 mars et 17 avril 1872, régit actuellement la Compagnie du Saragosse-Pampelune-Barcelone, c'est de cette convention que découlent les droits réciproques des obligataires et des actionnaires. Il y a deux sortes d'obligations : les obligations de Barcelone et celles de Pampelune.

Les obligations de Barcelone sont à des types divers; elles

se trouvent surtout en Espagne, et ne sont pas cotées à Paris. On calcule que le service total, en intérêts et en amortissements, exige une annuité de 3,950,000 fr.

Les obligations de Pampelune sont au type unique de 500 fr. 3 0/0; ce sont elles qui figurent à notre cote authentique. Elles sont au nombre de 166,000, et leurs services complets en intérêt et amortissement demande une somme annuelle de 2,700,000 fr. environ.

Ainsi, pour faire face à la charge totale de ses obligations, la Compagnie de Pampelune-Barcelone a besoin d'une recette nette de 6,650,000 fr.

Mais, aux termes de la convention de 1870, si les recettes nettes d'un exercice n'atteignent pas cette somme, la Compagnie se trouve absolument libérée de la partie des coupons non payée aux obligataires. C'est cette clause qui domine toute la situation de la Compagnie.

Pendant ces dernières années, par exemple, la Compagnie de Pampelune-Saragosse, dont la guerre carliste a singulièrement entravé l'exploitation, a laissé en souffrance le service de ses obligataires. Que l'on suppose toute cette dette arriérée s'accumulant, les charges de l'entreprise se fussent notablement accrues, et les actionnaires auraient encore vu s'éloigner l'époque où il peut leur être permis d'espérer toucher un dividende.

Mais, grâce à la clause qui prive les obligataires de tout recours pour le passé, les charges annuelles de chaque exercice restent constamment les mêmes; si bien que le jour où, par suite du progrès du trafic, les recettes nettes dépasseraient ces charges, les actionnaires pourraient commencer à toucher un revenu.

Voyons quel est, à cet égard, l'état des recettes :

En 1875, les recettes brutes de Pampelune-Barcelone ont été de..	10.847.000
Depuis le 1er janvier 1876, les bulletins des recettes présentent, sur l'année dernière, une augmentation moyenne de 40 88 0/0; si cette proportion continuait jusqu'à la fin de l'exercice, la Compagnie réaliserait une augmentation de..	4.439.000
Total des produits bruts..	15.281.000
En évaluant à 55 0/0 les dépenses d'exploitation, soit.	8.404.000
on aurait un excédant de..................................	6.877.000
Comme le service des obligations exige	6.650.000
la Compagnie se trouverait avoir un solde libre de....	227.000

Ce sont sans doute ces calculs qui ont amené un assez vif courant de demandes sur les actions du Pampelune-Saragosse si longtemps négligées. Sans méconnaître en rien, pour notre part, l'amélioration des recettes ni la situation particulière faite aux obligataires, nous devons, toutefois, rappeler que des travaux importants ont été déclarés nécessaires, et que, pendant un certain temps, le montant des recettes nettes devra être affecté à des réfections de voies, à des achats de matériel, à la reconstruction des ouvrages d'art détruits pendant la guerre. Le dernier rapport de la Compagnie entre, à ce sujet, dans les explications les plus détaillées.

La Compagnie, pour faire face à toutes les dépenses dont il s'agit, a besoin de ressources plus ou moins considérables, qu'elle ne peut demander à l'emprunt; il faut qu'elle les prélève sur les recettes nettes de chaque exercice.

Toutefois, ils est juste d'observer que les recettes nettes actuelles atteignent au moins 4 à 5 millions de francs, de sorte que l'on peut entrevoir le moment où les travaux indispensables seront achevés.

Ajoutons que le gouvernement espagnol a déposé un projet de loi, aux termes duquel une avance de 2 millions de francs serait faite à la Compagnie de Pampelune. Le vote de ce projet hâterait heureusement la fin des travaux, et permettrait de diminuer les prélèvements à opérer par la Compagnie sur ces recettes annuelles.

Voici maintenant les résultats généraux de l'exercice présenté dans l'assemblée qui a eu lieu le 12 juin, à Madrid. Le rapport a laissé dans l'ombre divers points que nous espérions, au contraire, y voir complétement élucidés. Il n'est pas dit un seul mot touchant les obligations de Pampelune qui n'ont rien perçu depuis le mois d'octobre 1872. Payera-t-on, oui ou non, le coupon échéant en octobre prochain? Voilà ce qu'il eût été convenable de faire savoir aux intéressés. Cette discrétion de la part du conseil a d'autant plus lieu de surprendre que, sans parler de la notable progression des recettes en 1876, nous voyons que sur les produits nets de l'exercice 1875, qui se sont élevés à 5,204,638 fr. 35, on a prélevé la somme nécessaire pour payer le montant des deux tiers du coupon de janvier afférent aux obligations de Barcelone; on a fait emploi de 985,538 fr. 68 pour travaux extraordinaires, et il est resté finalement une somme libre de 2,567,389 fr., dont on ne dit pas la destination.

Ainsi, l'on a payé, pour 1875, deux tiers de coupon aux obligations de Barcelone, qui se trouvent, il est vrai, exclusivement dans des mains espagnoles; on n'a rien payé, pour le même exercice, aux obligations de Pampelune qui ont été toutes placées en France, et l'on demeure en possession d'un reliquat de 2,567,384 fr., sans juger même nécessaire de s'expliquer sur l'usage que l'on entend faire de ce reliquat.

Les porteurs d'obligations de Pampelune sont-ils en droit de réclamer? Malheureusement non. Grâce à la convention tout à fait léonine de 1870, grâce tout au moins aux interprétations qu'elle a reçues jusqu'à présent, il semble loisible au conseil de ne payer aux obligataires que ce qu'il veut, sans que ceux-ci soient admis à soulever la moindre réclamation.

Les obligataires de Pampelune sont des créanciers d'une espèce toute particulière. Ce sont de simples actionnaires dont le dividende, qui ne saurait jamais dépasser 15 fr., peut descendre à zéro, sans qu'ils aient, de ce chef, aucun recours à exercer contre la Compagnie. Il est probable que nul de ceux qui ont voté la convention de 1870 ne s'est rendu compte des résultats qu'elle devait avoir.

Le capital de la Compagnie n'a éprouvé aucun changement en 1875. Ce compte laisse à l'actif un excédant de 3 millions 812,513 fr. 30.

Il est certain que cet excédant du compte capital ne saurait suffire à pourvoir aux dépenses qu'implique la répartition de tous les dommages et dégâts causés par la guerre civile. Il s'agit, en effet, pour la Compagnie du Pampelune-Saragosse, de reconstruire sur son réseau les ouvrages détruits par les carlistes, de remettre la ligne de Barcelone dans l'état qu'exigent la sécurité et les besoins du service, et de la doter du matériel de transport indispensable. Il serait d'un grand intérêt, aussi bien pour les actionnaires que pour les obligataires de la Compagnie, de construire, ne fût-ce qu'approximativement, le chiffre de ces dépenses. Le rapport ne fournit à cet égard aucune donnée positive.

On sait que le gouvernement espagnol a consenti à la Compagnie une avance de 2,105,263 fr. 15, pour lui permettre d'activer ses travaux; mais cette avance n'est que temporaire. Comment la remboursera-t-on? Avec les produits d'un emprunt ou avec les seuls revenus du chemin? c'est ce que ne dit pas davantage le rapport.

En tout état de cause, voici quels ont été, en 1875, les résultats d'une exploitation entravée par des difficultés de plus d'un genre.

Nous prenons pour terme de comparaison l'année 1872, qui est la dernière présentant un type normal, sinon complet, au moins de beaucoup supérieur à ceux des exercices suivants.

Il convient d'observer que, en 1875, sur les 623 kilomètres

dont se compose le réseau de la Compagnie, 528 seulement ont pu être exploités, et encore, parmi ceux-ci, les 45 kilomètres de Castejone à Tafalla ont-ils été exclusivement affectés aux transports militaires; de sorte, qu'à vrai dire, il n'y a eu que 483 kilomètres consacrés au service public.

Le produit total des lignes a été, pendant l'année 1875, de 10,847,844 fr. 55, se décomposant comme suit :

Grande vitesse..............	3.697.322 01
Petite vitesse................	7.150.422 54

Comparativement à 1872, les produits de la grande vitesse ont diminué de 535,032 fr. 78; ceux de la petite vitesse ont augmenté de 373,281 fr. 94, soit, au total, une diminution de 161,750 fr. 84 dans les recettes.

Si on divise le produit brut de 1875 et de 1872 par la longueur totale du réseau, on constate que le revenu moyen kilométrique ressort, en 1875, à 17,412 fr. 27, et en 1872, à 17,671 fr. 90, soit, en 1875, une diminution de 259 fr. 63 par kilomètre; mais, en ne tenant compte, pour 1875, que des 528 kilomètres réellement exploités, on voit que le produit kilométrique véritable a été de 20,741 fr. 57, en augmentation de 3,329 fr. 30 sur 1872.

Les dépenses de l'exploitation se sont élevées, en 1875, à 5,680,956 fr. 38, en augmentation de 336,223 fr. 13 sur celles de 1872, augmentation qui a eu pour principale cause le mauvais état de la ligne de Barcelone et les nombreuses réparations auxquelles a donné lieu le matériel de traction et de transport.

Le produit net ressort ainsi, pour 1875, à 5,166,888 fr. 17, et, en y ajoutant 37,750 fr. 68 de recettes accessoires, à 5 millions 204,638 fr. 85.

Sur ce produit net, la Compagnie a opéré les prélèvements suivants :

Travaux extraordinaires..............................	985.538 68
Droits payés pour le matériel et le combustible importés de l'étranger..............................	54.229 48
Montant des deux tiers du coupon de janvier (ligne de Barcelone), droits de timbre et de transmission, etc.	1.597.486 69
Total.........	2.637.254 85

Il reste un solde de 2,567,384 fr., dont l'emploi n'est nullement indiqué dans le rapport que nous analysons.

Il est probable que, dans la pensée du conseil, ce solde est destiné à faire face à la réfection des voies, au renouvellement du matériel; mais encore était-il bon de le dire, d'une manière précise, alors qu'on se trouve en présence d'obligataires auxquels on ne paye rien depuis trop longtemps.

Nous remarquons que l'assemblée générale du 12 juin a réélu, comme administrateurs : MM. José de Salamanca, Nazario Carriquiry, Antonio Ros de Olona et Jose Gomez Orcebo ; et qu'elle a nommé de nouveaux membres, qui sont : MM. Luciano Villars, Santos de Ysassa, Faustino Rodriguez San Pedro, Tomas de Ybariolo et Polak. Il est permis, à coup sûr, de regretter que dans l'administration d'une entreprise où nous avons engagé d'importants capitaux, l'élément français soit si faiblement représenté.

Chemin de fer du Nord de l'Espagne

Cette Compagnie, qui a été la propriété du Crédit mobilier espagnol et qui subit toujours dans son conseil d'administration l'influence de cette Société financière, se ressent de l'impulsion fiévreuse, agitée et tant soit peu téméraire que les fondateurs du Crédit mobilier espagnol communiquent à leurs opérations industrielles et financières. Faire et défaire, tel paraît être le but des hommes du Crédit mobilier espagnol, tant il est vrai qu'à tout prix il faut qu'on ait l'air de faire quelque chose!

C'est ainsi que le chemin de fer du Nord de l'Espagne est arrivé à présenter aux capitalistes une série d'obligations différentes, avec des conditions particulières pour chacune d'elles. Après les obligations de priorité, sont venues les obligations à revenus variables, et sur ces revenus variables est venu se greffer l'achat par les actionnaires, au prix de 20 fr., les deux coupons impayés, coupons qui sont désignés dans la Compagnie sous la dénomination de coupons A et B. C'est là, bien certainement, dans l'histoire des chemins de fer, si riche pourtant en opérations parfois étranges, la combinaison la plus burlesque que nous ayons pu rencontrer. Nous avons expliqué ces différents types d'obligations l'année dernière.

L'administration croit avoir fait un coup de maître quand elle est arrivée ainsi à réaliser un peu d'argent pour faire face à ses engagements et continuer ses travaux. Elle ne fait, en réalité, que nuire à son propre crédit en éloignant les capitalistes d'une Compagnie dont les titres se présentent sur le marché avec une cocarde différente. La Compagnie du Nord de l'Espagne doit s'en apercevoir. Elle est assurément l'une de celles qui font le plus parler d'elles, et la stagnation de ses cours montre que l'épargne fait la sourde oreille à ses réclames.

Abordons les résultats de l'entreprise. On sait que le revenu net de l'exploitation a été, en 1874, de 3,419,625 fr., et que ce revenu a été mis en réserve, sans en rien distribuer aux actions, afin d'assurer, disait le rapport, le service des obligations à revenu variable, qui a commencé à fonctionner régulièrement à partir du 1er octobre 1874. Ce chiffre a porté l'ensemble des réserves, au 31 décembre 1874, à la somme de 12,780,310 fr.

L'ensemble des charges d'emprunts afférents à 1875, s'élèvera à 12,439,415 fr.

Passons aux recettes.

Le réseau principal de la Compagnie du Nord de l'Espagne comprend une étendue de 722 kilomètres. Mais l'insurrection carliste a privé la Compagnie, en 1875, d'une de ses meilleures sections, entre Irun et Miranda, d'une longueur de 179 kilomètres. L'exploitation du réseau, réduit à 543 kilomètres, a produit une recette de 19 millions, chiffres ronds, réduite par la dépense d'exploitation à 11 millions, chiffres ronds.

Les bénéfices de la ligne de Santander ont été de près de 2 millions.

En tenant compte de diverses autres recettes on arrive, comme produit net, au total de 14 millions.

Mais on peut appliquer à cet exercice le bénéfice résultant de la réalisation des 48,169 obligations qu'elle a précédemment acquises au moyen des fonds de secours, et qui ont pu procurer à la Compagnie un peu plus de 9 millions.

La Compagnie est donc en mesure de régler les coupons impayés sur les obligations variables, coupons dont le montant s'élève à 130 fr. 75.

C'est dans ces conditions que l'assemblée générale des actionnaires a voté, le 20 mai, à Madrid, les résolutions suivantes :

I. — A l'unanimité, l'assemblée générale approuve les conclusions du rapport du conseil d'administration, ainsi que les comptes de l'exercice 1875, et fixe à 14 fr. 50 le montant du dividende de cet exercice, sur lequel 7 fr. 50 ont déjà été distribués le 1er janvier 1875, et 7 fr. seront payés le 1er juillet prochain.

II. — A l'unanimité, l'assemblée générale approuve :

1° La consolidation définitive des obligations dites à revenu variable pour l'inscription sur le registre de la propriété, tant pour le capital que pour le revenu, conformément à l'autorisation donnée en principe par l'assemblée générale extraordinaire du 26 juin 1875, des nouveaux titres à donner en échange des titres actuels;

2° La consolidation des coupons A et B, à détacher des obligations dites à revenu variable, suivant le mode indiqué dans le rapport, et donne au conseil d'administration tout pouvoir pour le modifier, s'il le jugeait nécessaire;

3° L'unification des actions de la Compagnie, le remboursement de la somme de 20 fr. déboursés pour les actions qui ont été estampillées et l'échange des titres actuels contre de nouveaux titres munis de coupons avec jouissance de tous les dividendes futurs.

III. — A l'unanimité, l'assemblée générale approuve l'émission faite, en exécution de la délibération du 26 juin 1875, de 50,000 obligations produisant 15 fr. de revenu annuel, remboursables à 500 fr., et ayant les mêmes droits que les obligations variables transformées.

IV. — A l'unanimité, l'assemblée générale réélit administrateurs : MM. del Pino, vicomte de la Poeze, Eugène Pereire, Semprun, administrateurs sortants.

La conséquence des résolutions qui précèdent est qu'il n'y aura plus à l'avenir qu'un seul type d'actions. Toutes les actions seront affranchies de la servitude qui pesait sur celles qui n'étaient pas estampillées.

Il n'y aura plus également qu'une seule nature d'obligations, toutes ayant désormais les mêmes droits, sous la seule réserve de leur rang d'inscription sur le registre des hypothèques.

« Quant aux coupons d'intérêts arriérés des obligations variables, dont le montant s'élève à 130 fr., et constitue une *dette sans intérêts,* leurs droits, dit le rapport, seront consolidés au moyen d'une combinaison conçue dans l'esprit de la convention du 25 juin 1868, de manière à n'apporter aucun trouble dans le fonctionnement de la Société en ce qui concerne le payement régulier de l'intérêt et de l'amortissement des obligations variables.

» Par cette combinaison, tous les coupons A et B seraient amortis à raison de 130 fr., au moyen de tirages annuels qui s'étendraient, comme pour les obligations, sur toute la durée de la concession, et bien que, par convention expresse, la dette résultant de ces arrérages ne comporte pas d'intérêt, nous vous proposons de déroger gracieusement à cette règle en faveur de ces coupons, en stipulant qu'un revenu de 1 fr. 30 leur serait attribué après que les actions auraient reçu les 15 fr. qui leur sont réservés par la convention du 25 juin 1868.

» Ce revenu, ainsi que le montant des coupons amortis, seraient payés le 1er juillet de chaque année, à partir du jour où, aux termes de la convention du 25 juin 1868, un dividende de 15 fr. par action aurait été officiellement constaté. »

Chemin de fer de Séville-Xérès-Cadix

Le chemin de fer de Séville-Xérès-Cadix est toujours dans la situation équivoque que l'on connaît. Il ressemble au tombeau de Mahomet qui, placé entre le ciel et la terre, ne pouvait ni monter ni descendre.

Le chemin de fer de Séville-Xérès-Cadix que la Compagnie de Cordoue à Séville voulait acheter, et que M. Loring est venu acquérir, en se présentant comme acheteur ferme, est resté depuis sans organisation bien précise. M. Loring, acquéreur, a commencé par échanger les obligations anciennes contre des nouvelles, et le refus d'un grand nombre d'obligataires de consentir à cette conversion rend assez difficile la fondation du nouvel ordre de choses.

M. Loring a fait annoncer le paiement du coupon des obligations qui ont été échangées contre les anciennes, coupon payable à partir du 1er juillet. Mais il n'est point question de l'amortissement de ces 100,000 obligations qui devait commencer en 1875

Il serait temps de régulariser cette situation qui est plus que boiteuse, et qui porte le plus grand préjudice aux intéressés.

Chemins de fer lombards

Une assemblée générale extraordinaire des actionnaires de la Compagnie des chemins de fer lombards s'est tenue, le 9 août, sous la présidence de M. Alphonse de Rothschild, président du conseil d'administration, à l'effet de statuer sur les conventions en date des 11 et 17 juin 1876, concernant la prise à bail des lignes exploitées par la Compagnie, en Italie. Ces conventions sont :

1° Celle de Bâle, datée du 17 novembre 1875, et ayant pour objet la rétrocession au gouvernement italien de tout le réseau exploité en Italie par la Compagnie des chemins de fer lombards ;

2° Celle de Paris, du 11 juin, et celle de Rome du 17 juin 1876, ces deux dernières ayant trait à la prise à bail du même réseau par ladite Compagnie, pendant une période de deux ans.

Le plus important de ces traités, celui de Bâle, qui est aujourd'hui définitif, a eu pour objet le rachat du réseau italien appartenant à la Compagnie des chemins de fer lombards. Ce rachat a lieu dans des conditions certainement équitables, puisqu'on prend pour base du prix à payer par le gouvernement italien le montant même des dépenses faites par la Compagnie.

L'entrée en possession du gouvernement est fixée au 1er juillet 1876.

Il a été stipulé, en premier lieu, qu'il serait tenu compte à la Compagnie du capital dépensé jusqu'au 31 décembre 1874, conformément au bilan arrêté par la Société à cette date.

Ce capital, dont le chiffre est de 752,375,618 fr. 80, se décompose de la manière suivante :

Lignes appartenant à la Société..................	368.568.085 23
Lignes de Milan à Vigerano et du Montferrat.....	8.042.301 08
Prix d'organisation des lignes Lombardo-Vénitiennes, déduction faite de la valeur du matériel et des approvisionnements au moment de la prise de possession.	56.541.903 72
Prix d'acquisition des lignes piémontaises, déduction faite de la valeur du matériel et des approvisionnements au moment de la prise de possession......	176.409.384 44
Immeubles	144.485 12
Rachat des actions des Sociétés privées..........	3.576.319 05
Matériel roulant et flottant, outillage des ateliers, mobilier et matériel des stations..................	139.123.139 86
Total au 31 décembre 1874..	752.375.618 50

Pour la première partie de ce capital, s'élevant à 613 millions 252,472 fr. 64, le gouvernement payera à la Compagnie des Lombards, jusques et y compris le 31 décembre 1954, une annuité fixe de 33,160,211 fr. 12, laquelle, à partir du 1er janvier 1955, jusques et y compris le 31 décembre 1960, sera réduite à 13,321,008 fr. 40.

Le montant de l'impôt de la richesse mobilière à prélever sur ces annuités par le gouvernement italien a été d'ores et déjà fixé à forfait à une somme fixe et invariable de 3,590,324 fr. par an, pour la première période, et de 546,257 fr. 14 par an, pour la seconde; en sorte que l'annuité payée par le gouvernement sera finalement de 29,569,887 fr. 12, dans le premier cas, et de 12,774,751 fr. 26, dans le deuxième, étant bien entendu que ces annuités nettes seront exemptes à l'avenir de tout impôt direct ou indirect, et ne pourront être diminuées pour quelque cause que ce soit.

Pour l'autre partie du capital d'établissement, s'élevant à 139,123,139 fr. 86, le gouvernement prend à sa charge, jusqu'à concurrence de 20 millions de francs, la proportion correspondante de la dette contractée par la Compagnie vis-à-vis de la caisse d'épargne de Milan. Pour le surplus, soit 119,123,139 fr. 86, le gouvernement remettra à la Société des titres au porteur de la Rente consolidée italienne 500, en quantité suffisante pour représenter ladite somme de 119,123,139 fr. 86 en or, au cours moyen de la Bourse de Paris, pendant le premier semestre 1876, diminué d'un demi-coupon, soit 1 fr. 87. Les titres représentant la moitié de cette somme seront remis à la date de la prise de possession, munis de tous les coupons à échoir à partir de cette date. Le gouvernement se réserve la faculté, pour l'autre moitié, de remettre des titres desquels on aurait détaché préalablement le premier coupon semestriel venant à échoir après la date de la prise de possession.

En outre, le gouvernement s'engage à payer la valeur des approvisionnements pour les services de l'exploitation et de la construction, telle qu'elle sera déterminée par l'inventaire qui en sera fait au moment de la prise de possession.

Enfin, il sera tenu compte à la Compagnie du montant des dépenses faites par elle, à partir du 1er janvier 1875, jusqu'à la date de la prise de possession, pour travaux neufs exécutés sur les lignes exploitées, et imputables au compte capital.

Voilà pour les conditions générales du rachat du réseau italien de la Compagnie des chemins de fer lombards.

Viennent ensuite les deux conventions additionnelles de Paris et de Rome, aux termes desquelles la Compagnie doit continuer pour deux années, à compter du 1er juillet 1876, l'exploitation des lignes qu'elle a cédées au gouvernement italien.

La Société payera, à forfait, au gouvernement, pour le bail de ces lignes, une redevance fixe annuelle de 31,500,000 fr., représentant, en chiffres ronds, le produit net de l'année 1874.

Dans le cas où le produit net dépasserait le montant de cette redevance, cet excédant serait réparti comme suit :

95 0/0 au gouvernement italien ;

5 0/0 à la Société.

Les conventions nouvelles n'ont rien changé à l'économie financière du traité de Bâle, sinon que, par l'article 3 du compromis de Paris, la Compagnie a dû s'engager à mettre à la disposition du gouvernement italien une somme de 12 millions de francs, laquelle pourra être employée par lui à rembourser, jusqu'à due concurrence, les dépenses d'établissement faites par la Société depuis le 1er janvier 1875. Cette charge de 12 millions imposée à la Compagnie a été une condition *sine quâ non* de l'acceptation de la convention de Bâle par le ministère Depretis. Il a bien fallu s'y résigner.

Les avantages de cette convention n'en restent pas moins certains ; elle permet à la Compagnie, au moyen du capital important qui lui est versé, d'éteindre sa dette flottante, de rembourser les derniers bons, ce qui la dispense, de ce chef, d'émettre de nouvelles obligations. D'un autre côté, si le trafic du réseau autrichien se développe, comme on est en droit de l'espérer, elle peut, avec le produit net de ce réseau, joint à la redevance annuelle de l'Etat italien, faire facilement face au service de ses emprunts, et arriver à distribuer un dividende aux actionnaires.

C'est ce qu'a très-bien fait comprendre M. Alphonse Rothschild dans les courtes explications qu'il a données à l'assemblée du 9 août, après la lecture du rapport du conseil d'administration.

Mentionnons que cette assemblée est la dernière qui soit tenue à Paris. Par suite du changement apporté dans la constitution du réseau de la Compagnie, les assemblées générales auront lieu désormais à Vienne. Le comité de Paris continuera cependant d'exister avec toutes ses anciennes prérogatives.

Voilà donc enfin la solution d'une affaire qui a longtemps pesé sur le triple marché français, autrichien et italien. Et maintenant le public se demande avec hésitation ce que va devenir chacun des deux grands tronçons qui formaient la Compagnie des Lombards. Nous croyons que le réseau coupé en deux, donnera absolument les mêmes résultats qu'auparavant. Est-ce à cause du haut patronage qui était acquis à la Compagnie des Lombards. ? Est-ce à cause de la grande étendue du réseau? Nous ne savons; mais les capitalistes ont toujours cru pouvoir compter sur des cours très-élevés qui ne se sont jamais produits.

Et pourquoi se produiraient-ils ? Il est surabondamment démontré par tous ceux qui ont observé depuis le commencement l'exploitation du réseau, que la Compagnie n'a ni assez de trafic, ni assez de voyageurs. La situation nouvelle ne pourra donner d'autres résultats que ceux que nous connaissons depuis le commencement de l'exploitation.

Chemins de fer autrichiens

Le chiffre sans cesse décroissant des dividendes de la Compagnie des chemins de fer autrichiens préoccupe sérieusement les actionnaires.

Quand on observe la marche qu'a suivie cette entreprise, depuis une dizaine d'années, il est impossible de n'être pas frappé d'un double fait : d'un côté, la recette kilométrique du réseau de la Compagnie, malgré ses oscillations assez étendues, a été s'affaiblissant de plus en plus ; d'un autre côté, la somme des capitaux dépensés impose, chaque année, une plus lourde charge. Il n'en faut pas davantage pour amener une réduction sensible dans le montant du dividende.

On peut dire, d'une manière générale, que la diminution de la recette kilométrique des Autrichiens est due : 1° à ce que les meilleures lignes ont été exploitées les premières ; 2° à ce que les frais d'exploitation, trop restreints au début, ont été pour la bonne marche de l'entreprise, portés ensemble à un chiffre plus élevé ; 3° à ce que le change a été de plus en plus défavorable ; 4° enfin à ce qu'il s'est créé des chemins de fer concurrents, qui ne sont pas sans influence sur le trafic de la Compagnie.

Actuellement, l'ancien réseau autrichien comprend une étendue exploitée de 1,556 kilomètres, y compris les 106 kilomètres de la ligne de Chotzen-Neusorge (Brunau) qui ont été ouverts en juillet 1875.

Pour faire face aux dépenses de premier établissement de ce réseau, ainsi qu'à celles du domaine privé, la Compagnie, indépendamment de son capital social, avait, au 31 décembre 1875, réalisé en obligations une somme de fl. 131,705,064,41.

L'assemblée générale des actionnaires a eu lieu le 18 mai. On sait que le nouveau réseau jouit d'une garantie spéciale de l'Etat, qui prend à sa charge tous les déficits de ce réseau. Pour l'année 1875, le rendement net du nouveau réseau a été de 2,146,018 florins, inférieur de 1,011, 726 florins, aux charges d'obligations. Cette insuffisance a été couverte par l'Etat.

Quant à l'ancien réseau, dont le produit net forme le dividende des actionnaires. Voici comment s'établit le compte de liquidation de l'exércice 1875 :

Les chemins de fer ont produit net	15.724.074 fl.
Les mines, usines et domaines	975.696
Les intérêts divers..................................	1.136.714
Total du produit net	17.836.484 fl.
En tenant compte du solde reporté de l'exercice précédent, le produit net total est de..................................	18.148.894 fl.
L'ensemble des charges à couvrir, y compris l'intérêt statutaire aux actions, s'élève à......................	16.178.732
L'excédant du produit net est donc de.............	1.970.162 fl.

En dehors des 25 francs d'intérêt statutaire, ce chiffre permet la répartition d'un dividende de 7 fr. 50 ; ce qui porte à 32 fr. 30 revenu total de chaque action.

Le produit net total de l'exercice écoulé présente finalement une diminution de 520,000 fl. par rapport à 1874.

Ce qui nous paraît caractériser, en ce moment, la situation de la Compagnie des chemins de fer autrichiens, c'est que ses charges vont en augmentant de plus en plus, et que les recettes sont loin de suivre la même progression. Si cet état de choses devait durer, si les recettes tardaient à prendre un notable développement, dût-on opérer un nouveau prélèvement sur la réserve extraordinaire, afin de pourvoir aux dépenses de réfection des voies et du matériel, on devrait craindre pour 1876 une campagne encore moins heureuse que celle de 1875.

Chemin de fer du Nord-Ouest de l'Autriche

L'assemblée générale a eu lieu le 25 juin. Rappelons d'abord le remaniement des conditions premières de la concession du chemin de fer du Nord-Ouest de l'Autriche.

Au début il n'existait qu'un réseau, jouissant de la garantie de l'Etat. Cette garantie suffisait pour payer l'intérêt convenu des actions et des obligations afférentes à ce réseau. Mais depuis, il a été créé un second réseau non garanti de l'Etat; en cas d'insuffisance de ses propres produits pour faire le service intégral de ses actions, on doit prélever le complément nécessaire sur le montant de la garantie du premier réseau. C'est une violation absolue des engagements pris envers les souscripteurs de l'ancien réseau.

Voici comment se composait, au 31 décembre 1876, le capital de la Compagnie du Nord-Ouest de l'Autriche :

Actions A, émises pour la construction de l'ancien réseau garanti	35.998.896 fl.
Actions B., spéciales au réseau complémentaire non garanti	21.000.000
Obligations A, afférentes à l'ancien réseau garanti	44.068.800
Obligations C, gagées sur les deux réseaux, et émises en 1874	13.999.800
Obligations B, gagées sur le nouveau réseau	24.587.800

Sur ce capital, il restait à émettre environ 1 million de florins en actions B et 6,729,800 florins en obligations C.

D'après les comptes qui ont été soumis à l'assemblée générale, les résultats de l'exploitation, pour les deux réseaux, ont été les suivants :

Les recettes brutes de l'ancien réseau exploité sur sa longueur totale de 82 milles 1/2, se sont élevées à 6,233,000 florins. Augmentation sur 1874, 245,197 florins au 4 17 0/0. La moyenne passe d'une année à l'autre de 71,374 florins à 74,340 florins par mille.

La proportion de la dépense à la recette est donc : en 1875, 63 19 0/0 ; en 1874, 78 89 0/0.

Il a été pourvu au service des obligations A au moyen des recettes de l'ancien réseau et de la garantie afférente à ce réseau.

Le service des obligations C émises à ce jour et des obligations B a été opéré au moyen des recettes du nouveau réseau, et un prélèvement de 327,648 fl. sur le capital, au compte de premier établissement de ce réseau, bien que ledit compte ait été clos depuis le 1er octobre 1875. Mais on sait que le Conseil a été exceptionnellement autorisé par la précédente assemblée générale à imputer à ce compte, jusqu'à la fin de 1876, le complément nécessaire à assurer le service des obligations au second réseau. Sans cela, les obligations C ayant une hypothèque, aussi bien sur l'ancien réseau que sur le nouveau, il aurait fallu demander au premier ce qui a manqué au second, ce qui eût diminué d'autant la part des actions A.

En 1877, cet expédient ne pourra plus être mis en œuvre; et si, à cette époque, le second réseau n'a pas une recette nette qui couvre intégralement la charge de ses obligations, c'est le premier réseau qui devra combler le déficit aux dépens des actions A.

En admettant que les obligations C soient alors intégralement placées, on calcule que le produit net du second réseau devrait atteindre 2,300,000 francs environ pour couvrir le service de ces titres et celui des obligations B.

Les actionnaires réunis à Vienne ont approuvé les comptes qui leur étaient présentés et réélu les administrateurs sortants. Mais on n'ignore pas qu'en France, une instance a été engagée devant les tribunaux pour obtenir l'exécution sérieuse du contrat primitif, c'est-à-dire le maintien de la garantie au profit exclusif de l'ancien réseau, et le paiement des intérêts en espèces, sans aucune perte de change.

Chemins de fer de l'Ouest de l'Autriche.

Il résulte du rapport présenté à l'assemblée générale des actionnaires de cette Compagnie, qui a eu lieu à Vienne le 4 mai dernier, que les recettes de la ligne principale se sont élevées, en 1875, à 9,351,615 florins, chiffre un peu supérieur à celui de 1874, qui avait été de 9,239,000 florins. Les dépenses de ce réseau ont été de 4,630,000 florins contre 4,948,800 florins en 1874. Le produit net ressort ainsi à 4,722,000 florins, soit 430,000 florins environ de plus qu'il y a un an.

Les lignes secondaires ont réalisé une recette totale de

2,285,000 florins, contre une dépense de 1,944,009 florins. Produit net : 341,000 florins. L'année dernière, le produit net des lignes secondaires avait été de 268,000 florins.

Voici comment s'établit le compte du revenu garanti (ligne principale et section Lambach-Gmunden) pour l'exercice de 1875.

L'intérêt annuel du capital engagé sur ces deux lignes demande une somme de 6,411,940 florins. Les produits de l'exercice permettant à la Compagnie de fournir 4,230,000 florins, il reste à la charge de l'Etat une contribution effective de 2,182,000 florins.

L'assemblée a approuvé les résolutions suivantes :

1° Le paiement des coupons d'intérêts échus le 1er juillet 1876 des actions de la première émission de l'année 1856 (ligne principale) a été fixé à 5 fl. 25 kr. val. autrich. banknotes;

2° Les deux coupons d'intérêts des actions de la deuxième émission de l'année 1869 (ligne Linz-Rudsseis), échus le 1er juillet 1876 et le 1er janvier 1877, seront payés avec une déduction de 75 kr. par coupon, conséquemment avec 4 fl. 25 kr. val. autrich. argent.

3° Le coupon d'intérêts des actions de troisième émission (ligne Salzbourg-Tyrol), échu le 1er juillet 1876, sera payé avec 5 fl., val. autrich. argent.

Chemin de fer Kronprinz Rodolph (prince Rodolphe).

La recette nette de l'exercice 1875 a été de 899,304 florins, soit 10,904 florins par mille allemand (de 7 kilomètres 1/2 environ).

En 1873, la recette par mille avait été de 10,717 florins; en 1874, de 8,832 florins. On voit donc qu'il y a en 1875 une augmentation sur les deux exercices précédents qui doit être attribuée au transport des marchandises en petite vitesse, et surtout au trafic fourni par l'industrie métallurgique.

Sur le montant total des obligations à intérêt payable en or, émises pour la construction de la ligne de Salzkammergut, et qui est de 25,220,000 florins, 10 millions ont été pris ferme, et pour le reste, un droit d'option est réservé au syndicat. La ligne de Tarvis-Pontela sera prochainement achevée.

L'intérêt et l'amortissement du capital d'établissement exigeant une somme de 5,809,750 florins argent; les recettes ayant été de 899,304 florins papier, qui, au taux moyen 103.52, représentent une somme de 868,723 florins argent, l'Etat n'aura à payer pour 1875 que 4,941,002 florins, soit 38,973 florins de moins qu'il n'avait été prévu. Les frais d'établissement sont portés au bilan pour 112 millions de florins ; les créances de la Compagnie sur l'Etat s'élèvent à 26 millions. Au passif, le capital actions et obligations est de 123 millions 1/2, dont 11 millions 1/2 pour la ligne de Salzkammergut.

Chemins de fer de Guillaume-Luxembourg

L'assemblée générale qui a eu lieu le 29 juin 1876 avait pour objet l'approbation des comptes et la fixation du dividende de l'exercice 1875.

Le compte d'exploitation présente les résultats suivants :

Les recettes se composent du reliquat de l'exercice 1874	3.816 35
et la redevance payée à la Compagnie	3.000.000 »
Ensemble	3.003.816 85
qui ont été employés ainsi qu'il suit :	
Intérêt et amortissement des obligations 3 0/0	1.531.020 »
Intérêt et amortissement des obligations 5 0/0 de la partie belge	700.175 »
Amortissement des actions anciennes	20.000 »
Amortissement des actions privilégiées	150 »
Frais généraux, administration, personnel, etc.	73.880 39
Amortissement des droits du timbre sur les obligations	6.000 »
Excédant des recettes	672.590 96
Total égal	3.003.816 35

L'excédant des recettes a été réparti de la manière suivante :

Dividende de 13 fr. 25 aux 49,606 actions anciennes restant en circulation, soit	657.279 50
Dividende de 10 fr. aux 395 actions privilégiées, en circulation	3.950 »
Solde à reporter à l'exercice de 1876	11.361 46
Total égal à l'excédant des recettes	672.590 96

Le dividende est supérieur de 25 c. à celui de 1874.

L'assemblée a approuvé à l'unanimité, et sans aucune observation, les comptes qui lui étaient soumis, et a fixé à 13 fr. 25 par action ancienne, et à 10 fr. par action privilégiée libérée, le dividende de l'exercice 1875, payable à partir du 1er juillet.

MM. Schaefer et de Roisseler, administrateurs sortants ont été réélus. M. Ferdinand Bischoffsheim a été nommé administrateur en remplacement de son père.

Chemins de fer russes

Les actionnaires de la grande Société des chemins de fer russes se sont réunis en assemblée générale, le 27 mai dernier, à Saint-Pétersbourg.

L'assemblée a adopté à l'unanimité les propositions suivantes :

1° Fixation du dividende à 48 copecks pour les lignes de Pétersbourg-Varsovie et de Kijni, et à 68 copecks pour le chemin Nicolas;

2° L'émission de la troisième série d'obligations pour la pose de la seconde voie entre Moscou et Kovror (ligne de Kijni);

3° La demande au gouvernement d'une avance de 500,000 roubles pour la pose d'une double voie entre Landvarovo et Vileika. avance à amortir en cinq années.

Ont été nommés membres de la commission de révision : MM. Gauraud, Peutschine, Hirod, Gratcheff et P. Polowskooff. Ont élus administrateurs : MM. Baring et Borski, de la maison Hope et Ce, d'Amsterdam.

Le dividende de 1 rouble 15 par action, à ajouter au semestre d'intérêts échéant le 1er/13 juillet, sera payé, à Paris, sur le pied de 5 roubles 75.

Chemin de fer Central-Suisse

Cette Compagnie, fondée en 1852, par les sommités financières de la France et de la Suisse : MM. Hottinger et Ce, F.-A. Seillière, Marcuard et Ce, Bischoff-Respinger, a été constituée d'abord au capital de 37,617,500 fr., divisés en 75,235 actions. Mais on a porté, en 1874, ce capital à 50 millions de francs entièrement versés et divisés en 100,000 actions. De plus, la Compagnie a émis, à ce jour, diverses séries d'obligations 5 0/0 et 4 1/2 0/0, jusqu'à concurrence de 80,600,000 fr. D'autre part, le Central-Suisse avait au 31 décembre 1875, des réserves importantes, savoir :

Fonds de réserve	4.000.000
Fonds de renouvellement	1.440.000
Réparti sur les bénéfices de 1875	750.000
Au total	6.190.000

La Compagnie possède en propre un réseau exploité de 257 kilomètres, plus 78 kilomètres construits ou exploités en commun avec le Nord-Est-Suisse. Ce réseau dessert, comme son titre l'indique, le centre de la Suisse. Partant de Bâle, où il se soude à l'ancienne ligne française de Paris à Mulhouse, il aboutit vers l'ouest, à Soleure et Brecnne ; vers le midi, à Berne, Thorisshaus et Thoune ; vers l'est, par divers embranchements, dont quelques-uns sont communs avec le Nord-Est, à Brugg, Aarau, Immensee, Aarburg et Lucerne.

Les recettes réalisées sur ce réseau montrent déjà toute l'importance de son trafic, qui n'est pas dû seulement aux transports locaux, mais aussi à la circulation considérable de voyageurs et de marchandises qui a lieu entre la Belgique et l'Allemagne, l'Italie et la France, dans la direction de l'est à l'ouest, et du nord au sud.

Le revenu moyen a été depuis plusieurs années, sauf en 1875, où il est accidentellement descendu, à 47,000 fr. En dehors de nos meilleures lignes, il n'est pas en France de chemin de fer qui ait une telle recette kilométrique.

Les charges d'emprunt couvertes, la Compagnie a pu distribuer, chaque année, à ses actionnaires un dividende de 40 à 45 fr., jusqu'en 1874, époque où le capital social a été porté, de 75,235 à 100,000 actions. Le produit net kilométrique de 1875, bien qu'inférieur à celui des années précédentes, a permis encore de répartir un dividende de 25 fr. aux 100,000 actions existantes, soit 2,500,000 fr., et de reporter à la réserve 750,000 fr., représentant 7 fr. 50 par action.

Ayant en vue de pourvoir aux dépenses des lignes en construction ou de celles dont la Compagnie du Central-Suisse sollicite la concession, la Compagnie a réalisé cette année un emprunt important en faisant une émission de 57,338 obligations aux conditions suivantes :

Les obligations, rapportant un intérêt annuel de 20 fr., et remboursables à 500 fr., en 50 ans, à partir de 1887, sont émises à 387 fr. 50, jouissance du 1er août 1876 ; ce qui fait ressortir le revenu à 5 64 0/0, y compris la prime d'amortissement.

Chemin de fer du Simplon

L'histoire de la constitution de la Société actuelle du chemin de fer du Simplon est une des plus extraordinaires que cette grande industrie nous ait encore donnée. On pourrait l'intituler l'art de parvenir à la possession d'un chemin de fer de 85 kilomètres pour la bagatelle de 10,000 fr.

Rappelons brièvement les faits qui ont précédé l'adjudication qui a rendu la Société actuelle propriétaire du chemin du Simplon.

Le 5 juillet 1872, le conseil d'Etat du canton du Valais présentait au conseil fédéral un exposé concluant à ce que la ratification fédérale accordée le 15 mai 1868 à la concession de la ligne d'Italie fût déclarée nulle et non avenue.

Après avoir demandé les contre-observations de la Compagnie de ligne d'Italie et avoir fait constater l'état d'avancement des travaux en Valais, le conseil fédéral prit, en date du 19 septembre 1872, l'arrêté qui déclare sa déchéance.

Cet arrêté constatait, en fait :

« Que la Compagnie ne s'est conformée ni aux engagements stipulés dans la concession relativement à l'exécution des travaux, ni aux conditions fixées par le conseil fédéral lors de l'acceptation de la justification financière;

» Que les travaux dans les sections à construire encore ont été complétement suspendus faute de moyens suffisants, et qu'il n'existe aucune perspective assurée d'une prompte amélioration dans la position de la Compagnie;

» Qu'une prolongation de cette situation est incompatible avec les intérêts du canton du Valais, aussi bien qu'avec ceux de la confédération. »

Sur le recours de la Compagnie, cette décision fut confirmée à l'unanimité par le conseil des Etats le 21, et par le conseil national le 23 décembre 1872.

Par un premier arrêté, en date du 1er août 1873, le conseil fédéral fixa au 26 novembre suivant la mise aux enchères du chemin de fer de la ligne d'Italie. — Ces premières enchères restèrent infructueuses.

Dans l'intervalle, l'assemblée fédérale arrêta les clauses de la concession à laquelle devait être soumis l'adjudicataire.

Les enchères définitives de la ligne d'Italie eurent lieu les 4 et 16 mars 1874. L'adjudication fut faite en faveur de la Compagnie des chemins de fer de la Suisse occidentale et de la Société financière vaudoise réunies, aux conditions suivantes :

1° Paiement de 10,100 fr., prix d'adjudication proprement dit;

2° Paiement d'une créance de 185,000 fr., due par l'ancienne Compagnie à l'entrepreneur Baur, pour travaux entre Sierre et Loëche;

3° Construction de la section Sierre-Loëche pour le 1er mai 1877;

4° Construction de la section Loëche-Viége pour le 1er mai 1878.

Ces deux dernières obligations constituent une charge qui peut être évaluée à 7 millions de francs.

Voici quels ont été les résultats de la première année d'exploitation, présentés à l'assemblée générale des actionnaires, le 28 juin dernier.

Les recettes brutes de l'exercice 1875 figuraient dans un compte approximatif d'exploitation, arrêté au 31 décembre 1875, pour la somme totale de 632,556 fr. 43. Les dépenses approximatives figuraient dans le même compte, pour 491,236 fr. 48.

La Compagnie Suisse-Occidentale a présenté, depuis lors, un compte plus détaillé et qui porte le total des recettes à 635,811 fr. 98, et celui des dépenses à 493,413 fr. 12.

Le bénéfice net résultant du compte présenté par la Compagnie Suisse-Occidentale est donc de 142,398 fr. 86, non compris les frais généraux d'administration centrale qui se sont élevés, en 1875, à 11,780 fr. 18 c., et dont une partie doit être mise à la charge du compte d'exploitation, l'autre partie devant être imputée au compte d'établissement. Le total des bénéfices de l'exercice 1875 ressort à 147,728 fr. 77.

Le devis total des travaux imposés à la nouvelle Compagnie par le cahier des charges, en dehors, bien entendu, de la traversée du Simplon, se monte à près de 8 millions de francs, alors que le capital actuellement émis et souscrit est de 4 millions. C'est donc une somme égale que la Compagnie doit se procurer, dans un délai plus ou moins rapproché. Le conseil d'administration a proposé, en conséquence, à l'assemblée de le charger de se procurer un capital supplémentaire, pouvant aller au maximum à 4 millions de francs, soit par l'émission d'actions, soit par l'émission d'obligations, avec ou sans hypothèque sur la ligne.

Après avoir entendu la lecture du rapport du conseil, l'assemblée a approuvé les comptes de l'exercice 1875, et décidé que, sur le bénéfice net de l'exercice 1875, après prélèvement d'une somme de 56,000 fr., pour le payement d'un dividende de 7 fr. aux 8,000 actions existantes, on porterait 90,000 fr. à la réserve, et 1,728 fr. 77 à compte nouveau.

Mais, pendant que la Compagnie nouvelle exploite une ligne acquise à si bon marché, nous devons constater que les malheureux actionnaires de l'ancienne Compagnie française essaient encore de lutter contre la Société qui l'a mise hors de sa propriété.

Une assemblée générale extraordinaire des porteurs de titres de la Société de la ligne d'Italie par le Simplon s'est tenue, le 23 mai, à la salle Valentino, sous la présidence de M. A. de la

Valette, président directeur de la Compagnie. L'assemblée était fort nombreuse. Cette affaire que l'on croyait tout à fait perdue a paru pouvoir encore être ressuscitée, à la suite de l'exposé général qui a été présenté aux membres de la réunion.

Après divers incidents, l'assemblée a réélu, à l'unanimité, pour trois ans, M. A. de la Valette, comme président-directeur, en lui donnant, personnellement, les pouvoirs les plus étendus, pour agir en cette qualité au nom des intérêts de la Compagnie en France, en Suisse et en Italie, et pour préparer un nouveau capital.

Elle a, avec la même unanimité, nommé administrateurs MM. Maurice Claivaz, Cochin et Salmon, avec faculté de s'adjoindre, comme membres provisoires, tous autres administrateurs, et de pourvoir aux vacances par décès ou démission.

Enfin, elle a voté à l'unanimité, moins deux voix, un *quitus* complet, sans réserves, personnel à M. de la Valette, pour toute sa gestion jusqu'à ce jour, et un *bill* absolu d'indemnité pour toutes les dépenses et pertes de la Compagnie, dont il pourrait se trouver responsable comme administrateur ou président-directeur de la Compagnie.

Nous ne voulons en rien prendre ici la défense de l'administration de M. de la Valette. Ses actionnaires lui ayant donné *quitus*, nous n'avons rien à dire.

Mais ce sont les intérêts des malheureux actionnaires qui nous tiennent à cœur et que nous ne pouvons voir ainsi sacrifiés, sans dire hautement que les têtes rondes de la République helvétique n'ont pas fait vis-à-vis de la Société française du Simplon ce qu'elles auraient dû faire.

En admettant que toutes les clauses du cahier des charges n'aient pas été remplies, n'y avait-il pas lieu d'invoquer et d'admettre, devant la guerre de 1870, le cas de force majeure?

Et, en supposant que les lois draconiennes du conseil fédéral suisse ne permissent pas de tenir compte du cas de force majeure, la nouvelle Société dirigée par M. Cérésole ne pouvait-elle pas accorder des avantages aux porteurs de titres de la Société française pour lui rendre, par la souscription de nouvelles valeurs, une partie de l'argent et des droits qu'elle a perdus dans cette affaire?

Il suffit de poser ces questions pour voir que le conseil fédéral et la nouvelle Société n'ont pas, en cette circonstance, suivi la ligne droite.

Saint-Gothard

Le 30 septembre, a eu lieu au Saint-Gothard, la réunion ordinaire de la commission internationale chargée de procéder à la reconnaissance et à la liquidation des travaux exécutés dans l'année de construction 1875-1876, laquelle se termine, comme on le sait, le 30 septembre.

On annonce que tous les Etats signataires de la convention internationale se sont déjà déclarés prêts à concourir à l'aplanissement des difficultés qui s'opposent à la réalisation de l'entreprise et que des négociations ont lieu en ce moment pour déterminer les limites du concours de chacun d'eux.

D'autre part, d'après une dépêche de Bâle. publiée par la *Gazette de la Bourse,* de Berlin, le conseil d'administration du Saint-Gothard aurait résolu, dans sa dernière séance, d'appeler un versement de 100 fr. sur les actions; c'est 20 0/0 du capital nominal, et le versement total atteindrait alors 80 0/0.

Le versement peut être effectué, au choix, le 31 décembre de cette année ou le 30 juin de l'année prochaine, avec déduction. le 31 décembre, du coupon qui échoit à cette date.

Le percement du Saint-Gothard est, comme chacun sait, une opération rivale du percement du Simplon. Ces deux tunnels sont troués en vue d'arriver plus vite par l'Italie, à la grande route de l'Inde. Mais on peut dire que le premier effort de la Prusse, comme le premier effort de la France, a tristement échoué. Si le Simplon a eu contre lui une administration incapable, le Saint-Gothard a eu contre sa première tentative les faux calculs et les fausses manœuvres de ses entrepreneurs. Il a échoué, mais en Allemagne, l'homme qui d'un mot peut tout et fait tout, attache trop d'importance au percement du Saint-Gothard, dans l'intérêt du commerce allemand, pour ne pas continuer le travail commencé.

Chez nous, nous n'avons ni ce coup d'œil, ni ce patriotisme, ni cette persévérance. Nous savons que la ligne du Simplon est favorable à notre commerce; mais c'est tout, et nous laissons faire. M. Cézanne a même donné des conclusions qui rejetaient la demande présentée à l'Assemblée nationale par M. de la Valette, au nom de la Compagnie française du Simplon. Depuis, les journaux nous ont appris que M. Gambetta, pendant son séjour en Suisse, est allé en compagnie de M. Cérésole, visiter le Simplon, et se rendre compte des travaux à faire. C'est peut-être là une bonne pensée et une bonne intention. Mais quand sera-t-elle mise à exécution?

Les Chemins de fer romains

L'assemblée générale des actionnaires des Chemins de fer romains a eu lieu, à Florence, le 27 juin dernier. Voici les résultats de l'exercice 1875, tels qu'ils résultent du rapport du conseil d'administration :

Les recettes brutes se sont élevées à..............	25.722.338 39
Les produits accessoires à...	322.561 90
Total.........	26.004.900 29
C'est une légère augmentation de 200,000 lires sur 1874.	
Les dépenses d'exploitation ont été de............. en diminution de 200,000 lires sur l'exercice précédent.	19.559.558 66
Produit net...	16.485.341 63
supérieur de 434,311 fr. 63 à celui de 1874.	
Si l'on ajoute à ces recettes l'annuité des chemins méridionaux et les subventions litigieuses, le total produit net s'élève à....... .... lires	27.794.793 »
A déduire : intérêts et amortissement des obligations....................................	26 261.872 »
Il resterait un excédant de.........................	1.532.921 »
supérieur de 973,351 au bénéfice net de 1874.	
Les subventions contestées par le gouvernement s'élevant à..	1.397.539 »
si les tribunaux admettaient ces prétentions, l'excédant net de 1875 serait réduit à................ lires	135.382 »

L'assemblée a approuvé les comptes qui lui étaient soumis, et a réélu les administrateurs sortants.

La Compagnie continue à suivre le cours de ses opérations ordinaires. Mais, dans toute l'Italie, comme dans toute la Compagnie des chemins de fer romains, il n'y a qu'une voix pour demander au gouvernement, désireux d'acheter le réseau, de vouloir bien conclure au plus vite cette importante affaire.

Les Chemins de fer méridionaux

Le gouvernement italien est entré dans une voie qui doit le rendre propriétaire de tous les chemins de fer de l'Italie, dans un avenir très-prochain. Le voilà déjà maître du réseau lombard et des Chemins de fer méridionaux, et il s'est engagé à prendre les Chemins de fer romains dès que le moment lui paraitrait favorable.

Nous n'avons pas à revenir sur les Chemins de fer lombards dont nous avons donné plus haut les conditions. Mais, il n'en est pas de même des Chemins de fer méridionaux dont nous résumons ici le traité.

Les porteurs des actions recevront, en échange de leurs valeurs, des titres de la dette publique portant l'intérêt de 25 fr., sans déduction de l'impôt mobilier.

Nous devons noter cette disposition essentielle, afin qu'on ne croie pas que les actionnaires recevront, au lieu d'un titre de rente consolidée, une annuité de 25 fr., représentée par un titre spécial. Il leur sera remis un titre de rente en 5 0/0.

L'Etat se chargera de l'actif et du passif de la Compagnie, et en même temps de l'exploitation.

Le gouvernement italien a pris, comme on le voit, son parti dans la question des chemins de fer. Il a acheté déjà les Chemins de fer méridionaux et le réseau lombard. Les Chemins de fer romains ne tarderont pas à être englobés à leur tour. L'Etat va devenir ainsi le propriétaire et le régisseur des voies ferrées de l'Italie. Il est certain qu'entre les mains habiles du gouvernement italien, cette exploitation peut donner des résultats avantageux et profitables à la situation financière du pays. Avec l'exploitation de l'Etat, l'objectif de l'organisation des lignes, des prix et des tarifs change complétement. Au lieu de songer à l'intérêt des actionnaires, les directeurs des services n'ont plus qu'une seule et unique pensée, l'intérêt général du pays, et avec une telle direction on ne peut qu'améliorer toutes choses.

Chemins de fer des bassins houillers du Hainaut

Les lignes secondaires sont partout en déficit. La Compagnie des bassins houillers du Hainaut en sait quelque chose. Cette Compagnie, dont le conseil d'administration est présidé par M. Philippart, avait imaginé de se rendre fermière du réseau dit de Flandres, et elle s'était engagée à payer une redevance annuelle de 3,532,631 fr., couvrant l'intérêt et l'amortissement des actions et des obligations émises. Mais cette redevance était loin d'avoir sa contre-partie dans les produits nets du réseau. Ces produits, y compris les subventions payées par l'État, n'ont pas dépassé, pour 1874, le chiffre de 1,560,000 fr.

M. Philippart, en présence de ces résultats désastreux, a cru devoir adresser aux diverses Compagnies dont les lignes étaient exploitées par sa Société, une circulaire dans laquelle il constate que la perte subie par la Compagnie des bassins houillers, depuis cinq ans, s'élève à 10,622,927 fr. 33, soit en moyenne 2,124,500 fr. par an.

La Compagnie n'est pas dans une situation financière à pouvoir supporter longtemps de pareils sacrifices. Les Sociétés qui font partie du réseau ont été vivement émues de cette communication. Quel espoir leur reste-t-il ? Un seul, se vendre ; mais à qui ? Il faudra peut-être que le gouvernement belge prenne en main l'exploitation des lignes du réseau.

Chemin de fer de l'Est-Hongrois

Le chemin de fer de l'Est-Hongrois, réduit à l'impuissance par la guerre de tarifs que se faisaient les lignes autrichiennes, s'est vu dans la nécessité de traiter de son rachat avec le gouvernement, aux conditions suivantes :

Aux termes du prospectus d'émission, chaque action de l'Est-Hongrois, émise à 320 fr., donnait droit : 1° à un intérêt de 10 florins argent, soit 25 fr., *montant de la garantie gouvernementale*, et aux dividendes ; 2° au remboursement, *également garanti par le gouvernement*, au prix de 200 florins argent, soit 500 fr., par voie de tirages annuels.

Voici les conditions nouvelles qui sont faites aux actions par le traité dont il s'agit.

Les actions devront être échangées contre des titres de Rente hongroise 5 0/0, à raison de trois actions de 200 florins contre deux titres de 100 florins chacun, productifs, à partir du 1er janvier 1876, d'un intérêt de 12 fr. 50, payable en or ; de sorte que, pour un capital déboursé de 960 fr., les actionnaires recevront désormais un revenu de 25 fr. dont il faudra déduire l'impôt.

Les actions devront être présentées à l'échange avant la fin de l'année 1877.

L'intérêt des nouveaux titres sera payé les 1er janvier et 1er juillet de chaque année, à l'exception du coupon de la première année, qui sera payable en une seule fois, le 1er janvier 1877.

L'État hongrois assume en outre la charge des emprunts d'obligations de la première émission, de 45 millions, et de la seconde émission, de 30 millions, renonçant à toutes revendications pour le remboursement des avances faites, soit pour payer les intérêts, soit pour continuer l'exécution du chemin de fer.

La Compagnie, en retour, rétrocède à l'État toutes les lignes et leurs accessoires, meubles et immeubles, ainsi que son cautionnement de 1,200,000 florins.

Le gouvernement a pris l'exploitation des lignes, à partir du 1er février 1876, sous le contrôle du conseil d'administration, contrôle qui continuera jusqu'au moment où le contrat sera définitif.

Chemins de fer de la Turquie

Les lignes de chemins de fer actuellement en exploitation dans la Turquie d'Europe sont :

1. — Constantinople à Andrinople, Delova	570 kil.
2. — Salonique à Mitrovitza	358
3. — Roustchouk à Varna	223
4. — Thernavoda à Kustendje	63
5. — Tirnova (Andrinople) à Yamboli	105
6. — Bourgas (Andrinople) à Dedeagatch Kuleli	111
7. — Banjaluka, Novi, Robertin	102
Total	1.533 kil.

Lorsque les récoltes sont bonnes, quand les affaires ont un développement satisfaisant et quand les circonstances politiques sont favorables, ce qui est malheureusement assez rare dans ce pays, la ligne de Constantinople à Andrinople réalise des recettes d'environ 7,000 fr. par kilomètre.

Même résultat pour les lignes de Roustchouck à Varna et de Bourgas à Dedeagatch-Kuleli.

Les lignes de Salonique à Mitrovitza et de Thernavoda à Kustendje font 4,000 fr. par kilomètre, et la ligne de Benjaluka, Novi, Robertin fait environ 500 fr. de recettes par kilomètre et par an. On voit par ces chiffres que le trafic sur ces voies de communication est très-peu satisfaisant et rémunérateur.

Mais ce réseau n'est qu'une œuvre ébauchée qui doit être complétée par l'établissement de nouvelles lignes au moyen desquelles on atteindra : 1° le moyen Danube, en joignant Belova et Sofia à Nisch et Belgrade d'une part, Pizot et Widdin de l'autre ; 2° la Bosnie, en réunissant d'abord Sofia à Mitrovitza par le massif central, ou bien en suivant le littoral de la mer Egée, depuis Dedeagatch jusqu'à Salonique par Porto-Lagos et Cavalla, puis Mitrovitza à Serajevo et la Save ; 3° le bas Danube en complétant la ligne commencée de Yamboli à Chumla ; 4° Pristina à Scutari-d'Albanie ou Salonique à Avlona sur l'Adriatique.

L'état actuel des affaires politiques en Turquie ne permet

guère de nourrir l'espérance d'une réalisation prochaine de cet important réseau, mais la nécessité de son établissement n'échappe pas à l'administration turque qui, on se le rappelle, avait imposé à la Serbie l'obligation de laisser passer sur son territoire une ligne faisant partie de l'ensemble qui vient d'être décrit.

Chemin de fer de la Suisse occidentale

L'assemblée générale qui s'est tenue le 5 juillet à Lausanne, avait à statuer à la fois sur les comptes de l'exercice 1875, ainsi que sur des modifications apportées à divers engagements financiers de la Société. Les bénéfices de l'exercice 1875, déduction faite des charges d'emprunts, ont seulement permis de servir un intérêt de 5 0/0 aux actions privilégiées.

L'assemblée a approuvé la convention passée avec la Société suisse pour l'industrie des chemins de fer, en vertu de laquelle cette Société ouvre à la Compagnie un crédit de 11,200,000 fr.

Pouvoir a été, en outre, donné au conseil de transformer l'emprunt de 6 millions de 1859, qui est remboursable en 1879, en un emprunt à long amortissement sur le type des emprunts de 1856, 1857 et 1861.

A la suite de cette assemblée générale ordinaire, une autre assemblée extraordinaire a été tenue, le 10 août, à Lausanne, dans le but de statuer sur le projet de fusion avec la Compagnie de Jougne-Eclepens et avec celle du Simplon.

La fusion avec la Compagnie de Jougne-Eclepens a été votée sans débat ; quant à celle du Simplon, qui a été combattue par M. Ceresole, elle a été, après une discussion assez vive, repoussée par 6,159 voix contre 2,074.

Chemin de fer du Memphis el paso, dit Transcontinental Pacifique

(EN LIQUIDATION)

Des explications récemment fournies au nom du liquidateur du *Memphis el Paso*, M. Gray, il résulte :

1° Que les porteurs de bonds qui ont consenti à abandonner leurs droits aux résultats à attendre de la liquidation du *Memphis el Paso* en Amérique, au moyen de l'échange de leurs bonds contre des titres de propriété de terres, n'ont rien perdu de leur droit au bénéfice des dommages-intérêts accordés par la Cour. Ce droit est reconnu par l'arrêt du 10 août 1875 rendu au profit des héritiers Maheu ; mais il faut qu'ils le fassent valoir, pour leur propre compte et qu'ils intentent eux-mêmes une action en justice pour se faire adjuger les dommages-intérêts en question ;

2° Que, si le liquidateur, M. Gray, a pu se faire porter partie civile et obtenir saisie sur tous les biens des délinquants pour sauvegarder les droits de la masse, il ne peut poursuivre utilement une action en dommages-intérêts, au profit de la masse. qu'en ce qui touche la restitution des commissions indûment perçues ;

3° Que, si M. Gray obtient gain de cause dans l'action déjà intentée par lui pour cet objet, les sommes à recouvrer de ce chef seront réparties en France entre tous les porteurs de bonds indistinctement, et à l'exclusion de la Compagnie du Texas el Pacific, cessionnaire des bonds déposés.

Quant à la valeur des terres, dont les titres de propriété seraient, dit-on, prochainement distribués à ceux qui ont déposé leurs bonds chez MM. Munroë et Ce, elle est toujours fort incertaine.

Pour ne rien omettre de ce qui intéresse les porteurs de bonds du Transcontinental, disons que M. Gray aurait, paraît-il, obtenu de la Compagnie du *Texas el Pacific*, bien que le délai légal pour le dépôt de ces bonds soit expiré depuis le mois de novembre 1874, une affectation de terre suffisante pour couvrir ceux des obligataires qui n'ont point encore adhéré aux propositions du liquidateur.

CHAPITRE IV

VALEURS DIVERSES ÉTRANGÈRES

Gaz de Naples

La Compagnie napolitaine d'éclairage et de chauffage par le gaz a tenu son assemblée générale annuelle, le 26 septembre dernier.

Le compte rendu de l'exercice 1875-1876, présenté à cette réunion, fait ressortir les résultats suivants :

Le total général des recettes brutes s'est élevé à 2,250,551 fr. 17 c., au lieu de 2,206,429 fr. 96 c., chiffre de 1874-1875, soit une augmentation de	44.121 21
Les dépenses ont été de 1,726,092 fr. 91 c., au lieu de 1,775,842 fr. 75 c., soit une diminution de	49.749 84
En résumé, le produit net atteint 504,459 fr. 16 c., au lieu de 430,587 fr. 21 c., ce qui constitue une amélioration de	68.913 63

La diminution des dépenses est due aux conditions plus avantageuses qui ont pu être obtenues pour les fournitures de houille, ainsi qu'à de meilleures conditions de change.

Voici comment s'est effectuée la liquidation de l'exercice :

Réserve	25.222 95
Amortissement des actions	7.604 16
Dividende de 65 francs	390.000 »
Administration	39.000 »
Solde	52.632 05
Total	514.459 16

L'assemblée a approuvé les comptes et élu M. Emile Camus, administrateur, en remplacement de M. de Montgeron, et réélu M. F.-R. Duval, administrateur pour sept années.

Le solde du dividende, soit 50 francs par action, est payé depuis le 6 octobre.

Omnibus de Londres

Les assemblées générales de la Compagnie sont semestrielles.

Les recettes brutes de la Compagnie, pendant le premier semestre 1876, présentent une légère diminution sur celles de la période correspondante de 1875.

Le trafic ordinaire a produit 6 693,297 fr. 60 c., soit 10,356 fr. 77 c. de moins qu'en 1875. La fourniture de chevaux aux tramways a donné 1,246,302 fr. 08 c., soit 116,299 fr. 69 c. de moins qu'en 1875. Cette dernière diminution résulte de la cessation du contrat avec la Compagnie du London Streets tramway, expiré en avril 1875. Si l'on ajoute le produit des fumiers et annonces, qui est de 113,574 fr. 59 c., l'on a une recette totale de 8,053,174 fr. 27 c.

Le nombre de voyageurs transportés par les Omnibus de Londres, pendant le premier semestre de 1876, a été de 25 millions 007,801, contre 24,651,618 en 1875. La moyenne des recettes du trafic, par omnibus et par jour de travail, a été de 65 fr. 50 c. en 1876, et de 67 fr. 80 c. en 1875.

En résumé, les recettes brutes étant, comme on l'a vu plus haut, de 8,053,174 fr. 27 c., et les dépenses, de 7,175,901 fr. 88 c., le revenu net ressort à 877,272 fr. 39 c.

Le compte de profits et pertes du semestre s'établit ainsi :

Produit de l'exploitation	877.272 39
Intérêts des placements de fonds	37.157 09
Dividende de 1870 forclos	7.927 50
Report de 1875	85.884 37
Total	1.008.241 35

Le conseil a proposé la répartition suivante, qui a été adoptée par l'assemblée :

Dividende de 10 0/0, franc d'income taxe	750.750 25
Fonds de réserve	125.000 »
Report à nouveau	132.491 10
Total égal	1.008.241 35

La distribution du dividende a eu lieu, dans les bureaux de la Compagnie, à partir du 18 septembre.

Compagnie des Tabacs italiens

Les résultats de l'exercice 1875, qui ont été présentés à la dernière assemblée générale des actionnaires, sont loin d'avoir été aussi favorables que ceux des exercices précédents. Il faut l'attribuer, en grande partie, au ralentissement de la culture indigène du tabac, qui du chiffre de 90 millions de plants qu'elle avait atteint, en 1874, est descendue, en 1875, à 51 millions. Les acquisitions de tabacs étrangers ont été nécessairement plus considérables. Le chiffre des importations s'est élevé, en 1875, à 24,068,174 kilogrammes, tandis qu'il n'avait été, en 1874, que de 19,814,529 kilogrammes. La moyenne du prix des tabacs étrangers, qui avait été, en 1874, de 107 fr., a été, en 1875, de 137 fr. Les prix d'acquisition de 1875 ont ainsi excédé de 11 millions ceux de 1874.

La consommation générale, en progrès constant depuis l'origine de la Société, s'est ralentie pendant l'année écoulée, par suite de la cherté anormale des prix.

Il faut ajouter que, conformément à la convention, la redevance payée par la Compagnie au gouvernement italien, s'est élevée brusquement de 72,293,032 fr., somme fixée pour les années 1871-1874, à 79,484;891 fr., qui doivent être versés pendant la période finissant en 1878.

L'ensemble des recettes brutes s'étant élevé, pour 1875, à 129,039,071 fr., et les dépenses correspondantes, à 41,369,693 fr., le produit net ressort à 87,669,378. Le dividende a été fixé à la somme de 30 fr.

Charbonnages belges

La Compagnie des charbonnages belges, qui compte de nombreux actionnaires français, a tenu, le 24 mai, son assemblée générale, sous la présidence de M. Edmond de Rothschild. Cette Société n'a pu échapper aux effets de la crise qui s'est appesantie sur maintes entreprises charbonnières, par suite de l'abaissement du prix des houilles, crise qui force même quelques-unes d'entre elles à vendre leurs produits au-dessous du prix de revient. Cet état de choses ne pouvait que rendre très-circonspect le conseil d'administration, en ce qui touche la distribution annuelle du dividende. D'après le bilan arrêté au 31 décembre 1875, les bénéfices de l'exercice écoulé s'élèvent à 313,299 fr.; mais ces bénéfices ne sont pas encore complétement réalisés, et l'on a obtenu le chiffre auquel ils ressortent qu'en estimant aux cours actuels le stock des marchandises en magasin. Il faut prévoir le cas où, eu égard aux circonstances difficiles que traverse l'industrie charbonnière, la Compagnie pourrait subir des mécomptes dans la réalisation des stocks dont il s'agit. Dans un esprit de prudence très-louable, le conseil, pour ne porter aucune atteinte à la bonne situation intrinsèque de la Société, a cru devoir fixer le dividende à 10 francs par action.

Société John Cockerill

L'assemblée générale a eu lieu le 25 octobre. Les résultats de l'exercice 1875-1876 sont moins favorables que ceux de l'exercice précédent. Il résulte du rapport que le chiffre des affaires, ventes et achats, s'est élevé à 29,026,289 fr., contre 34,433,383 fr. en 1874-75, et 40,193,978 fr. en 1873-74.

Le bénéfice brut est de 1,194,954 fr. pour 1875-76, il était de 1,626,645 fr. pour l'exercice précédent.

En défalquant du bénéfice brut ci-dessus : 1° les prélèvements statutaires sur immeubles et outillages, 232,629 fr.; 2° les intérêts et commissions de banque, 359,500 fr.; 3° les prévisions pour pertes sur créances, 111,658 fr.; 4° les frais généraux, 251,264 fr., ensemble 935,411 fr.; il ne reste au crédit du compte profits et pertes, que 259,543 fr.

Aussi les conseils de la Société ont-ils été d'avis unanime de proposer de ne pas faire de répartition et de porter ce solde au compte provisions.

L'exercice 1874-1875 avait permis la distribution d'un dividende de 50 fr.

La situation de la Société n'a pas été atteinte. L'activité n'a pas cessé de régner dans toutes les divisions. Les prix seuls ont été plus ou moins rémunérateurs. Ainsi que le fait observer le rapport, pouvoir, dans des temps pareils, couvrir ses frais généraux, entretenir les huit dixièmes de son personnel, se perfectionner dans l'organisation du travail et les moyens de production, c'est encore un résultat satisfaisant.

L'assemblée a approuvé les comptes et les conclusions du rapport.

Vieille-Montagne

Les résultats de l'exercice 1875, dont il a été rendu compte à l'assemblée générale du 27 avril, eussent permis de distribuer un dividende supérieur à celui des années précédentes, sans les amortissements importants auxquels il a été procédé.

Déduction faite du compte frais généraux, du compte intérêts, changes et escomptes, des intérêts servis aux emprunts et moins-value des participations, le bilan, clos au 31 décembre 1875, présente un excédant de recettes de		3.429.600 21
De ce chiffre, il a été déduit :		
1° Travaux du budget extraordinaire	1.173.676 71	
2° Amortissement sur les divers comptes minerais et charbons	600.000 »	
3° Amortissement sur mauvais débiteurs	21.046 20	
4° Amortissement sur valeurs diverses	126.323 26	
Total		1.921.046 20
Le solde, soit		1.508.554 01
représente les bénéfices qu'il y a lieu de répartir, selon l'article 12 des statuts, à savoir :		
1° Retenue statutaire de 20 0/0, qui sera affectée à l'extinction totale du compte budget extraordinaire, à prélever sur	1.508.554 01	
moins les intérêts du capital social	450.000 »	
Soit sur	1.058.554 01	211.710 80
2° 10 0/0 pour les administrateurs et commissaires, en conformité de l'article 12 des statuts		105.855 40
3° 2 1/2 0/0 pour les directeur général et secrétaires généraux		26.463 85
4° Dividende à distribuer aux actionnaires, fixé à 10 francs par dixième d'action, soit sur 112.500 dixièmes		1.125.000 »
Ensemble		1.469.030 05
5° Solde à laisser au compte de profits et pertes		39.523 96
Total égal aux bénéfices nets		1.508.554 01

Compagnie générale pour l'éclairage et le chauffage par le gaz, à Bruxelles

Les résultats de l'exercice compris entre le 31 août 1874 et le 31 août 1875 ont été présentés à l'assemblée générale des actionnaires, qui s'est tenue le 18 décembre à Bruxelles.

Ces résultats sont relativement satisfaisants.

Un progrès équivalent à 10 0/0 environ s'est manifesté, par rapport à l'année dernière, dans la vente du gaz. L'accroissement des bénéfices des usines a été plus considérable encore, puisqu'il représente, d'une année à l'autre, au delà de 30 0/0. Tout en tenant compte des progrès de la consommation, on peut dire que cet accroissement est dû surtout à la baisse des charbons, et aussi aux perfectionnements introduits dans les appareils et le régime d'exploitation des établissements.

Le bénéfice net des usines, pendant l'exercice écoulé, a été de 1,414,468 fr. 56 (y compris le report de 8,693 fr. 59 de 1873-1874), soit une augmentation de 395,355 fr. 48 sur l'année précédente. Les amortissements ont été portés à un chiffre qu'aucun exercice antérieur n'a encore égalé.

Voici la répartition du bénéfice :

Frais généraux	88.609 15
Coupons d'obligations et différence entre le taux d'émission et celui de remboursement	576.719 64
Commissions de banque, intérêts et pertes de change.	119,475 88
Impôt français sur le revenu des usines en France, de 1872 à 1875	12.264 55
Amortissements	240.000 »
Fonds divers	2.472 75
4 0/0 d'intérêt sur la réserve	22.516 36
Dividende : 15 francs par action	350.325 »
Solde à nouveau	2.085 23
Somme égale	1,414.468 56

Le dividende de 15 francs, supérieur de 2 fr. 50 c. à celui de l'exercice précédent, sera payé, comme d'habitude, à partir du 1er février prochain, contre remise du coupon nº 14, à Bruxelles, Paris, Hambourg, Francfort, Genève, Zurich, Neufchatel, Schaffouse et Winterthur.

Compagnie des Télégraphes du Nord

Les actionnaires de la Compagnie des télégraphes du Nord se sont réunis, le 29 avril, à Copenhague, en assemblée générale.

Le rapport présenté par le conseil d'administration a fourni des détails intéressants sur la situation des câbles de la Compagnie, tant en Europe qu'en Asie, pendant l'année 1875.

La station télégraphique du gouvernement norwégien à Egersund ayant été détruite par un incendie en août dernier, le câble norwégo-écossais n'a pu fonctionner pendant la période des travaux de reconstruction, environ un mois; mais les recettes n'en ont pas été affectées, la correspondance norwégienne, pendant cette interruption, ayant été expédiée par les câbles anglo-suédois et anglo-danois.

Le câble franco-danois, malgré les fréquents arrêts dont il a souffert, a donné, en 1875, un produit mensuel de 30,000 fr., contre 22,000 francs en 1874, soit une augmentation de 36 0/0.

Les câbles en Europe ont expédié, en 1875, 30,000 télégrammes simples, soit 4 0/0 de moins qu'en 1874. Cette diminution porte sur presque tous les câbles ; elle est la conséquence naturelle de la stagnation générale du commerce et des affaires.

En Asie, comme en Europe, le produit des câbles de la Compagnie a été affecté par la stagnation commerciale. La diminution en 1875, sur 1874, est de 9 0/0 ; cette réduction porte autant sur la correspondance internationale entre l'Europe et le Japon, que sur la correspondance locale entre le Japon et les ports de la Chine.

L'établissement, à dater du 1er janvier 1876, du nouveau système de taxation (10 francs par mot de 10 lettres) a eu un très-heureux effet sur les recettes. Dans les trois premiers mois de l'exercice courant, l'augmentation sur 1875 s'élève à 90,000 fr.

Les lignes aériennes de la Sibérie ont, comme par le passé, fonctionné d'une manière très-satisfaisante.

On peut en dire autant des lignes aériennes du Japon, dont le réseau se développe continuellement.

Les recettes totales de la Société, pendant l'exercice 1875, se sont élevées à	3.965.263 13
Les dépenses ont été de	1.606.391 03
Ce qui laisse un produit net de	2.358.872 10
que le conseil a proposé de répartir comme suit :	
Fonds de réserve	235.887 21
Caisse de retraite	13.064 56
Tantième alloué au conseil d'administration	12.399 24
Dividende de 13 fr. 87 c. sur 150,000 actions	2.083.333 33
Report à l'exercice 1876	14.187 76
Somme égale	2.358.872 10

Sur le dividende total, fixé à 5 5/9, il a été payé 5 0/0 aux échéances semestrielles du 1er juillet 1875 et du 1er janvier 1876. Le solde a été mis en paiement, à raison de 1 fr. 33 par titre, à dater du 1er mai à la caisse de la banque de Paris et des Pays-Bas.

L'assemblée a approuvé le rapport et les comptes présentés par le Conseil d'administration.

M. Holmblad et M. Hoskier ont été réélus membres du conseil d'administration.

M. l'amiral Bille et M. Berner ont été réélus commissaires de la Société.

Mines de Malfidano

Il résulte du rapport présenté par le conseil d'administration à l'assemblée générale du 27 mai que, malgré les inondations de juin et de novembre, qui ont, pendant plusieurs mois, privé la Société du produit de la plus importante de ses mines de calamine, la livraison des minerais de toute nature, en 1875, s'est élevée à un poids total de 31,725,532 kilog., représentant une augmentation de 8,562,024 kilog. sur celle de 1874-1875, qui n'était que de 23,163,508 kilog. Cet accroissement et l'élévation du prix de vente ont permis d'obtenir des résultats plus satisfaisants que ceux du précédent exercice. Le compte de profits et pertes se solde par un bénéfice de 1,734,183 fr. 14 c.

Conformément à l'article 30 des statuts, et aux conclusions du rapport du commissaire, le conseil a proposé la répartition suivante :

60 francs par action, sur 23,620 actions de capital...	1.417.200	»
35 francs par action de jouissance, sur 1,380, ou.....	48.300	»
Prélèvement statutaire.	125.000	»
Excédant de l'exercice précédent...................	250	»
Intérêts à 5 0/0 des 1,380 actions amorties..........	34 .500	
Conseil d'administration..........................	96.578	55
Solde à reporter...................................	12.354	59
	1.734.183	14

L'assemblée a approuvé les propositions du conseil.

M. Mauger, administrateur sortant, a été réélu, ainsi que M. Van Hymbeck, commissaire.

Compagnie du Rio-Tinto

(Limited)

Le troisième rapport annuel des directeurs de la Compagnie du Rio-Tinto a été présenté à l'assemblée générale des actionnaires, qui s'est tenue le 27 avril à Londres.

L'exercice 1875 n'a encore été, pour cette Société, qu'une période de construction, de sorte que, dans les comptes présentés à la réunion du 27 avril, l'on n'a véritablement affaire qu'aux recettes et aux dépenses d'établissement de la Compagnie, pendant les trois ans écoulés depuis son origine jusqu'à la fin de 1875.

On calcule que les débours divers auxquels la Compagnie

aura à faire face, pour sa complète mise en train, s'élèveront à la somme totale d'environ 119 millions 1/2, savoir :

Montant des 8 pagarès payés ou à payer, pour prix des mines de Rio-Tinto	74.200.000
Reprise de l'ancien matériel	1.000.000
Bonification aux premiers cessionnaires des mines, MM. Matheson	18.750.000
Construction du chemin de fer et de la jetée	19.500.000
Coût du matériel nouveau	6.000.000
Ensemble	119.450.000

L'émission du capital social de la Compagnie, représenté par 225,000 actions de 250 fr. chacune, a fait rentrer la Société dans une somme de 56,250,000 fr., en nombre rond. Le surplus, soit 63,200,000 fr., doit être réalisé en obligations ou en bons.

On se rappelle qu'il y a un an, la Compagnie a procédé à une première émission de 50,000 obligations 7 0/0, sur lesquelles 41,250 se trouvaient placées au 31 décembre 1875, et avaient produit 14 millions 1/2.

La conversion des pagarès en bons hypothécaires est bien près d'être achevée. De ce chef, le maximum des charges annuelles de la Compagnie, pour intérêts et amortissement, sera de 4,400,000 fr. par an, jusqu'au 1er juillet 1895.

On sait que le chemin de fer a été terminé le 28 juillet 1875. La jetée de Huelva a été ouverte au trafic le 23 mars, bien que toutes les parties n'en soient pas encore achevées; et maintenant, des navires de 800 à 1,000 tonneaux peuvent embarquer leur complet chargement en un jour.

Le rapport ne contient aucun chiffre sur les recettes et les dépenses afférentes à l'exploitation partielle des mines en 1875; mais, d'après la balance des écritures générales au 31 décembre, les bénéfices nets des ventes du dernier exercice se seraient élevés à près d'un million de francs, que l'on a portés au compte d'établissement.

Il n'y a pas lieu de distribuer un dividende pour l'année 1875. Mais la direction espère que les résultats du plein exercice de 1876 permettront d'en distribuer un avant la fin de cette année.

Mines de Stolberg

L'assemblée générale annuelle des actionnaires a eu lieu le 23 mai. D'après le rapport du conseil, malgré la crise que traversent la plupart des industries métallurgiques et minières en Europe, l'industrie du plomb et celle du zinc se sont bien soutenues.

La production s'est accrue dans des proportions très-importantes, et, malgré la cherté continue des salaires et des combustibles, les bénéfices de 1875 ont dépassé sensiblement ceux de l'exercice précédent.

Les trois centres principaux de production de la Société sont Stolberg, Ramsbeck et Dortmund. Les bénéfices nets ont été :

Pour Stolberg, de..........................m.	490.115 88
— Ramsbeck, de..............................	214.157 27
— Dortmund, de..............................	326.193 91
Total.................	1.030.467 09
Sur ce total il y a lieu de déduire 10 0/0 pour le fonds de réserve..................................	103.046 70
Il reste..............	927.420 39

Dont la répartition a lieu de la manière suivante:

5 0/0 aux 36,000 actions privilégiées..................	549.000 »
8 0/0 au conseil et 7 0/0 pour tantièmes divers........	51.063 »
Rachat des actions privilégiées..........	38.000 »
1 1/3 0/0 sur le solde aux actions privilégiées, et 31 72 1/2 aux actions anciennes.......................	285.300 »
Report à nouveau...........	4.057 39

Le revenu de l'exercice 1875 est ainsi de 6 1/3 0/0 pour les actions privilégiées, et de 1 1/3 0/0 pour les actions anciennes.

L'assemblée a approuvé les comptes et voté le dividende ci-dessus mentionné. Elle a augmenté de 2 millions de marks le montant des obligations restant à émettre. Enfin elle a désigné comme commissaires pour 1876 MM. le comte H. de Pinto, V. Linon, H.-B.-M. Goldschmidt, le baron W. del Marmol et M. Kœnig.

Halles et marchés de Naples

La Société des Halles et marchés de Naples était une Compagnie française, et, à ce titre, nous avons compris, au chapitre des valeurs diverses françaises, le traité de rachat par la ville de Naples des concessions faites à la Société et des constructions exécutées par elle.

Mais les conditions que nous avons données ne sont pas exactes.

Voici les deux paragraphes du traité relatif au prix de rachat, qui est de 10,752,276 fr. 36. :

La rétrocession des droits d'exploitation exclusifs et privilégiés et de concession qui précèdent est consentie par la Compagnie fermière et acceptée par la ville de Naples, à la charge par cette dernière de payer à la Compagnie fermière, ainsi qu'elle s'y oblige, une somme de *dix millions sept cent cinquante-deux mille deux cent soixante-seize lires trente-six centièmes de lire,* ainsi fixée à forfait, et qui sera exigible en l'espace de trente-huit ans, sans intérêts.

Les paiements devront avoir lieu, ainsi que la ville de Naples s'y oblige, en soixante-seize fractions de *cent quarante-un mille cinq cent quarante-trois lires onze centièmes de lires,* exigibles de six mois en six mois, et dont la première écherra, au plus tard, le trente et un mars mil huit cent soixante dix-sept ; la seconde, le trente septembre suivant, et ainsi de suite, de six mois en six mois, jusqu'à parfaite libération.

Quel que soit d'ailleurs le prix de rachat, l'histoire de cette Société n'en donne pas moins un enseignement de plus à cette spéculation malheureuse qui s'est obstinée à chercher des affaires à l'étranger. Les deux municipalités de Naples et de Madrid ont appris à nos capitalistes qu'ils auraient mieux fait de placer leur argent en obligations de la Ville de Paris.

CHAPITRE V

DICTIONNAIRE DE LA BOURSE

OBSERVATIONS GÉNÉRALES

Depuis un demi-siècle la Bourse a présenté un double phénomène qu'il importe de bien mettre en relief. Jamais elle n'avait acquis plus d'influence, mais jamais non plus elle n'avait soulevé plus de récriminations. On pourrait appeler cette période l'histoire de la grandeur et de la décadence de la Bourse. Constatons d'abord les causes de son développement.

La Bourse s'est agrandie sous l'impulsion d'une série d'événements qui se rapportent à la politique, aux finances, à l'industrie, aux travaux publics et aux transformations générales qui s'accomplissent de nos jours.

Elle s'est agrandie, parce que la politique, au lieu d'être absorbée, comme autrefois, par les questions gouvernementales, s'est appliquée à vivifier à toutes les sources de la production nationale ;

Parce que la rente, autrefois confinée dans la caisse de quelques gros capitalistes, s'est disséminée, comme la rente anglaise, sur le pays tout entier, pour entrer dans le patrimoine de toutes les familles ;

Parce que cette diffusion de la rente a fait comprendre les avantages des titres mobiliers et a donné à cette propriété une faveur qui va toujours croissant ;

Parce que la cherté de la vie, qui se fait sentir partout, a porté peu à peu tout le monde à se lancer plus ou moins dans la spéculation ;

Parce qu'un grand nombre de fortunes, rapidement faites, ont propagé chez tous les capitalistes le goût des opérations de Bourse qui se liquident à la fin de chaque mois ;

Parce que l'industrie et le commerce, pour s'accroître à l'intérieur et à l'extérieur, ont eu recours à l'association des capitaux pour fonder les plus vastes entreprises ;

Parce que les travaux publics ont fait pleuvoir sur le marché une pluie de titres que le va-et-vient des opérations consolide tous les jours ;

Parce que le crédit public s'est étendu et fortifié par la création de nouvelles et puissantes institutions financières ;

Parce que, dans notre siècle, qui ne vit que par le travail, la France, qui était en retard vis-à-vis de l'Angleterre, s'est mise passionnément à l'œuvre pour s'élever au rang qui lui appartient.

Tous ces faits, en se groupant et en se produisant simultanément, devaient déterminer à la Bourse une explosion pleine d'effervescence. L'explosion, en effet, a eu lieu, et pendant plusieurs années nous avons vu les opérations financières les plus considérables, emprunts, chemins de fer, compagnies de toutes sortes, menées à bonne fin en un clin d'œil ;

Les titres de rentes, les actions et les obligations se créer et se placer, chaque année, par centaines de millions ;

Les travaux d'utilité publique des autres puissances rechercher le marché et le crédit de la France ;

Les grands capitaux du continent se détacher peu à peu du marché anglais pour se rattacher au marché français ;

La fortune mobilière de la France se développer sans relâche et atteindre, après quelques années, un chiffre de trente milliards ;

La Bourse de Paris devenir, en quelque sorte, la rivale de la Bourse de Londres.

Mais on dirait que ce mouvement s'est paralysé. Pourquoi ? Parce que, pour le malheur du pays, chacun des progrès réalisés a été accompagné des clameurs de l'opinion aveuglée. Plus la Bourse remportait de victoires, plus elle entendait tomber sur elle de cris et d'anathèmes. Expliquons cet antagonisme des affaires et de l'opinion.

L'opinion en France est formée par les journaux, le théâtre, les livres et les professions dites libérales, probablement par antiphrase, car ces professions donnent moins de liberté que les professions industrielles, financières et commerciales. Les affaires qui, en Angleterre et en Amérique, tiennent le premier rang dans les préoccupations publiques n'ont jamais obtenu chez nous qu'une attention secondaire. C'est l'esprit d'autrefois, et en dépit de notables progrès, c'est encore l'esprit d'aujourd'hui.

Cette fatale erreur a été bien préjudiciable au pays. C'est en lui obéissant, dans toute son histoire, que la France est restée repliée sur elle-même, négligeant ses intérêts matériels, oubliant les marchés étrangers, tandis que l'Angleterre, en faisant de son trafic le pivot de son existence, est arrivée à centupler ses forces et à mettre un pied sur tous les marchés du monde !

Certes, il est juste de reconnaître que bien des préjugés ont été déracinés chez nous, et que bien des améliorations ont été, en peu d'années, réalisées. Les chemins de fer, les sociétés financières, industrielles et commerciales, le télégraphe électrique, les expositions universelles, les merveilles de l'industrie, les comices agricoles, les inventions de toutes sortes ont heureusement remué les populations et les esprits. Notre énergie fait à cet égard des tours de force surprenants. Mais les vieilles traditions dominent toujours, et l'opinion reste ce qu'elle était. Nous avons encore le travers de sacrifier la matière à l'esprit, le calcul à la parole, le commerce à l'art et le travail industriel aux œuvres de l'intelligence. Le théâtre nous attire, l'éloquence nous entraîne, un trait d'esprit nous fait battre des mains, et nous ne touchons qu'avec dédain aux calculs positifs de la finance, du négoce et de la spéculation. Nos livres et nos produits artistiques vont partout sans aucun doute, mais il ne suffit pas de voir nos vaudevilles faire le tour du monde. Il faut autre chose pour faire aujourd'hui les sociétés puissantes.

Subjuguée par ce préjugé, quand l'opinion ne vit plus à l'ordre du jour que des questions de crédit, de finance, de banque, de mines, de chemins de fer, de forges, de canaux, de sociétés industrielles, elle souleva de formidables clameurs. On cria au matérialisme, on cria au Veau d'or, on cria à la décadence, et comme la Bourse est le centre où aboutissent toutes ces opérations, la Bourse devint le point de mire d'attaques acharnées et sans cesse renaissantes, aussi injustes que si on se plaignait du marché des Innocents pour la vente.

C'est ainsi que nous avons vu se produire des discours, des sermons, des pamphlets, des brochures qui faisaient de la Bourse un foyer de corruption autour duquel il était urgent de placer des barrières. Comme si notre civilisation pouvait se passer de travail et d'industrie, dans un temps où la science fait passer sous nos yeux les plus étonnantes transformations !

C'est ainsi que nous avons vu le théâtre représenter, aux applaudissements du public, l'*Honneur et l'Argent*, la *Question d'argent*, le *Duc Job*, œuvres remarquables peut-être au point de vue de la composition littéraire, mais qui avaient le tort grave de jeter la déconsidération sur tous les hommes lancés dans le monde des affaires. Comme si l'honneur et l'argent ne se coudoyaient pas à chaque pas dans la rue, et ne se montraient pas à nous, allant de pair et marchant de front !

C'est ainsi que nous avons vu les moralistes écrire successivement les *Juifs rois de l'Epoque*, le *Spéculateur à la Bourse*, et les *Manieurs d'Argent;* livres pleins de talent, sans aucun doute, mais qui dans leurs conséquences arriveraient à supprimer tout trafic, toute spéculation, toute bourse, tout marché. Comme si le mouvement des affaires n'était pas aujourd'hui partout la vie de toute société !

A propos de ces critiques multipliées, il importe, comme observation générale, d'insister sur cette remarque que ce déchaînement de l'opinion se produit manifestement contre le courant du siècle. Nous ne sommes plus au temps où le travail était relégué, comme un paria, à l'arrière-ban de la société. La science nous fait entrer triomphalement dans l'ère du progrès sans fin ; cette époque s'appellera l'époque de la vapeur, du gaz et de l'électricité. C'est bon gré mal gré le siècle des affaires; les peuples qui en font s'élèvent, les peuples qui n'en font pas croupissent. Or, comme les affaires grandissent avec les moyens mis par la science à leur disposition, les entreprises, par le cours naturel des choses, ne se font plus que par compagnies.

D'un autre côté, les compagnies n'existent que par l'émission des titres mobiliers; ces titres mobiliers s'accréditent par leur facilité de transmission, et la Bourse devient ainsi le marché universel où tout aboutit, où tout crédit prend racine, où toute valeur se cote, le marché qui domine tous les autres, en leur communiquant la vie !

A

Action. — L'action est un titre qui désigne la part prise par une personne dans une Société quelconque.

Le porteur d'actions est un actionnaire de la Société dont il a acheté des titres. L'actionnaire n'est engagé que pour le montant des titres qu'il a souscrits ou achetés.

L'actionnaire a droit, dans la proportion du nombre d'actions qu'il possède, à l'actif de la Société, et à ce titre il a droit, chaque année, d'abord à l'intérêt 5 0/0 de son argent, et ensuite à une part des bénéfices qu'on appelle dividende.

L'action est nominative ou au porteur. L'action nominative, ainsi que le mot l'indique, porte le nom de l'actionnaire qui en est le propriétaire. L'action nominative se vend et passe au nom d'un autre propriétaire au moyen d'un transfert. L'action au porteur n'indique aucun nom de propriétaire. Elle s'achète et se vend sans transfert.

L'action, une fois remboursée par la Compagnie à l'actionnaire, n'a plus droit à l'intérêt de 5 0/0. Elle est remplacée par une *action de jouissance* qui ne participe plus qu'aux bénéfices de la Société.

Actif. — L'actif d'une Société ou d'une maison, par opposition à passif, désigne l'ensemble de l'avoir de cette Société ou de cette maison : capital, les valeurs en portefeuille et les créances à recouvrer.

Agent de change. — L'agent de change est l'officier ministériel nommé par le gouvernement pour négocier à la Bourse les fonds publics et les autres valeurs, et pour donner à ces négociations le caractère d'un acte authentique.

Ce caractère donné aux opérations des agents, montre à la fois leur élévation et leur gravité. Les agents de change étant élevés au rang d'officiers ministériels, comme les notaires, ne peuvent jamais être qu'intermédiaires entre les vendeurs et les acheteurs. Leurs négociations ne doivent donc jamais être une cause de déficit, et quand un agent de change se trouve dans l'impossibilité de payer, il se trouve par cela même, non pas en état de faillite, mais en état de banqueroute.

L'organisation actuelle de la Compagnie des agents de change résulte de la loi promulguée en 1816. Mais la fonction des agents de change et courtiers de commerce est reconnue et définie par le titre V, section 2 du Code de commerce. Voici le texte de ces dispositions relatives à ces agents officiels :

Des agents de change et courtiers de commerce.

74. — La loi reconnait, pour les actes de commerce, des agents intermédiaires, savoir : les agents de change et les courtiers.

75. — Il y en a dans toutes les villes de commerce. Ils sont nommés par le chef de l'État.

76. — Les agents de change constitués de la manière prescrite par la loi ont seuls le droit de faire les négociations des effets publics et autres susceptibles d'être cotés; de faire pour le compte d'autrui les négociations des lettres de change ou billets ou de tous papiers commerçables et d'en constater le cours. — Les agents de change pourront faire, concurremment avec les courtiers de marchandises, les négociations et le courtage des ventes ou achats des matières métalliques Ils ont seuls le droit d'en constater le cours.

77. — Il y a des courtiers de marchandises; — des courtiers d'assurances; — des courtiers interprètes et conducteurs de navires; — des courtiers de transport par terre et par eau.

78. — Les courtiers de marchandises constitués de la manière prescrite par la loi ont seuls le droit de faire le courtage des mar-

chandises, d'en constater le cours; ils exercent, concuremment avec les agents de change, le courtage des matières métalliques.

79. — Les courtiers d'assurances rédigent les contrats ou polices d'assurances concurremment avec les notaires; ils en attestent la vérité par leurs signatures, certifient le taux des primes pour tous les voyages de mer ou de rivière.

80. — Les courtiers interprètes et conducteurs de navires font le courtage des affrètements; ils ont en outre seuls le droit de traduire, en cas de contestations portées devant les tribunaux, les déclarations, chartes-parties, connaissements, contrats, et tous actes de commerce dont la traduction serait nécessaire, afin de constater le cours du fret et du nolis. — Dans les affaires contentieuses de commerce, et pour le service des douanes, ils serviront seuls de truchements à tous étrangers, maîtres de navire, marchands, équipages de vaisseaux et autres personnes de mer.

81. — Le même individu peut, si l'acte du gouvernement qui l'institue l'y autorise, cumuler les fonctions d'agent de change, de courtier de marchandises ou d'assurances, et de courtier de marchandises ou d'assurances, et de courtier interprète et conducteur de navires.

82. — Les courtiers de transports par terre et par eau constitués selon la loi ont seuls, dans les lieux où ils sont établis, le droit de faire le courtage des transports par terre et par eau : ils ne peuvent cumuler, dans aucun cas et sous aucun prétexte, les fonctions de courtiers de marchandises, d'assurances, ou de courtiers conducteurs de navires, désignés aux art. 78, 79 et 80.

83. — Ceux qui ont fait faillite ne peuvent être agents de change ni courtiers s'ils n'ont été réhabilités.

84. — Les agents de change et courtiers sont tenus d'avoir un livre revêtu des formes prescrites par l'art. 11. — Ils sont tenus de consigner dans ce livre, jour par jour et par ordre de dates, sans ratures, interlignes ni transpositions, et sans abriévations ni chiffres, toutes les conditions de ventes, achats, assurances, négociations, et en général de toutes les opérations faites par leur ministère.

85. — Un agent de change ou courtier ne peut, dans aucun cas et sous aucun prétexte, faire des opérations de commerce ou de banque pour son compte. — Il ne peut s'intéresser directement ni indirectement, sous son nom ou sous un nom interposé, dans aucune entreprise commerciale. — Il ne peut recevoir ni payer pour le compte de ses commettants.

86. — Il ne peut se rendre garant de l'exécution des marchés dans lesquels il s'entremet.

87. — Toutes contraventions aux dispositions énoncées dans les deux articles précédents entraînent la peine de destitution, et une condamnation d'amende qui sera prononcée par le tribunal de police correctionnelle, et qui ne peut être au-dessus de 3,000 fr. sans préjudice de l'action des parties en dommages et intérêts.

88. — Tout agent de change ou courtier destitué en vertu de l'article précédent ne pent être réintégré dans ses fonctions.

89. — En cas de faillite, tout agent de change ou courtier est poursuivi comme banqueroutier.

90. — Il sera pourvu par des règlements d'administration publique à tout ce qui est relatif à la négociation et transmission des propriétés des effets publics.

Diverses lois et des décrets ont ajouté, dans un but purement réglementaire, aux dispositions légales que nous venons de reproduire.

Une loi du 28 avril 1861 accorde aux titulaires d'office le droit de présenter des successeurs à l'agrément du chef de l'Etat, à la condition, toutefois, que les cédants n'aient pas été destitués, et sous réserve de l'avis de la Chambre syndicale, dont nous parlerons plus loin; ce droit de cession appartient encore aux veuves ou enfants des agents décédés dans l'exercice de leurs fonctions.

Un décret impérial, en date du 1er octobre 1862, règle les conditions d'admission des agents de change. L'âge de vingt-cinq ans est exigé, et il faut que le candidat soit français ou naturalisé sujet français.

Le même décret de 1862 permet la mise en Société des charges d'agents de change; mais il impose au titulaire de l'office l'obligation de posséder le quart au moins du prix représentant la valeur de la charge et, en outre, le montant du cautionnement qu'aux termes de la loi du 25 nivôse an XIII, tout agent nommé est obligé de déposer au Trésor. Ce cautionnement varie de 250,000 fr. à 6,000 fr.

Les articles 85 et 86 du Code de commerce interdisent à l'agent de change de payer ou de recevoir pour le compte de ses clients, comme aussi de se porter garant des marchés dans lesquels il s'entremet.

Il n'y a pas d'exemple que ces articles aient été appliqués; ils sont tombés en désuétude, et ils sont en contradiction absolue avec l'arrêté consulaire du 27 prairial an X, qui rend les agents de change responsables de la livraison et du paiement de ce qu'ils ont acheté ou vendu. Comment, d'ailleurs, pourrait-il en être autrement dans la pratique, puisque les agents vendent et achètent entre eux pour le compte d'autrui, et qu'ils sont tenus à la discrétion la plus absolue pour tout ce qui concerne leurs clients?

Les agents de change reçoivent donc titres et espèces, paient et livrent, sans que le client connaisse et ait à connaître sa contre-partie, c'est-à-dire son véritable acheteur ou vendeur.

L'arrêté du 20 germinal an IX impose aux agents de change de chaque place de commerce l'obligation de nommer un syndic et six adjoints pour exercer sur la corporation une police intérieure, constater les contraventions aux lois et règlements et les dénoncer à l'autorité. De là est venue l'organisation des chambres syndicales dont les membres sont nommés à l'élection par la Compagnie des agents de change.

Il y a soixante agents de change à Paris, trente à Lyon. vingt à Marseille, vingt à Bordeaux, huit à Toulouse et six à Lille.

De l'institution d'intermédiaires légaux découle cette conséquence qu'eux seuls peuvent, sur le marché public, vendre ou acheter des valeurs mobilières, rentes, actions ou obligations.

Tout particulier qui ferait office d'intermédiaire s'immiscerait dans les fonctions d'agent et encourrait les pénalités établies par la loi.

Toutefois, il n'est pas interdit à des particuliers de négocier entre eux et par eux-mêmes les valeurs qu'ils possèdent ou veulent posséder, si ces négociations ne se traitent pas à la Bourse et si elles ne donnent pas, en faveur d'une partie, ouverture à un droit de commission.

Le monopole des agents de change ne peut s'exercer aussi que sur les valeurs cotées, puisque celles qui ne sont pas portées à la cote ne sont pas connues d'eux ou sont réputées ne pas l'être.

Agiotage. — L'agiotage désigne les opérations qui n'ont absolument en vue que la différence à payer, suivant que le résultat sera favorable ou défavorable à l'achat ou à la vente que l'on a fait. Il importe de bien distinguer l'agiotage qui n'est, en quelque sorte, que le pari à outrance sur toutes choses, de la spéculation qui représente des opérations raisonnées sur la hausse et la baisse des effets publics et des valeurs industrielles. On peut se faire une idée bien nette de la distinction importante que nous établissons ici, en se rappelant les actions et les ventes frénétiques qui se faisaient à la rue Quincampoix, sur les actions du Mississipi, et les opérations tout aussi insensées que faisaient les Hollandais sur leurs tulipes. C'était là du pur agiotage qu'il ne faut pas confondre avec la spéculation de nos jours, qui ne s'attaque aux fonds publics et aux autres valeurs, qu'après s'être bien rendu compte, par un sérieux examen, des éventualités de hausse et de baisse que présentent ces valeurs.

Amortissement. — L'amortissement est le remboursement des actions et des obligations émises par une Compagnie. Il s'opère généralement par voie de tirage au sort.

Annuité. — L'annuité est un titre qui représente une part des subventions accordées par le gouvernement aux Compagnies de chemins de fer ou des indemnités réglées par l'Etat en faveur des particuliers lésés par les événements de la dernière guerre. L'Etat ayant à payer des sommes considérables, préfère naturellement, au lieu de se libérer intégralement et sans délai du capital de sa dette, s'acquitter par annuités dont il remet les titres entre les mains des intéressés. Le créancier n'a aucune objection à présenter au sujet d'un tel règlement, car s'il désire rentrer de suite dans son capital, il peut vendre son annuité qui a, comme toutes les valeurs de l'Etat un marché très-suivi et très-large à la Bourse.

Appel au crédit. — C'est une locution consacrée pour désigner les émissions financières, industrielles et commerciales qui se font, soit pour constituer, soit pour augmenter le capital d'une Compagnie, soit pour réaliser un emprunt d'Etat.

Appel de fonds. — Les actions qu'émettent les Sociétés sont rarement libérées par la première émission que font les Sociétés. Les actionnaires n'ont le plus souvent à verser que la moitié de leurs actions par à-comptes échelonnés à des époques indiquées par la Société. Le restant dû sur les actions est versé à la Société par des appels de fonds qui sont faits par la direction de la Société au fur et à mesure de ses besoins.

Arbitrage. — L'arbitrage est une opération qui consiste à acheter ou vendre sur une place et à faire sur une autre place la contre-partie de cette opération avec un bénéfice. C'est là la vraie signification du mot arbitrage; mais il est clair que cette opération ne peut être exécutée que par des banquiers ayant des correspondants sur un grand nombre de places. Mais par une extension donnée à la signification primitive de ce mot, on appelle aujourd'hui arbitrage la vente d'un titre pour en appliquer le montant à l'achat d'un autre que l'on croit plus avantageux. Ce n'est plus là qu'un simple changement de valeur; mais ces changements s'exécutent si fréquemment que l'arbitrage n'a plus guère d'autre signification.

Apport. — Dans la constitution d'une Société, on appelle apport la part réservée aux fondateurs, soit comme représentation de leurs idées, soit comme une rémunération des sacrifices qu'ils ont pu faire pour réaliser leurs projets, soit enfin comme paiement des objets et des matériaux qu'ils apportent à la Société.

Argent. — Le mot argent a parfois au marché de certaines Bourses étrangères une signification particulière. Il sert à donner un sens à la cote des valeurs. Le prix coté *argent* signifie le cours auquel les acheteurs demandent la valeur, et le prix coté *papier* le prix auquel les vendeurs offrent cette même valeur.

Sur le marché de Vienne (Autriche), le mot argent et le mot papier ont une signification différente. Les titres *argent* sont ceux dont l'intérêt est payable en numéraire, et ceux *papier*, ceux dont l'intérêt est payable en papier.

Assemblée générale. — L'assemblée générale est la réunion des actionnaires convoqués par le gérant des Sociétés en commandite ou par le conseil d'administration des Sociétés anonymes.

L'assemblée générale des actionnaires a lieu ordinairement une fois par an.

Ces assemblées générales sont ordinaires ou extraordinaires. Les assemblées générales ordinaires sont celles où les directeurs de la Société rendent compte des opérations faites pendant l'exercice écoulé, et font voter les actionnaires pour leur faire adopter ou rejeter les comptes présentés et la répartition des bénéfices, quand il y en a. Les assemblées générales extraordinaires sont celles où les actionnaires sont appelés à voter sur des modifications que la direction croit devoir apporter aux statuts.

L'opinion est unanime pour réclamer depuis longtemps l'accomplissement d'un vœu bien légitime. C'est que le compte rendu des opérations de la Société soit mis plusieurs jours avant la réunion des actionnaires à leur disposition. Ils pourraient ainsi prendre connaissance de tout ce qui s'est passé pendant l'exercice et discuter au besoin les actes de l'administration. Il y a telles et telles Compagnies, celles des chemins de fer, par exemple, dont le rapport annuel exige une étude assez longue pour qu'on puisse se rendre compte des opérations de l'exercice. Est-il possible à l'esprit le mieux exercé de pouvoir faire cette étude sur un travail aussi étendu, quand ce rapport n'est distribué qu'au moment d'entrer dans la salle de réunion? Plusieurs Sociétés ont pris depuis longtemps cette sage résolution Mais elle devrait être d'une application générale.

Il est encore une autre réforme dont l'opinion réclame avec autant de raison la réalisation. Les Sociétés ont l'habitude de ne donner accès aux assemblées qu'aux plus forts actionnaires. Pourquoi cette différence entre les grands et les petits actionnaires? Les droits de ces derniers ne sont-ils pas tout aussi légitimes, tout aussi sacrés que ceux des gros capitalistes? Les assemblées générales des actionnaires devraient être accessibles à tous ceux qui ont contribué par leur concours à fonde la Société.

B

Baisse. -- Comme toute marchandise, les fonds publics et les autres valeurs haussent ou baissent sur le marché de la Bourse. Le mot *baisse* exprime la dépréciation subie par un titre, comparativement à un autre cours antérieurement connu. La baisse est naturellement l'effet d'une cause qui vient agir sur le marché. Ces causes de baisse sont multiples : les événements politiques, la guerre, les mesures financières, les mauvaises récoltes. Quelquefois aussi malheureusement la baisse est le résultat d'une fausse nouvelle adroitement répandue sur le marché par des spéculateurs intéressés à la dépréciation des cours. Que de nouvelles à la Tartare ont ainsi produit des baisses considérables et produit des pertes énormes sans aucun motif plausible !

Baissier. — Le baissier à la bourse est celui qui vend des titres de rente ou des valeurs en vue de les reprendre à un cours inférieur. La nature de cette opération montre que le baissier croit naturellement à la dépréciation des titres qu'il vend.

Que l'on multiplie par la pensée cette première opération par des milliers d'autres opérations de vente et l'on aura sous les yeux ce que l'on appelle à la Bourse une situation à la baisse, une spéculation à la baisse.

La Bourse est ainsi partagée entre deux courants, le courant de la baisse qui est alimenté par le baissier ou le spéculateur à la baisse et le courant de la hausse qui est entretenu par le haussier ou le spéculateur à la hausse qui achète pendant que son adversaire vend.

Banque. — Les banques sont des établissements qui pratiquent toutes les opérations que nécessitent le crédit, l'escompte, les dépôts, les comptes courants, la négociation des valeurs, le prêts sur titres, etc....

Les banques de Paris par les masses de capitaux et de valeurs qu'elles ont en main, ont une grande influence sur la Bourse et sur les liquidations, le 15 et à la fin de chaque mois. Ce sont elles qui, par ces masses de titres ou de capitaux, font l'abondance ou la rareté des titres ou de l'argent et qui, par conséquent, font la hausse du report ou du déport à chaque liquidation.

L'importance des opérations de bourse est telle que des maisons de banque spéciales se sont fondées, d'un côté, en vue d'éclairer le porteur de titres sur les valeurs qu'il a en main et sur les avantages qu'il a à les vendre ou à les conserver, et d'un autre côté en vue de faciliter les nouvelles affaires en plaçant les titres de ces affaires quand elles sont reconnues avantageuses. Ces banques qui servent d'intermédiaires entre le porteur de titres et la Bourse rendent au public de grands services, en éclairant les actionnaires et les obligataires sur la véritable situation des valeurs, des entreprises et des sociétés.

Bénéfices. — Le mot bénéfice exprime le gain que le capitaliste retire de son opération, soit qu'il s'agisse du dividende des sociétés dont il est actionnaire, soit qu'il s'agisse du gain que lui ont rapporté les opérations qu'il a faites à la Bourse.

Bon. — Le bon est un titre, comme la rente, et qui représente comme elle un fonds d'Etat. Il y en a plusieurs catégories.

1° Le Bond, mot que les Anglais et les Américains emploient souvent pour désigner une obligation d'Etat ou de société industrielle; 2° le bon du Trésor, émis par le gouvernement pour satisfaire à des besoins de trésorerie et remboursable. L'intérêt payé à ce genre de titres est essentiellement variable, suivant le taux de l'escompte; 3° le bon émis par les sociétés, celle des Lombards et des Charentes, par exemple; 4° les bons de liquidation donnés par le gouvernement français en réparation des dommages causés par la guerre et la Commune.

Bourse. — La Bourse est le marché où se négocient les fonds publics et les valeurs financières, industrielles et commerciales.

Les Bourses de commerce sont réglementées par le titre V section I du Code de commerce.

L'article 71 de ce Code est ainsi conçu : « La Bourse de commerce est la réunion qui a lieu des commerçants, capitaines de navires, agents de change et courtiers. »

L'article 72 indique le but qu'on avait en vue en créant des Bourses de commerce : « Le résultat des négociations et des transactions qui s'opèrent dans la Bourse détermine le cours du change, des marchandises, des assurances, du fret ou nolis, du prix des transports par terre et par eau, des effets publics et autres dont le cours peut être coté. »

L'article 73 s'exprime ainsi : « Ces divers cours sont constatés par les agents de change et courtiers, dans la forme prescrite par les règlements de police, généraux ou particuliers.

On voit à quelle préoccupation répond l'institution des Bourses de commerce. On a voulu, dans un intérêt d'ordre public. donner aux cours de valeurs commerciales, financières ou autres l'authenticité et la notoriété qu'ils ne sauraient trouver dans les fixations individuelles dépourvues de contrôle et de publicité. La Bourse est en réalité un marché à la criée, et les cours qui s'y déterminent servent de base aux règlements entre particuliers.

La loi du 28 ventôse an IX dispose que le gouvernement peut établir des Bourses de commerce où il le juge convenable. Il peut assigner à cette destination tout ou partie d'un édifice national. Les dépenses d'entretien sont à la charge des banquiers et négociants.

L'arrêté consulaire du 27 prairial an X attribue la police de la Bourse : à Paris, au préfet de police; dans quelques grandes villes, aux préfets ; dans les autres, aux maires.

Les jours et heures d'ouverture et de fermeture de la Bourse sont réglées à Paris par le préfet de police, de concert avec des banquiers, négociants et agents ou courtiers; dans les autres villes, le préfet fixe ces heures après avoir pris l'avis du tribunal de commerce.

D'après l'arrêté de prairial, l'accès de la Bourse est ouvert à tous les citoyens et même aux étrangers. Il défend aux agents et courtiers de s'assembler pour l'exercice de leur ministère ailleurs qu'à la Bourse et à d'autres heures que celles fixées par les règlements.

Les Bourses de commerce sont assez nombreuses en France. On en compte soixante-dix. Mais dans nos grandes villes seulement, Paris, Lyon, Marseille, Bordeaux, Lille et Toulouse on y cote et on y négocie les fonds publics ou les valeurs des Sociétés. Ces six grandes villes possèdent seules, dans l'édifice consacré à la Bourse, un « parquet », c'est-à-dire une place distincte affectée aux agents de change.

Bien qu'il n'existe de *parquet* que dans un très-petit nombre de villes, on compte vingt-deux localités où fonctionnent des agents de change, c'est-à-dire des courtiers de valeurs de papier. Si l'établissement des Bourses, dans leurs conditions actuelles, n'est pas ancien, leur existence, en fait, date des époques les plus reculées. Sans remonter l'échelle des siècles, ce que l'on pourrait faire pourtant, puisque cinq cents ans avant Jésus-Christ, Rome possédait une assemblée de commerçants non sans analogie avec nos Bourses actuelles, on trouve en France, sous Philippe le Bel, une réunion commerciale qui se tenait au Pont-au-Change.

Les premières Bourses établies en vertu de lois spéciales commencent au quinzième siècle. Mais l'organisation moderne reconnaît pour point de départ le Code de commerce, qui régit actuellement les transactions commerciales de toute nature.

C

Capital.— Le capital exprime l'avoir que l'on peut posséder, soit en numéraire, soit en rentes, soit en valeurs industrielles, soit en créances.

En langage de Bourse, *capital social* veut dire le total des mises de fonds des actionnaires ; le *capital obligations* est celui qu'on se procure au moyen d'emprunts. Il ne faut pas oublier que le capital social ne constitue pas une dette, tandis que le capital obligations rend la Société débitrice.

L'action de capital est le titre qui n'est pas encore remboursé, ainsi que nous l'avons dit à l'action.

On emploie les mots de *capital nominal* d'une Société, quand le montant intégral des actions n'est pas versé. Ainsi, l'action du Crédit foncier n'étant libérée que de 250 fr., le capital réel de cette Société est de 45 millions, puisqu'il y a 180,000 actions, mais le capital nominal est de 90 millions, soit du double.

Cautionnement. — Le cautionnement exprime la somme qui doit être déposée par l'agent de change, comme garantie de ses opérations. Ce cautionnement est déposé au Trésor.

Certaines Sociétés, par exemple celles qui se constituent en vertu d'une concession et qui ont des travaux d'utilité publique à exécuter, résultant de cette concession, sont obligées de verser aussi un cautionnement au Trésor. Ce cautionnement est en rapport avec l'importance des travaux à exécuter. Il demeure acquis au Trésor quand la Compagnie n'exécute pas son cahier des charges.

Cédant. — Le cédant est celui qui vend un titre nominatif au moyen d'un transfert.

Cessionnaire. — Le cessionnaire est celui auquel est cédé un titre par voie de transfert.

Censeur. — Le censeur, dans une Compagnie, est l'actionnaire nommé par la Compagnie pour contrôler les écritures et la comptabilité de l'administration. Les Sociétés importantes ont trois censeurs. Ces contrôleurs, qui représentent les actionnaires, sont aussi appelés commissaires.

Chambre syndicale. — La chambre syndicale désigne la chambre qui représente la Compagnie des agents de change. Elle est composée de six membres. Elle est appelée à statuer sur toutes les questions qui intéressent le marché, et, entre autres, l'admission des valeurs à la cote officielle.

Change. — Le change représente en banque deux opérations principales qui sont : le change de monnaies et le commerce des traites et des valeurs d'une place sur une autre.

Changeur. — Le changeur est celui qui fait les opérations du change.

Client. — Le client est le capitaliste ou le porteur de titres qui a recours, soit à un agent de change, soit à un banquier, soit à un coulissier, pour vendre ou acheter des titres.

Compensation. — Le cours de compensation indique le jour de la liquidation, le cours auquel toutes les affaires doivent se liquider. Les agents de change prennent généralement pour base de ce cours le taux moyen auquel sont effectués les ventes et les achats au comptant, dans la première heure de la Bourse. Mais il n'y a malheureusement aucune règle qui fixe d'une manière absolue le cours de compensation, que les agents de change peuvent déterminer à leur guise, sans que personne ait le droit de protester.

Comptant. — Les affaires au *comptant* se divisent elles-mêmes en deux espèces indiquées par le but que se propose l'acheteur : l'achat au comptant, ayant pour objet un placement de fonds ; l'achat au comptant, ayant pour objectif la *spéculation*, c'est-à-dire la revente à un prix plus élevé.

Quelle que soit la pensée de l'acheteur, l'opération se consomme de la même manière. L'achat ou la vente s'opère par l'entremise de l'agent, auquel on a fait d'abord le dépôt de la somme consacrée au placement, ou la remise des titres à réaliser.

S'il s'agit d'un achat, la valeur achetée est délivrée par l'agent dès qu'elle lui est rentrée, c'est-à-dire dans les cinq jours qui suivent, les agents ayant pris entre eux un certain délai pour la remise réciproque des titres qu'ils ont à se livrer.

S'il s'agit d'une vente, l'agent du vendeur paie aussitôt la vente effectuée, alors même qu'il n'aurait pas encore reçu de son confrère.

Les choses se pratiquent ainsi pour les valeurs au porteur ; mais la négociation des titres nominatifs demande plus de temps, car il faut remplir les formalités du transfert. Pour les Rentes, le transfert s'opère au Trésor et il exige huit à dix jours. Le transfert des actions, ou autres titres nominatifs, émis par des Sociétés, s'opère plus promptement. En général, ces titres sont transmissibles par voie d'endos ou par acte intervenant entre l'acquéreur et le cédant, avec inscription sur le registre que les Compagnies consacrent à cet usage. Il est des statuts, cependant, qui exigent un acte notarié ou la certification des signatures par un agent de change.

Certaines Sociétés se réservent aussi le droit d'admettre ou de refuser le nouvel acquéreur : c'est surtout quand les titres ne sont pas complétement libérés.

La vente d'un titre nominatif, même au porteur, ne dégage la responsabilité du cédant et même du premier souscripteur que dans certaines conditions. La loi de 1867, que nous insérons plus haut, fait peser la responsabilité de tous les versements, pendant deux ans, sur les premiers souscripteurs. Une Société peut stipuler aussi que les souscripteurs d'actions resteront engagés pour tous les versements à faire. Toutefois, les titres sont généralement libérés au vis-à-vis du souscripteur par les deux premiers versements, s'il s'agit de titres émis au taux nominal de 500 fr. Ce n'est plus alors la *personne* qui doit : c'est le *titre*.

L'achat au comptant ne réclame, comme on voit, aucune connaissance spéciale. L'opération est simple ; elle consiste à acheter ou à vendre, aux meilleures conditions, des valeurs de placement, comme on achète une maison, une terre, etc., ou encore des objets de consommation. Quand l'achat a pour but un placement, il faut le faire le plus sûrement et le plus productivement qu'il est possible. Quand il a pour objet la spéculation, c'est-à-dire l'intention de revendre avec bénéfice, il faut rechercher la valeur qui semble le plus susceptible d'acquérir promptement un prix plus élevé que celui de l'achat.

Compte de liquidation. — Le compte de liquidation est le règlement des opérations faites chez un agent de change, ou chez un banquier, pour un client.

Conversion. — La conversion est une opération qui consiste à échanger un titre de rente contre un autre. C'est un droit que l'Etat débiteur conserve vis-à-vis de son créancier, auquel il peut proposer le remboursement au pair de son titre.

Il y a eu en France plusieurs conversions ; en voici l'historique :

Les porteurs de Rente 5 0/0 furent prévenus en 1825, par la publication d'une loi, qu'ils avaient la faculté d'obtenir du ministre des finances la conversion de leurs titres de 100 fr. de capital nominal et de 5 fr. de Rente annuelle, contre du 3 0/0 au cours de 75 fr., ou du 4 1/2 au pair de 100 fr. Une garantie contre tout autre remboursement leur était accordée pendant dix ans, c'est-à-dire jusqu'en 1835.

Le porteur de Rente à 5 0/0 qui acceptait cette combinaison obtenait, en 3 0/0, un capital nominal de 133 fr.; sinon, il lui était loisible de conserver tout simplement son 5 0/0.

Il n'y avait à cette époque que des Rentes 5 0/0 pour un capital de 3,940,000,000 fr. et un intérêt de 197,000,000. Sur cette somme, il y eut un capital de 611,482,320 fr., donnant 30,574,116 francs de Rentes, qui fut converti en 3 0/0, et un capital de 22,996,800 fr., portant 1,149,840 fr. de Rente en 4 1/2 0/0 au pair, non remboursable pendant dix ans. Cela faisait une réduction de 643,479,120 fr. en capital et de 31,723,956 fr. en Rente. On créa pour un capital de 815,301,166 fr. de 3 0/0, rapportant une Rente de 24,459,035 fr., et des Rentes 4 1/2 0/0 pour un capital de 22,994,755 fr., rapportant 1,034,764 fr. de Rente environ.

La seconde conversion fut effectuée en 1852. Elle eut une plus grande importance que la première. Un décret prévint les porteurs de 5 0/0 qu'ils avaient à opter entre un remboursement au pair de 100 fr. et une réduction de 1/2 0/0. En cas de non-réclamation, la réduction de 4 1/2 0/0 était déclarée acceptée par le rentier, et il obtenait une garantie contre tout autre remboursement forcé avant dix ans.

Le 5 0/0 représentait un capital de 3,586,992,052 fr. et une Rente de 179,349,602 fr. 60 ; il y eut pour un capital de 73 millions 711,850 fr. 20 de demandes de remboursement ; soit, en Rentes, 3,685,992 fr. 51. Le 4 1/2 0/0, résultant de la conversion, représente ainsi un capital de 3,513,280,201 fr. 80, et une Rente de 158,097,609 fr. 08 ; l'économie en intérêts à servir de 17,566,401 fr., ce qui, à 4 1/2 0/0, représente un capital de 390,364,467 fr.

Les porteurs de Rente à 4 1/2 0/0 et 4 0/0, et d'obligations trentenaires, furent appelées à convertir ces titres en une Rente nouvelle 3 0/0. L'échange, entièrement facultatif, fut effectué pendant le premier trimestre, et le nouveau 3 0/0 portait jouissance du 1er avril 1862. Mais le détenteur de 4 1/2 0/0 obtenant une augmentation de capital de moitié, et le détenteur de 4 0/0 une plus-value d'un tiers, durent verser une soulte de 5 fr. 40 par 4 fr. 50 de Rente 4 1/2 0/0, et de 1 fr. 20 par 4 fr. de Rente 4 0/0, payable par dixième, de trois mois en trois mois, à partir du 1er juillet. Les porteurs d'obligations trentenaires n'eurent rien à payer.

Il y avait à cette époque pour 172,062,516 fr. de Rentes 4 1/2 0/0, et pour 2,088,850 fr. de Rentes 4 0/0. Sur cette somme, 133,618,809 fr. de Rentes à 4 1/2 0/0, appartenant à 415,831 personnes, furent échangés, ainsi que 1,635,823 fr. de Rentes 4 0/0, appartenant à 1,977 personnes. Sur les 675,160 obligations trentenaires encore en circulation, 604,626 réclamèrent leur conversion pour 38,443,707 fr. de Rente 4 1/2 0/0, 453,027 francs de 4 0/0, et 70,534 obligations trentenaires.

Le mot *Conversion* s'emploie pour indiquer l'opération qui consiste à échanger un titre nominatif contre un titre au porteur, et *vice versâ*.

Corbeille. — On appelle corbeille le compartiment circulaire de la Bourse où se tiennent les agents de change pour faire leurs opérations. On a donné à ce compartiment le nom de corbeille parce que les agents se tiennent autour d'une rampe, en forme de cercle, qui leur permet de se voir et de mieux suivre les fluctuations de l'offre et de la demande de chaque valeur.

Cote officielle. — La cote officielle représente le tableau publié par la chambre syndicale des agents de change, et donnant les différents cours auquel sont négociées les valeurs pendant la Bourse. La cote officielle paraît tous les jours après la Bourse.

Cette publication, très-restreinte à une époque où les valeurs en circulation étaient peu nombreuses, a vu son cadre s'étendre progressivement. Elle a pris aujourd'hui des proportions qu'avaient à peine, il y a quarante ans, les journaux quotidiens. On peut prévoir un temps prochain où il faudra encore ajouter à son étendue, tant le nombre des valeurs a de tendances à s'accroître.

La cote officielle donne les cours divers qui ont été cotés pendant la journée sur toutes les valeurs négociées au comptant ou à terme. Tous les cours du *comptant* cotés pendant la durée de la Bourse sont rigoureusement mentionnés. Les cours *à terme* ne sont pas tous indiqués : la place n'y suffirait pas ; on se borne à inscrire, ce qui suffit largement, le premier cours, le plus haut, le plus bas et le dernier.

L'inscription à la cote n'a lieu de plein droit que pour les effets publics, Rentes, bons du Trésor, etc. Pour toutes les autres valeurs, l'admission aux négociations officielles doit être demandée par la partie intéressée ; elle est accordée par délibération de la chambre syndicale, après avis du ministre des finances, toujours consulté à ce sujet.

Les conditions d'inscription sont de diverses natures. On n'admet que des valeurs créées en assez grand nombre pour donner lieu à des opérations réclamant la concurrence et la publicité ; la cote, d'ailleurs, n'est sollicitée que dans ce cas. Elle est refusée à toute Société qui ne justifie pas avoir rempli rigoureusement les formalités prescrites par la loi, ou qui semblerait être constituée pour un objet que l'usage et la morale réprouvent. S'il y a doute sur la régularité de la constitution, si les clauses du contrat social sont obscures ou révèlent l'intention d'éluder les dispositions légales, la cote, — qui en principe est de droit pour tous, — est refusée.

Il n'y a pas de recours contre les décisions de la Chambre syndicale ; il ne pourrait y en avoir qu'auprès du ministre, mais il n'est jamais arrivé que les agents de change se soient refusés systématiquement et sans motif sérieux à la négociation de valeurs justifiant leur concours.

De ce que l'inscription sur la cote officielle n'est accordée qu'après examen, il ne s'ensuit pas que l'acceptation emporte garantie morale, encore moins légale, du mérite des affaires ; l'examen, sauf en ce qui concerne les formalités légales de création, ne peut être d'ailleurs que superficiel ; il n'appartient pas à la Chambre syndicale, ni au ministre, de se faire juge des avantages, des risques et des dangers d'une entreprise, d'en estimer les chances de réussite ou d'insuccès. Ces questions ne sont pas de leur compétence, et ils engageraient leur responsabilité s'ils se livraient à des appréciations favorables ou défavorables et que l'expérience peut contredire.

Il convient donc de retenir ceci : la cote officielle n'emporte aucune garantie, à quelque titre que ce soit ; elle n'est même qu'une présomption d'accomplissement des formalités.

Ainsi, on a vu des Sociétés, déclarées nulles pour vice de constitution, qui avaient été admises à la cote. Ces cas sont très-peu nombreux, il est vrai, mais ils se sont produits, malgré le soin avec lequel la chambre syndicale procède, à ce point de vue, aux enquêtes qu'elle doit faire.

On a vu beaucoup plus souvent, par exemple, des entreprises dont les titres se négociaient sur le marché officiel, mal tourner et ruiner leurs actionnaires, même leurs créanciers. Jamais il n'est venu à personne l'idée d'adresser des reproches à ce sujet aux agents de change et au ministre des finances, ou, du moins, les récriminations de ce genre ont été excessivement rares.

Le « refus de la cote, » par contre, constitue une présomption grave contre la Société qui en est l'objet. Nous entendons par là le refus définitif et radical, et non le simple ajournement résultant de l'examen à faire et des difficultés que cet examen peut présenter.

Il existe beaucoup d'entreprises, et d'excellentes, dont les titres ne figurent pas à la cote, ceux qui les ont créées n'ayant pas jugé nécessaire de demander la négociation officielle, soit que le nombre des titres à négocier ne fût pas assez considérable, soit qu'ils attendissent l'ère des pleins produits pour les y faire figurer dignement, soit que leurs titres eussent été souscrits par grosses quantités et pour rester indéfiniment entre les mains de leurs premiers possédants.

Pour nous résumer sur ce point important, nous posons en fait et en droit :

1° L'ADMISSION à la cote n'est pas un gage de sécurité quant aux résultats de l'entreprise;

2° Le REFUS *prolongé* et *définitif* doit être considéré comme un indice d'irrégularités constitutives ;

3° L'ABSENCE de la cote n'a aucune signification fâcheuse, si elle résulte de la volonté des Sociétés.

En 1785, un arrêté du conseil portait défense aux agents de coter à la Bourse de Paris d'autres effets que les effets royaux.

Cette interdiction était absolue, et elle n'admettait pas d'exception.

Une ordonnance royale, en date du 15 novembre 1823, a rapporté cet arrêté, en se fondant sur des considérants qui méritent d'être relatés.

Voici le texte de cette ordonnance :

Vu l'arrêt du conseil du 7 avril 1785, portant défense aux agents de change de coter à la Bourse de Paris d'autres effets que les effets royaux et le cours des changes ; considérant que la permission de coter sur le cours authentique de la Bourse de Paris les effets publics des emprunts des gouvernements étrangers *n'implique, de la part du gouvernement, ni approbation desdits emprunts, ni obligation d'intervenir en faveur de ceux de nos sujets qui, de leur plein gré, y placeraient leurs capitaux ;*

Considérant que, depuis quelques années, les opérations de banque, de finance et de commerce ont reçu dans tout le royaume, mais plus particulièrement à Paris, une très-grande extension, *qu'il en est résulté un accroissement de capitaux qui rend désormais sans objet les dispositions de l'arrêt du conseil ci-dessus visé ;*

Considérant enfin qu'il ne peut qu'être utile de donner un caractère légal et authentique aux opérations nombreuses qui se font déjà sur les emprunts des gouvernements étrangers, *les lois actuelles suffisant pour prévenir la fraude* et l'insertion de conditions illicites ou illégales dans leur négociation ;

Notre conseil entendu,

Nous avons ordonné et ordonnons ce qui suit :

Art. 1er. — A l'avenir, les effets publics des emprunts des gouvernements étrangers seront cotés sur le cours authentique de la Bourse de Paris.

Art. 2. — L'arrêt du conseil du 7 août 1785 est rapporté en ce qu'il renferme de contraire à la présente ordonnance.

Les motifs de cette ordonnance sont de deux espèces : il y a utilité et garantie contre la fraude à autoriser la cote des valeurs étrangères et leur négociation officielle ; il n'y a aucun risque moral pour le gouvernement à laisser cette faculté aux citoyens, l'admission à la cote *n'impliquant* de sa part *ni approbation desdits emprunts, ni obligation d'intervenir en faveur de ceux qui y placeraient leurs capitaux.*

Il est donc bien entendu que la cote officielle n'est pas une preuve d'excellence, ni une garantie de l'Etat ; il est d'autant plus intéressant de fixer l'attention sur ces principes, que ceux qui ont fait de mauvais placements sur fonds étrangers sont trop disposés à rendre le gouvernement responsable de leurs erreurs et de leur imprévoyance, ou de leur goût trop prononcé pour les gros intérêts.

Nous finirons ces aperçus en plaçant sous les yeux de nos lecteurs deux décrets relatifs à la négociation des valeurs étrangères. Le décret qui porte la date du 22 mai revient un peu sur ce que pouvait avoir de trop libéral et de trop absolu l'ordonnance royale de 1823.

DÉCRET IMPÉRIAL DU 22 MAI 1858, CONCERNANT LA NÉGOCIATION, A LA BOURSE DE PARIS ET DANS LES BOURSES DÉPARTEMENTALES, DES TITRES ÉMIS PAR LES COMPAGNIES DES CHEMINS DE FER CONSTRUITS EN DEHORS DU TERRITOIRE FRANÇAIS.

Art. 1er. — La négociation, à la Bourse de Paris et dans les Bourses départementales, des titres émis par les Compagnies des chemins de fer construits en dehors du territoire français, est soumise aux lois et règlements qui sont applicables à la négociation des valeurs françaises de même nature, et, en outre, aux conditions exprimées dans les articles suivants.

2. — Ces Compagnies doivent justifier qu'elles sont constituées conformément aux lois des pays où elles se sont formées. — A cet effet, elles remettent au ministre des finances, et à la chambre syndicale des agents de change, des copies authentiques : — 1° Des actes de l'autorité publique qui ont approuvé leur formation et les ont autorisées, soit par voie de concession, soit autrement, à construire un

ou plusieurs chemins de fer.—2° Des statuts, des cahiers des charges et, en général, de tous les documents qui ont réglé ou modifié leurs conditions d'existence.

3. — Les Compagnies sont tenues de justifier que leurs actions, ainsi que leurs obligations si elles en ont émis, sont cotées officiellement dans le pays auquel les chemins de fer appartiennent.

4. — Les actions ne peuvent être de moins de cinq cents francs. Toutes celles qui ont été émises doivent être libérées jusqu'à concurrence des sept dixièmes.—Elles ne sont portées sur la partie officielle du cours authentique des Bourses françaises que lorsqu'elles ont donné lieu en France à des opérations publiques assez nombreuses pour que leur cours puisse être apprécié.

5. — Les obligations peuvent être négociées et cotées en France lorsque le capital social ou la partie de ce capital représentée par actions aura été intégralement versé et que l'émission en France de ces obligations aura été autorisée par les ministres des finances et de l'agriculture, du commerce et des travaux publics.

Dispositions générales

6. — Il est interdit à tout agent de change de prêter son ministère à la négociation des valeurs des Compagnies étrangères avant qu'elles n'aient été admises à être négociées par la Chambre syndicale des agents de change. — Il est également interdit, avant que cette admission ait été prononcée, de publier, soit le cours de ces valeurs en France, soit l'annonce de souscriptions ouvertes en France aux actions et obligations de Compagnies étrangères.

7.—Il n'est pas dérogé aux autorisations accordées antérieurement à la promulgation du présent décret.

DÉCRET IMPÉRIAL DU 16 AOUT 1859, QUI MODIFIE L'ARTICLE 4 DU DÉCRET DU 22 MAI 1858, RELATIF A LA NÉGOCIATION ET A LA COTE DES VALEURS DES COMPAGNIES ÉTRANGÈRES.

Art. 1er. — L'article 4 du décret du 22 mai 1858, relatif à la négociation et à la cote des valeurs des Compagnies étrangères, est modifié ainsi qu'il suit :

« Les actions ne peuvent être de moins de cinq cents francs. — Toutes celles qui ont été émises doivent être libérées jusqu'à concurrence des deux cinquièmes. »

Les autres dispositions de l'article 4 du décret du 22 mai 1858 sont maintenues.

Coulisse. — On désigne sous le nom générique de coulisse tous les groupes qui, en dehors de la Compagnie des agents de change, s'occupent de la négociation des valeurs de Bourse.

Il y a trois coulisses bien distinctes : celle des rentes, celle des valeurs et celle du comptant. La première, la plus importante, est celle qui n'opère que sur la rente, et à terme; la seconde ne s'occupe que d'opérations à terme sur les rentes et les valeurs étrangères; la troisième ne traite que les affaires au comptant sur les titres non admis à la cote officielle.

La coulisse représente le marché libre que la Compagnie des agents de change a bien voulu interdire, mais dont elle n'a pu avoir raison, tant il est vrai que les mœurs sont plus fortes que les lois !

Comme tradition, la coulisse remonte, sans aucun doute, plus haut dans l'histoire que l'institution des agents de change. Les exemples ont toujours devancé les préceptes, et les actes ont toujours devancé les lois. On négociait des titres mobiliers avant la création d'une Compagnie privilégiée; et par qui étaient alors négociés ces titres? Par des hommes qui s'en occupaient librement sur un marché sans priviléges.

La création d'une Compagnie, une fois devenue nécessaire, a donc pu avoir pour effet de concentrer la masse principale des opérations de Bourse, mais sans jamais pouvoir absorber complétement tous les éléments du marché à l'extérieur du parquet. La Bourse a forcément entretenu, même après son organisation, des habitués et des praticiens rompus au maniement des affaires, alimentant le marché par leur initiative et composant pour ainsi dire une pépinière où le parquet lui-même vient souvent choisir ses membres, et où ses démissionnaires viennent souvent aussi occuper leurs loisirs, en y conservant leurs relations.

Ces habitués de la Bourse ont toujours si bien existé qu'on les a désignés sous des noms particuliers. On les a appelés coulissiers, courtiers, courtiers-marrons, remisiers, intermédiaires. Le nom importe peu, mais il donne une signification précise et irrécusable à la chose elle-même.

Telle est la tradition, et nous la retrouvons à toutes les époques fonctionnant et se révélant d'étape en étape par des incidents, par des actes, par des différends qui prouvaient son existence et son intervention salutaire.

C'est ainsi que le parquet, malgré ses hostilités et ses dénonciations périodiques, avait toujours accepté et favorisé le concours de la coulisse, en négociant avec elle des titres chaque jour, à toute heure et à toute minute.

C'est ainsi que, sous des gouvernements différents, des ministres pleins de savoir et d'expérience, MM. Mollien, de Villèle et Humann ont refusé, dans l'intérêt général, de prendre contre la coulisse des mesures coercitives.

C'est ainsi que le public, c'est-à-dire le principal intéressé dans la question, avait toujours accordé ses préférences à la coulisse, non pour déserter le parquet, mais pour profiter des avantages que le marché libre pouvait présenter.

Comparée au parquet, la coulisse offrait, en effet, au public deux avantages incontestables qui ont fondé son influence et son crédit.

Le premier de ces deux avantages provenait de la permanence de son marché. On sait que le parquet n'opère que pendant deux heures et demie à la Bourse, tandis que la coulisse, debout du matin jusqu'au soir, présentait une latitude surprenante qui ne pouvait que séduire le rentier. Quand on se figure, en effet, que la Bourse est le marché unique de la rente, que la rente est d'une sensibilité indicible, qu'elle monte et descend d'une minute à l'autre, suivant les nouvelles, comme le thermomètre suivant l'atmosphère, que les nouvelles arrivent à l'improviste le matin, à midi, le soir, qu'une heure perdue peut faire perdre des sommes considérables; quand on pense enfin à la masse des intérêts engagés et à leur plus-value qui peut varier, d'une minute à l'autre, avec des écarts énormes, on est obligé de convenir que la coulisse avait mieux compris que le parquet les nécessités et les lois du marché. Le pain, la viande, les légumes, toutes les marchandises sont accessibles du matin au soir, et seul, le marché de l'argent, plus important que tous les autres, puisque tous les autres en dérivent, ne serait ouvert et praticable que pendant deux ou trois heures! C'est là, on est obligé de l'avouer, une contradiction choquante, inacceptable, et dont la loi qui organisera la Bourse, devra tenir nécessairement compte.

Le second avantage présenté par la coulisse résultait des facilités offertes au public pour négocier lui-même ses opérations. Ici encore la coulisse avait évidemment une supériorité marquée. Chacun sait qu'un *Ordre au mieux* passé au parquet ne revient le plus souvent au client qu'à la suite d'oscillations importantes. Il faudrait ne pas avoir mis le pied à la Bourse pour ignorer cet inconvénient. C'est le reproche que l'on entend de tous côtés. « — Toujours acheté au plus haut; toujours vendu au plus bas! » — Voilà le refrain de la complainte éternelle de la Bourse! Est-ce l'agent de change qu'il faut accuser? Ce serait injuste. Il a au contraire tout intérêt à s'attacher son client, en lui présentant des opérations bien conduites. Mais comment arriver à contenter sur-le-champ tout le monde, quand il a sous la main en même temps, à la même minute, des rentes, des banques, des actions, des obligations, des valeurs industrielles qui toutes demandent une réponse immédiate! Et plus les variations sont fortes, plus les ordres se succèdent et se multiplient. Ils tombent alors, comme une avalanche, sur le parquet impuissant, et Briarée aux cent bras ne pourrait suffire à les recevoir et à les exécuter tous à la fois!

La coulisse, au contraire, présentait à cet égard, sur le marché libre, toutes les facilités désirables. Elle opérait ouvertement, publiquement, sous les yeux des intéressés. Tous pouvaient suivre les variations les plus minimes des cours, et opérer instantanément, suivant leurs appréciations. N'est-ce pas là la condition première de tout marché? Faire son opération soi-même, la régler, la conduire à son gré, c'est le premier vœu, le premier contentement, le premier droit, dans le monde des affaires, et il faudrait méconnaître la nature humaine et la pratique générale des choses, pour ne pas se rendre à la légitimité de ces exigences!

Coupons. — Le coupon est le carré de papier qu'on détache des titres à chaque échéance d'intérêt, et qui est payé par le Trésor ou les Sociétés diverses.

Le *coupon d'obligation ou de rentes*, qui représente un intérêt fixe dû au porteur, est payé à une époque déterminée d'avance et inscrite sur le titre.

Le *coupon de dividende* n'est détaché que lorsque l'annonce du paiement a été faite par les Compagnies; son prix est donc essentiellement variable.

Pour pouvoir opérer la négociation d'une valeur, il faut que tous les coupons dont le paiement n'a été effectué y figurent C'est pour cela qu'on ne doit jamais couper d'avance le coupon, dont le règlement peut, pour une cause ou pour une autre, être retardé, car on immobilise ainsi son titre, et il devient alors très-difficile de le vendre.

Quand une Société a suspendu le service des intérêts de ses obligations, elle doit payer chaque coupon intégralement. Mais, en ce qui concerne l'action, le paiement d'un dividende, au bout de dix ans de suspension, entraîne l'annulation de tous les coupons échus. Ainsi, le coupon 9 a été payé, on n'annonce rien pour les coupons 10, 11, 12, 13, 14, 15, ce qui fait six coupons représentant trois exercices; au bout de trois ans, les bénéfices réalisés permettent de distribuer un dividende; il faut alors rapporter les six coupons, de 10 à 15, pour toucher ce dividende.

Les coupons des obligations et les dividendes sont généralement payables en deux fois, en janvier et juillet, ce qui fait de ces deux mois de paiement deux époques remarquables pour les disponibilités financières du marché.

Cours. — Le cours est le taux auquel on peut vendre ou acheter des titres. Mais il ne faut pas croire qu'il suffit qu'un cours ait été coté pour qu'il ait été possible d'effectuer une opération de vente ou d'achat à ce prix. Il arrive très-souvent que des variations considérables ont lieu, pendant la Bourse, d'une minute à l'autre, et qu'au moment où l'on a fait une affaire à 104, et que l'intermédiaire va pour vendre à ce prix, il ne peut plus, car on a monté ou baissé. Cependant tous les cours cotés indiquent qu'on a fait une opération.

Pour parer à cet inconvénient, on peut demander que la vente soit faite au *premier cours* ou au *cours moyen*, à la condition de donner l'ordre la veille. Mais on ne peut vendre ou acheter au premier cours ou au cours moyen que sur les valeurs qui se traitent par quantités importantes, et ces valeurs sont font rares.

Il arrive parfois qu'on ne fait qu'un ou deux de ces cours seulement sur un titre; là, pas de cours moyen possible.

Le meilleur mode d'opération est celui qui consiste à laisser l'intermédiaire libre d'opérer une vente ou un achat *au mieux*; en lui laissant la possibilité de suivre les cours, il peut ainsi faire profiter le client de différences quelquefois très-sensibles.

Le cours moyen s'établit en additionnant le plus haut et le plus bas cours, et en divisant par deux. Ainsi, on a coté la rente 5 0/0 104 05 au plus haut, et 103 75 au plus bas; le cours moyen est 103 90.

Courtage. — La loi confère aux agents de change le droit de percevoir comme courtage le quart d'un franc par cent francs, payable par le vendeur et autant par l'acheteur, sur toutes les négociations dont ils sont chargés, indistinctement.

Tarif minimum

Toute réduction sur les droits indiqués dans le tarif *minimum* rendrait l'agent de change passible de pénalités très-sévères de la part de la chambre syndicale.

Droit à 1/4 0/0

Tous les effets publics ou particuliers dont la négociation est faite en vertu de pièces contentieuses, d'un jugement, d'une délibération de conseil de famille ou d'un acte authentique prescrivant un remploi. (Toute pièce autre qu'une simple procuration est réputée pièce contentieuse et nécessite rigoureusement la perception de un quart pour cent.)

Droit à 1/8 0/0

Rentes françaises (*au comptant*).
Bons du Trésor.
Fonds publics étrangers (*au comptant*).

Emprunts des départements, villes ou établissements publics.

Actions et obligations des Compagnies de chemins de fer français (*au comptant et à terme*) et étrangers (*au comptant*).

Et généralement toutes les actions ou obligations dont la négociation à la Bourse est autorisée.

Le droit à 1/8 0/0 est dû, en outre, pour toutes certifications de signatures données par les agents de change, lorsqu'elles ne se rapportent directement ni à un achat ni à une vente.

Droit à 1/10 0/0

Pour les opérations à terme, sur toutes les valeurs qui sont soumises à la double liquidation.

Minimum du courtage à terme

Pour les opérations à terme sur les Rentes françaises : 20 fr. par 1,500 fr. de Rente 3 0/0 et 2,250 fr. de Rente 4 1/2 0/0;... 25 fr. par 2,500 fr. de Rente 5 0/0;... successivement dans la même proportion.

Pour les opérations à terme sur la Rente italienne 5 0/0 : 25 fr. par 2,500 fr. de Rente;... successivement dans la même proportion.

Pour toute valeur négociée à terme, qu'elle se liquide une ou deux fois par mois, le *minimum* du courtage sera de 0,50 par action ou obligation.

Minimum de chaque négociation

Pour toute négociation sur laquelle le courtage serait inférieur à 1 fr., le minimum de courtage sera de 1 fr.

D

Découvert. — Le mot *Découvert* est employé pour exprimer les opérations que l'on fait en vue de se borner à payer les différences qui existent entre les chiffres des achats et des ventes le jour de la liquidation. Le spéculateur qui achète sans avoir l'argent nécessaire pour lever les titres achetés, et le vendeur qui vend des titres qu'il n'a pas, opèrent à découvert.

Déport. — Le Déport est le montant du prix payé par le spéculateur à découvert pour être dispensé de livrer en liquidation les titres vendus par lui et qui lui font défaut. (Voyez *Marché à terme*.)

Dette publique. — La Dette publique représente les obligations contractées par l'Etat et dont les titres servent à la Bourse de régulateur au crédit public.

La Dette publique se divise en deux parties : la Dette consolidée, représentée par les titres de Rentes 5 0/0, 3 0/0, 4 1/2 0/0, et la Dette flottante, représentée par des bons du Trésor.

Dissolution de Société. — La Dissolution de Société est l'acte qui met un terme aux opérations d'une Compagnie dont le capital est dépensé et qui n'a plus de ressources pour continuer son entreprise. La Dissolution de Société peut être amenée par la faillite ou par un vote de l'assemblée générale des actionnaires prononçant la liquidation de la Société. Les statuts des Sociétés stipulent ordinairement que la Société sera dissoute et liquidée quand les deux tiers du capital social seront dépensés sans résultat et considérés comme perdus.

Dividende. — Le Dividende est la part de bénéfices attribuée aux actions des Sociétés.

E

Ecart. — L'Ecart indique la différence qui existe entre les cours. Les fluctuations des cours étant incessantes, il y a toujours entre les cours d'une même valeur des écarts qui sont parfois considérables.

Échéance. — Epoque de paiement des coupons. Les dividendes et les intérêts des obligations sont presque toujours payables en deux fois, en janvier et en juillet.

Émission. — On appelle Emission l'opération qui consiste à placer un nombre déterminé de titres de Rente quand il s'agit d'un emprunt d'Etat, et d'actions ou d'obligations quand il s'agit d'une Société financière, industrielle et commerciale.

Autrefois, les émissions des Sociétés se faisaient principalement par actions. Mais les mécomptes ont rendu les capitalistes circonspects, et les émissions se font aujourd'hui de préférence par obligations qui donnent au souscripteur un titre de créance sur tout l'avoir de la Société.

Escompte. — L'Escompte est une opération qui consiste à demander au vendeur à terme la livraison immédiate des titres qu'il s'est engagé à livrer en liquidation. (Voyez *Marché à terme*.)

L'Escompte représente aussi l'intérêt de l'argent prélevé par le négociateur d'une lettre de change ou d'un billet à ordre.

Le taux de l'escompte, qui est réglé par la Banque de France, s'élève ou s'abaisse suivant l'abondance ou la rareté des capitaux.

Ex-Coupon. — Ce mot indique que la valeur dont on parle vient de détacher son coupon et qu'elle est maintenant ex-coupon, autrement dit, sans le coupon qui a été payé.

Exercice. — L'Exercice désigne la période de temps pendant laquelle une Société reste sans convoquer ses actionnaires. Cette période est généralement d'un an. Mais il y a pourtant des Sociétés qui ont des assemblées semestrielles. C'est le petit nombre.

Exécution. — L'Exécution est l'opération qui consiste à liquider un spéculateur que sa situation trop lourde a rendu insolvable.

F

Fin courant. — Ce mot indique le terme de l'opération que l'on engage. Pendant le mois, on achète et on vend fin courant, et dans les derniers jours du mois, les opérations s'engagent pour *fin prochain*.

Fonds publics. — Les fonds publics représentent les rentes et les obligations d'Etat dont les titres forment l'objet des opérations de Bourse.

G

Grand-Livre. — Le Grand-Livre, qui se tient au ministère des finances, contient les inscriptions des rentiers qui possèdent les titres de la Dette publique.

Le Grand-Livre fut organisé par Cambon, qui a établi, par cette création, l'ordre et la régularité dans le service de la Dette publique et de la Rente.

I

Inscription de Rentes. — Les inscriptions de Rentes sur le Grand-Livre représentent le nombre des rentiers de l'Etat. Au commencement du siècle, ce nombre était à peine de 800. Il est aujourd'hui, d'après le dernier recensement fait au mois de mai, de 4,472,303. Les rentiers composent, comme on le voit, une véritable armée.

J

Jeux de Bourse. — On désigne habituellement par ce mot les opérations de Bourse qui ne se soldent pas par la livraison ou la levée des titres.

Ici encore nous nous trouvons devant un autre sophisme, et de même que l'on a confondu un marché avec un jeu, on a confondu la spéculation avec l'agiotage.

Expliquons-nous :

Sur quoi les esprits les plus sévères pourraient-ils se fonder pour démontrer que les opérations de Bourse ne constituent qu'un pur agiotage? Sur trois choses : 1° la multiplicité des opérations ; 2° le paiement ruineux des différences à la fin de chaque mois ; 3° la stérilité de ces négociations.

Un mot sur chacune de ces trois raisons.

La multiplicité des opérations ne se manifeste pas seulement à la Bourse. De nos jours nous la trouvons partout. Est-ce que l'année dernière le déficit de notre récolte n'a pas poussé un grand nombre de gros capitalistes à faire des achats de blé dans des proportions énormes? Et ces achats de blé ne se transmettent-ils pas, au marché du blé, par des opérations incessantes, multipliées, qui toutes aboutissent, comme gain et comme perte, à des résultats positifs et sérieux? Est-ce que chez nous les immeubles n'ont pas donné lieu à un mouvement d'opérations hardies, irréfléchies, même imprudentes, et le chiffre effrayant de la dette hypothécaire qui pèse sur la propriété foncière ne montre-t-il pas que de ce côté aussi il y a de l'entraînement et de la spéculation? Est-ce que le sucre, le coton, l'alcool, la soie, ne donnent pas lieu à un courant d'opérations actives, tout aussi nombreuses et tout aussi ardentes que celles qui se font sur la Rente? Est-ce qu'il n'est pas de notoriété publique que la spéculation des terrains et des constructions à Paris a absorbé, dans ces dernières années, plus de capitaux que la Bourse? Comme reproche et comme inconvénient, la multiplicité des opérations n'est donc qu'un vain mot dans un temps où les affaires se chiffrent par millions, en passant par mille mains, et où les richesses sociales ont doublé de valeur par une circulation qui ne se ralentit pas.

Passons au paiement désastreux des différences.

On s'est plu à représenter chaque liquidation de fin de mois comme un champ de bataille couvert de morts et de mourants, et on part de là pour demander à grands cris la cessation de cette lutte homicide.

Encore une exagération et une erreur produite par la passion! Avec un peu de calme et de réflexion, on verrait que la vie est ainsi faite, et que sur tous les champs de l'activité sociale, agriculture, commerce, marine, industrie, finance, on trouve les vaincus à côté des vainqueurs. C'est le spectacle offert par la société elle-même qui nous présente la richesse à côté de la misère, la grandeur à côté de l'abaissement, le succès à côté des échecs les plus affligeants.

Faut-il, en vertu du mal, condamner le bien? Parce qu'un propriétaire, écrasé par l'hypothèque et l'usure, succombe sous le poids de ses charges, faut-il empêcher toute spéculation sur les immeubles?

Parce que le commerce et l'industrie affichent tous les jours une liste de faillites inévitables, faut-il arrêter l'esprit d'entreprise et le négoce?

Parce que des banquiers sont obligés de déposer leur bilan, faut-il interdire l'escompte?

N'insistons pas. Toutes les opérations humaines aboutissent à une victoire ou à une défaite, et la Bourse participe à la loi commune.

« Le monde n'est qu'un jeu, s'écriait avec raison M. Berryer, » en défendant la Coulisse, et les immeubles sont eux-mêmes » des objets de spéculation! »

Enfin, des économistes condamnent les opérations de Bourse en soutenant qu'elles sont improductives et stériles. Ce reproche, plus spécieux que les deux autres, tombe devant un examen approfondi. Sans doute les actes de vente et d'achat sont intrinsèquement improductifs et stériles par eux-mêmes. L'achat de 3,000 fr. de rente ne produit pas plus de revenu que l'achat d'une ferme ne fait pousser du blé; l'achat de 25 actions ne donne pas plus de dividendes que l'achat d'une mine de fer ne produit de locomotives. Mais faut-il pour cela arrêter la transmission des biens? Ce serait de la démence; ce serait frapper de stérilité la propriété, soit mobilière, soit immobilière, qui ne vit précisément que par ces actes. Ceci est élémentaire et n'a besoin d'aucune démonstration.

Non-seulement l'achat, la vente, la transmission des biens meubles et immeubles sont des opérations nécessaires; mais il faut ajouter que plus il y a de facilités pour ces opérations, plus ces biens acquièrent de valeur. Ceci est rigoureusement vrai, et pour les valeurs de la Bourse et pour les immeubles, et pour toute marchandise. Un marché sans acheteurs et sans vendeurs serait un marché mort. Cette vérité économique est d'ailleurs surabondamment prouvée par la plus-value des titres de toutes espèces depuis dix ans. Il faut donc, non pas accuser, mais féliciter la Bourse du nombre illimité de ses opérations, car ces opérations sont doublement profitables et pour le détenteur de titres qui trouve, dans la multiplication de l'offre et de la demande, des conditions plus avantageuses, et pour l'intérêt public qui trouve dans ce mouvement perpétuel les moyens de consolider les titres créés et d'en créer facilement de nouveaux.

Cette plus-value des titres, plus sensible our les valeurs mobilières que pour les autres, présente encore en faveur de la Bourse un avantage que nous devons faire ressortir. C'est que, plus la capitalisation des valeurs s'élève par l'animation du marché, plus le commerce, l'industrie et l'agriculture sont appelés à profiter de cette hausse. En effet, plus la Rente, plus les actions, plus les obligations sont chères, moins elles donnent de revenu. Or l'argent, toujours attiré par les gros profits, abandonne naturellement un marché qui n'offre plus de bénéfices, pour en chercher ailleurs. C'est aussi la pensée qu'exprimait l'honorable M. Séverien-Dumas dans le procès de la Coulisse. « Le crédit public, disait-il, et le crédit industriel » sont puissamment intéressés à ce que la capitalisation de la » Rente s'élève, car alors l'intérêt s'abaisse, et l'argent, sui- » vant l'expression vulgaire, est bon marché ; la production » dès lors s'effectue à des conditions meilleures qui l'activent » et la surexcitent. »

En résumé, cette accusation d'agiotage, devenue ridicule à force d'être reproduite, ne résiste pas à l'examen raisonné des faits. La Bourse n'est pas l'agiotage, mais elle est la spéculation, et comme le disait M. Séverien-Dumas, « il y a entre l'a- » giotage et la spéculation un abîme, l'abîme qui sépare le » bien du mal, car si l'agiotage est un malheur public, la spé- » culation est un bienfait. »

N'est-ce pas un bienfait que d'avoir doté la France de vingt-deux mille kilomètres de chemins de fer qui, sans la spéculation, seraient encore à l'état de projets?

N'est-ce pas un bienfait que d'avoir inauguré les emprunts nationaux, que la spéculation rend plus faciles, plus puissants, plus solides que les emprunts commissionnés par les banquiers ?

N'est-ce pas un bienfait que d'avoir fondé un système de banques spéciales, destinées à venir en aide à la spéculation elle-même, en lui fournissant les moyens d'enfanter des entreprises nouvelles?

N'est-ce pas un bienfait que d'avoir provoqué entre toutes

les places de l'Europe un va-et-vient de titres que la spéculation fait circuler sans cesse et qui prépare ainsi, insensiblement pour toute l'Europe, l'unité de crédit, l'unité de monnaies, l'unité des mesures, progrès immenses dont on entrevoit déjà la réalisation?

N'est-ce pas un bienfait que d'avoir augmenté notre production minière et métallurgique, achevé nos canaux commencés, créé notre marine à vapeur, fondé nos grandes industries par actions et donné à tous les éléments de l'activité sociale une impulsion irrésistible et féconde?

La spéculation est donc un bienfait. Elle a été dans le passé l'origine de tous les progrès, elle est pour notre civilisation le fondement de toutes les merveilles que nous créons. Qu'on lise les admirables pages que M. Proudhon a écrites sur la spéculation! Son livre, comme toujours, ne cherche qu'à démolir, sans rien édifier, mais en combattant la Bourse, il a su du moins rendre un hommage éloquent à la puissance de la spéculation.

« C'est, dit-il, à proprement parler, le génie de la découverte.
» C'est elle qui invente, qui innove, qui pourvoit, qui résout,
» qui, semblable à l'Esprit infini, crée de rien toutes choses!
» Elle est la faculté essentielle de l'économie sociale. »

La Bourse n'est donc pas un jeu, elle n'est pas l'agiotage, elle n'est, nous le répétons, qu'un marché, mais un marché vivant, immense, capital, indispensable, aussi nécessaire pour la circulation des valeurs et du crédit, que le cœur dans le corps humain pour la circulation du sang.

L

Libérer. — Libérer un titre, c'est verser le montant intégral de son prix d'émission.

Liquidation. — La liquidation désigne le règlement des opérations engagées pendant le mois.

Il y a deux liquidations; l'une qui se fait le 15 et l'autre qui se fait à la fin du mois. La liquidation de la fin du mois est la plus importante, parce que c'est elle qui règle les opérations engagées sur la rente.

Le dernier jour du mois a lieu la réponse des primes. Le premier jour du mois a lieu la liquidation de la rente, et le lendemain se fait la liquidation des chemins de fer et des autres valeurs. Le jour suivant a lieu le paiement des débiteurs, et le lendemain s'effectue le paiement des comptes créditeurs.

Lots (Valeurs à). — Les valeurs à lots sont des titres donnant droit à des lots dont le tirage se fait à des époques déterminées. Il y a deux espèces de valeurs à lots : les unes ne donnent droit qu'à des lots et ne produisent pas d'intérêts ; les autres ont un intérêt peu élevé et participent à des tirages de lots.

M

Marché libre. — Le marché libre existe en fait, mais pas en droit. Il est certain que le marché libre a été en quelque sorte décrété le jour où l'on a créé le titre au porteur, qui peut être acheté et vendu en dehors de toute formalité et sans aucune condition légale. Mais nous sommes dans le pays de la règlementation en toutes choses, et les agents de change, qui possèdent un privilége, ont fait le possible et l'impossible pour empêcher les coulissiers de faire des opérations à la Bourse. On se rappelle le procès célèbre qu'ils ont fait à la coulisse de la rente, et dont, malgré la condamnation de la coulisse, il ne reste plus trace aujourd'hui.

Avant d'insister plus fortement sur la nécessité de reconnaître le marché libre, il est utile de bien préciser la nature, l'étendue et les habitudes du marché de la Bourse.

La nature de la fortune mobilière diffère essentiellement de la nature de la fortune immobilière.

Les immeubles en général tendent à se consolider dans les mêmes mains ; leur transmission ne se fait que rarement et à de longs intervalles. La stabilité est donc leur premier caractère.

La propriété mobilière, au contraire, est constamment variable, sujette à des oscillations rapides, précipitées. Cette hausse et cette baisse incessantes font de la Bourse un marché haletant, toujours disposé à profiter des variations perpétuelles des cours. L'instabilité est donc le principal caractère des titres mobiliers.

On peut dire, en considérant dans leur ensemble les deux espèces de propriétés, que la fixité est la loi de l'immeuble, et que le mouvement est la loi des valeurs mobilières.

Or, ce mouvement perpétuel fournit un argument décisif en faveur du marché libre. Comment, en effet, reconnaître aux agents de change seuls le droit de négocier des valeurs innombrables et dont les prix sont aussi variables que le vent ?

L'étendue du marché de la Bourse est aussi généralement

méconnue. On s'est habitué, par tradition, à regarder la Bourse comme un rendez-vous particulier qui n'intéresse qu'un petit nombre de banquiers. C'est se faire de la Bourse une idée fausse et complètement opposée à la véritable situation des choses.

Il y a aujourd'hui en France une classe extrêmement nombreuse de capitalistes, de rentiers, de spéculateurs qui ont attaché leur fortune à celle des valeurs mobilières. En pourrait-il être autrement, avec un marché qui remue trente milliards de valeurs de toutes sortes?

Eh bien! est-il possible, est-il logique et sensé d'imposer à cette masse toujours croissante de spéculateurs, l'intervention des agents de change? Ce serait aussi impossible que d'imposer à chaque ménage l'obligation de s'approvisionner par les facteurs de la halle.

Quant aux habitudes de la spéculation, l'ignorance est encore plus générale, et nous devons en faire justice, pour juger équitablement le marché. On s'imagine communément que le rentier et le capitaliste gardent dans leurs portefeuilles les titres qu'ils ont achetés, pour en recevoir tranquillement le revenu. Erreur profonde! Sans aucun doute, le revenu est le principal élément qui constitue la valeur d'un titre, et l'acheteur le consulte avec soin avant de faire son opération. Mais ce revenu n'est le plus souvent qu'un mirage, et la cause première est l'espérance d'une plus-value. La spéculation de la Bourse ressemble donc, en tous points, à la spéculation du commerce et de l'industrie.

Que fait l'industriel? Il fabrique un produit, non pour retirer uniquement l'intérêt du capital qui a servi à créer ce produit, mais pour obtenir, indépendamment de cet intérêt, un bénéfice sur l'écoulement de sa fabrication.

Que fait le commerçant? Il achète une marchandise pour la revendre et en retirer également un bénéfice avec l'intérêt de son capital.

Que fait le rentier? Il achète une valeur, non pour en attendre le revenu, mais pour la revendre dès que la hausse lui permettra de réaliser un bénéfice. Il opère ainsi, sans s'arrêter, des achats, des ventes, des arbitrages, qui provoquent une spéculation des plus vastes et des plus abondantes.

Commerçants, industriels, rentiers, capitalistes, tous se ressemblent donc et obéissent au même mobile : le bénéfice! La fortune mobilière constitue ainsi une véritable marchandise, tantôt recherchée, tantôt délaissée, et la pratique du marché de la Bourse ressemble, en tout et pour tout, à la pratique courante de toutes les autres opérations de marchandises.

En allant au fond des choses, on voit que le parquet ne présente et ne peut présenter à la Bourse qu'une intervention tout à fait insuffisante pour l'étendue infinie du marché. Peut-on faire passer par ce canal étroit l'immense courant de ces opérations ? Autant vaudrait imposer à tous les commerçants, à tous les industriels, l'obligation de n'acheter et de ne vendre que par l'entremise des courtiers de commerce.

Cela posé, la nature, l'étendue et les habitudes de la spéculation une fois bien comprises, on s'aperçoit que l'erreur commune provient de ce qu'on a comparé la Bourse d'aujourd'hui à la Bourse d'autrefois. Il y a vingt ans, la rente était à peu près le seul titre important du marché ; elle était nominative, et l'agent de change devenait ainsi le représentant indispensable des rares habitués de la Bourse. Aujourd'hui, le titre nominatif n'est que l'exception ; le titre au porteur, immédiatement transmissible, est le roi de la spéculation ; c'est lui qui envahit le marché ; c'est à lui que la Bourse doit les proportions énormes qu'elle a prises, et en présence de ce bouillonnement d'opérations qui se multiplient, qui embrassent tout le pays, qui vivent du mouvement, qui augmentent avec la fortune mobilière elle-même, on peut dire que si l'agent de change est nécessaire, il n'est plus en réalité qu'un agent secondaire pour le marché !

Ainsi donc, le doute n'est plus possible. La Bourse de nos jours n'est plus le rendez-vous tranquille où de vieux capitalistes discutaient paisiblement le cours de la loterie, du tiers-consolidé et de la Compagnie des Indes. C'est le marché général, immense, universel, où la politique, l'agriculture, la finance, l'industrie, le commerce, la fortune mobilière, les banques, viennent engager des opérations de toutes sortes, et sur une échelle qu'on n'aurait jamais soupçonnée naguère.

A vrai dire, la Bourse d'autrefois n'était qu'un cercle d'oisifs et de rentiers ; mais, aujourd'hui, elle est devenue un marché incommensurable, un marché qui s'élargit avec une telle expansion, qu'on ne sait où s'arrêteront ses envahissements, car, avec les opérations du Crédit foncier, la propriété foncière elle-même peut être un jour absorbée par la Bourse. Quelle perspective !

En agrandissant ainsi de jour en jour son domaine, la Bourse a dû peu à peu conquérir, en dépit du monopole, la latitude e; l'indépendance nécessaires à ses évolutions. Aussi la liberté des transactions, sans aquelle la Bourse ne saurait exister, a-t-elle été toujours pratiquée, sinon reconnue, et l'on s'étonne d'avoir à défendre une cause qui est gagnée à l'avance par la nécessité des choses. La liberté du marché est dans les mœurs, elle doit être dans la loi, car la loi n'est jamais que la consécration des mœurs.

Cette vérité est si bien reconnue de tous, que le défenseur du parquet dans le procès de la Coulisse, l'honorable M. Dufaure, commençait son plaidoyer en reconnaissant publiquement la liberté des transactions :

« Je tiens, disait-il, à rendre hommage au principe de la liberté des transactions. Nous serions insensés s'il était dans notre pensée d'y porter la moindre atteinte. Que chacun puisse vendre ou acheter des rentes, des actions et des obligations, qui en doute ? Que pour acheter ou vendre on ait besoin de prendre un intermédiaire, agent de change ou autre, qui oserait le soutenir ? Sauf quelques formalités exigées par le gouvernement ou les Compagnies, à l'effet de constater les transferts, il n'y a pas d'autres liens pour le détenteur de ces valeurs ; nul n'est donc obligé de choisir un tiers pour acheter ou vendre, même à la Bourse, même en son nom. »

Ainsi donc, la Compagnie des agents de change elle-même, par la voix de son illustre défenseur, a reconnu à chacun le droit de vendre et d'acheter à la Bourse. Ce droit contient implicitement le droit d'offrir et de demander, car l'offre et la demande sont inséparables de la vente et de l'achat, et il est déraisonnable de penser qu'on admet un droit sans en admettre l'exercice. La liberté des transactions est donc acceptée avec toutes ses conséquences par le parquet lui-même, et il ne reste vraiment plus qu'à écrire franchement dans la loi ce qui est dans la raison, dans la pratique et dans la situation des choses.

Marché à terme. — Le marché à terme comprend les opérations qui se liquident soit au 15, soit à la fin du mois.

Les affaires à terme sont de beaucoup plus nombreuses que celles au comptant. La spéculation y tient le rôle principal : ce n'est pas assez dire, elle y joue l'unique rôle. On achète à terme, pour revendre avec bénéfice. On vend à terme pour racheter avec bénéfice.

L'achat ou la vente à terme permet de spéculer sur une plus vaste échelle que si on vendait ou on achetait au comptant ; on achète pour plus d'argent qu'on n'en dispose ; on vend à terme ce qu'on n'a pas, ou, du moins, beaucoup plus qu'on ne détient.

Enfin, on a beaucoup plus de temps pour voir venir la hausse ou la baisse.

Les marchés à terme sont-ils légaux et sont-ils utiles ?

C'est une double question, débattue, mais non épuisée, par les légistes, les économistes et les moralistes.

Comme il n'entre pas dans le cadre restreint d'un simple Manuel de traiter à fond des questions qui se prêtent si facilement aux appréciations les plus contradictoires, nous abrégerons le plus possible la discussion, tout en nous efforçant de la rendre lucide, ce qui n'est pas toujours facile lorsque les sujets traités se présentent sous tant d'aspects différents.

En principe, les marchés à terme, quel que soit leur objet, sont licites; ils obligent les contractants et sont reconnus par la loi. L'engagement d'acheter telle quantité d'une marchandise déterminée, d'en prendre livraison, contre paiement, à une époque postérieure à la signature du contrat, est un marché à terme et un marché parfaitement autorisé par la loi. S'il oblige l'acquéreur à prendre livraison et à payer le prix convenu, il oblige le vendeur à livrer au jour convenu.

Si le marché à terme n'est pas interdit d'une manière générale, pourquoi le serait-il en matière de titres de rentes, d'actions, d'obligations, etc. ?

Il pourrait y avoir motif à exception et les codes fourmillent d'exceptions lorsqu'il s'agit de valeurs de papier. Nous devons d'abord consulter les textes de loi et la jurisprudence en cette matière.

Sous l'ancienne législation, c'est-à-dire avant la Révolution, les marchés à terme sur effets publics étaient réellement défendus. Les édits des 7 août et 2 octobre 1785, et du 22 septembre 1786 déclaraient nuls « les marchés d'effets publics non accompagnés du dépôt réel des titres ou espèces au moment de la signature de l'engagement. »

Il n'y avait pas à s'y tromper. Mais ces édits ont été virtuellement abrogés par le Code pénal, qui est loin d'être aussi rigoureux.

L'article 421 n'interdit plus les marchés à terme, il punit d'un emprisonnement de deux mois au moins et de deux ans au plus, et d'une amende de 2,000 à 20,000 francs « les paris qui auront été faits sur la hausse ou la baisse « des effets publics. »

Il s'agissait de préciser le sens de cette expression : *paris*.

L'article 422 du même Code prend ce soin : « Sera réputé pari de ce genre, toute convention de vendre ou de livrer des effets publics qui ne seront pas prouvés par le vendeur avoir existé à sa disposition au temps de la convention, ou avoir dû s'y trouver au temps de la livraison.

Il est à remarquer que les articles 421 et 422 ne visent que la vente, non l'achat, et que si la jurisprudence s'en était tenue aux textes précités, elle aurait toujours considéré l'achat à terme, non suivi d'exécution, comme régulier et obligatoire, la loi n'ayant pas dit qu'il y avait *pari* l'orsqu'il n'était pas prouvé que l'argent était à la disposition de l'acheteur au temps de la convention.

Les tribunaux n'ont jamais, du reste, appliqué la pénalité édictée par l'article 422. Ne jugeant qu'au point de vue civil, ils ont déclaré nulles les ventes à terme, sur la demande même de ceux qui se prévalaient du Code pénal pour se soustraire aux paiements à leur charge.

Mais ajoutant à la loi, par voie d'interprétation, ils ont étendu à l'achat à terme les conséquences de l'article 422. Ils ont vu et ils voient encore un marché nul et de nul effet dans le fait d'avoir *acheté* à terme, sans nier pourtant la validité du marché à terme que reconnaît, d'ailleurs, implicitement le Code pénal.

Les tribunaux ont-ils fait de la bonne jurisprudence en étendant à leur gré et sans s'appuyer sur un texte interprétable les effets de l'interdiction prévue seulement pour les ventes à terme ? Nous ne le pensons pas. Il suffit pour partager notre opinion de relire les jugements et arrêts rendus sur les nombreuses demandes d'acheteurs ou de vendeurs qui, de mauvaise foi, tentaient d'échapper aux conséquence, de leurs actes.

Les motifs de ces jugements et arrêts varient à l'infini; on a vu des condamnations à paiement prononcées contre des individus, tandis que d'autres débiteurs. plus heureux, étaient exemptés de payer, bien que les circonstances dans lesquelles ces marchés à terme s'étaient accomplis fussent exactement les mêmes.

L'interprétation si élastique des marchés à terme va directement contre le but que les tribunaux cherchent à atteindre. Voyant un danger dans la spéculation, dans le jeu de Bourse, ils cherchent à en restreindre les effets et ils pensent obtenir ce résultat en déclarant tantôt nuls, tantôt valables, un peu à leur fantaisie, des contrats qui ont tous la même formule, la même physionomie et qui, en bonne logique, devraient produire les mêmes conséquences.

Ce sont, en somme, les articles 421 et 422 du Code pénal qui gênent le juge. Si on les supprimait, la jurisprudence bizarre et mobile à laquelle donnent lieu les marchés à terme disparaîtrait forcément. Il y aurait mieux à faire encore, ce serait de reconnaître, non plus en fait, mais en droit, tous les marchés à terme en matière de valeurs de papier comme de toutes autres marchandises. De tous les moyens de restreindre la spéculation, ce serait assurément le meilleur. L'exception de jeu augmente et ne diminue pas le nombre des spéculateurs. Il y a des gens, peu scrupuleux, qui s'engagent d'autant plus facilement qu'ils nourrissent l'arrière-pensée de ne pas payer, en cas de grosses pertes, et de ne pas payer en invoquant la jurisprudence surannée en vigueur aujourd'hui. Sachant que leurs engagements les obligent, les spéculateurs de mauvaise foi ou imprudents se retireraient de la lice, au grand avantage de leurs intermédiaires.

Donc, au nom de la logique et de la véritable morale, il faut choisir : défendre absolument, non pas le pari à la hausse et à la baisse, véritable fiction légale, mais les marchés à terme, — ou, au contraire, les déclarer valables sans aucune espèce d'exception.

Les moralistes seront contre la reconnaissance des marchés à terme et certains économistes aussi.

Les moralistes voient avec une obstination qui fait peu d'honneur à leur intelligence, le *jeu* dans la *spéculation*, c'est-à-dire dans le fait de vendre pour racheter ou d'acheter pour vendre. Ils auraient raison s'ils pouvaient établir que le hasard seul détermine la perte ou le gain du spéculateur. Mais ils font confusion. Le jeu, qu'on a raison de proscrire en ne reconnaissant pas qu'il puisse produire des effets légaux, est l'opération dont le hasard seul détermine le fruit. La *loterie*, la *roulette*, le *trente-et-quarante* constituent le jeu : ici, le hasard prononce seul et souverainement. L'appréciation individuelle n'y est pour rien, quoique certains joueurs de profession prétendent renfermer le hasard dans des lois mathématiques. Seulement, ces chercheurs infatigables de la fortune aveugle ne réussissent jamais, et quand ils gagnent passagèrement, c'est toujours malgré le « système » qu'ils pratiquent ou parce qu'ils ont oublié de s'en servir.

Mais il n'y a pas *jeu* quand il y a *appréciation*. Or, le spéculateur apprécie, il apprécie bien ou mal, mais il apprécie. Celui-ci vend parce qu'il juge, sur examen des faits, que telle valeur est capitalisée sur un revenu exceptionnel et qu'elle baissera lorsqu'on aura reconnu sa situation d'avenir. Tel autre achète parce qu'il calcule les chances de succès d'une entreprise, qu'il en suit la marche et qu'il prévoit des résultats qui échappent à d'autres. Il y a encore bien d'autres causes qui déterminent le spéculateur, mais il est inutile de les énoncer, la preuve étant faite que « spéculation » et « jeu » sont deux choses essentiellement différentes.

Ce n'est pas que le hasard n'ait aussi sa part dans la réussite d'une spéculation ; mais il est dans tous les actes de la vie humaine et si on voulait s'y soustraire complétement, les nations ne seraient plus composées que de fonctionnaires ou d'employés.

Les économistes, du moins ceux qui concluent comme les moralistes, n'ont pas non plus de motifs décisifs à fournir contre la spéculation. Les thèses qu'ils soutiennent sont développées longuement, à l'aide de raisonnements subtils, faux et diffus. On pourrait garnir tout un rayon de la plus large bibliothèque de leurs ouvrages généralement ennuyeux, mais on ne trouverait dans leurs écrits aucune bonne raison.

En général, l'économiste ne voit jamais les questions que par un bout et il s'égare, avec une merveilleuse facilité, dans ses calculs prétendus scientifiques. Quand un économiste n'est pas doublé d'un financier, c'est-à-dire d'un homme pratique, on peut s'épargner la peine de le lire.

Le principal raisonnement des économistes qui voudraient proscrire la spéculation en l'assimilant au jeu, c'est qu'ils retirent de la circulation utile des capitaux qui pourraient être employés à des industries concourant au bien-être général. Quel avantage y a-t-il pour une société à ce que l'argent de Paul passe à Pierre sans travail de sa part ? Or, la Bourse retient beaucoup de capitaux qui pourraient être employés plus utilement, disent certains économistes.

Quand on a bien cherché, dans les nombreux et soporifiques volumes de la science économique, toutes les objections qu'on y trouve, en ce qui touche le « jeu de Bourse », se réduisent, en résumé, à ces quelques mots que nous venons d'écrire.

Ces critiques si longuement ressassées ne tiennent pas contre l'examen des faits. La spéculation est utile au classement des valeurs, à leur prompte négociation au comptant ; elle est utile au vendeur qui a besoin de réaliser comme à l'acheteur qui a de l'argent à placer. Sans la spéculation, qui crée un marché large et toujours abondamment pourvu de demandes et d'offres, l'acheteur et le vendeur au comptant ne se rencontreraient que très-rarement. Le placement ne pourrait se faire qu'en prenant à tout prix, en sollicitant le vendeur, et celui qui a besoin de réaliser devrait vendre, par les mêmes raisons, à tout prix. Voilà ce que l'expérience et le bon sens indiquent.

Supposez encore qu'il survienne un événement de nature à inquiéter les détenteurs de fonds publics ou d'autres valeurs, qu'une panique se produise : les offres abondent au comptant et elles ne trouvent pas de contre-parties. C'est alors que la spéculation à la baisse joue un rôle pondérateur ; elle est là pour prendre les titres qu'on offre au comptant et dont elle a besoin pour se liquider. La réalisation et le crédit public y gagnent.

Tel est le rôle de la spéculation et l'utilité de son intervention. Telle est aussi la raison de la tolérance dont on use à son égard. Si elle est un mal, dans certains cas, on peut dire, en s'élevant au-dessus des préjugés et des fausses appréciations, qu'elle est un mal nécessaire.

Marché ferme. — Le marché *ferme* consiste à acheter ou à vendre une certaine quotité de Rentes ou de toute autre valeur, dont on prendra livraison ou qu'on livrera à une époque déterminée que l'on désigne sous le nom de *liquidation*.

Cette époque est indiquée à l'avance; elle est fixée le 15 et le dernier jour de chaque mois. On vend ou on achète au 15 ou pour fin courant.

Il y a deux liquidations par mois : le 15 et le 30, à l'exception cependant d'un certain nombre de valeurs, qui n'ont qu'une liquidation par mois. En voici la liste :

Toutes les Rentes françaises : 3 0/0, 4 0/0, 4 1/2 0/0, 5 0/0, bons du Trésor, obligations du Trésor, emprunt du département de la Seine, les diverses obligations de la ville de Paris, les actions et obligations du Crédit foncier, les actions des chemins de fer français ci-après : Lyon, Orléans, Nord, Ouest, Midi, Est, Vendée, Charentes.

Toutes les valeurs qui ne sont pas comprises dans l'énumération ci-dessus sont astreintes à deux liquidations.

Les obligations ne se cotent et ne se négocient qu'au comptant. Les actions seules se traitent à terme.

Le minimum des ventes à terme est : pour la rente 3 0/0, 1,500 fr. de rente ; pour la rente 5 0/0, 2,500 fr. de rente.

Les actions se négocient à *terme* par vingt-cinq au moins.

Au début d'une quinzaine ou dans le cours de cette quinzaine, on ne peut vendre que pour le quinze. Si l'on veut acheter pour fin du mois des valeurs qui se liquident le 15 et le 30, on le peut, mais à la condition de payer le prix du report dans la première quinzaine d'un mois, c'est-à-dire plus cher qu'on ne paierait pour la liquidation la plus proche, à moins cependant qu'il n'y ait *déport*, terme dont nous donnons la signification.

La liquidation s'opère de trois façons :

1° Par la levée ou la livraison réelle des titres achetés. L'acheteur paie et emporte les valeurs que le vendeur lui livre ;

2° Par la revente ou par le rachat des titres qui ont fait l'objet de la négociation. L'opération se termine par le paiement d'une différence;

3° Par la continuation de l'achat ou de la vente à terme pour la liquidation suivante. Les comptes s'arrêtent, par voie de revente ou de rachat, et en reste engagé pour la même quantité, ou pour une quantité moindre, ou pour une quantité plus forte, de même qu'après une première vente ou un premier achat, on peut augmenter ou réduire l'importance de l'opération avant la liquidation.

Le *report* a les mêmes effets, sinon les mêmes formes légales, que le prêt d'argent sur titres ou le prêt de titres contre argent.

Le report est le fait de celui qui demande de l'argent pour lever des titres en liquidation et en rester vendeur pour la liquidation suivante.

L'acheteur *se fait reporter*, le vendeur *reporte*.

Le *report* se fait à un prix essentiellement variable. Quelquefois, il faut payer relativement cher, quand l'argent est rare et les titres abondants; d'autrefois, à un prix moyen, quand l'argent est abondant et les titres peu nombreux. Dans certains cas, le report s'effectue par le titre qui s'offre, c'est-à-dire qui veut rester vendeur; on voit même, moins fréquemment, par exemple, l'argent rare et le titre abondant à ce point qu'il sollicite et paie la situation de reporteur, afin de rester vendeur. C'est ce qu'on appelle *déport*.

En résumé, il y a du *report* lorsque l'acheteur sollicite l'argent qui lui est nécessaire pour « lever » en liquidation; il y a *déport* lorsque le vendeur, pour conserver sa position à la baisse, offre à l'acheteur de le *reporter*.

Il se fait diverses opérations sur le report. Les capitaux qui ne veulent pas s'employer à titre définitif prêtent volontiers sur titres, ou pour être légalement exact, ils achètent le titre au comptant et le revendent à terme. C'est un placement temporaire, modérément rémunérateur, mais sûr; on a la garantie du titre remis aux mains du reporteur, et la caution de l'agent de change qui sert d'intermédiaire, l'agent garantissant la vente à terme.

Le détenteur de titres qui ne veut pas vendre trouve à les utiliser quand il y a *déport;* il prête ses titres sous forme de vente au comptant et de rachat à terme.

Le marché à terme réserve de plein droit, en vertu de la loi, un avantage à l'acheteur; il peut réclamer la livraison des titres vendus sans être obligé d'attendre l'échéance. Cette demande de livraison *anticipée* s'appelle *escompte,* expression plus ou moins juste, puisque l'acheteur, offrant de payer plus tôt qu'il n'y est obligé, avance, en réalité, une somme d'argent sans intérêt.

On pense bien que cette générosité est plus apparente que réelle. Celui qui escompte, pour une cause ou pour une autre, a besoin du titre acheté par lui à terme, et c'est pour cela qu'il demande à devancer les délais. *L'escompte* est aussi une ruse de guerre : il force le vendeur qui n'aurait pas de titres en sa possession à se les procurer en les rachetant sans retard, ce qui contribue à la hausse que désire l'acheteur à terme.

Marché à prime. — Le marché à prime est celui aux termes duquel l'acheteur à terme se réserve la faculté de renoncer à son achat, à la condition de payer à son vendeur une certaine somme qui constitue la *prime.*

L'avantage aléatoire de cette combinaison est pour l'acheteur. Aussi le prix de la valeur achetée *à prime* est toujours supérieur au prix de la même valeur achetée ferme. Cette différence entre le prix du *ferme* et le prix de la *prime* s'appelle *écart.* C'est une sorte de marché à réméré.

Pour les fonds publics, les primes usitées sont : *dont* 1 fr., *dont* 50 c., *dont* 25 c., c'est-à-dire qu'en abandonnant 1 fr. ou 50 c., ou 25 c., par chaque 5 fr. ou 3 fr. de Rente achetée, on se dégage de l'achat.

Exemple : Un acheteur à prime de 5,000 fr. de Rente abandonne une prime de 1 fr., c'est-à-dire qu'il ne prend pas livraison : c'est 1,000 fr. qu'il donne à son vendeur; si la prime est *dont* 50 c., c'est 500 fr., et c'est 250 fr. si la prime abandonnée est *dont* 25 c.

On comprend que plus la *prime* est forte, plus l'*écart* est faible.

La déclaration d'abandon de la prime s'appelle *réponse des primes.* Elle a lieu la veille des liquidations, c'est-à-dire le 15, la liquidation du 15 se faisant le 16 du mois et le 30 ou le 31, la liquidation mensuelle se faisant le 1er du mois.

L'acheteur à prime *lève* toujours, même quand son prix d'achat n'est pas atteint, s'il peut revendre de manière à ne pas tout perdre sur sa prime : son intérêt, dans ce cas, est de *lever*.

Il abandonne lorsque la prime est entièrement perdue, c'est-à-dire lorsque le cours du ferme est inférieur au montant de la prime.

L'acheteur *à prime* jouit, comme l'acheteur *ferme* à terme, du droit d'escompter son vendeur. Il est vrai que rarement l'acheteur à prime a l'occasion d'exercer cette faculté. Il a plus d'avantages à vendre *ferme* et à rester vendeur en liquidation.

Les achats à primes ont pour but de limiter la perte, en réduisant éventuellement le bénéfice. Il n'est pas rare que la Rente baisse de 2 fr., alors qu'on supposait qu'elle allait monter de 1 fr. ou de 2 fr. Si on a acheté à prime dont 50 c., sur 5,000 de 5 0/0, on ne perd que 500 fr. par l'abandon de la prime, au lieu de 2,000 fr. qu'on perdrait en supportant toute la baisse.

La *prime* limite non-seulement les pertes du spéculateur à la hausse, elle peut limiter aussi la perte du spéculateur à la baisse. Dans ce cas on achète à prime et on vend ferme. Au moment où cette double opération s'exécute, on est en perte de la différence entre le prix du *ferme* et le prix de la *prime*, mais on a tout le temps de voir la perte se transformer en bénéfice. Si les prévisions qui ont déterminé la vente ferme se réalisent, on rachète le *ferme* avec bénéfice et on abandonne la *prime*, lorsque vient le moment de se prononcer.

La *prime* a encore l'avantage de permettre à celui qui sait s'en servir et qui trouve des variations en sa faveur, de renouveler plusieurs fois son opération sans augmenter la somme des risques qu'il a consenti à courir.

Ainsi on achète à *prime* dans la prévision de la hausse. Si elle se produit, on vend *ferme* au-dessus du prix de la prime, et si la baisse survient avant la liquidation, on rachète et on reste ainsi acheteur, sans risque de perte. Ces ventes et rachats peuvent s'effectuer plusieurs fois dans le courant d'une quinzaine ou d'un mois.

De même si on a commencé par vendre en se *couvrant* (expression consacrée) par une prime. En cas de baisse on rachète et on se trouve acheteur sans risque. Il ne s'agit que de bien débuter et de savoir, comme on dit à la Bourse, jouer les mouvements.

Moyenne. — La *moyenne* indique le cours moyen de diverses opérations que l'on a faites à des prix différents, en vue d'atténuer les écarts de ses achats ou de ses ventes. Exemple : Un spéculateur achète du 5 0/0 à 105 10, à 105 20 et à 105 30. La moyenne de ses trois opérations sera 105 20.

O

Obligataire. — L'obligataire désigne le porteur d'obligations. Le porteur d'obligations n'a pas le droit d'assister aux assemblées générales des Sociétés dont il a souscrit les obligations.

L'actionnaire dans une Société représente le propriétaire de l'entreprise, et l'obligataire représente avec ses obligations le créancier de l'affaire.

Obligations. — 'obligation est un titre de créance qu'émet une Société, et le souscripteur devient ainsi le créancier de l'entreprise à laquelle il prête ses capitaux.

Les émissions se font aujourd'hui de préférence par des obligations que par des actions.

P

Pair. — Le pair d'une action ou d'une obligation, c'est la valeur nominale inscrite sur le titre. Un titre est *au pair*, quand il est coté à ce nominal ; au-dessous du pair quand il baisse, et au-dessus quand il monte.

Papier-monnaie. — Billets émis par des banques auxquelles l'État concède ce privilége.

Parquet. — Les agents de change réunis forment le parquet.

Part. — Quelquefois les Sociétés créent un genre d'actions qui prennent le nom de parts.

Placements. — Emplois de fonds en valeurs mobilières. L'histoire des placements pendant ces vingt dernières années nous donne un enseignement qui, nous l'espérons, ne sera pas perdu pour le pays. Les valeurs étrangères nous ont fait perdre des milliards, et ces pertes apprendront aux capitaux à ne plus déserter à l'avenir les valeurs françaises.

Prescription. — Lorsque les porteurs d'actions ou d'obligations n'ont pas touché le montant de leurs coupons cinq ans après le jour de l'échéance, il y a *prescription,* c'est-à-dire qu'ils n'ont plus droit au paiement.

Promesses d'actions. — Titres souscrits, mais n'engageant le souscripteur qu'en cas de constitution définitive des Sociétés, et lui donnant un droit de préférence pour souscrire lors de cette constitution.

Primes.— La prime désigne la plus-value qu'obtient un titre sur le marché, par suite de la confiance qu'il inspire au public, au sujet des résultats qu'il peut donner. Les primes surgissaient autrefois avec une facilité vraiment surprenante. De 1852 à 1860, la prime était comme l'accomplissement obligé de toute émission. Mais les mécomptes qui ont fait subir tant de pertes aux actionnaires ont arrêté l'élan de la spéculation financière, et aujourd'hui, non-seulement les primes sont rares, mais les placements, comme nous l'avons dit plus haut, se font plutôt par actions.

R

Récépissé. — Le récépissé est le reçu de l'argent ou des titres que le client apporte à son agent.

Répartition. — La répartition indique la distribution entre tous les intéressés de l'actif réalisé par le syndic ou par le liquidateur d'une Société.

Report. — Le report représente l'intérêt que le spéculateur est obligé de payer pour continuer, le mois suivant, l'achat qu'il a fait et qu'il tient à conserver (Voyez *Marché à terme*).

S

Société. — La Société représente le moyen d'action qui permet d'appliquer [à des] entreprises au-dessus des ressources des individus, la toute-puissance de l'association.

Il y a différentes formes de Société : la Société en nom collectif et en participation, la Société en commandite, la Société civile, le Société à responsabilité limitée, la Société anonyme. Les Sociétés représentent un grand phénomène économique et financier de notre histoire. C'est grâce à elles que nous avons accompli en un demi-siècle les œuvres gigantesques que nous avons sous les yeux.

Statuts.— Les statuts d'une Société représentent les conditions que cette Société entend suivre dans ses opérations. Les statuts une fois adoptés ne peuvent être modifiés que par un vote de l'assemblée générale des actionnaires.

Syndicat. — Un syndicat représente un groupe d'hommes réunis et d'accord entre eux en vue de poursuivre une opération convenue. On forme des syndicats pour spéculer à la Bourse, pour écouler des titres, pour revendiquer des intérêts et des coupons arriérés.

Spéculation. — La spéculation est toujours la critique que les moralistes jettent aux opérations de Bourse. Nous reportons le lecteur à ce que nous avons dit plus haut aux jeux de Bourse.

T

Transfert. — Le transfert est l'opération qui a pour objet de céder à une autre personne la possession d'un titre de Rente nominatif. Le transfert s'inscrit sur les registres du Trésor, avec le contrôle des fonctionnaires du gouvernement.

V

Valeurs étrangères. — En présence des désastres subis par l'épargne française dans les placements étrangers, on ne saurait trop appeler l'attention des capitalistes sur les dangers que présentent les valeurs étrangères. En dehors du caractère aléatoire de la plupart des titres étrangers que l'on émet en France, ce dont nous n'avons pas à nous occuper ici, il y a une foule d'inconvénients à acheter de ces valeurs. Nous allons les indiquer sommairement :

1° Les Rentes étrangères sont payables au change, ce qui procure souvent de grosses pertes au détenteur. Le plus grand nombre d'Etats ou de Compagnies n'ont pas de Banques officiellement désignées pour faire leur service de caisse, de sorte qu'il faut adresser ses coupons à des banquiers inconnus et attendre fort longtemps;

2° Les valeurs, même d'Etats, peuvent être supprimées de la cote, du jour au lendemain. Nous ne citerons comme exemple que les obligations d'une série de Villes belges, qui se négociaient autrefois au parquet et dont les détenteurs, depuis l'application de la loi sur les valeurs à lots, ne connaîtraient ni les cours, ni les tirages, sans les renseignements que nous leur donnons par notre publication belge.

3° Dans beaucoup de cas, les coupons ne sont payés que sur la présentation des titres (la Rente italienne entre autres). De sorte que le détenteur d'une quantité minime de valeurs dépense en frais d'envoi et de retour la moitié de ce qu'il touche.

4° Quoique la perte d'un titre soit toujours regrettable et entraîne de longues formalités, on peut néanmoins rentrer, en France, en possession de ses valeurs au bout d'un laps de temps fixé par la loi. Si, au contraire, un titre étranger est volé, perdu ou détruit par l'incendie, il est absolument impossible de jamais le retrouver, et le capital est perdu. Il est vrai qu'il y a quelques exceptions, mais elles confirment la règle.

5° Si l'on est actionnaire d'une Société, on assiste aux assemblées générales et l'on surveille la marche de son capital. Il est possible alors d'obtenir des renseignements, de défendre ses intérêts, profiter de tous ses droits d'actionnaires, et si les agissements des directeurs compromettent l'avoir social, en saisir les tribunaux.

L'actionnaire d'une Société étrangère n'a jamais le temps ni les moyens de dépenser une somme relativement considérable pour aller assister aux réunions qui se tiennent dans les capitales étrangères. Il se fait représenter, s'il le peut; le jour où les affaires ne marchent plus, on lui apprend qu'il est ruiné, et il ne peut rien dire, il ne peut poursuivre personne. Il proteste parfois, et... tout est dit.

FIN DE LA DEUXIÈME PARTIE

TABLE DES MATIÈRES

PREMIÈRE PARTIE

CHAPITRE PREMIER

FONDS PUBLICS FRANÇAIS

CHAPITRE II

OBLIGATIONS DES VILLES ET DES DÉPARTEMENTS

CHAPITRE III

ÉTABLISSEMENTS DE CRÉDIT A PARIS

CHAPITRE IV

SOCIÉTÉS DE CRÉDIT DES DÉPARTEMENTS

CHAPITRE V

SOCIÉTÉS D'ASSURANCES

§ 1er

Assurances contre l'incendie

§ 2

Assurances sur la vie à primes fixes

§ 3

Assurances maritimes

§ 4

Assurances diverses

ASSURANCE CONTRE LA GRÊLE

ASSURANCES CONTRE LES ACCIDENTS

CHAPITRE VI

SOCIÉTÉS INDUSTRIELLES ET COMMERCIALES DE FRANCE

CHAPITRE VII

ÉCLAIRAGE PAR LE GAZ

CHAPITRE VIII

INDUSTRIE MINÉRALE

§ 1er

Établissements métallurgiques

§ 2

Carrières

CHAPITRE IX

INDUSTRIE LINIÈRE

CHAPITRE X

CANAUX

CHAPITRE XI

EAUX

CHAPITRE XII

TRANSPORTS

§ 1er

Transports par terre

§ 2

Transports par eau

CHAPITRE .I.

CHEMINS DE FER

CHAPITRE XIV

VALEURS DIVERSES FRANÇAISES

DEUXIÈME PARTIE

CHAPITRE PREMIER

FONDS PUBLICS ÉTRANGERS

CHAPITRE II

ÉTABLISSEMENTS DE CRÉDIT A L'ÉTRANGER

CHAPITRE III

CHEMINS DE FER ÉTRANGERS

CHAPITRE IV

VALEURS DIVERSES ÉTRANGÈRES

CHAPITRE V

DICTIONNAIRE DE LA BOURSE

C

D

E

F

G

I

J

L

M

O

P

R

S

T

V

FIN DE LA TABLE DES MATIÈRES

Paris. — Imp. Dubuisson et Cᵉ, rue Coq-Héron, 5.

MONITEUR UNIVERSEL

DES TIRAGES

Propriété de la BANQUE GÉNÉRALE DE CRÉDIT

Journal financier et politique, paraissant les 1er et 3e Jeudis de chaque mois, publiant :

Un bulletin financier;

Une étude détaillée sur chaque valeur;

Des correspondances étrangères;

Les Assemblées générales;

Les paiements de coupons;

Les tirages de toutes les valeurs françaises et étrangères cotées ou non cotées;

Les cours de Paris et de Bruxelles des valeurs cotées au parquet ou en banque.

PRIX : 2 FRANCS PAR AN

POUR PARIS, LES DÉPARTEMENTS, LA BELGIQUE, L'ALSACE-LORRAINE ET LA SUISSE

Adresser le prix de l'abonnement en un mandat ou en timbres-poste, à **M. l'Administrateur-Gérant.**

ABONNEMENTS
7, rue Lafayette, à Paris;
8, rue de la Blanchisserie, à Bruxelles,
Et de toutes les succursales de la **Banque générale de Crédit.**

Le dernier numéro paru sera envoyé gratuitement à toute personne qui en fera la demande par lettre affranchie.

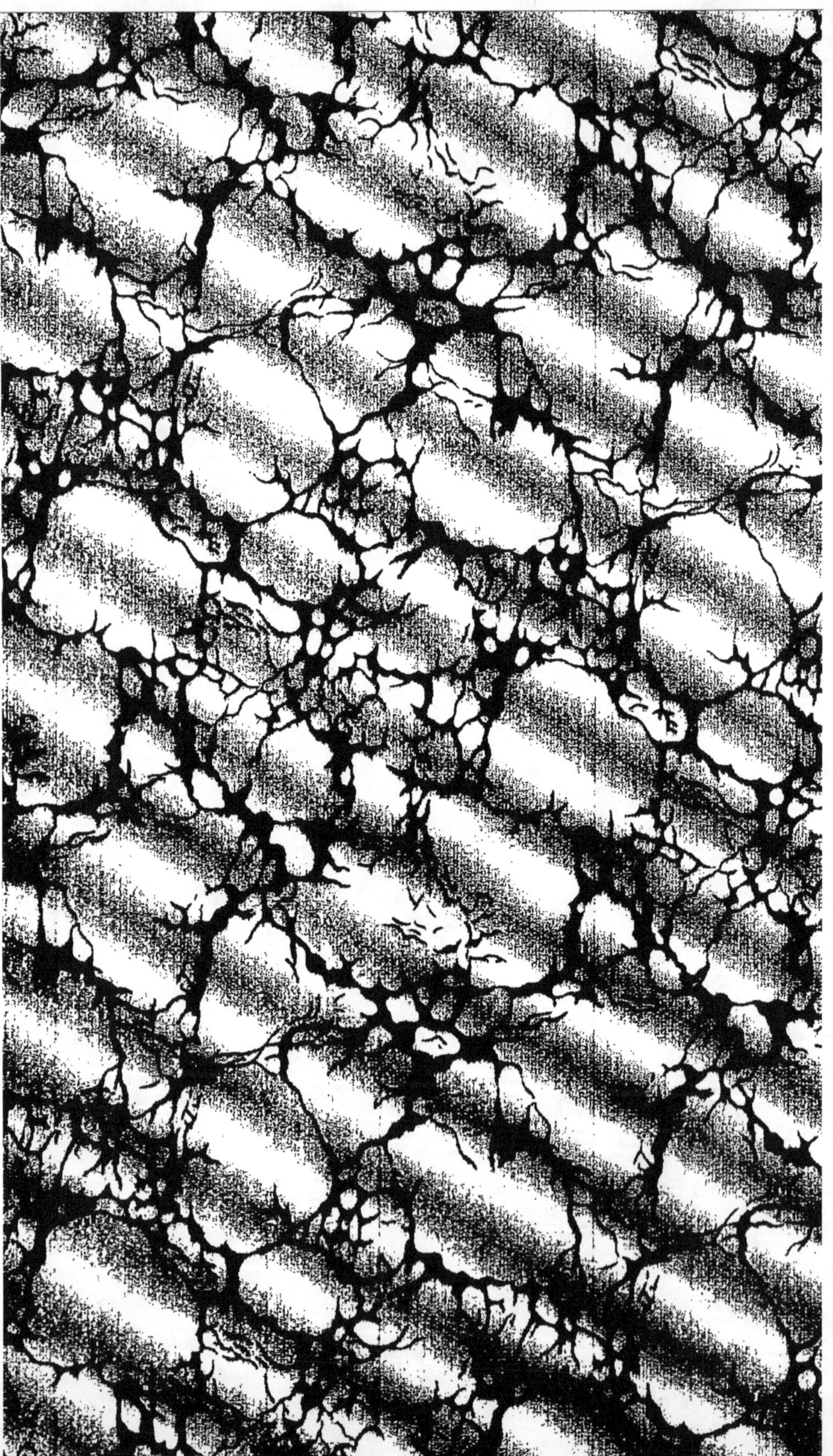

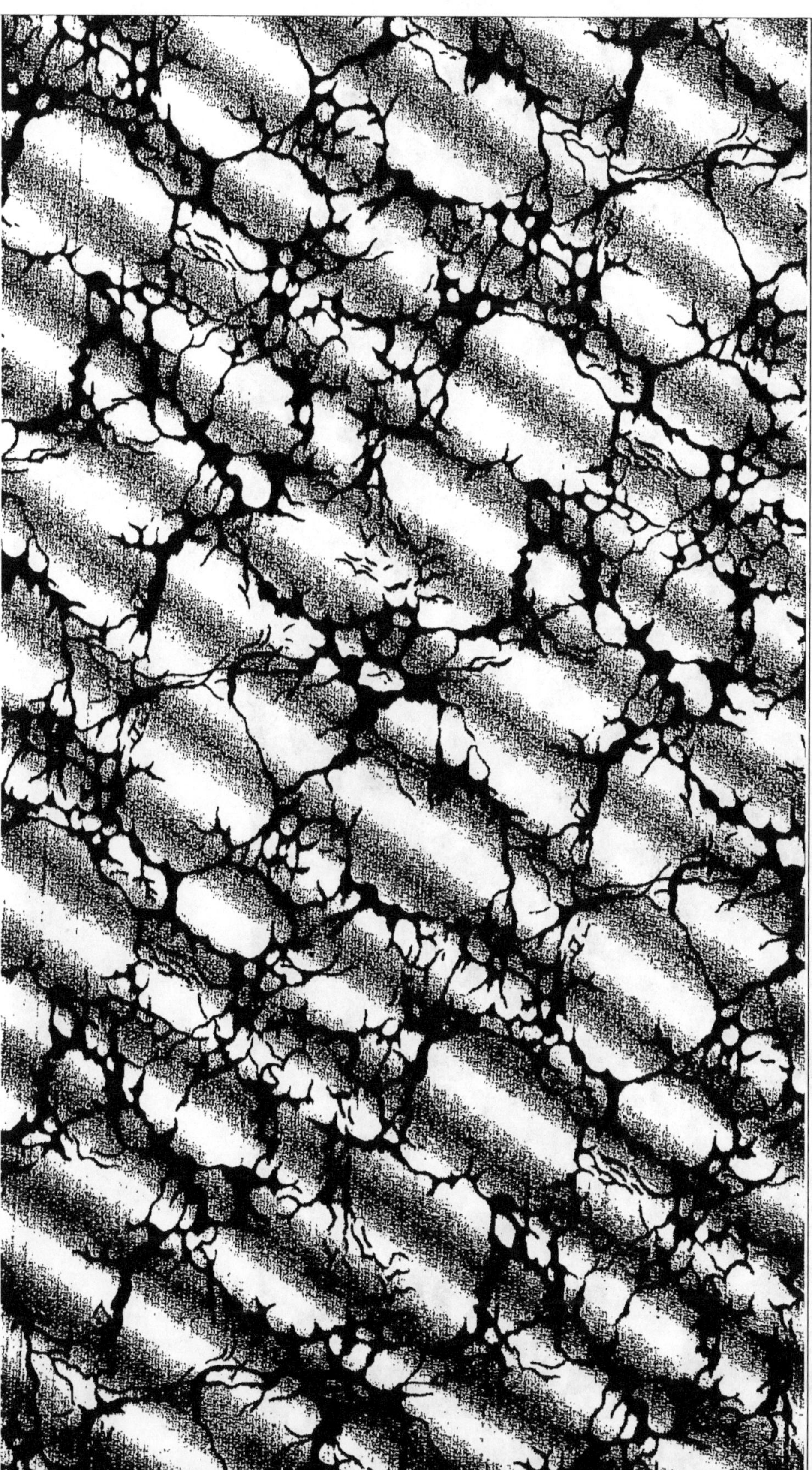

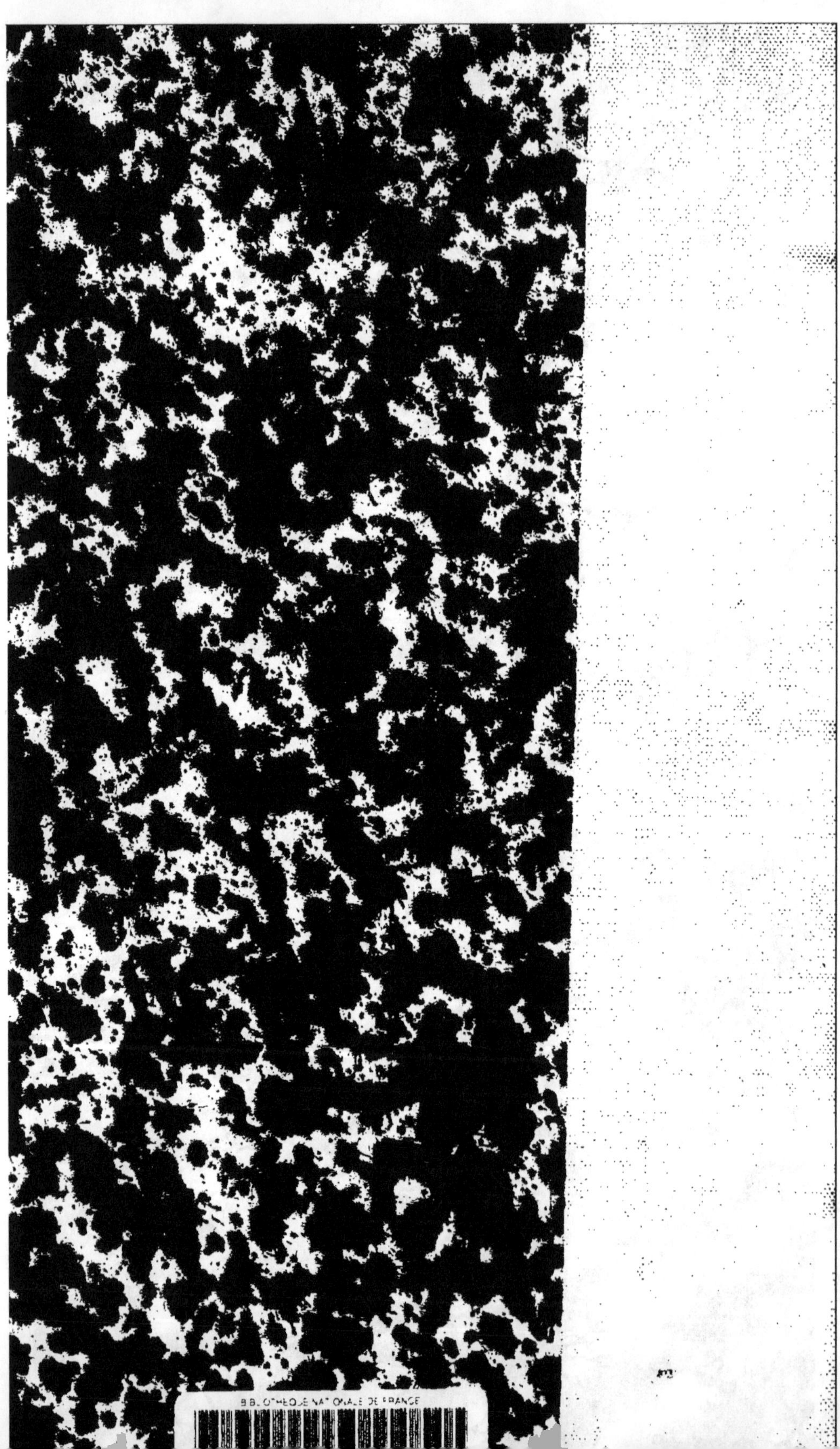

www.ingramcontent.com/pod-product-compliance
Lightning Source LLC
Chambersburg PA
CBHW060950220326
41599CB00023B/3666